天

Borderless

下

博稽古今　融汇天下

天
Borderless
下

兴盛与危机

论中国社会超稳定结构

金观涛 刘青峰 著

The Cycle of Growth and Decline

On the Ultrastable Structure of Chinese Society

法律出版社
LAW PRESS·CHINA
北京

青年時代的經歷，使我們開始用系統演化理論思考中國社會結構問題，並提出中國社會超穩定系統的論說。從1980年代探討中國傳統社會（《興盛與危機》）到1990年代迄今，我們把這一研究綱領擴展到對中國社會及其思想觀念轉型的一系列著述中（《開放中的變遷》、《中國現代思想的起源》、《觀念史研究》、《中國思想史十講》）。我們始終認為：每當人們面臨"不確定的年代"，就會以千年的大歷史眼光反思當前的迷茫。

金觀濤 劉青峰

2024年12月

刘青峰/绘

1988年金观涛（左一）和刘青峰（右一）于北京

2021年金观涛（左一）和刘青峰（右一）于深圳

目录

书与人生

——写在《兴盛与危机》(增订本)、《开放中的变迁》再版之际

法律出版社出版这两本近二十年前在香港印行的旧作,我们意外、高兴之余,也感慨万千。我们的主要工作一直是以超稳定结构假说来分析中国社会及文化在两千多年间的演变,姑且不论对其褒贬评价,它已成为我们的学术符号。三四十年来,从我们年轻时代的思考,到1980年代热情投身于民间文化运动,再到近二十余年沉潜于学术,一直围绕着这一假说的提出、研究和不断深化,也记录着各地出版社、编辑与我们的缘分。伴随着时代变迁,是我们辗转于北京、贵州、杭州、郑州、北京,再到香港、台北的人生。熟悉的城市和景观已永远消失,当年种下的树苗已长成大树,我们亦从中青年步入老年,唯独不变的,是我们仍然在思考、研究中国社会这个超稳定系统。

1981年,我们完成《兴盛与危机》写作之后,这本书便进入当时以出书快而闻名的湖南人民出版社的漫长曲折审编过程。到1983年尚不能确知出版日期,于是,该书简写本《在历史的表像背后》便收入第一批《走向未来》丛书出版,它成为火红1980年代的畅销书之一。湖南出版《兴盛与危机》之后过了三年,1987年夏我们结束访美一年回到北京,已调至江苏人民出版社的胡凡女士再次登门,

希望我们针对该书引起的广泛讨论作出修订并重新出版。就在修订稿基本完成之时,1989 年 4 月初我们到香港中文大学访问,此后长期留在中国文化研究所工作。1992 年,《兴盛与危机》增订本只能由香港中文大学出版社出版了。

从 1984 年算起,二十六年间《兴盛与危机》,该书先后出版了简—繁—简体字不同版本。细心的读者会发现,香港版《兴盛与危机》增订本的副标题,由 1984 年湖南版的"论中国封建社会的超稳定结构"改为"论中国社会超稳定结构",删去了"封建"两个字。1993 年香港中文大学出版的《开放中的变迁》是《兴盛与危机》的续篇,副标题"再论中国社会超稳定结构"中也没有"封建"二字。近十多年来,我们从事关键词研究,认为从关键词使用的变化可以追踪历史足迹,那么,我们著作的副标题中"封建"这一关键词从有到无,又蕴含着什么样的思想轨迹呢?

按学术规范,用"封建"一词指涉从秦汉到民国前的中国社会,显然不很确切。表面上看,使用术语的变化,是与我们从北京来到香港,为了与海外学术用语一致,其实并不尽然如此。因为,"封建"不是一个简单的学术用语,它饱含着几代人痛苦而复杂的思想历程。

在受共产主义革命教育成长起来一代人的语汇中,"封建"是描述中国两千年间的君主专制独裁和地主阶级剥削制度的专有名词,是中国革命要推翻、打倒的对象。当 20 世纪中国的不断革命发展到"文化大革命"时,在追求解放全人类的崇高道德理想目标下,全民狂热追随伟大领袖,砸烂旧世界,彻底革命。现实生活却是几亿人互相残酷斗争,人的生命尊严扫地。"文革"发生时,我们都是北京大学学生,作为在反封建中成长起来的一代人,还有什么能比"封建"的复活更触目惊心的呢?我们开始思考革命后的现代中国是否与革命力图摧毁的古代制度存在着某种关联。我们决定放弃原有专业,转入中国历史和文化的研究,进入幽暗漫长的历史隧道。

1970年代初，我们已具备用超稳定系统解释中国朝代循环与封建社会长期延续之间的关系的看法。“文革”结束，1980年，偏远的贵州师院学报上发表了我们研究的初步成果。它之所以能立刻引起广泛重视和讨论，“中国封建社会为什么长期延续”问题，不正是经历了“文革”一代人的共同思考吗？在1980年代的思想解放运动和第二次启蒙热潮中，我们写作中使用“封建”一词，把它作为反思对象，自然不会觉察到得有什么不妥。

1989年，我们来到香港中文大学后不久，就开始写《开放中的变迁》，它作为《兴盛与危机》的续篇，要解决的正是《兴盛与危机》一书隐含着尚未言明的主题。这就是中国近现代革命究竟和超稳定系统是什么关系。虽然是同一问题意识进入更深层面，但“封建”一词毕竟已失去了中国启蒙思想大背景上的位置。我们用“传统社会”代替“封建社会”，而没有用在学术上更为准确的“帝制时代”，这是因为任何纯学术的背后都存在思想的考虑。中国第二次启蒙虽然过去，但由传统向现代的转型并没有完成。我们意识到，其中涉及的人文社会探索，已远越出中国社会和文化的范围。正如“文革”终结了革命乌托邦使得现代性再次成为全人类的宿命一样，作为超稳定系统的中国传统社会演化史，有着不同于西方社会变迁的历史经验，它将为人类社会普遍历史提供新的视角。事实上，出版《开放中的变迁》并不是中国社会超稳定系统研究的终点，而是走向思想史、观念史和轴心文明比较史的起点。我们至今仍缓慢地行走在这条看不到头的探索之路上。

今天，21世纪已过去十年。而我们是20世纪的人，“文革”前曾立志献身于科学，“文革”使我们成为反思的一代。对中国历史和现状以及由这个出发点对人类处境的思考，是反思的一代的共同宿命。时光流逝，我们从启蒙大潮中心走到边缘岛屿，始终不能忘怀中国的文化建设。在这两本旧作再版之时，我们渴望能与不相识的年轻读者思想交流,犹如我们回到青年时代,与南来北往的朋友彻夜促膝长谈。我们相信,每当中国发生巨变时,历史上曾经触动几代人心灵的问题,总会一再震响。

金观涛、刘青峰

2010 年 10 月于台北木栅化南新村

1992 年增订本序言

在《兴盛与危机》(增订本)即将出版之际,我们回想这本书的写作、出版经过,不禁感慨万千。也许,这一过程恰好可以反映出作者的思考及其所处的时代变局的关系。

二十年前,我们刚从北京大学毕业,时值“文化大革命”后期高压统治,我们开始了对中国社会结构的思考。约在 1974 年前后,写出了四万字的研究提纲,运用中国封建社会的超稳定结构假说,检视中国帝制时代社会结构的周期性振荡及其巨大稳定性的联系,并且还讨论到“文革”现象。1979 年春,思想解放运动的浪潮卷起之初,我们在纪念“五四”60 周年的座谈会上,提出中国封建社会长期延续原因的超稳定系统假说,发言引起了人们的关注和兴趣。1980 年年初,《贵阳师范学院学报》第一、第二期连载了我们的长篇论文,论文只讨论到 1840 年前中国帝制时代社会结构。

1980 年 9 月,一位素不相识的女编辑闯到我们六平方米的小办公室,自我介绍说:“我叫胡凡,湖南人民出版社的编辑。”她请我们把《贵阳师范学院学报》上的论文,写成一本专著。当时,我们藉藉无名,出版社凭什么相信两位从未写过专著的作者?“你们写吧,”她口气十分肯定,“你们的观点和方法对史学界是一个大突破,应该鼓励学术上的创见。作为一个编辑,一生能出几本好书,就是最大的满足。”我们答应放下其他工作,一年交稿。

1981 年 9 月,我们如期完稿。但书的出版是 1984 年 4 月。当初,胡凡告诉我们,湖南人民出版社出书周期为三个月,1982 年年初可出版。事实上,拖了两年多。因为,在 1981 年的反资产阶级自由化和 1983 年的清除精神污染两次整肃中,我们的超稳定系统假说均遭到批判,被指为发结构主义史学在中国的滥觞,非马克思主义的异端。在这顶政治性大帽子下,胡凡所承受的压力可想而知。但她说:“我这个人就是有一股犟脾气。”凭着这股犟脾气,她据理力争,从下到上,从上到下,不知折腾了多少回合。我们担心这会对她的处境不利,要撤回书稿,她也不肯。1984 年,《兴盛与危机》终于出版时,前面加了个“出版说明”。海外读者可能不明白,既然任何学术著作都有探索性,为什么要加上这种此地无银三百两式的说明呢?事实上,绝大多数书籍前也都没有“出版说明”。其实,这是出版社的自我保护办法,万一有关方面怪罪下来,可以有个交代。

《兴盛与危机》出版于一个全民族历史性反思的关头,它立即受到读者和学术界的重视:国内三次加印,香港销路畅顺;1986 年,谷风出版社出版了台湾版,1987 年日本研文出版社出版了简写本日文版。1986 年我们到美国宾夕法尼亚大学访问研究一年,其间写了《论历史研究的整体方法》,说明我们的研究方法与马克思主义派、帕森思结构功能派等不同学派的异同。1989 年台湾风云时代出版公司将《兴盛与危机》连同这篇发表于《知识分子》(纽约,1987 年)的论文和其他评介文章,一起出版,并冠以“修订本”的名义。其实,该版本的内容和文字均保持了湖南版原样。现在香港中文大学出版社出版的,才是我们大幅度修订过的修订版。为了区别于风云时代出版公司的“修订本”,我们将本书称为增订本。

增订本在香港中文大学出版,也有一段曲折。

1987 年我们访美一年回国。我们这时已阅读了不少有关文献,这是 1980 年写作书稿时所不可能读到的;同时也看到一些对

《兴盛与危机》的评论。这时,胡凡又找到我们,她仍不减当年的热情和坚定,一意请求我们修订《兴盛与危机》。她自己因为出版这本书和其他事情,已从湖南人民出版社调往江苏人民出版社,因此增订本决定在南京出版。我们于 1988 年投入修订工作。1989 年 4 月初应邀到香港中文大学中国文化研究所访问时,我们正在看增订本的清样。4 月中旬,胡耀邦先生去世,由此引发的学生运动迅猛展开。4 月底,我们回北京参加“五四”70 周年的学术会议,5 月中旬回港。半个月后,发生了震惊世界的政治风波,尚未付印的《兴盛与危机》增订本也就因此而搁浅了,一搁就是两年。前不久,我们的朋友中国文化研究所所长陈方正先生去和香港中文大学出版社社长詹德隆先生商议,结果决定由香港中文大学出版社出版这本书。在此,我们衷心地感谢陈、詹二先生的支持。俗话说,好事多磨。也许,一本企图在理论上创新的著作,不仅构思写作要经过十余年磨炼,就是它的出版过程,也要经过风风雨雨的考验。

下面,我们再谈谈增订本与原著的不同之处。

第一,《兴盛与危机》是引进新方法研究中国传统社会的宏观结构的一个尝试,而我们在 1980 年写作书稿时对海外社会科学理论所知甚少,只能本着控制论、系统论的基本概念,提出我们的理论假说,并试图建立一般性理论架构,这就是原书第九章“社会结构与文明演化”。在修订过程中,我们着力重写了这一章,改名为“社会结构演化理论”(本书第十章)。该章分析了我们的观点与结构功能派的不同,特别是与其静态观的不同,力图从社会组织方式和演变的角度,说明不同文明的不同社会形态及演化模式。对原先提出的概念和方法,我们也作出了较精确的定义和说明。

第二,增订本新加了“科学技术与古代社会”一章。1980 年我们写作《兴盛与危机》时,忽略了古代科学技术与社会发展的关系。李约瑟曾提出著名的“李约瑟问题”。70 年代,马克·艾文(Mark Elvin)提出高水平陷阱说,从人口、土地、古代科技发展水平的相互关系,来探讨中国封建社会的停滞性问题。我们曾与樊洪业合作,于1982—1983年作出有关中国古代科技发展与社会结构的研究。因此,现在新写的这一章(本书第九章),探讨了“李约瑟问题”与超稳定系统假说之间的关系,增强了研究的整体性。

第三,《兴盛与危机》出版几年来,曾引起广泛的讨论。这本书曾受到非学术的政治性指责,也有海外学者提出学术性批评。对于前者,我们的态度是不去理会。然而,至今我们还从没有对学术性的批评作出回应。我们认为,严肃的学术批评和讨论是以逻辑和事实去验证假说是否成立。这种认真而又严峻的坦诚相见,是探索和追求真理所必须经过的步骤。因此,我们这一增订本的目的在于:用近年来我们所了解的海内外有关研究成果,对我们的假说作一次较全面的检验。这也可以说是我们对批评的一种回应。

如何使增订本既能反映这一检验过程,又保持清晰简洁的风格呢?除了对原文做必要的改正和少量补充外,我们主要采用注释方式,即把印证或挑战我们观点的材料和研究,以及一些说明性的材料,用[　]号标出,放到各章后面的注释中。

除了上述说到的新写的第九、第十章之外,增订本对原著第一章和第八章也做出较大的修改。第一章对全书提出的中心问题——中国封建社会长期延续原因及所使用的概念,给出了较明确的界定。第八章是讨论中国封建社会意识形态的,正如有些学者所指出的,这一章比较薄弱。增订本虽然没有改变原书观点,但吸收了某些海外港台学者对中国传统文化的见解,以使我们的表述较为准确。

经过上述修订,现增订本比原著增加了8万字。无论是在我们加注,或新增,或改写,或重写的章节中,都包含了我们对一些批评意见的非辩驳性的回答。增订本中保留了原著的序言和后记,以表示我们对曾经帮助和支持写作本书的朋友们,特别是对老包的怀念和感谢。

我们这一个迟来的增订本肯定会有这样或那样的不足,甚至可能会带进新问题。但我们希望它能取代现在市面流行的原有版本。因为这一增订本代表了我们目前对中国传统社会结构的观点,也是我们以此为基础的进一步研究——中国近现代社会结构宏观演变过程——的起点。

金观涛　刘青峰

1991 年 8 月于香港中文大学

中国文化研究所

第一章　一个古老的难题

中国的历史告诉我们,世界该是多么辽阔而变化无穷,无论是我们的前人,还是我们自己都没有彻底了解它。

——[法]米凯莱·戴·蒙泰涅

(1533—1592)

1.1　对思考的再思考

四百年前,罗马出版了一本轰动一时的书。这就是门多萨用西班牙文写的《中华大帝国史》。该书用理想化的手法,把当时的中国社会及政体描绘得完美无缺,还称道中国人"是一个沉静的和有才智的民族"。它引起了欧洲知识界的极大兴趣和普遍关注,立即被翻译成多种文字出版。固然,在今天看来,这本书对中国历史和社会的描述并不准确,甚至有许多错误,但是它在当时引起的反响,深刻地反映了西方人发现了一种与欧洲社会完全不同但又具有极其顽强的生命力的中国文化时的那种惊愕和激动。无怪乎当时法国的大作家、哲学家米凯莱·戴·蒙泰涅在校阅该书法文版时,颇有感慨地在书边写道:"中国的历史告诉我们,世界该是多么辽阔而变化无穷,无论是我们的前人,还是我们自己都没有彻底了解它。”

时光流逝,四百年间多少历史的浪涛拍打过去了。无论是世界上,还是中国社会内部,都发生了根本性的变迁。尽管如此,对于任何研究历史的人来说,中国的历史依然是令人惊异的。直到今天,我们仍然可以说:“无论是我们的前人,还是我们自己都没有彻底了解它。”在有关中国历史的各种问题中,最引人注目的是:为什么中国封建社会长期延续达两三千年之久?

中国封建社会停滞原因的探讨,是一个早就被我们前辈提出来、历史学家一代又一代曾经给予回答的问题。可以说,在中国历史上,很少有其他的问题能像它那样有长远的魅力,能像它那样构成对历史学家的持久挑战。每一代研究者都把对中国社会的总体研究,把中西方文明的对比,以及把改造中国的理论探讨,放在这历史性的问题之下,因此,每当一个历史转折关头来临,人们总是企图用新的目光审视这一问题,以求得对本民族的历史、现状和发展的更深刻的理解。

是的,为了未来,我们必须研究过去。近一个世纪以前,普列汉诺夫在谈到历史发展的自由和必然时曾指出:“这个问题,像斯芬克斯一样向每个这样的思想家说:请你解开我这个谜,否则我便吃掉你的体系。”〔1〕

今天,中国封建社会长期停滞原因之谜,也像斯芬克斯提出的问题一样,摆在我们这一代人面前。面对着这个庞然大物的每一个研究者,都会深感自己的知识、能力的不足;另一方面,也看到有关这一理论问题所涉及的经济、政治、意识形态诸方面的几乎所有细节,早已被以往的历史学家们深思熟虑过了,其中有的已经转化

---

〔1〕 [俄]普列汉诺夫:《论一元论历史观之发展》,博古译,三联书店 1961 年版,第 87 页。

为改造中国的行动。但是,只要我们对巨大的历史惯性还没有真正地认识,那么,这个问题就将一次又一次地由时代向理论家提出来。历史将迫使下一代对先辈的思考结论进行再思考。

1.2　以往学说的疑难

大陆的马克思主义史学家,大多都倾向于从经济、政治、文化和地理各个方面来寻找中国封建社会停滞的原因,特别侧重于生产力、生产关系和阶级斗争的研究。例如,一种相当流行的观点认为,中国封建社会自给自足的小农经济长期得不到必要的变更,商品经济没有获得充分的发展,这就造成了中国封建社会的长期延续。持这种观点的学者,从经济发展水平和特点的角度,做了大量的、有益的研究,澄清了经济史上的许多问题。但是,正是经济史的研究表明,欧洲封建领主庄园制经济的自给自足程度比中国封建社会要高得多。中国封建社会在很早时,如汉、唐,就有了相当发达的商品经济,唐代的国际贸易也很发达,如公元 769 年、770 年,每年仅在广州靠岸的外国商船就达四千余艘,〔1〕平均每日十余艘。而当时,广州仅仅是交州、泉州、扬州等著名的大港当中的一个而已。宋代,我国 20 万人口以上的城市就多达六个。临安是 30 万余户百余万人的大城市。而欧洲,直到 14 世纪末,最大的城市威尼斯、佛罗伦萨仅有几万人,一般城市如纽伦堡、奥格斯堡不过一万人左右。[一]宋代,每年国家征收的商业税曾达 2200 万缗,约占总岁收的七分之一。〔2〕 近年来,国内学者还特别指出,我国封

---

〔1〕 林家劲:"唐代广州与南海的交通",载《学术研究》1979 年第 6 期。

〔2〕 《宋史》卷 179,《食货志》下,中华书局版(以下二十四史均为中华书局版,不再注明)第 13 册,第 4349 页。

建王朝每到后期面临崩溃的时候,就会出现商业病态繁荣的现象。[1] 使历史学家困惑不解的是:为什么资本主义文明恰恰是从欧洲高度自给自足的封建庄园和规模不大的城镇中产生,而在城市和商品经济相对发达的中国封建社会里,资本主义却难以产生和发展?

近些年来有些文章认为,单一的小农经济是造成中国封建社会停滞的根源,而这种单一性又主要表现为区别于欧洲农牧混合经济的单纯农产品生产。欧洲人的食品构成中肉食比重大,而中国人则以吃粮食蔬菜为主。[2] 这样,从经营特色到饮食习惯,把问题推到了非常奇怪而又细小的近乎偶然的因素上了。

黑格尔曾经机智地指出:"把历史描绘成阿拉伯式的图案画当然是显得巧妙的,因为阿拉伯式的图案画上面就是大花朵长在纤细的茎上,但是,这样来解释历史是非常肤浅的。"[3] 重视经济原因完全正确,但是把重大历史现象归结为某种单一的因素或细小的原因,这种方法本身就是值得怀疑的。

另一种观点是分析中国封建剥削关系的残酷性,指出这种剥削制度怎样一次又一次地把农民推向死亡线,怎样使生产发展和积累中断,造成了中国封建社会的长期延续。[4] 在一个相当长的时间内,有一大批学者顺着这一思路做研究。他们对我国古代生产关系、阶级关系及阶级斗争做了很多工作。无疑,这是我们进一步研究的一个基础。但是,这种分析似乎也不能完全令人信服。难道欧洲的、日本的封建社会的剥削关系没有中国封建社会的残酷吗?

---

〔1〕 参见胡如雷:《中国封建社会形态研究》,三联书店1979年版,第362页。

〔2〕 陈平:"单一小农经济结构是我国两千多年来的贫困动乱、闭关自守的病因",载《学习与探索》1979年第4期。

〔3〕 列宁:《哲学笔记》,人民出版社1963年版,第169页。

〔4〕 毛泽东:"中国革命和中国共产党",载《毛泽东选集》,人民出版社1964年版,第584页。

对比一下欧洲的农奴和中国封建社会中的农民两者的地位与生活状况，就不难看出，中国农民的境况一般说来要比欧洲农奴的好一些。欧洲封建领主对农奴的人身占有受到法律的维护，甚至对农奴的女儿都享有初夜权，农奴生活极为贫困。但在我国封建社会中，特别是封建王朝的中、前期，有大量占有少量耕地的自耕农、半自耕农存在，他们与地主的人身依附关系较弱，即使是对奴婢，早在东汉时就有禁止私杀奴婢的诏令。[1] 北宋法律中也规定过地主不能直接制裁佃农，佃农还有退佃的权利。[2] 西汉时，若以货币为标准，中等人家是十万钱。家赀不满十万的，有时可受到免租的待遇。若不满千钱的贫家，则是国家的救济对象。[3] 当然，这些规定并不能准确表示中国封建社会农民的实际地位和贫困的生活状况。上述对比，只不过是为了说明任何一种超经济强制都是以农民（或农奴）为压榨对象，残酷性是其本身的特点。因而也就不能把这一适用于封建剥削制度的普遍特点，作为中国封建社会停滞性的特殊原因。

还有一种观点，许多历史学家十分注意中国封建国家的特点——以强大的中央集权克服分散性。他们认为，这种专制主义国家组织了巨大的官僚系统，依靠政权力量推行重本抑末、闭关自守，把盐铁矿及手工业置于官办的经济政策，依靠政权力量独尊儒术对思想文化严密控制，这些政策有效地延续着封建制度，遏制了资本主义萌芽的出现和发展。这种学说着重从上层建筑对经济基础的反作用来探讨中国封建社会的停滞性问题，并在揭示中国封建国家机器的特点及其如何发挥全面控制经济和社会生活的作用方面做了大量的分析。但是，如果我们进一步加以思考，又会发现

---

〔1〕《后汉书》卷1下，《光武帝纪》，第1册，第57页。

〔2〕参见张邦炜："北宋租佃关系的发展及其影响"，载《甘肃师大学报》1980年第3、4期。

〔3〕彭信威：《中国货币史》（上册），群联出版社1954年版，第104页。

问题并没有解决。为什么世界史中绝大多数封建国家都保持着和小农经济分散性相适应的分裂割据状态,而中国封建社会却能长期确立强大统一的专制主义国家政权?人们可能会说:这是由中国是封建地主经济所决定的。那么,为什么中国能够形成并维持封建地主经济,而欧洲却是领主庄园制经济呢?如果研究者们不想把问题归到细枝末节的因素上去的话,他们又会回到强大的政权力量对经济的作用上来,这样,持这一观点的历史学家们马上会发现,自己的研究被绞进了一张难以摆脱的因果循环论的大网之中。为了克服这一困难,研究者们想出各种办法,例如提出中国封建社会中最有势力的剥削者具有官僚、地主、商人三位一体的特点,等等。

第四种有相当影响的观点是,用"亚细亚生产方式"来剖析中国封建社会。持这一观点的学者,力图从更广阔的历史背景,以东西方文明对比、文明起源等方面,来解释中国封建社会的停滞性。"亚细亚生产方式"问题的讨论,在国内外史学界一直在热烈进行着。随着讨论的深入,人们也更清楚地认识到社会结构的丰富多样性。近年来,一些研究者指出,马克思所说的"亚细亚生产方式"是指前阶级社会——原始公社制形态。如果"亚细亚生产方式"的定义正是如上所述,那么它是一切文明类型在其历史初期都曾出现过的。[1] 问题在于,为什么这种原始形态能在东方长期保存下来呢?[二]

除了上述四种较为流行的观点外,还有种种说法。例如,说中国封建社会是处在一个与世界相对隔绝的地理环境中,它东濒大洋,西隔高原,西北、北部与东北部则是高山、沙漠、草原和原始森林;应该说,在封建社会生产水平的限制下,这种地理环境可以成

---

〔1〕 参见《世界上古史纲》编写组:"亚细亚生产方式——不成其为问题的问题",载《历史研究》1980 年第 2 期。

为对外交流的巨大障碍,是一个客观存在的因素。但同样的地理条件,从西周到秦汉一千年间,中国社会结构一直在生动活泼地变更着,所谓停滞问题只是发生在秦、汉建立大一统封建帝国以后的两千年历史中。因此,我们只能说与世隔绝的地理环境只是一种外部条件。又如,还有的学者从人口—土地的生态关系出发,指出一定的生产水平制约了二者的比例,造成中国封建社会一次次解体,从而形成了停滞问题。

总之,在探讨中国封建社会的停滞性问题时,历史唯物论的各种观点都会遇到这样或那样的困难。于是,有的学者开始怀疑这个古老的难题提得有没有意义,研究者们是否在没有谜的地方去破谜。很多学者认为,在解决这个问题前,首先应该严格地分析一下问题本身提得是否正确和合理。

1.3　问题的正确提法

如果我们对问题作严格的分析,它似乎一开始就是错的！首先,“封建社会”究竟是什么意思？要是我们运用古文中“封建”的本来含义,它来自于“封建亲戚,以蕃屏周”。而秦汉后,中国建立了大一统帝国,社会结构和西周的封建制有了很大不同,因此是否能用“封建”这个词来把握秦汉至清这两千年的社会制度是大可怀疑的。[1] 如果采用英文中的 Feudalism 作为“封建”的定义,那问题更大了。根据布洛克的研究,Feudalism 的含义是指“彼人之人”(The man of anotherman),也就是指“某个个体从属于另一个个体之下”。因此,Feudal – ism 意味着受支配的农奴,采邑(fief)替代支薪制、武士阶级的优越性,基于服从和保护的臣属制(vassalage)

〔1〕 杜正胜:《周代城邦》,联经出版事业公司 1979 年版。

和臣属礼(homage)。[1] 它实际上是指中世纪的西欧的特殊社会结构。而学者们早已公认,中国大一统帝国的社会形态和西欧封建社会完全不同。由于“封建社会”本身定义不清,那么所谓中国封建社会应从何时算起呢?从西周、两汉,还是魏晋南北朝?它是否停滞、历时长短也很难界定了。因此,难怪有的海外学者把它比作“张冠李戴”或“指鹿为马”之类毫无意义的问题。[2]

其实,大陆学者大多是从历史唯物主义生产关系和经济形态来定义封建社会的。他们广义地把那些以自给自足的小农经济为基础的社会都称为封建社会。只要人们在社会形态中发现地主和农民、领主和农奴这些基本的阶级,他们就将其定义为封建社会。这样似乎是不假思索地沿用了原始、奴隶、封建、资本主义、共产主义五种社会形态的说法。但是一旦采用这一定义,人们可以发现,去探讨为何中国封建社会如此漫长,还不如去研究西欧封建社会为何相对短暂更为合理。所谓封建社会历史的长短必须要有一个参照系。在将中国与西欧作对比中,如果把欧洲当作标准,那么可以认为中国封建社会漫长,但反之,把中国社会当作正常参照系,问题就变成了为何欧洲封建社会相对短暂了。[3] 长期以来,西方史学界总是不自觉地用西欧模式来衡量其他文明历史,这实际上是一种西方中心论的偏见。今天,大多数学者都承认每一个文明都有它内在的合理性的演化模式。

随着西方中心论的有色眼镜的破除,越来越多的人认识到,西欧社会的发展倒是颇为特别的。因此,合理的问题应该是为何西欧封建社会较短?或者更为确切的提法是:为何近代资本主义工业文明最早在西欧封建社会兴起,而世界上其他农业社会(除中国

---

〔1〕 颜建发:“马克·布洛克及其‘封建社会’”,载《史学评论》第 7 期。

〔2〕 孙隆基:“封建主义新论”,载《知识分子》1985 年春季号。

〔3〕 庞卓恒:“西欧封建社会延续时间较短的根本原因”,载《历史研究》1983 年第 1 期。

外，还包括阿拉伯国家、印度），都长期地处于封建农业生产关系的桎梏中。但是，今天的探索者马上发现，这个问题似乎早已被韦伯经典性的理论解决了。[三]

读到上面这些分析，人们也许会感慨万端，一个近现代史上反复提出、许多理论家百思不得其解的问题，在严格的“科学分析”下，不是问题本身的提法站不住脚，就是早已有现成答案。在此，我们并不想对上述分析评头论足（这常常是那些头脑清晰并富有批判性的思想家十分得意的思路），我们只是想说，如果严密的分析得到的结果只是丢开这个问题，使后继探索者悚然止步，那才是可悲的。是的，“中国封建社会长期延续”这个问题本身提得不够妥帖，它含混不清。但是它的被提出，以及它在社会上激起的热烈的回响却不是偶然的，它代表着时代的反思精神。大凡时代的反思总带有强烈的情绪色彩，它往往用一个看来不那么科学的含混思考方向包含了一大群问题，它就是当代思想家常说的“问题星座”。我们认为对有价值的问题的科学分析的目的，并不应因为它不精确而取消它，而应把那些由感情和直觉提出的不严格的问题变换成一个科学命题。

我们能完成这种转化吗？表面上看，这十分困难，它是如此之大而且包含的命题太多了。狭义地讲，它需要研究者回答为何中国近代落后，传统对现代化之阻力为何如此之大。广义地看，它要求在研究中国历史的同时，回答为何近代工业文明在西方兴起，以及历史和文明演化有无规律可循之类十分重大的方法论和理论问题。这远不是一本著作所能够胜任的。但是我们发现在这个意向性问题群中可以找到一个核心，它是可以用较严格的科学语言来把握的。众所周知，中国古代从秦汉到清王朝，国家的基本形态是大一统的皇帝统治的中央集权政体，社会形态属于前工业化农业社会。这样，我们就可以问，为何中国自秦汉建立大一统帝国后，这种社会结构能延续两千年之久？

如果我们暂时撇开现代化和近代资产主义工业文明兴起的问题,仅仅从文化和社会组织方式来考察人类历史,那么就可以发现,在数千年的文明史中,社会结构的经常变更大约是一个十分普遍的现象。无论是西方、印度、日本还是阿拉伯,很少有一些社会能保持自己的某一种形态和结构千年以上。在这方面,古代中国确实是令人惊异的。人们常用"山中方七日,世上已千年"来比喻中国社会,从秦汉一直到清朝,中国社会的内部一直处于经常变动之中,但是从社会组织方式上来看,它的大一统帝国和官僚制度、地主经济,以及占主导地位的制度化的儒家文化却始终是社会的基本构架;因此,为何中国自秦汉建立大一统帝国后,这种社会结构能保持两千年之久,这无疑是一个比"中国封建社会长期延续"在提法上更为科学的命题。但是,为了保留问题提出的时代特色,我们将仍然采用"封建社会"来描述从秦汉帝国建立到 1840 年鸦片战争这一历史时期。[四]显而易见,这个问题的解决答案应该包含了对为何近代资本主义没有在中国封建社会出现的回答。因为我们一旦理解了中国社会结构两千年停滞(即社会结构基本形态保持稳定)的机制,那么这种结构不能自发地向近代资本主义社会结构转化也就是不言自明的了。也就是说,用一个文明自身的性质来说明它的存在和演化方式,而不必借助于西欧模式。

从另一个角度讲,我们考察的对象虽然是中国封建社会,但在解释这个问题时,我们是从一般的社会整体演化的机制出发的。对理论假设和研究方法都力求有所创新。这样,本书面临着两个任务,首先,它是一本宏观透视中国历史的著作,同时它也是用中国封建社会演变为案例探索一种新的历史社会学的研究方法,甚至是一个理解文明史的新纲领。[五]

1.4　社会结构及周期性、停滞性

研究中国封建社会结构两千年的基本保持不变(我们将其称为停滞性),首先碰到的问题是“什么是社会结构?”如果社会结构这个概念本身含混不清,那么停滞性亦很难界定。

社会结构是当代学者运用得最广泛,也可以说是十分混乱的概念,人们常用它来表示社会组织方式。在本书中,我们则将社会结构规定为某一社会中由政治结构、经济结构、文化结构(或称意识形态结构)互相耦合而成的形态稳定的组织系统(图1.1)。至于为何我们可以这样分析以及它们和传统马克思主义的关系,我们会在本书第十章进一步交代。

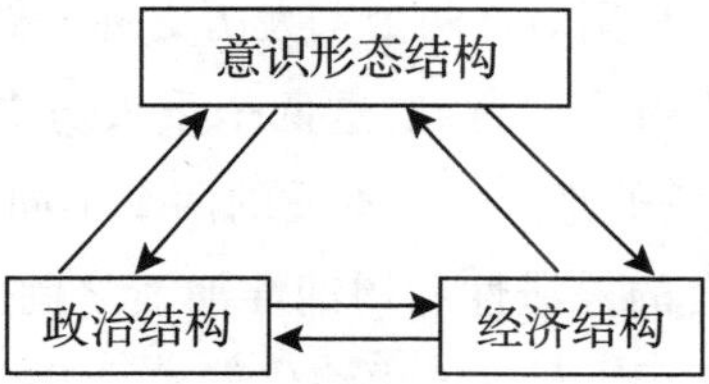

图1.1　社会结构分析框图

经济结构是指一个社会占主导地位的经济组织方式。历史学家公认,自秦汉开始,中国就已有土地自由买卖制度,地主、自耕农和佃农一直是农业经济的主要成分。这种情况一直延续到清朝,也就是说经济结构基本上属于“地主经济”。政治结构是指社会和国家政治组织形态。从秦汉至清的两千年,各个大一统王朝的官制虽有某种差别,但它们都是一种高度中央集权的官僚政治(魏晋南北朝的特例,本书作为专门章节讨论)。而文化结构则用社会中占主导地位的官方意识形态来代表。在中国古代,儒家文化是占主导地位的。这三个系统的耦合意味着它们的互相影响、调节和适应。一旦我们给中国封建社会结构这样一种明晰的定义,马上就会发现中国封建社会结构从秦汉一直到清朝保持了两千多年之久。也就是说,社会结构的停滞性是中国封建社会的最基本的特点。

如果我们高度宏观地分析中国这两千年的历史,可以发现,除了社会结构停滞外,它还有另一个重大特点,这就是大一统王朝的周期性更替。以大时间尺度来衡量,中国历史上的大一统王朝从建立、发展趋于鼎盛,直到显露出社会危机、爆发动乱、崩溃,差不多每隔两三百年就会发生一次激烈的大动荡,旧王朝覆灭了,新王朝代之而起,呈现出一种社会结构周期性的瓦解和重建,我们称之为"周期性"。

中国封建社会的"停滞性"和"周期性"是众所周知的历史事实。历史学家们曾分别对这两个重大历史现象做过十分详尽专门的研究。但是很少有人注意到,这两个重大历史现象之间存在着某种本质的关联,它们是同一个本质的两个不同方面。我们认为,研究中国封建社会的停滞性和周期性崩溃之间的深刻关联,可以帮我们找到支配中国大尺度历史演化模式的钥匙。

我们将自己的理论探索称为"超稳定系统假说"。"超稳定系统"(Ultrastable system)一词原来自于控制论(Cybernetics)。它是艾什比(W. R. Ashby)在 50 年代研究有机体怎样适应环境时提出来的。〔1〕艾什比在研究生物和环境的互相作用时发现:生物和环境耦合(也就是互相适应)保持了生物体和行为模式的稳定。但有机体是如何建立这种适应,也就是如何学习的呢?他企图用超稳定系统来概括这一学习机制。他认为,学习机制的本质在于:当一个系统不稳定(如生物体不适应环境时)时,系统由于其不稳定性

〔1〕 W. R. Ashby, Design for a Brain.

会自动调整内部参数,以使整个耦合系统达到新的稳态。我们认为,可以借用艾什比的超稳定系统这一名词来描述中国封建社会周期性和停滞性之间的内在联系。为了使读者便于理解,我们可以对造成社会结构的停滞和周期性崩溃(也称周期性振荡)的机制做如下极为概括的说明。

我们都知道,历史是一条长河,无论是在自然发展史上还是社会发展史上,变化是不可抗拒的潮流,大陆的漂移,宇宙的膨胀,物种的遗传变异……没有一成不变的事物;任何一个社会,不论它的结构是怎样的保守,怎样稳固,都不能置身于发展变化的长河之外。用图1.1框图分析,可以认为在一个社会内部,经济、政治、意识形态三个子系统也都在发展变化着并不断调整相互关系。长期的变迁,势必导致三个子系统之间的不适应,从而使整个社会结构出现不稳定和危机。当三个子系统之间的关系极不适应时,就要求社会变革,有时不得不以革命的形式来调整社会结构。调整的后果会怎样呢?我们认为,存在着两种可能性。一种可能是人们早就熟悉的:旧结构被破坏瓦解了,失去了恢复的能力,同时,在原有社会结构中,已经形成了一个新的相互适应、相互调节的结构,旧结构瓦解时,新结构就会取代旧结构,社会演化到新的形态。这就是人们在文明史上经常看到的社会结构的变化(注意,它不一定是进化,即不一定是由某一种落后的形态演变到较先进的形态)。另一种可能性是人们长期忽略的,这就是:当社会结构中三个子系统偏离适应状态以至于旧结构无法再维持下去时,引起原有旧结构的崩溃,其后果是消除了各子系统中互不适应的因素,同时也消除和压抑了三个子系统中尚未成熟的新结构的萌芽,这样就使得大系统回到原有的适应状态。这个系统由于存在着不断消除和压抑内在不稳定因素的振荡机制,所以从总体上看其结构可能长期保持基本不变。这种类型的社会结构,一方面具有巨大的稳定性;另一方面表现出周期性振荡。也就是说,这种系统的巨大稳定性,是依靠它本身只有周期性振荡的调节机制而得以实现的。当然,我们所谓的社会超稳定系统,原则上和艾什比的超稳定系统是不同的。因为,生物系统的超稳定性是一种寻找、纠错的学习机制,而我们则用它来表示那些通过组织系统瓦解后重建(周期性崩溃)来维持某一种稳定的社会结构长期存在(也就是超级稳定性)的机制。我们之所以借用“超稳定”这个词,一方面它似乎很形象地概括了中国封建社会结构的巨大保守性;另外我们想用它来强调中国封建社会的特殊结构:它每隔两三百年就发生一次周期性的崩溃(即振荡)、消灭或压抑不稳定因素并恢复旧结构。正是这种机制,保持了中国封建社会两千余年的延续,使之呈现出社会结构的巨大稳定性。换句话说,中国传统社会制度是不能仅仅靠每个人一统王朝长期延续而静态地继承下来,而是必须通过周期性的动乱和复苏,一代一代地保存下来的。

本书的目标是,力图建立一种整体演化论的新方法[六],提出中国封建社会的结构是一个超稳定系统的假说,我们认为根据这一假说,中国历史上一些令人迷惑的现象和难题,如大一统的组织能力、对外来文化的融合能力、魏晋南北朝的分裂动荡的原因、农民战争的特点和作用等,都能得到统一而又简明的说明。这样,也许可以使我们发现那些被大量细节掩盖着的重大历史现象之间的内在联系。

以下各章中,我们将根据历史资料,一步一步地分析中国封建社会的构造,及其内部子系统之间的相互作用机制。第二章中,我们以研究社会内部的及外部的交往程度为起点,分析中国封建社会独特的宗法一体化结构及其功能,揭示这种结构与“大一统”的关系。第三章中,我们分析了宗法一体化结构所具有的巨大调节能力必然会异化出无组织力量来,并具体地分析政治结构、经济结构中无组织力量不断增长的趋势。这一切导致阶级矛盾激化,国家机器调节功能丧失。第四章中,我们分析中国封建社会中地主对农民的剥削结构和剥削放大效应，指出无组织力量最终将导致王朝末期变法的失败和农民大起义。第五章，我们探讨宗法一体化结构怎样造成社会周期性的崩溃及王朝修复机制。第六章讨论周期性大动乱对生产力进步积累的破坏作用，从而指出宗法一体化结构的巨大保守性阻碍了社会结构中新因素的产生和发展。然后，我们总结中国封建社会超稳定结构的假说，回答为什么中国封建社会结构长期延续这一中心问题。第七章分析超稳定系统受到外来冲击，旧社会结构不能修复时，会出现什么局面，它就是魏晋南北朝的长期分裂的原因。第八章研究中国传统文化和超稳定结构的关系。第九章探讨中国封建社会中的科技结构，回答有关科技发明和社会结构互相适应的机制。第十章是从对中国古代社会分析中，抽出研究历史社会学的一般方法，并比较它们和结构功能学派的异同。第十一章是大一统王朝兴衰的数学模型。我们相信，读者是有足够的兴趣和耐心，与我们一起来进行探索的。

第一章　说　　明

［一］据刘石吉估计，早在战国时代中国一等大城市约有 20～30 个，大都市至少有 50～60 个，全国约有 20 万户以上住在头等都市，50 万户以上住在中等城市，都市人口可达三四百万。表 1.1 为历史上中国、罗马、拜占庭、英国京城大小比较；表 1.2 为历史上各代以及世界上最大的城市。从这些数据可以看出，在 19 世纪以前，中国几乎拥有世界上最大的城市和最多的城市人口。〔1〕

〔1〕 刘石吉："城郭市廛——城市的机能、特征及其转型"，载刘石吉主编：《中国文化新论：经济篇——民生的开拓》，联经出版事业公司。

表 1.1 京城面积的大小

时代	9 世纪	16 世纪	13 世纪	14 世纪	2 世纪	15 世纪	11 世纪	12 世纪	13 世纪
都市	长安	北京	北京	南京	罗马	君士坦丁堡	开封	杭州	伦敦
城市环境面积(平方英里)	30.00	42.25	18.00	16.87	9.00	9.00	4.78	9.75	0.51

表 1.2 历史上世界最大都市

年代(公元)	世界最大都市	人口(万)
800	长安	80
1100	开封	44.2
1200	杭州	22.5
1300	杭州	43.2
1400	南京	47.3
1450	北京	60.0
1600	北京	70.6
1750	北京	90.0
1800	北京	110.0
1825	北京	135
1850	伦敦	232

[二]亚细亚生产方式理论的一个重要变种就是研究大河流域对灌溉的需求和专制主义之间的因果关系。其中最有代表性的观点是德国学者威特弗格(K. A. Wittfogel)的水利文明说。他认为,在东方社会,由于对灌溉的需求,治水工程极为艰巨,这些工程远不是个人或地方小集团所能胜任的,于是大一统专制帝国就应这种历史需求产生了。这就造就了中国古代社会模式的官僚专制

式,它具有停滞性的特点。(K. A. Wittfogel, *Oriental Despotism*: *A Comparative Study of Total Power*. Vintage Books. A Division of Random House. New York. 1981.)当代很多学者都指出,这种观点实际上是站不住脚的,用它来解释中国古代社会大一统专制王朝的兴起,几乎是犯了因果倒置的错误。实际上,中国古代大规模治水工程的出现,以及它在整个农业经济中占有不可忽略的重要地位,这几乎是在大一统王朝建立以后的事情,至少也是春秋战国以后,这种水利文明说实际上是用古代两河流域和古代埃及社会模式来硬套中国历史。本书作者之一曾对古埃及社会的水利工程和专制王朝的关系作了研究。其实,对于古埃及社会,水利和专制王朝之间的关系也是互为因果的,它不能成为专制王朝产生的终极原因。[1]

[三]根据韦伯的学说,可以从资本主义精神和质料(在此是指社会制度)的组合来判断近代资本主义文明出现的条件、合理型的资本主义精神和质料在历史上是互相独立的,它们的组合共有a、b、c、d四种可能性:

	精神	质料
(a)	−	−
(b)	−	+
(c)	+	−
(d)	+	+

案例a意味着资本主义精神规范和制度性支持都没有出现,部落社会就是明显例证。案例b中缺乏资本主义理性精神,这就是东方社会(例如古代中国)。韦伯认为,这些社会物质基础非常适合于资本主义的开发,但未被必需的动机刺激起来。案例c相应着另一种情况,资本主义精神没有物质基础的支持。而案例d

〔1〕 金观涛、王军衔:《悲壮的衰落——古埃及社会的灭亡》,四川人民出版社1986年版。

正好是中世纪后期的英国社会。新教伦理中的资本主义精神和作为物质条件的质料结合,使英国最早成为资本主义社会。[1] 对于英国资本主义社会的兴起,韦伯的学说似乎无懈可击。但是近年来一些学者提出,根据韦伯学说作出的关于东方社会(特别是中国)不能产生资本主义文明的解释是站不住脚的。例如韦伯所说的在新教伦理中包含的资本主义精神大多可以在中国传统文化中找到。[2] 因此,中国古代社会也应该属于 d。这样,历史学家面临的问题几乎是讽刺性的。一种对西方社会演变自圆其说的解释一旦拿到中国就会困难重重。因此,学者即使经过严格的思辨把中国封建社会的停滞转化为西欧近代资本主义文明兴起之原因分析,悖论依然存在。因为同样的解释说明不了中国社会之发展。人们至今为止还没有发现普遍适用的学说。

[四]学者们通常十分强调"封建社会"的严格而科学的定义,对于学术研究,这完全是必要的。但是"中国封建社会"除了它是一个定义以外,它还是一种在某个特定时代一大批(例如中国大陆大多数人)的一种称谓。对于一种已经普遍流行的称谓,我们认为,只要对它进行较严格的重新定义,使用它并无什么坏处,相反如果选择另外一个词,例如用帝制时期的中国,虽然在定义上似乎更严格,但除了这方面的专家,很多人不太清楚它是指什么,因此它的使用反而带来种种不便。我们在写作《兴盛与危机》和其他有关著作时,虽然也曾经为"封建社会"的提法思考过,比如,采用"帝制时期"和"传统社会"等,但最后还是沿用"封建社会"这个词来称呼从秦汉到清朝这两千年的中国社会。我们认为只要在书中对中国这一段历史时期的社会结构作定义上的限定,使它不会混同

---

〔1〕 [英]弗兰克·帕金:《马克斯·韦伯》,刘东、谢维和译,四川人民出版社 1987 年版。

〔2〕 余英时:"中国近世宗教伦理与商人精神",载《知识分子》1986 年冬季号。

于西欧封建社会,也不会损害整个假说的逻辑一致性。一些学者一听到中国封建社会这个词,马上觉得不值得进一步去读作者的著作,以为问题一开始就错了,这或许也是一种过于囿于定义,习惯于在字面上绕圈子而不深入探讨的主观偏见吧。其实,使用任何一个名称来描述从秦到1840年这段时间的社会结构都不可能不导致误解。例如,使用“传统社会”一词也有很多毛病。秦以前算不算“传统”呢?清朝王权结束以后至今,中国大陆仍处于较低的经济发展水平,又算不算“传统社会”呢?因此,最后我们决定用“封建社会”这一大众习惯的名词。

[五]我们认为,一种解释,如果要作为一种科学的假说,必须满足科学的规范。科学规范要求假说具有普遍性和可证伪(或证实)的性质。

而任何一种特设的解释严格说来都是非科学的。例如当一些历史学家发现某些学者用中国历史的案例来分析韦伯学说时,往往就会露出不以为然的神态。他们常辩论道:韦伯讨论的是英国的新教伦理和资本主义的关系,它是对特定的英国社会而言的,怎么可以套到古代的中国来呢?他们一面承认韦伯学说的权威性,同时又拒绝这一学说进入中国史研究的领地。我们认为如果韦伯假说(讨论新教伦理中的资本主义精神和英国资本主义社会确立之间的因果关系)是科学假说,那么这一理论应该具有某种普遍性。如果韦伯学说在理论上揭示了某种类似因果性的关系,那么应该可以使用这一理论来考察其他文明,至少在方法论上可以借鉴。当学者们在中国古代文化中找到了类似于新教伦理中的那些精神要素,那么这一研究就可能构成对韦伯假说的证伪(至少也是一个反常例子)。在此,理论家是不可以做特设性后退的。也就是说他们不能做如下辩解:韦伯假说讨论的对象是英国的新教伦理。因为作为英国17世纪之宗教,当然是独一无二的。中国文化中的商业精神当然不会是英国17世纪的新教伦理!这种表面上无懈可击的解释实际上是破坏了科学规范。这正如一个科学家假说小麦的某一种疾病是由一种细菌引起,但是后来在某一个地方,人们发现了小麦带这种细菌,但却没有疾病,这时,理论家可以用另一些普遍性因素来修改这个假说(如进一步细化发病机制、传染媒介等),但却不能说,他的这个假说仅仅对某些地区的小麦有效,否则任何一种设想都不能证明对还是错。理论就成为逃避实证的避风港了。

关于这类科学和伪科学分界的讨论,当代科学哲学已有十分深入的研究。因此,我们认为,我们用于解释中国传统社会结构停滞的机制中某些作为基础性的假设和方法,也应该适用于其他文明历史。也就是说,我们在本书中提出的理论分析,是可以检验的,可以被充实发展或被证伪。对中国社会结构演化模式的探讨,只是我们的基本假说的一个案例分析。事实上,使用这种方法的进一步工作可以参见《西方社会结构的演变》、《悲壮的衰落》等著作。

[六]关于我们运用的方法论,实质上是本文作者在当代控制论、系统论、信息论和耗散结构理论、突变论基础上提出的一种整体演化论(或称系统演化理论)。在本书第一版《兴盛与危机》中,我们没有对自己提出的方法和控制论方法、特别是艾什比的超稳定系统理论的异同进行分析,这样很容易产生一个误解,以为本书是控制论在中国历史研究中的应用。其实,本书的基本理论构架是不同于 Cybernetics 和 System Theory 的,当然我们从中汲取了不少营养,但有很多基本概念,如怎样分析社会结构、社会结构特定性和容量、无组织力量等,都是我们自己提出的新概念。关于本书方法论基础可参考《整体的哲学》。[1]

---

〔1〕 金观涛:《整体的哲学——组织的起源、生长和演化》,四川人民出版社 1987 年版。

第二章　中国封建社会的结构

大音希声。

大象无形。

——老子

2.1　"大一统"之谜

如果把中国封建社会和世界上其他封建国家做一个对比，首先使我们获得难忘印象的就是它的"大一统"。是的，除中国封建大国以外，世界上绝大多数民族经历的封建社会都是以分裂割据状态存在的。

欧洲在中世纪时，碎裂为几百个甚至上千个细小部分。仅在德国，就有巴伐利亚、奥地利、萨克森、符腾堡、勃兰登堡、科隆、汉堡、纽伦堡、法兰克福等二三十个公国、伯国、侯国、主教国家以及城邦。在这些拥有颁布法律、征收赋税、铸造钱币的权力的国家中，又有一群各成独立经济单位的庄园和市镇。有的历史学者用"一条政治上杂乱拼缝的坐褥"[1]来形象地比喻中世纪初期欧洲

〔1〕［美］海斯、穆恩、韦兰：《世界史》（上册），中央民族学院研究室译，三联书店 1975 年版，第 475 页。

的政治地图。这个比喻对日本和印度封建社会也同样适用。1467 年日本爆发“应仁之乱”时,以细川氏纠集 24 个国家为一方,山名氏纠集 20 个国家为另一方,展开激战。直至 1582 年尾张国的织田信长自杀身亡前才统一了当时 68 个国家中的 30 个。日本列岛 377,000 余平方公里的面积上,竟有六七十个封建小国。公元 7 世纪至 10 世纪之间,北印度有拿日普塔族建立的诸王国,德干及南方也是小国林立,极南太密尔地方还有达罗毗茶人的槃耶、迦勒拿、朱罗三大王国。这是一部何等混乱的历史图书啊!

虽然,世界史上也出现过一些版图辽阔的统一的封建大国,如公元 800 年建立的查理曼大帝国,又如阿拉伯人在圣战的旗帜下东征西讨,公元 732 年建立了横跨欧、亚、北非的穆斯林帝国。日本公元 7 世纪实行大化改新,也曾建立了统一的封建国家。但是,无论是查理大帝、穆斯林倭马亚王朝的哈里发,还是仿效唐制的日本皇子贵族,他们统一的业绩不过是黑暗中的一道闪电,虽说惊人,但十分短暂。查理曼帝国的寿命几乎和查理大帝的寿命一样长。843 年“诚笃者”路易死后,这个封建统一大国就解体了。大食倭马亚王朝也不过经历百年左右就衰落了,而日本在公元 9 世纪后也陷入分裂。这些例子说明,力图克服小农经济分散性而实现的大帝国,犹如超新星爆发那样,大多是一种暂时现象。“新星”爆发后不久,社会又陷入分裂割据的黑暗之中。

但是,在世界封建社会分裂割据的沙漠中,还有一块辽阔的绿洲,这就是中国封建大国的存在。自秦始皇履至尊而制六合,建立了大一统封建大国以后,虽然每隔一段时间就要出现分裂和动乱,但是,统一的中央集权的封建大国始终是中国封建社会的主导形式。中国封建大国以它辽阔的版图、众多的人口、灿烂的文明存在了两千年之久!

中外历史学家,无不为中国封建社会里存在如此强大的统一力量而感到惊愕。

人们不能不问：同样是封建社会，有着大致相同的生产水平——以农业生产为主的自然经济，而中国封建国家为什么具有如此不同的形态？它依靠什么样的组织力量来克服分裂割据？“大一统”是中国封建社会结构上的特色，它是中华民族古代的光荣与骄傲，但我们民族也曾为之付出了沉重的代价。长期以来，“大一统”之谜并没有得到科学的解释。在本书中，它将成为我们解剖中国封建社会结构的一个出发点。

我们首先探讨建立中国封建大国的组织力量，由此逐步揭示它独特的结构。然后从这一结构来研究它的演化机制和其他一些特点，只有这样，我们才能找到中国封建社会长期延续的原因。

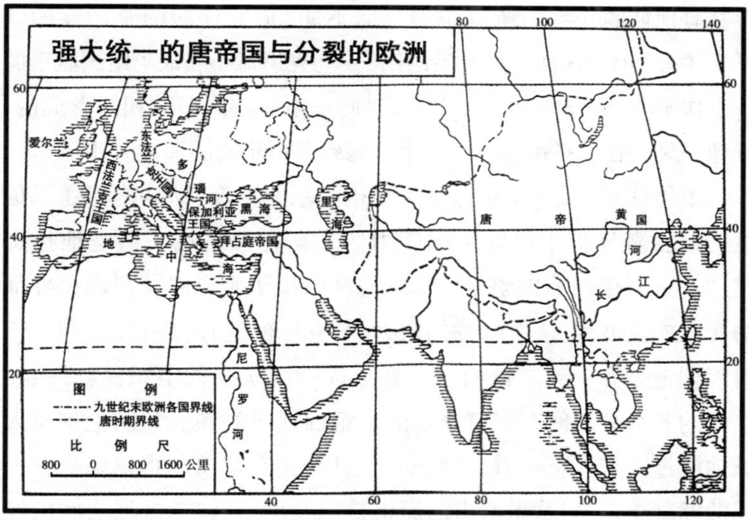

*　此地图为中国地图出版社陈芝所制。资料来源：①沈阳师范学院 1957 年 11 月出版的《世界中世纪史地图》；②图中欧洲部分各国界线，依据东北师范大学函授教育处 1957 年 1 月出版的《世界中世纪史地图》；③图中唐界线依据地图出版社出版的《中国历史地图集》。

2.2 两个生动的比喻:“马铃薯”与“混凝土”

为什么封建社会大多都是小国林立的分裂割据局面呢?从系统组织原理上讲,在自给自足的小农经济基础之上,一般都缺乏把各个地域联系起来的组织力量。马克思曾精辟地论述过建立在自然经济基础上的社会组织的特征。他说:“小农人数众多,他们的生活条件相同,但是彼此间并没有发生多种多样的关系。他们的生产方式不是使他们互相交往,而是使他们互相隔离。”“由于各个小农彼此间只存在有地域的联系”,所以小农之间不能“形成任何的全国性的联系”,不能“形成任何一种政治组织”。马克思对小农缺乏组织联系的特点作了非常生动的比喻,说他们“便是由一些同名数相加形成的,好像一袋马铃薯是由袋中的一个个马铃薯所集成的那样。”[1]

值得注意的是,马克思是从互相联系的角度,即从内部通讯信息的角度来分析小农的组织能力的。马克思还特别清楚地指出过:“……一个民族的整个内部结构部取决于生产以及内部和外部的交往的发展程度。”[2]我们认为,马克思的这种分析方法和现代组织理论是有一致之处的。即要形成一个统一的组织,就必须使整体的各部分之间存在着密切的稳定的通讯联系。控制论创始人维纳说过一句名言:“社会通讯是使社会这个建筑物得以黏合在一起的混凝土。”[3]这里所讲的通讯是广义的,它包括区域之间的经济交往、政治联系和文化联系,是指各地区之间的信息、能量和物质交换的总过程。而一个社会的通讯发达的程度,一方面要受到

---

〔1〕 马克思:“路易·波拿巴的雾月十八日”,载《马克思恩格斯选集》(第1卷),第693页。

〔2〕 马克思、恩格斯:“费尔巴哈”,载《马克思恩格斯选集》(第1卷),第25页。

〔3〕 [美]维纳:《人有人的用处》,陈步译,商务印书馆1978年版,第17页。

生产水平——物质生产和交换——的制约，另一方面要有实行通讯联系的通道和工具，此外，要存在着执行联系功能的人。

用控制论关于通讯和组织的理论来看封建社会的分裂割据问题，是非常清晰的。西欧封建社会里，基础的经济单位是封建庄园。每个庄园都生产着它需要的食物、衣服、工具和其他货物。庄园中有磨坊、面包房、酿酒房和店铺，有铁匠、金匠、银匠、鞋匠、木匠、旋工等十余种工匠，还有精神文化的活动场所——教堂，庄园是一个自给自足程度相当高的经济、政治、文化单位。作为统治阶级的贵族、骑士和牧师，他们的物质利益、政治权力和封建义务，他们的生活乐趣和爱好，和他们所占有的庄园是紧密结合的，这使得他们一般不可能、也没有必要建立一种超越所辖土地之上的广泛而又经常的联系网。而农奴也不能执行社会联系的功能，因为在封建庄园中，"物质生产的社会关系以及建立在生产的基础上的生活领域，都是以人身依附为特征的。"〔1〕每个封建采邑都有鲜明的个人色彩和地方性。而庄园之间的交通也极不畅通，道路毁坏，河流不通航，甚至在桥梁、渡口和集镇上封建贵族都设有关卡征收通过税，商业普遍衰落。这种分散的经济结构和低下的生产水平，不产生密切交往的需要，于是，欧洲封建社会表现为小国林立、分裂割据的局面。

但是，这绝不是说在古代生产力和科学技术不发达的条件下建立广阔地区间经常性的稳定联系是不可能的。在这里，需要区别两个概念：生产水平的高低和社会交往程度。固然一个社会地域之间联系的发达程度和生产力、科学技术密切相关，但这种稳定的联系还要取决于它的"内部和外部的交往的发展程度"，取决于社会组织中是否存在从土地中相对游离出来的阶层。如在某些奴隶制国家中，生产是奴隶主对奴隶采取分工使用、集中管理的方式，这些奴隶制社会内部交往密切，并需要频繁的商业贸易。在有的奴隶制社会中，充

---

〔1〕 马克思："资本论"，载《马克思恩格斯全集》（第23卷），第94页。

满尚武精神的部分自由民以及官僚大贾们可以从土地中相对游离出来,执行着社会联系功能。因此,在生产水平很低,整个社会科学技术也不发达的奴隶制度下,有可能建立起统一的奴隶制大国。著名历史学家汤因比在分析罗马帝国之所以能建立一个持久而稳定的政府时,也很重视它依靠自由民、雇佣兵及商人这些阶层来组织国家机器。在罗马共和国建立初期,基本上是由贵族充当国家官员。随着领土的扩大,国家管理也越来越困难,罗马帝国就从自由民和商人中招募官员。最后,自由民和商人完全取代了贵族。罗马奴隶制大国之所以能够稳定持久地存在,是和商人、自由民执行着社会联系功能分不开的。当时,地中海的水上交通频繁,罗马官道以罗马城为中心,轮辐般通往各地。这就是"条条道路通罗马"的原有含义。拉丁文是当时通行语言,历史学家都公认罗马官道和拉丁语对维系罗马帝国稳定的重要性。从信息论角度讲,水陆交通、语言文字起着物质与精神的通讯交往的通道作用。

到了西欧封建社会初期阶段,生产关系比奴隶制社会进步了。但是,在一般情况下社会内部交往程度反而不如某些奴隶社会。这说明生产水平的高低和社会内部交往程度并不总是一致的。而且,即使是些生产水平大致相同的封建国家,由于历史条件不同,它们社会内部交往的程度也可能出现巨大的差别。这种差别可以形成不同的社会结构。事实上,中国封建社会之所以和世界上许多封建国家不同,具有大一统的特点,正是由于它独特的结构,以及发达的内部交往和存在着特殊的执行联系功能的阶层所致。

2.3 儒生、官僚及语言、通讯工具

为了便于探讨中国封建社会在内部交往程度方面与欧洲封建社会的差别,我们从执行区域之间联系功能的角度,来分析一下中

国封建社会内各阶级、阶层的组织能力。

在古代中国社会里，农民占总人口的绝大多数。农民是和土地紧密联系在一起的小生产者。马克思对欧洲小农的分析，对中国农民也同样适用。如果没有其他社会成分，小农将组成"鸡犬之声相闻，民至老死，不相往来"的一个个分散的宗法村社。农民是封建社会中社会财富的创造者，他们的劳动生产提供了封建大国最主要的物质基础。但农民不能成为封建大国的组织力量。

在中国封建社会里，商人的活动很重要，但受到种种限制。和西欧封建社会一样，执行着地域间经济交往功能的商人，他们的力量相对弱小，也不是封建大国的主要组织力量。

在封建社会统治阶级中占主导地位的是皇室、贵族和地主。如果他们之中不分化出一个特殊的阶层的话，情况又会怎样呢？只有农民、农奴、商人、地主、贵族、皇室所组成的社会一般是封建小国。秦汉帝国建立以前的中国封建社会就曾出现这种分裂割据的形态。但是，春秋战国时期，我国封建经济结构发生了变化，土地可以买卖了，政治结构中出现了郡县行政管理制度，并逐步形成了"士"这样一个特殊阶层。[一]"士"是一个不强调身份等级，以所受教育服务社会为主要特色的知识分子阶层。[二]了解中国历史的人都知道，"士"在春秋战国时期十分活跃，所谓"入楚楚重，出齐齐轻，为赵赵完，畔魏魏伤"[1]就描述了士在政治活动中的重要作用。士是秦汉以后历代封建王朝官僚机构成员的最主要来源。中国封建大国的建立，是和存在着士这样一个其他国家所没有的特殊的社会成分有着密切关系的。

在中国封建社会里，执行着主要社会联络功能的士的组织能力如何呢？地主阶级知识分子——士，通常称为儒生，他们在总人口中所占的比例并不大，但流动性大，组织能力也相当强。"少小离家老

〔1〕 王充：《论衡》，第13卷，《效力篇》，上海人民出版社1974年版，第204页。

大回,乡音未改鬓毛衰,儿童相见不相识,笑问客从何处来?”这首脍炙人口的唐诗,生动地描写了儒生从小远离家乡而老年回到故土的复杂心理。古代中国知识分子主要来自于地主阶级(当然也有少数来自于农民),优越的经济地位提供了有利的条件,使他们可以从小饱读诗书,熟习儒家经典,游览大山名川,千里迢迢求教于名师,或在深山书院中苦读,并建立广泛的社会联系。一旦他们获得必要的知识,就有可能通过科举或其他途径被选拔为国家官员。应该强调的是,他们主要不是靠土地而是靠所谓学问而被组织进封建官僚机器的大网中的,这就使得儒生能够相对地摆脱土地的束缚,超越小农经济的分散性而处于流动之中,实行全国性的广泛交往。中国儒生的游学、游宦生涯,正是这些特点的反映。顺便举一个例子:著名清官海瑞是海南岛人,他 1554 年考中举人后,被分配到福建南平县作儒学教谕,1558 年被调往浙江淳安任知县,1562 年削职进北京,1563 年任江西赣州府兴国县知县,1564 年调北京任户部云南司主司,1567 年又调往南京任右通政,接着又到苏州任应天府巡抚。后来,他辞官在海南岛老家闲居 16 年。1584 年他又以 72 岁高龄调往南京任南吏部右侍郎,上任时,路途奔波两个多月。像海瑞这样由中央政府纵横万里、频繁调动的官员何止成千上万!台湾学者李国祁、周天生对清代基层地方官人事嬗递现象,做了较大规模的量化分析。他们统计了从知县到知府的地方官共 53,274 人,对官员的流动性给出了有说服力的证据,统计表明,任期在三年以下者,在知府中所占比例为 76.1%,散州知府 77.1%,直隶州知府 80.5%,知县 78.8%,而其中,几乎一半的官员,任期仅一年。由此可见,清代地方官平均任期很短,流动性极大。清代使用互调、调繁、调军差、调廉差等办法来实现官员的流动。其中,互调所占比例在 50% 以上。[1] 当然,上述统计

---

〔1〕 李国祁、周天生:“清代基层地方官人事嬗递现象之量化分析”,载《国立台湾师范大学历史学报》第 2 期。

并不代表所有王朝的情况,但是,官员的流动频繁却是所有王朝普遍的特征。历代官僚占总人口比例虽不很高,通常在0.5%以下(见表2.1),[估算封建官僚占总人口的比例,是一件有意义但又相当困难的事情。每个朝代官僚的设置不同,王朝前后期官僚数目变化也很大,而且各朝人口总数也有争议。最好的办法是查清某朝某一确定年份里官僚数和总人口数,求出相应的比率。这里,为了分析问题,我们只是非常粗略地估算了一个,以求得一个总体印象。]但历代王朝就是依靠流动性极大的官僚搭成从中央到地方的政府机构的骨架,由各级官僚指挥军队和带领办事人员(吏),从而组成巨大的官僚机器,维护封建大国的统一。

表2.1　几个主要朝代封建国官僚情况

朝代	官员数①	人口数②	官员占总人口的百分比(%)
西汉	132,805	59,594,987(公元2年)	0.22
东汉	152,986	56,486,856(公元157年)	0.27
隋	195,937	46,019,956(公元609年)	0.42
唐	368,668	52,919,309(公元755年)	0.7
宋	24,000③		
元	16,425	59,848,964(公元1291年)	0.03
明	(洪武)24,683	59,873,305(公元1381年)	
	(宪宗)80,000	61,852,810(公元1474年)	0.13

①数字来源于翦伯赞所著"论中国古代的封建社会",载《历史问题论丛》,人民出版社1962年版,第102页。

②数字来源于梁方仲:《中国历代户口、田地、田赋统计》,第4~8页。

③李弘祺对北宋、南宋的官员数量进行了统计。其中24,000员为1064~1067年间(北宋英宗治平元年~四年)的官员数。官员总数最多达43,000多,时间为1196年(南宋宁宗庆元二年)。作者给出了官员数一览表。(李弘祺:"宋代官员数的统计",载《食货》第十四卷第五、六期。)

封建大国的维持,要依靠受中央政府牢牢控制的官僚机构。

各级机构必须把中央政府的号令、政策贯彻到所辖地区。统一的号令、政策只有通过一定的通讯系统才能传达到各级官员那里。因此,对统一的大国来说,还必须有克服信息传递障碍的统一的文字和发达的交通通讯网。中国封建社会正是如此。

象形表意的中国方块字,有利于克服由于地域辽阔所带来的方言繁杂的障碍,成为几千年来始终畅通的思想文化交流的工具。只有具备这种重要的通讯工具,才有可能建立一种跨地域的文化联系。而掌握了这种通讯工具的儒生,也便成为组织官僚机构所必须依靠的阶层。儒臣的政治地位是和他们的文化地位紧密相关的。我国封建社会文化联系的通道较为畅通,造纸和印刷术由我国发明正是反映。唐代就出现了官办报纸。北宋末年,民办报纸在社会上也广为流传。〔1〕

我国封建社会的交通也相当发达。秦以前就沟通了黄河、长江、淮河三大水系,并有了邮传系统。〔2〕 秦始皇统一中国后,又修筑了东起山东半岛、西至甘肃临洮、北抵辽东、南达湖北的宽五十步的驰道,并完善了驿站和邮传制度。〔3〕 据云梦竹简出土的《秦律》,公文传递的准确性和及时性都受到法律的保护,发伪书和耽搁命书急件,都要以律论处。〔4〕 准确和迅速正是信息传递过程中最重要的两条。秦始皇实行书同文、车同轨、统一度量衡,这对于

---

〔1〕 方汉奇:《中国近代报刊史》,山西人民出版社1981年版,第1、2页。

〔2〕 《孟子·公孙丑》中有这样的话:"孔子曰:德之流行,速于置邮而传命。"

〔3〕 高敏在"秦汉邮传制度考略"一文中,利用出土文物和文献资料对这一问题做了详细的研究。有兴趣的读者可以去参看原文。我们有兴趣的是作者通过分析得出的这样一个结论:"秦汉时已形成了从中央的'典客'(后改称大鸿胪)、'行人'令和太尉府下的'法曹',到郡国的'督邮',再到每个驿站的'厩啬夫'、'传舍啬夫'、'邮书椽'等吏,构成了一个不同于地方行政系统的邮传管理系统。"可见,通讯的重要性在中国官僚组织结构中是受到高度重视的。(高敏:"秦汉邮传制度考略",载《历史研究》1985年第3期。)

〔4〕 《秦律》:"发伪书,弗知,赀二甲。""行命书及书署急者,辄行之,不急者,日毕,勿敢留,留者以律论之。"

建立统一政府是具有历史意义的。隋代又疏通了南北大运河，以洛阳为中心，北达涿郡，南至杭州，运河全长2500公里。统一的文字、统一的度量衡、四通八达的水陆交通网、驿站邮传制度，这是组建统一大国必不可少的交通通讯工具和制度，为统一国家内部跨地域的经济、政治、文化联系，提供了畅达的通道。而执行这种联系功能，组成国家官僚机器的主要成分，则是儒生阶层。

2.4　郡县制、儒家国家学说及一体化结构

为了描述中国封建社会利用儒生来组织官僚机构及基层社会，实现统一的独特历史现象，我们在本节中引入一个重要概念，这就是政治结构和意识形态结构的一体化，简称“一体化”。一体化概念是从社会组织方式角度提出的。一体化意味着把意识形态结构的组织能力和政治结构中的组织力量耦合起来，互相沟通，让意识形态为政治结构提供权威等组织要素，从而形成一种超级组织力量。我们知道，统一的信仰和国家学说是通过意识形态认同把人们组织起来的巨大力量，而官僚机构是政治结构中的组织力量。由于中国封建社会主要是通过儒生来组成官僚机构的，这便使政治和文化两种组织能力结合起来，实现了一体化结构。

为什么一体化结构具有把小农经济的封建社会组成稳定大国的组织能力呢？

第一，国家可以利用具有认同统一意识形态的知识分子建立

官僚机构,来执行管理国家的功能。[1] 并且,它源源不断地把经过一定方式挑选的儒生输送到官僚机器中,使国家官员无论是在职位上还是在地区上都处于流动之中。其目的是防止官僚演化为贵族,保持国家机器的运转和国家的统一使国家掌握着对分裂割据倾向作斗争的强大武器。

这种组织方式很符合特大系统的分层次调节的组织原则,即一方面大系统内的各部分一定要有独立的调节能力;另一方面这些具有独立调节能力的各部分能够相互协调。在一个复杂的巨大的官僚机构中,有两种使整个机构瘫痪的可能。一是各级官员只对顶头上司负责,只服从顶头上司的指挥。这就会使机构失去效率,还会出现类似欧洲那种"我的附庸的附庸,不是我的附庸"的情况。另一种情况是,各级官员没有统一的指导思想,我行我素,这也会使国家陷于混乱。而一体化正好是保持特大系统协调、克服上述弊病的有效组织手段。

在儒家国家学说的指导下,各级官员都要受到"忠君保民"信条的约束。他们分处在从中央到地方的各级机构上,执行统一的中央政府的号令,但在贯彻过程中又不需要事事请示,而往往是按统一的儒家国家学说来处理大量的日常事务,从而自动地对各地区实行控制调节。统一的国家学说起到保证各地区的协调作用。

实际上,历代中国政治家对这种特大系统组织方式亦有较为明确的意识。儒家国家学说的"强干弱枝,大本小末"的原则,很符

---

〔1〕 这里,我们强调了以下原则:为了实现一体化,知识分子具有统一信仰是官僚机构组建中头等重要的。因此,绝大多数封建官员是适应性很强的通才型,即"万金油式"的,与韦伯法理型体系——科层组织中的专才型官员大不相同。有的学者从应具备礼学专长的太常卿、少卿人物的任官分析,指出唐代官僚体系是通才型的,而且这种倾向到后期越加显著。(卢建荣:"唐代通才型官僚体系之初步考察",载台湾中研院历史语言研究所、经济研究所合办《第二届中国社会经济史研讨会论文集》1983 年。)

合控制论关于分层控制和组织的原理。而所谓“明主治吏不治民”[1]的策略,则符合控制的放大原理。韩非子曾形象地说过,如果一个吏提着壶去救火,不过是发挥了一个人的作用;如果他持鞭指挥,则能驱使万人去救火。

第二,组成国家官僚机构主干的官员人数毕竟是有限的,往往只占总人口的0.5%左右,因此,官僚机构的末端只可能达到县一级。而对于一个幅员辽阔的大国的统一,还必须实现对县以下基层社会的有效管理,这时一体化另一个重要方面是国家凭借着大量官僚体系之外、但认同这种意识形态的知识分子来实现乡自治。这些有功名而未当官或退休官员的士绅、文人,在不同朝代有不同的称谓,如明清时称缙绅。取得功名的文人,享有国家赋予他们的特权(往往是免役权),成为介乎于官与民的中间阶层。他们通过与官方合作或独立办理基层行政事务,如征收赋税、调解民事纠纷、承办公共工程、管理家族事务等,充当地方领袖的角色。由于他们也是自觉遵守儒家规范的知识分子,因而通常能与国家官僚机器实现有机的协调。这种渗透于基层的非官僚的社会化组织力量,形成了国家官僚机构枝干下的广泛而稳固的根基,从而把一个巨大的农业社会不可思议地有效组织起来了。一体化本身已经决定地方缙绅自治组织基本上是从属于官僚机构的,因此,有的学者形象地说中国古代社会,“不仅是国家,连社会本身也是官僚化的”。[三]而实现这一点的正是靠“官于朝,绅于乡”的儒生。

显然,实现了一体化结构是中国封建大国和其他封建国家在结构上的重大差别。我们前面提到,一体化意味着把意识形态结构中和政治结构中的两种组织力量耦合起来,形成一种超级的组织力量。那么,一个社会要利用一体化来组织一个稳定的封建大国,在其意识形态结构和政治结构中就必须具备以下一些条件:

---

〔1〕《韩非子·外储说右下》。

(1)社会上存在着一个强大的可以执行联系功能的阶层;

(2)这一阶层必须认同某一种统一的意识形态,而且这种意识形态具有入世的统一的国家学说;

(3)必须在全国范围实行官僚管理的郡县制;

(4)利用具有统一意识形态的知识阶层组织官僚机构,并由这一阶层充当县以下社会组织中的地方领袖角色,对全国实现统一的行政管理。在乡自治下,由一些识字能算的下层知识分子充当各类事务的管理人员。[四]

众所周知,士阶层、儒家学说、郡县制这几点在春秋战国时代就逐步形成了。但是,儒家的国家学说那时还没有最后成熟,郡县制也没有普遍实行。后两条是在秦汉间才最终确立起来的。

秦汉两代建国时曾先后举行过两次特别重要的最高级会议。

一次是公元前 221 年(始皇帝二十六年),秦灭六国一统天下后召开的一次朝廷会议。会议由丞相王绾主持,廷尉李斯、御史大夫冯劫参加。会议确定了郡县制为秦王朝的基本政治制度,并议定了王为泰皇(秦始皇改为"皇帝"),命为制,令为诏,天子自称曰朕的制度。自秦开始,中国封建社会确立了以郡县为全国行政区划、地方直接受控于中央政府的官僚政治体制,并且实行君权至上的中央集权。我国西汉时有 1577 个县,清代有 1305 个县,县的数量变化不大。这反映了郡县制行政区划的稳定性。

另一次是公元前 140 年,汉武帝召集贤良方正和直言极谏之士,亲自策问古今治道,[1]董仲舒就是通过这次贤良对策列于上第当了江都相的。据史书记载:"推明孔氏,抑黜百家。立学校之官,州郡举茂材孝廉,皆自仲舒发之。"[2]董仲舒强调大一统是"天地

---

[1] 董仲舒的"天人三策"究竟作于哪一年,史学界尚有争论,至少有五种以上的说法。我们采用最为流行的建元元年即公元前 140 年的说法。具体的争议请参见岳庆平:"董仲舒对策年代辨",载《北京大学学报》1986 年第 3 期。

[2] 《汉书》卷 56,《董仲舒传》,第 8 册,第 2525、2523 页。

之常经,古今之通谊。”而要实现大一统,就必须弃绝“不在六艺之科孔子之术”的“邪辟之说”,“然后统纪可一,而法度可明。”[1]几年后,儒家借助封建国家的政治权力获取了“独尊儒术、罢黜百家”的显赫地位,成为正统思想。自汉代起,从中央到地方直至基层的官僚机构,主要由信奉儒家意识形态的知识分子组成(个别历史时期除外)。两汉名儒,如叔孙通、贾谊、董仲舒、张衡、鲍宣、朱邑、任光、郑弘、郑玄、爰迫等都在中央或地方当过官。以后历代中央政府都很重视办学,培养具有儒家信仰的知识分子。[五]封建大国依靠儒家国家学说,制定一整套政策法令,用儒生官僚实现对国家的管理,以维持统一的局面。到这时为止,中国封建大国才真正比较稳定地建立起来了。

利用知识分子来建立统一的政府机构,在世界史上多是近现代才出现的。例如日本明治维新时建立了中央集权政府,就是依靠了从原有武士、贵族、商人中分化出来的知识分子。这一知识分子阶层接受了西方资本主义文化,渴望改造日本社会,由于他们参政才推行了维新政策。古希腊哲人柏拉图记载了苏格拉底为自己申辩时,曾提出把公民职责与理性统一起来的办法,就是由哲学家、学者来管理国家。中国在两千年前就实现了这类组织原则。唐代,就有历史学家出席丞相会议的制度,[2]这确实是令人惊叹的。

2.5 封建大国的自发分裂倾向

我们提出一体化结构具有保持中国封建国家的大一统局面的

---

[1] 《汉书》卷56,《董仲舒传》,第8册,第2525、2523页。

[2] 《资治通鉴》卷211,中华书局1976年版,第14册,第6728页。

作用,这种看法有没有根据呢？为了说明这一点,我们先来看一下那些世界史中曾经不可一世的封建大国是怎样瓦解的。

历史学家早就认识到,那些建立在自然经济基础上的封建国家,由于各地区之间缺乏密切的经济、政治联系,所以不能长久维持统一的局面。即使凭借军事力量一时建立了统一的大国,这种统一也是不稳定的。小农经济的分散性始终是一种对统一的瓦解力量。

如果我们分析一下世界史中那些封建大国分裂的过程,就可以看到它们大致都经历了三个阶段:(1)从军事占领到分封管理领土;(2) 人身依附关系日益加强;(3)军事割据的出现。

查理曼进行了长达三十年之久的征战,建立了查理曼大帝国后,他即把战争中兼并的大部分土地分封给亲兵臣属,实行采邑分封制,规定以服骑兵军役为条件,受封者死后由国家收回封地,不得世袭。亚洲也是这样。13 世纪印度建立了统一的德里苏丹的封建国家。印度也是在武力征服后实行分封管理的。苏丹把他所控制的土地分为两部分:一部分称为"哈斯",即苏丹领地;另一部分称为"伊克塔",是苏丹赏赐给封建主的封地。但伊克塔不能世袭,苏丹随时可以收回,受封者还要承担为苏丹服军役的封建义务。16 世纪莫卧儿帝国虽然建立了文官制,但也是把大片土地分赐给称作"扎吉达尔"(受封的封建主)的人,封土不能世袭,扎吉达尔要履行提供骑兵的义务。实际上,绝大多数依靠军事征服建立起来的封建大国都是依靠分封制来组织和管理的。

然而,随着时间的流逝,我们总可以看到一种不可抗拒的倾向——封建主逐渐把封地变为世袭领地。马克思把封建社会中"不可转让"的领地,称作"已经硬化了的私有财产"。[1] 而私有财

---

〔1〕"黑格尔法哲学批判",载《马克思恩格斯全集》(第 1 卷),第 368 ~ 369 页。

产的硬化,也就意味着地区间联系的割裂,意味着农民对封建领主依附关系的加强。从组织理论看,各部分之间联系削弱,就是一个大系统解体的过程。

查理曼大帝国建立不久,公元9世纪初,大部分采邑蜕变为封建主世袭领地,庄园中的生产者——自耕农、半自由民、隶农、奴隶逐渐地融合为农奴阶级,他们对领主的人身依附关系越来越强。于是,对王权的离心倾向和分裂是不可避免的了。北印度德里苏丹政府和以后的莫卧儿王国,也都是由于赐封土地变为世袭以后,贵族领主不再服从王权,军事封土制受到破坏,最后出现分裂的。我们认为,在一个以小农经济为基础的社会中,必然存在着两种自发趋势:一种是小农经济的分散性所导致的封建主统治权力和土地所有权的日益紧密的结合,受封者演变为世袭领主、贵族,分裂割据势力日益猖獗;另一种是农奴化,即封建主对生产者的经济剥削和人身控制合而为一。恩格斯在分析法兰克封建社会形成过程时,曾精辟地指出封建化是人身依附关系的加强。我们把这两种趋势统称为封建小农经济所造成的贵族化趋势。[六]

随着贵族化趋势的发展,那些依靠军事征服建立起来的脆弱的政治共同体就必然瓦解。拥有土地、财富和私人武装的贵族领主,成为军事割据的地方势力。在世界史中,很多依靠军事征服所建立的封建大国,都是这样衰落、瓦解的。

也许有人会问,如果统一后不实行分封管理而采用郡县官僚制,是否就能遏制贵族化趋势而避免分裂割据局面呢?那也不一定。日本大化改新是个典型例子。公元645年,日本皇室和部分到隋唐帝国学习的日本留学生一起发动宫廷政变,他们和旧贵族展开激烈斗争,终于建立了统一的中央集权的封建政权。大化改新以我国隋唐为楷模,废除了官位世袭,实行郡县制和征兵制。它在经济上也效法我国唐代,实行班田制,把部民解放为公民,每六年按人口分配一次土地,国家对地主和农民征收赋税,死者土地归还国家。但是这种尝试很快就失败了。六年一班的制度在贵族化浪潮的冲击下,不得不改为 12 年一班,20 年一班,50 年一班。9 世纪中叶,国家官员已贵族门阀化,许多庄园获得不输不入权,即不向国家交租税,国家检阅田地和征税的人员不得进入庄园,终于形成一个个在行政司法上独立的贵族领地。这样,日本又出现长期的分裂局面。

问题并不在于名义上是实行分封制还是郡县制。如果缺乏一个执行联系功能的阶层,国家即使名义上不搞分封制,贵族化倾向亦可迅速使官僚演变为贵族领主,从而导致封建统一国家的分裂。从上述几个例子可以看出:由于小农经济的分散性,贵族化趋势是封建社会普遍存在的,它是瓦解统一的封建国家强有力的因素;而对于分裂割据局面,它却是一种稳定因素。能否维持一个封建大国的稳定,关键在于国家有无一种力量可以用来遏制贵族化倾向所导致的分裂趋势,而一体化结构正好可以起到这种作用。

2.6 一体化功能之一:对分封制的调节

最能说明这个问题的,是中国封建社会里分封制的演变历史。

周代是实行分封制的。周的疆域很大,近年来出土文物表明,现在辽西一带已属于周的版图。为管理这样大的国家,周天子实行了分封制。周代中央王权也有不断衰落的趋势,这与我们在 2.5 节的分析是符合的。

秦汉帝国的建立,是我国实现一体化结构的开始,它还很不完善。当时是郡县制和分封制并行的。汉高祖曾大封天下,分封对象是皇亲国戚和有功之臣。一种是分封“列侯”,共封了 143 人,但他们只享有税收权,实际上并没有行政权。另一种是分封“诸侯王”,王子侯国多达 165 个,他们占有大量的土地。当时,中央政府直辖的郡只有15个，而诸侯王占的郡就多达39个。[1] 诸王在自己的封地上不仅能征税，而且享有相当大的行政管理权，甚至有任免两千石御史大夫以下的官员的权力，[2]并拥有自己的武装力量。显然，这种分封制迟早要造成对中央政府的威胁。果然，几十年后诸王起事，吴王刘濞在封国征兵20余万，爆发了吴楚七国之乱。

但是，汉帝国已建立了一体化结构，这就和周代大不相同了。周天子在诸侯势力膨胀时，不得不依靠这个诸侯去打那一个诸侯，其后果是加剧了诸侯间的争斗，造成挟天子以令诸侯，霸主轮流坐庄的局面，加速了中央王权的衰落。而汉代则可以利用一体化的官僚机构来对付分裂倾向。早在吴楚之乱以前，有远见的官员贾谊，在做梁王太傅时就上治安策，疾呼强化中央集权，克服中央皇权与封国"平居不可屈信"（"信"意为"伸"）的局面。他建议众建诸侯、剖分王国以削弱诸王。[3] 汉文帝就采用分地的办法来削弱诸王势力。他采纳晁错关于"削藩"的建议。以后，汉景帝用中央军击败吴楚七国的叛乱，加强郡县制来遏制割据，"令诸侯王不得复治国，天子为置吏，改丞相曰相。"[4]汉武帝时，进一步把直属中央的郡增加到80多个，将盐铁业从少府改属大司农掌管。公元前127年，汉武帝又采纳了主父偃的建议实行所谓的"推恩令"，进一步削弱地方封国的势力。同时，汉武帝还迁豪强于茂陵，以"内实京师，外销奸猾"。[5] 这些措施，推恩是虚，削弱地方割据、加强中央集权是实。至公元前112年，汉武帝夺去了106个贵族的爵位。尤其是汉武帝实行独尊儒术以后，一体化结构得到了巩固。可见，如果有一体化结构，即使出现了由分封制带来的贵族化趋势，甚至

---

〔1〕 杨宽："论秦汉的分封制"，载《中华文史论丛》1980年第1辑。

〔2〕 《后汉书》志第28，《百官五》，第12册，第3627页。

〔3〕 《汉书》卷48，《贾谊传》，第8册，第2239页。

〔4〕 《汉书》卷19上，《百官公卿表》，第3册，第741页。

〔5〕 《汉书》卷64上，《主父偃传》，第9册，第2802页。

发生了武装叛乱,中央集权政府也可以用一体化的组织力量来削弱并克服它。

我们将西汉时期封户数量的变化制出一图(图 2.1),[1]从图中可以明显地看出各侯受封后不断扩充自己掌握户数的贵族化趋势,如 ABC 线所示。如不控制,必将引起分裂割据。而 BD 线表示汉王朝从公元前 160 年就开始的夺侯等控制行为造成的实际情况,中央王朝利用一体化调节力量不断削弱了各侯的势力。这个图是很有说服力的。

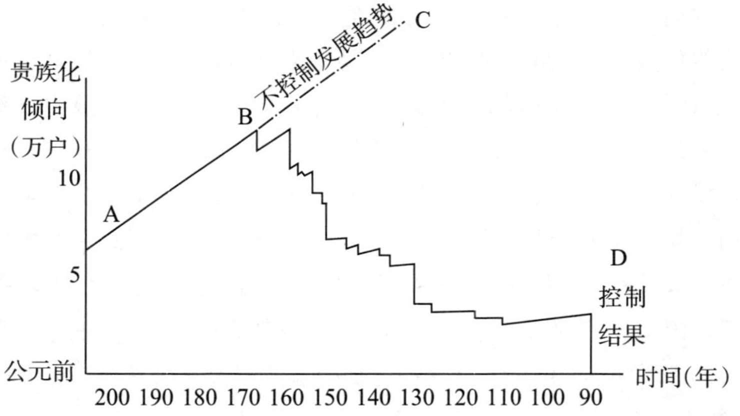

图 2.1　西汉时期封户数量的变化

唐代,公元 631 年唐太宗会群臣议封建,想实行一种宗室勋贵的州刺史制度,即让上层贵族和功臣当刺史,官职世袭。可是,在殿前会议上,魏征就带头反对,他认为州县制更有利于中央统治。唐太宗不听劝,仍下令执行这种州刺史制度。公元637 年,有皇弟、

〔1〕 梁方仲:《中国历代户口、田地、田赋统计》,第 36 ~ 37 页。我们根据甲表 12《汉初各侯初封时及国除时的户数及其升降百分比》,AB 线表示各侯从初封开始到公元前 160 年时不断膨胀的累加结果;BC 线表示如果不实行一体化调节,贵族化倾向的预计趋势;BD 线锯齿形曲线代表实际情况,即一体化调节不断对各侯采取"削"、"夺"政策的后果。

皇子21人当上了州刺史,唐太宗又令功臣长孙无忌等14人也担任这种世袭的州刺史。立刻,有不少儒臣上书谏阻,而长孙无忌等也表示不愿出京当刺史。唐太宗在这种情况下,只好于公元639年下诏停止诸王、功臣子孙世袭刺史的制度。这个例子说明:当一体化调节力量强大时,某种可能实行的贵族世袭制度在其萌芽阶段就被遏制了。

2.7　一体化功能之二:限制人身依附关系

过去有不少历史研究工作者认为,中国封建社会中农民对地主人身依附关系较弱,是地主经济造成的。因为土地可以买卖,地主对农民的管理权就从土地占有权中游离出来了。这个说法并非没有道理,但似乎还不够全面。土地买卖、商品经济固然可以起到削弱人身依附关系的作用,但问题在于,为什么中国封建社会能够保持自耕农地主经济的相对稳定呢?

我们在2.5节已阐述过,小农经济具有自发的贵族化倾向,它在经济上表现为自耕农农奴化,使人身依附关系加强,如不控制,它势必导致自耕农经济的瓦解。正如法兰克王国的农奴中有很大一部分就是由自耕农转化过去的。贵族化倾向在中国封建社会也是存在的。皇室、贵族、豪门望族和大地主,都在尽力把原由封建国家控制的农民和破产逃亡农户变为自己的控制对象,如"私属"、奴婢、仆役之类。这种趋势不控制,也会引起自耕农和佃农的农奴化。而中国封建大国则一直是利用一体化力量来限制人身依附关系的发展,依靠官僚机构括户括民,向地主豪强争夺生产者。

历史事实证明,随后一体化调节力量的增强,地主和农民之间人身依附关系在不断减弱之中。秦代时,从法律上说杀奴的权力已归国家掌握。秦律规定:小隶臣“非疾死者,以其诊书告官论之”[1]。汉代,官僚机构进一步限制主仆之间的依附关系,甚至连报官杀奴也不行,奴婢“犯法”要由国家处置。汉武帝时,董仲舒建议除去主人的杀人之威。[2] 史书记载:贵族史子回的妻子,因绞杀侍婢,“为人所上书言,论弃市”。[3] 西汉末年,王莽的儿子私杀奴婢,王莽迫其自杀。宋代已有法律规定,贵族和地主不能私设公堂,不能对佃农“私第处罚”。北宋仁宗天圣年间还发布过这样一道诏书:宣布佃户有退佃的权利,如果主人非理阻拦,可以向县衙门起诉。[4] 可见客户在生产上也受到国家保护,不受“抑勒”。宋代发生过一件轰动一时的案子:宰相陈执中的嬖妾阿张捶挞女奴迎儿致死,官场竟掀起一场不小的风波。当时,朝廷上下,开封府内外,“道路喧腾”。欧阳修、赵抃等纷纷上书弹劾陈执中。赵抃指责陈执中“违朝廷之法,立私门之威”,要求将凶手阿张“擒付所司,以正典刑”。甚至有人说,陈执中也该杀。一直到他死了,礼官还要说他前事不正,不配享有谥号的光荣。

这一切说明,中国封建社会自从确立了一体化结构以后,它除了采取直接的措施保护地主阶级利益之外,还采取限制剥削者和被剥削者之间出现僵化的人身依附关系的措施,来维护国家的利益。这种强大的一体化调节虽然并不能保持自耕农地位不变,并维护着封建剥削关系,但它能遏制领主经济,有效地使地主经济占主导地位并稳固发展。

一个系统内部各子系统要依靠它们之间的相互作用、相互调

---

[1] 《厩苑律》。

[2] 《汉书》卷 24 上,《食货志》,董仲舒说:“去奴婢,除专杀之威”,第 4 册,第 1137 页。

[3] 《史记》卷 20,《建元以来侯者年表》后褚先生补记,第 3 册,第 1065 页。

[4] 《宋会要辑稿·食货》。诏书称:“自今后客户起移,更不取主人凭由,须每田(年)收田毕日,商量去往……如是主人非理拦占,许经县论详。”中华书局 1957 年版,第 5 册,第 4813 页。

节,才能维持某种稳定状态。地主经济是封建大国的经济基础,但地主经济结构也要靠一体化结构力量的干预才能保持下去。因此,没有一体化调节,自耕农经济是不稳定的,它或者转化为领主经济,或者在一定条件下处于作为领主经济向资本主义经济过渡的状态。中国的历史也表明,一旦中央控制能力减弱,人身依附关系就会加强,地主经济也就会被贵族化趋势瓦解。魏晋南北朝就是突出的例子。

2.8　一体化功能之三:抑制军事割据

中国封建大国的一体化结构,对军事割据势力的抑制是比较有成效的。那时的带兵者是被皇帝和中央政府控制的武官,他们往往只有对军队的管理权,而指挥权和统率权则掌握在皇帝手中。中国封建社会中开拓疆域、抵御少数民族贵族的扩张以及镇压内乱和农民起义,这一系列战争大多是由皇帝指挥的。而历代开国皇帝差不多都要想方设法除去那些立有战功但又有可能威胁自己统治的军事头目。朱元璋在这方面十分著名。他制造了一系列骇人听闻的冤案,使十几万功臣宿将、文人学士死于皇权专制的淫威之下。据《明史·功臣世表》称,虐伤功臣致使“存者不及三四”。[1] 一般说来,武官将领大多具有儒家信仰,“忠君保国”是他们最基本的品质。因此,在中国封建社会里,军事将领闹独立和割据往往只是暂时的现象。

人们可能提出一个例外,这就是唐代的藩镇问题。实际上,藩镇在唐代之所以会成为严重的问题,正由于在某些藩镇中形成了和一体化结构不能相融(自洽)的制度。[七]以著名的魏博镇为

〔1〕《明史》卷105,《功臣世表》,第10册,第2999页。

例,从公元763年田承嗣当节度使到唐末该镇最后一个节度使罗绍威,共历七姓、十六代。其中军士拥立的为八人,为部下所杀者三人、所逐者三人,共14人。[1] 可见,在这些藩镇中,唐廷中央政府连任用节度使的权力都不能实行了,它们已不同于一体化结构。宋以后,中央集权和文官制度都大大强化了,再也没有出现藩镇割据。

唐代藩镇闹割据的是河北三镇。而河北三镇,恰恰是一体化结构最薄弱的地方。当时,唐代儒生认为河北三镇是不知礼义、以骑射为能事的野蛮落后地区。大诗人杜牧在《唐故范阳卢秀才墓志》中就说,这样一个秀才竟连儒家的圣人周公、孔子都不知道,只知道"击球饮酒,马射走兔,语言习尚,无非攻守战斗之事"。[2] 河北三镇的节度使大多是胡人,或是"胡化"汉人。这些人从来不读儒家经典,不属于儒士。[3] 因而,在河北三镇很难实现一体化结构。

唐代其他藩镇中实现了一体化结构的,就稳定得多。那些以儒将、儒臣为节度使的藩镇,基本上是听命于中央政府的。[4] 如《通典》作者、著名历史学家杜佑就历任岭南、淮南、徐泗三个地方的节度使。杜佑始终积极维护统一。[5] 出身山东士族的著名儒士郑余庆,曾任山南西道节度观察使。[6] 以"两经登第"而名噪一时的贾耽,曾历任山南西道、山南东道、义成军节度使。当牙兵劝他

---

〔1〕 杨志玖:"试论唐代藩镇割据的社会基础",载《历史教学》1980年第6期。

〔2〕 杜牧:《樊川文集》卷9。

〔3〕 陈寅恪:"统治阶级之氏族及其升降",载《唐代政治史述论稿》(上篇),三联书店1956年版。

〔4〕 台湾学者也以唐藩镇对中央的态度为标准,定量地统计了各类藩镇,发现绝大多数藩镇对中央的态度是恭顺的。

〔5〕《旧唐书》卷141,《杜佑传》,第12册,第3978页。

〔6〕《旧唐书》卷158,《郑余庆·郑瀚传》,第13册,第4165页。

搞割据时,他严词拒绝。[1] 杰出的政治家马揔曾担任过淮西及忠武军、天平军的节度使。[2] 唐代"牛李党争"的头目牛僧孺和李德裕也都当过节度使,事实上唐代藩镇多以儒臣为节度使,对于遏制藩镇叛乱发挥了作用。

历史表明,一体化结构在抑制分裂和镇压武装叛乱上起了很大的作用。唐代宰相李德裕就非常明确地说过,内地不同于边疆,"前后命帅,皆用儒臣"。[3] 大儒辛祕,曾任昭义节度使,打败了李锜的叛军。[4] 大书法家颜真卿曾英勇抗击安禄山、史思明叛军,后来他以74岁的高龄亲往叛军营中宣读诏书,最后被李希烈缢死于龙兴寺,为维护国家统一献出了生命。[5] 一批忠君爱国的武将,郭子仪、李抱真、浑瑊、李光进、李光颜、乌重胤等为平息叛乱立下了战功。有的割据者,甚至主动向唐王朝交出政权。如公元812年(宪宗元和七年),魏博节度使田弘正要求把魏博六州重归唐廷管辖,请中央委任州县官吏,并希望改变河北三镇"官封代袭"、刑赏自专的"伪风",还把自己的兄弟子侄送往长安,为其他节度使做出表率。确实,一体化结构对官员——包括文臣武将的控制能力是惊人的。像宋代雄才大略的岳飞,宁肯被皇帝十二道金牌召回,冤死于奸臣之手,也没有反叛。只有儒家正统思想牢牢束缚的儒将,才可能有如此的表现。

以上三节中,我们分析了中国封建社会一体化结构抑制贵族化趋势导致的分裂因素的调节功能。有这种调节和没有这种调节,会产生不同的后果。揭示一体化调节力量的这种功能,有利于我们进一步分析中国封建社会的结构与西欧的差别。

---

[1] 《旧唐书》卷138,《贾耽传》,第12册,第3782~3783页。
[2] 《新唐书》卷163,《马揔传》,第16册,第5033~5034页。
[3] 《旧唐书》卷174,《李德裕传》,第14册,第4525页。
[4] 《旧唐书》卷157,《辛祕传》,第13册,第4150~4151页。
[5] 《旧唐书》卷128,《颜真卿传》,第11册,第3589~3597页。

2.9　两种不同结构的封建社会

在 1.4 节,我们曾指出过,可以从经济结构、政治结构、意识形态结构以及它们相互作用的方式来分析社会结构。现在,我们来对比一下中国封建社会与西欧封建社会的结构。图 2.2 中,中国封建社会内经济、政治、意识形态三子系统是相互适应的,表现为统一的君主专制主义的封建大国的形态。欧洲封建社会内的三个子系统也是相互适应的,表现为封建领主分裂割据的形态。

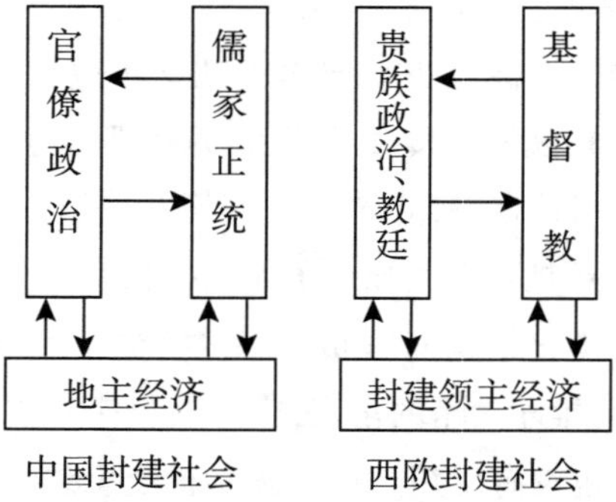

图 2.2　中国与西欧封建社会结构的对比

为什么同样是封建社会,具有大致相当的生产水平,却会出现两种不同的社会结构呢?关键在于,社会结构内部三个子系统相互作用、相互调节的方式不同。我们提出中国封建社会的一体化调节方式,正是从整体上把握中国封建社会内部经济结构、政治结构、意识形态结构三个子系统相互联系和相互调节的基本特点。一体化体现了政治结构和意识形态结构对经济结构的强大调节作用,保持着地主经济的稳定。同时,地主经济又是大一统的基础。只有存在大量自耕农和中、小地主,国家才会有充足的税收,用以供养皇室和从中央到地方的庞大官僚机构。而只有利用统一的官僚机构,才能削弱地方割据势力,遏制贵族化倾向。同样,没有儒家的正统地位和儒家国家学说的指导,一个庞大的官僚体系也不能形成。在这里,我们可以发现,三个子系统之间的关系是不能割裂的,它们互为因果,相互调节,在相互作用中保持了中国封建社会的大一统及其他相应的特色。

西欧封建社会里,由于不存在这种一体化调节,它内部三个子系统之间相互适应的方式也就不相同。马克思说过:“在欧洲一切国家中,封建生产的特点是土地分给尽可能多的臣属。”[1]这种贵族庄园制经济是贵族政体的基础。而政治上的分裂造成地域间联系的减弱,人身依附日益加强,使领主经济得以巩固。这三者之间也是互为因果、相互调节的,只是适应的方式和中国封建社会显著不同。正因为存在着这两种不同的相互适应、相互调节的方式,才会呈现出两种不同类型的社会结构。

那么,欧洲封建社会为什么不能建立类似中国封建社会的一体化调节呢?欧洲封建社会中不是同样存在着具有统一信仰的知识分子阶层——教士吗?为什么不能利用教士作为官僚实现一体化调节呢?教士在欧洲封建社会总人口中所占比例是0.5%～0.6%,[2]与中国儒生占总人口数比例差不多,而且在社会等级中,教士居第一等,并号称政教合一,欧洲封建社会为什么不能实现大一统呢?

基督教的教士不能用来组织封建大国,首先是因为教士实际上无异于贵族,他们中很多人本身就是领主。亨利一世,曾经干脆把世俗教会和封建领主都划入军事骑士等级。恩格斯对西欧教会占地情况做过具有说服力的分析。他说:“远在查理大帝以前,教会早就占有了法兰西全境土地的足足三分之一;可以肯定地说,通过中世纪,在天主教所支配的全部西欧,大体地讲,始终都保持着

〔1〕 马克思:“资本论”,载《马克思恩格斯全集》(第23卷),第785页。

〔2〕《剑桥中世纪史》(第3卷),第663页。

这样的比例。”〔1〕因而,贵族化趋势在教会中同样存在。10 世纪法兰西有一个叫圣里奎尔的修道院,人们从它遗留下来的地租和捐费清册中看到,它拥有 2500 处庄园。佃户们除向它交纳地租外,每年还要为它提供一万只小鸡、一万只阉鸡、75,000 个鸡蛋和其他货品。〔2〕教会贵族化使宗教人士不能从庄园制经济中相对脱离出来。

另一方面,中世纪初期欧洲社会的整个文化水平非常低下。尽管基督教把拉丁语作为通用语言,并力图从普遍愚昧的社会中培养出一个知识阶层,但是神职人员陷入封建化泥潭中,纵酒嫖妓,残酷地压榨农奴,对宗教事务并不关心,目不识丁的情况相当普遍。9 世纪英格兰君王阿尔费瑞登位的盛典上,竟找不到一个神职人员能解释拉丁祷文的含义。公元 992 年,罗马举行宗教会议时,也为找不到知书认字的神职人员而发愁。当教士真正成为一个有知识的阶层时,欧洲资本主义因素也正在孕育成长之中了。以上分析表明,欧洲封建社会不能实现一体化和它内部交往程度不够发达有关。不论是政治、经济、文化等方面的交往程度,还是执行联系功能阶层的大小与组织能力,西欧封建社会都不能和中国封建社会相比。

从意识形态结构来看,基督教虽然是一种统一信仰,但它是着眼于人的赎罪和被拯救,所以它的国家学说相当薄弱,这在建立国家机构时就会产生意想不到的麻烦,而不像儒家的国家学说那样成熟和明确。

11 世纪时,格列哥里与德意志皇帝亨利四世之间爆发了一场激烈的斗争,从此开始了教皇与皇帝争夺领导权的两百年的斗争历史。当时,亨利四世骂格列哥里七世“不是教皇而是假僧

〔1〕 恩格斯:《德国古代的历史和语言》。

〔2〕 [美]汤普逊:《中世纪经济社会史:300—1300 年》(下册),耿淡如译,商务印书馆 1963 年版,第 209 页。

侣”。而格列哥里七世也发布敕令，废黜亨利四世，将他革除教籍，解除臣民对皇帝效忠的誓约。后来，亨利四世赤足披毡在寒风中等候三天，请求教皇赦罪。这样互不承认的斗争几起几落。12世纪，维护教皇权威的教皇党提出所谓“两把刀”理论，企图把教皇置于国王之上。这个理论出自圣经故事，说耶稣叫门徒预备两把刀，这两把刀是神权和政权，都属于教会，政权是教皇为国王加冕时授予国王的。而维护王权的法兰西法学家则认为，没有教皇以前就有皇帝了，主张王权来自于上帝和人民。理论上的混乱，使得教士缺乏国家学说的指导。实际上，印度佛教、印度教的意识形态结构中，国家学说也都是很薄弱的。这类意识形态势必给一体化带来不可克服的困难。进一步的分析，我们将在第八章中展开。[八]

非常有趣的是，无论是查理大帝还是神圣罗马帝国皇帝鄂图一世，事实上都是曾经尝试借助教士实现一体化，克服封建的分散性。查理曼，意识到应该训练一些知识分子充当帝国政府官员。当时社会整个文化水平相当低，查理曼便把这个任务交给教廷。查理曼于公元782年命令神职人员阿尔琴主持宫廷学校，培养皇室和贵族子弟，于公元789年颁布教育通令，在全国兴办学校。学校开设文法、修辞、逻辑、几何、数学、天文和音乐七门课。阿尔琴在给查理曼的信中非常自信地说：“我积极致力于许多工作，以便培养很多人能为教会神圣的上帝服务，并装饰你的帝国政权。”[1]查理大帝在位期间，曾亲自主持过16次宗教会议。这些努力表明，查理曼是企图借助教士来组织国家机器的。10世纪时，神圣罗马帝国皇帝鄂图一世，积极推行与教会结盟压制世俗诸侯的强硬政策。为了控制封建贵族的分裂倾向，他赐给主教们“鄂图特权”，

---

〔1〕［苏］科斯敏斯基、斯卡斯金主编：《中世纪史》（第1卷），朱庆永等译，三联书店1957年版，第659页。

主教由国王任命和管辖。鄂图一世还派他的一个兄弟担任科隆大主教,并派自己的儿子当梅因兹大主教。但这些实现一体化的努力,很快就以失败而告终。

这一切表明,并不是西欧封建统治者不想实行一体化,而是历史条件的限制使其不可能实行。查理曼大帝国和神圣罗马帝国的短暂的大一统,都和他们力图实行一体化相关。由此可见,研究实现一体化所必须具备的条件,对于研究封建社会的社会结构及其演化是极为重要的。

2.10 一对同构体:家庭与国家组织

中国封建社会在组织层次上和西欧封建社会也有极大的差别。在中国,国家与个人之间还存在着一个强大而稳固的中间层次:宗法的家族、家庭。欧洲则不然。这种组织层次上的差别,甚至从语言上表现出来。英语中,国家的概念一般用 country, nation, state 来表示,这几个词都是表示地域性的,或民族性的。而在中文里,国家包含着国和家,它是地域、民族与家庭组织的总和。诸侯称国,大夫称家,还有"天子建国,诸侯立家"的说法。[1] 孟子也说过:"天下之本在国,国之本在家。"[2] 不管怎么说,它是周朝沿袭氏族关系的宗法制度和等级分封制的产物。废封建后,"国家"二字联用,但仍然包含着等级和宗法关系。在儒家的国家学说中,把宗法制家庭与封建国家高度地协调起来了。

这不能不说是中国封建社会的一个令人惊异的特点。但从社会组织原理上看,这有点悖于常理。众所周知,宗法血缘关系是把

---

〔1〕《左传·恒公二年》。
〔2〕《孟子·离娄章句上》。

人组织在一起的天然纽带,但它又具有强烈的自闭性。氏族、部落组织的大小有其天然界限,有着难以扩展的坚硬外壳。一旦宗法氏族关系成为人与人之间主要组织纽带时,那就必然对组织广大地域性国家构成巨大障碍。在外国历史上,宗法组织和国家组织一般说来是互相对立的,罗马帝国的建立,就是地中海地区大大小小的氏族部落解体的过程。而伊斯兰教统一阿拉伯,也是以瓦解贝督因人的宗法组织为前提的。但是在宗法氏族与国家关系上,中国封建大国又是一个例外。中国封建社会不但承袭了宗法观念,并且在封建大国建立以后,随着一体化结构的不断完善,宗法制度不但没有减弱,反而不断强化,到宋明以后则愈加巩固了。[1]这不能不使人们感到困惑。

实际上,中国封建大国内部宗法组织这一中间层次的强大和国家组织不但不矛盾,反而彼此互相结合起来。这一成功的关键也在于一体化结构。我们知道,一体化结构是利用儒家意识形态认同来组织国家的,而早在春秋时代,就已经有了协调宗法组织和国家社会组织的理论。孔子学说中的"仁"是最高的道德原则,它是联系宗法组织和国家组织的桥梁。在宗法血缘关系的社会组织制度中,儒家特别强调对家长的"孝",认为它是"为仁之本"。[2]儒家学说进一步把这种宗法组织的道德要素很方便地推广到社会组织中去,要求臣对君的"忠",以及"君"实行"徕远人"的"仁政"。"仁"又是有差等的,必须符合"礼"。这样,宗法关系就不仅是维系某一血缘集团的组织力量,而且不再是自闭的了,它被推广成为一种社会组织的原则。不仅皇帝被视为"父",而且封建官僚们也被称作"父母官"。

本来,如果仅仅是儒家学说把宗法组织与国家组织协调起来,

---

〔1〕 徐杨杰:"宋明以来的家族制度述论",载《中国社会科学》1980年第4期。

〔2〕《论语·学而》。

把国家看作是家庭的同构,那么它只是一种观念的力量,但是,一旦用儒家学说来组织国家,并通过儒生来实行国家管理,那么这种观念的力量就转化为组织的力量,成为协调宗法组织与国家组织的调节器。也就是说,利用儒生来组织国家官僚机器及基层社会自治从而实现一体化结构,便能在一个封建大国中推行和利用宗法组织力量。信奉孔孟圣贤学说的儒生,一方面推行儒家学说,维护国家统一;另一方面又用孔孟伦理管理家族家庭,使自己的行为成为整个社会的规范。这种政治权力与意识形态观念合一的一体化结构,就像强性黏合剂一样,使宗法组织与国家组织协调起来了。

在董仲舒那里,儒家宗法关系的国家学说披上了"天命"的色彩。他提出"君臣父子夫妇之义,皆取诸阴阳之道",而"王道之三纲可求于天",[1]这就进一步消除了家庭、家族可能与国家社会组织之间不协调的因素。中国封建社会里,由子孝、妇从、父慈伦理观念所建立的家庭关系,正是民顺、臣忠、君仁的国家社会关系的一个缩影。家庭成为组织国家的基本单元,是国家的一个同构体。

封建大国可以利用宗法家族、家庭,就大大扩充了对个人的管理、控制能力。我们知道,在中国封建社会里,法律往往要借助于宗法组织力量来管束个人的行为,甚至家庭有着一定的执法权,宗法家族一直执行着某种最基层社会组织功能。从社会角度来说,农民对地主的人身依附关系较弱,但对于一个家庭和家族来说,宗法血缘的依附关系却相当强。在中国,对各种亲戚的称谓名目颇多,与外国形成了鲜明的对照。

在"家政统于家长"的中国封建制度下,不忠不孝是十恶之首。家长对子女不仅有主婚权,而且《大清律例》有关惩治"子孙违反教

[1] 《春秋繁露》卷 12,《基义》。

令”罪的条例中,已把处死权赋予封建家长了。[1] 直到1949年以前,还有家族对“不贞”女子执行死刑的情况。宗族又把向国家交纳田租赋税以及服差役当作重要的责任。宗法制家族是维护封建国家的有力因素。随着一体化结构的强化,封建统治者也有意识地加强宗法制度。宋明以后,宗法制度的家族组织同构作用强化到这种地步,以至于在结构形态上也和国家社会组织一样由三个子系统组成。图2.3两结构框图之间的虚线连线,表示两同构体之间的对应关系。在封建家族里,宗法思想特别表现为续家谱。家谱制是家族意识形态共同体,而祠堂则是执行族规族法的政治共同体。为家族公有的族田,是收拢宗族和举办家族公共事宜、救济事业的经济共同体。一个宗法制家族,俨然是一个小社会。

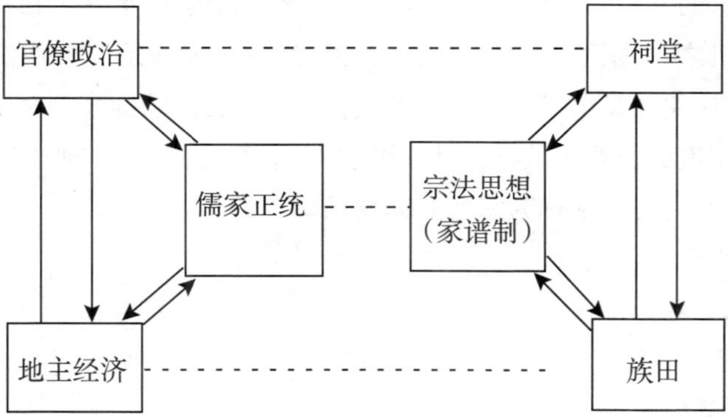

图2.3　家族结构与国家结构的同构

我们将中国的国家结构和家族结构这一对同构体之间的相互对应、相互调节关系,称为同构效应。它使得中国历史上宗法制度的形态、强弱与国家一体化结构的形成、削弱或巩固之间表现出明显的相关性。春秋战国时代,一体化结构尚未真正确立,同构效应

---

〔1〕 张晋藩:《清律初探》1979年第1期。

不存在,社会基层宗法关系随商品经济发展趋于松弛。[1] 秦汉确立了一体化结构,宗族家庭在社会组织上起到了重要作用。这时,社会上的宗法组织比春秋战国时期大大加固了。魏晋南北朝时期,一体化结构遇到障碍,原有宗法家族关系不得不演变到新的形态。唐代建立到明清,随着一体化结构日益完善,基层宗法家族关系也呈现出强化的趋势。可见,这一对同构体之间相互依存,亦步亦趋。应该说明的是,我们讲的同构效应,主要是指宗法制度在基层社会中的重要组织作用,而不是讨论宋以前世家大族与官僚机构的关系。在社会稳定时候,它把向国家交纳赋税以及服各种差役当作自己的职责,甚至在族田中完国课也是头等重要的。它控制家族成员的流动,极力用儒家文化培养族人子弟,很多地方用族田收入的三分之一作为助学及考核在学子弟的费用。[2] 在社会发生危机之时,宗法组织又是自我保卫的组织,大一统王朝崩溃瓦解后,宗法关系又可以担任修复的模板。[3] 因此,同构效应对于我国封建制度的长期延续起到十分重要的作用,我们可以把中国封建社会的结构,概括称为宗法一体化结构。

---

〔1〕 吴浩坤在"西周和春秋时代宗法制度的几个问题"一文中(《复旦大学学报》1984 年第 3 期)分析了战国以降,宗法关系日趋松弛。而台湾学者杜正胜在"古代聚落的传统与变迁"中,提出与学术界流行观念不同的观点。他认为古代基层社会的成员不是单纯的血缘团体,西周时代的聚落并不单靠血缘因素来联系。(中研院历史语言研究所、经济研究所合办《第二届中国社会经济史研讨会论文集》1983 年)。

〔2〕 张研在"清代族田经营初探"一文中,根据文献分析了族田收入的分配和使用。文中分析了一些案例,"完国课"是放在首要地位的,占收入的 15% ~20%,数额并不大,而公共事务费占 42%,祭祀 23%,坟墓修葺 5%。另一例中,国课占 32%,助学占 30%,赡族费用占 20%。(《中国经济史研究》1987 年第 3 期。)

〔3〕 详见本书第五章。

2.11　中国封建社会结构的脆性

宗法一体化结构可以使我们较深入地理解中国封建社会的一些独特的历史现象。

中国封建大国最显著的特点是缺乏弹性,或者说是一种脆性较大的社会结构。什么叫脆性社会结构呢?它是指经济结构、政治结构、意识形态结构三个系统都必须保持在相互适应的平衡态附近,其中任何一个偏离适应态到某种程度就会造成整个社会的崩溃瓦解。这种结构像一个脆而大的容器,其关系是僵硬的,一旦子系统偏离适应性,容器就要脆裂,而不是像橡皮袋子那样伸缩。

比如,足够数量的自耕农以及中、小地主的存在,是供养官僚机构及乡绅县以下自治的物质条件。一旦经济结构过分偏离了这种状态,自耕农绝大多数沦为佃客、流民,维持大国所必需的各种赋税重担便落到少数劳动者头上,这时农民不得不为了生存而造反,官僚机构也随之解体,其后果是崩溃性的。[1] 又如,在幅员辽阔的领土上,封建官员的流动性很大,这种官僚政治很需要跨地区的商业活动。同时,商品流通对领主经济也是一种瓦解力量,可以起到一定的遏制贵族化趋势的作用。但是商品经济过于发达又会危及地主经济结构,造成小农经济的衰落。因此,封建大国总是力

---

〔1〕 据《汉书·百官公卿表》记载:“汉定以来,百姓赋钱,一岁为四十余万万,吏俸用其半。”虽然中国历代官员的俸禄不高,但其总和在国家收入中仍占相当大的比重。有的学者以唐代为例,分析了官员薪俸和国家岁收的密切关系。唐朝以前,公廨本钱的设置,户税的起征都与俸料钱支出有关。唐代后期新辟税青苗钱,更完全是为了解决俸料钱的来源而增设的。唐德宗时,针对当时钱重货轻的现象,陆贽曾建议让百姓用实物交纳两税,而官俸也全部支以俸绢。这个建议虽未实施,但可以看出税收和俸给是密切相关的。(刘海峰:“再析唐代官员俸料钱的财政来源”,载《中国社会经济史研究》1987 年第 4 期。)

图使经济结构保持在商业比较发达又不至于破坏地主经济形态的脆弱的平衡点上。过分偏离平衡态,同样会使封建大国解体。儒家的正统地位也很重要。如果地主阶级中知识分子的意识形态对儒家发生了较大偏离,如魏晋南北朝时佛、道、玄势力喧腾,那么一体化结构也就会遇到巨大障碍。

宗法一体化结构的脆性特点,是一个建立在小农经济基础上的统一的封建大国所必然具有的。由于基层社会生活中,并没有形成广大地区的经济联系的需要,所以依靠宗法一体化结构的强大组织力量建立起来的封建大国,就会具有相当苛刻的内稳定条件。条件越苛刻,平衡就越脆弱,社会结构脆性也越大。这是中国封建社会长期延续的机制的重要一环。这一问题将在本书第六章中进一步讨论。

如果因为封建大国的结构是脆性的,就认为它容易瓦解,这就大错特错了。脆性只表示缺乏弹性,是结构必须保持高度平衡的标志。结构是否容易瓦解,还决定于保持这种平衡的能力。从平衡的脆性来讲,任何生命系统都是脆性的,因为生命存在的条件非常苛刻。但生命却是顽强的,生命系统具有控制自己处于平衡的能力。控制论把这种自动保持平衡的系统,统称为内稳定器。生命系统为了保持体内脆弱的平衡,发展出一套系统对平衡进行强控制。比如乌龟长出甲壳以防止外来变化输入;人体内发展起一套高级神经体液调节系统对平衡进行强控制。社会结构和生命虽然有所不同,但它也是一个活的机体。它总是企图竭尽自己一切能力来保护自己的生存。因此,社会如果建立在脆性平衡之上,那它就必然会出现一套保护系统。确实,封建大国也是这样的。

中国封建大国为了维持自身的存在,不得不利用宗法一体化结构对系统进行负反馈调节,消除各子系统对适应态的偏离。因此,中国封建社会的宗法一体化结构具有第二个明显特点:强控制。

2.12　维持脆性的平衡——强控制

从控制论角度看,一个社会大系统要实行全面强控制,必须有两个条件:

第一,建立及时下达中央号令和收集各地情况的信息传递系统,并建立一个实行强控制的执行网络;

第二,当系统的实际状态偏离平衡时,控制中枢要做出灵活而又及时的反应,实行调节和控制。

中国封建社会依靠强大的官僚网,制定严格的户籍、土地调查登记和管理制度,实现了上述第一条。为了实现上述第二个条件,中央权力控制下的官僚机器在那些带有立国性质的大政上,保持着相对稳定,同时又推行着灵活的政策,以便随时调整经济、政治、意识形态三结构中的偏离。

中国封建大国是以农立国的,"举本业而抑末利"是"理国之道"。〔1〕为了实行对经济结构的强控制,推行重农桑、招徕农户的基本政策,就必须建立强大的信息和控制系统。早在秦汉时代,这一系统就相当完备了。中国封建社会的户籍、地籍调查制度推行之长久和有效,是世界其他封建国家所没有的。〔2〕这一制度保证了封建统一大国必须掌握的重要信息,能定期地完整地汇集到中央机构,中央能根据实际情况及时制定相应的政策,调节不利于统治的因素。户籍制度同时又是稳定社会和对农民实行强控制与经济剥削的手段。这样,从中央到地方(州、县),从基层行政管理组织(如乡、亭、里),到家庭,甚至到每个劳动力,都置于官僚机构的

---

〔1〕《后汉书》卷28上,《恒谭冯衍列传》,第4册,第958页。

〔2〕有关这一问题的论述,请参阅梁方仲《中国历代户口、田地、田赋统计》一书序言。

严密控制之下。国家掌握每个人的情况细致到如此程度,如隋代“貌阅”和唐代的“团貌”,规定了地方官吏不仅要每年掌握人口、土地的数量,而且必须检阅人丁的形貌,防止低报年龄及伪报老病的情况发生。唐律中规定了农村基层管理者“里正”每年都要调查本地土地农户情况,校勘造簿。失职者要依法处置。农民使土地荒芜也算犯法。甚至对农民在永业田上种作植物也规定得非常具体,“依田令、户内永业田,课植桑五十棵以上,榆枣各十棵以上。”[1]农民不能自由迁居,法律不允许课户逃亡。宋朝初年,每年春正月下劝农诏,对新垦土地实行暂不加税的政策。扩大垦地、增殖户口,成为考核地方官吏的重要内容。[2] 国家还派农业技师在农忙时指导农民的农业生产。

理解了强控制特点,即用国家政权力量对偏离适应态做出有力的调节,对史学界长期争论不休的一些问题也就可以得到较为真切的理解。比如土地究竟可不可以买卖?实际上是可以买卖,也不可以买卖,关键是看土地买卖会不会使系统偏离平衡。土地买卖可以造成田产的流动,防止人身依附关系的加强,是地主经济的重要特点,我国自商鞅变法开始,从原则上来讲,土地是可以自由买卖的。但是,另一方面,土地的自由买卖又是地主兼并土地与国家争夺农户的重要途径。如果过分偏离平衡,国家不控制土地的买卖,便会危及自身稳定时,它就要颁布法令禁止之。因此,封建大国往往要根据具体情况,一会儿放松对土地买卖的限制,一会儿又颁布禁止土地买卖的政策法令。

对待商业也是这样。跨地域的庞大官僚机构的存在,必须依靠一定的货币流通。但商业过分发展对地主经济又是有害的。因此出现了这种情况:一方面允许商人活动,称国家不与民争利;另

---

〔1〕《唐律疏义》卷 13,《户婚中·里正授田课农桑》。

〔2〕《宋史》卷 173,《食货志》中有“县令、佐能招徕劝课,致户口增羡、野无旷土者,议赏”,第 13 册,第 4158 页。

一方面在商业过于发展时又要抑商。汉初实行无为而治政策时，出现了很多大商人，如卓氏、程郑、孔氏、曹邴氏、刁闲、师史、任氏、无盐氏、诸田、杜氏等，都富比王侯，“大者倾郡，中者倾县，下者倾乡里”的商人“不可胜数”。出现了“农不如工，工不如商，刺绣文不如倚市门”[1]的局面，让这种情况放任自流，使之发展下去，是危险的。汉武帝时，就开始实行盐铁专卖、收回造币权和没收大商人的财产等政策。国家控制对商业发展有着巨大的影响。[九]

对意识形态结构和政治结构的强控制，也是维持脆性平衡的一个重要方面。中国封建社会中大多数封建王朝是由地主阶级知识分子参政执行行政管理的，思想控制也很严。不读诗书，就意味着排除于仕途之外，同时儒家思想是不容动摇和怀疑的。从汉代起国家就开始的编书修史，以及明清的烧禁书、兴文字狱，这些都是对意识形态强控制的手段。秦代 460 个文人因文字而贾祸被坑杀。汉代司马迁的外甥杨恽，因为给友人信中发了点牢骚，表示自己没当官可不受朝廷的约束，就被汉宣帝处以腰斩之刑。[2] 明初朱元璋大兴文字狱。清代在公元 1778～1782 年的五年间文字狱就有近 40 起，乾隆在大兴文字狱的同时，还着手编《四库全书》，历时十年收书 3457 种，但根据《查办违碍书籍条规》销毁禁绝的书就达 2400 种。编书是为了加强思想控制，维护一体化，而烧书也是为了消除有可能危及封建统治的思想倾向。一手编书，一手烧书，充分表现了强控制保持适应态的控制手法。

强控制还特别表现在充分利用宗法制度同构体上。家族家庭同构体对人的行为控制是无形的但又是最直接的约束。历代封建统治者对旌表孝子烈女节妇是不遗余力的。人们对封建家长的忤逆，往往意味着杀身之祸。中国历来有利用家庭和舆论来控制人

---

[1] 《史记》卷 19，《货殖列传》，第 10 册，第 3274～3282 页。

[2] 《汉书》卷 66，《杨恽传》，第 9 册，第 2898 页。

们言行的传统。中国近现代史上,不少知识分子反封建的第一个举动就是从封建家庭中逃出来,挣脱封建伦理的约束。

2.13 繁荣与阴影

由于中国封建社会利用宗法一体化结构实行强控制,所以能够在分散的小农经济的基础上造就封建王朝鼎盛时期的高度繁荣。在人类历史上,继罗马奴隶制超级大国造就的古代社会盛大文明之后,中国创造了中古时代的最高文明成就。

农民是封建社会的生产者,财富的创造者。但小农经济又使得农民创造的物质财富,分散在广大的缺乏联系的地区里,并很快被普遍贫困的社会经济所吸干。在中世纪欧洲传统社会里,国家无力组织巨大的公共工程。古埃及的金字塔、罗马的官道和水渠,都是古代文明的产物。但中国封建大国却通过宗法一体化结构实现对整个社会的强控制,把农民组织起来完成巨大的公共工程,把财富集中起来造就了都市的繁华。

从秦始皇筑万里长城开始,直至清代中叶,两千年间各种规模宏伟的水利交通事业、城市、帝王宫殿和寝陵,以及寺观,从未停止过建造。这些工程集中了巨大的人力、物力,通过几十年甚至数百年的时间,由一代又一代的劳动者完成。成都平原的人工灌溉系统的形成就是一例。早在公元前5世纪,巴蜀人民就开凿江沱,并得灌溉之利。[1] 秦代李冰父子又开凿陴江、检江、羊摩江三条人工河流,修筑了造福后代的都江堰工程。西汉孝文帝时,蜀守文翁又"穿前江灌溉繁田千七百顷"。[2] 史书称这些人工河渠:"以万亿

〔1〕《禹贡》:"华阳黑水惟梁州,岷嶓既艺,沱潜既道。"

〔2〕《华阳国志·蜀志》。

计,然莫足数也”。[1] 至东汉时,又穿望川原。就这样一代接一代地修起了便利的灌溉系统,为精耕细作提供了基础,造福于子孙后代千百年。

我国农业生产水平之高,在古代世界是惊人的,不仅农业技术非常发达,劳动生产率之高也是罕见的。远在汉代,我国每年粮食总产量就为 320 亿斤,劳动生产率是平均每人 2000 斤。[2] 唐代,粮食年总产量达 595 亿斤,唐代按人口峰值 6000 万计,人均占有粮食近 1000 斤。宋代粮食总产量竟达 1284 亿斤。[3] 宋代人口总数争议颇大,就按范文澜的最高估计有一亿人计算,[4] 人均占有粮食也达 1300 斤。欧洲封建社会农业生产水平就低得多。

中国封建社会的结构决定了城市的政治和消费的特点。从中央到地方直至县城,官僚机构像巨大的神经网络一样延伸开来。它要求有相应的交通联络系统、消费服务系统。从都城到郡县的一系列大大小小的城市,大多是实行政治统治的堡垒——各级衙门所在地,又是封建统治者的享乐场所。中国封建社会非农业人口所占比例和现在差不多,约占 20%。早在春秋战国时代,就出现了几十万人口的大中城市——山东淄博。唐代都城长安,宋代都城开封,南宋都城临安,人口都达到百万以上。据苏联大百科全书《城市》一书统计,13 至 14 世纪中国拥有十万以上人口的城市不下 50 个。书中称:“在中世纪东方所有城市中,中国的城市人口最多,最繁华,最富庶,最美丽。”另外,欧洲“中世纪城市人数一般不超过五千到一万”,另有科伦、伦敦等很少的城市居民达四至五万。居民人数达十万的,只有威尼斯、佛罗伦萨、米兰。这也就难怪当西

---

〔1〕《史记》卷 29,《河渠书》,第 4 册,第 1407 页。

〔2〕宁可:“汉代农业生产漫谈”,载《光明日报》1979 年 4 月 10 日。

〔3〕张邦炜:“北宋租佃关系的发展及其影响”,载《甘肃师大学报》1980 年第 3 期。

〔4〕范文澜:“中国封建社会长期延续的原因”,载《新华月报》1950 年第 6 期。

方中世纪游客到达伊斯兰阿拔斯王朝首都大马士革,见到该城有50 万人口,就惊讶得瞠目结舌了。宋代东京城内,有 130 余座寺观祠庙,72 家富丽堂皇的大酒楼,而号称“瓦子”的民众乐园,一次就可接纳数千人游乐。当时,仅汴河一路,每年从江南运往京城的粮食就有 500 万至 700 万石之多。商业的发达表现在行业分工的细致上,南宋京都临安商业达四百多行,有米市、肉市、川广生药市、象牙玳瑁市、金银市、花朵市、卦市……不一而足。[1] 据《武林旧事》列举临安城贩卖的市食有 41 种,果子类 42 种,粥类 9 种,糕类19 种,甚至冷饮也有 17 种,名酒 54 种。据记载,当时各酒楼点检酒息,日课以数十万计。

确实,一体化强制曾带来了古代中国的高度繁荣,但它同时也使这种社会结构荫蔽在一种历史的阴影之中。它把一个不断发展的活生生的社会结构固化了,使中国封建社会沉浸在一种烂熟的文明中而失去了对新生活方式的追求。它那强有力的控制力量,有效地遏制着新生事物的萌芽。它是一个维护皇帝、圣人、老人、祖宗的绝对权威和古老传统生活方式的社会。在这种强控制的社会结构中,新社会结构很难萌发和正常生长。中国封建社会结构的脆性和强控制,是形成超稳定系统的重要机制,它保持原有社会结构中三个子系统的高度协调,并强力扼杀一切新因素。这是造成中国封建社会停滞的第一重要环节。我们将在本书第六章中详细论述这一点。

显然,如果没有中国封建宗法一体化结构对社会实行强控制,那就不会有我国高度发达的古代文明。那么,我们是不是就不应该过分谴责这种强控制呢?因为繁荣是要付出代价的。对这个问题,不能简单地说好不好,关键在于我们持什么样的价值观念。确实,封建王朝在其鼎盛时期的繁荣昌盛,对中古世纪来说是一个理

〔1〕《东京梦华录》,中华书局 1962 年版,第 125 页。

想的社会,它也是历次动乱时中国地主阶级知识分子重建封建王朝的社会理想。但是,从漫长的历史发展来看,强控制必然带来僵化和停滞。我们以生物进化做个比方。当生物体在发生变异的时候,并不知道变异是否有利,是否会造成进化。而且,大多数变异都是有害的,它不能确立新物种,又会破坏旧的适应和平衡。但是,是不是因此可以说,物种只能保持现行结构的优越性,而不应变异呢?实际上,发展、进化是符合规律的。生物的进化,只有在发生了各种变异,有了各种选择的情况下才会出现。大多数变异被淘汰了,那些适应环境的变异则获得生存和发展。我们不能因为变异过程中可能出现各种畸形品种,就否定变异的作用。如果没有变异和进化,地球上可能至今是恐龙的盛世。无论是生物还是人类社会,它们只有发展才有生命力。一个可以不断改进自己的社会结构,哪怕它不那么十全十美,甚至有重大的毛病,也比一个看来没有毛病,但不能改进自己、不能进步的社会优越。这也许就是历史给我们的启示。中国封建大国宗法一体化结构所造成的强控制和脆性给我们留下什么历史教训呢?那就是:真理必须是前进的。法国大数学家、思想家巴斯卡,曾说过一句著名的话:"前进的事业必须被前进所取代。"放弃对一种似乎是理想的,但不能被改进的社会追求,是十分痛苦的。拥有无比创造力的伟大的中华民族一旦从这一古老的梦中醒来,这本身就意味着巨大的进步!

第二章　说　　明

[一]关于战国时期士阶层的兴起,美国匹兹堡大学许倬云教授做过一个著名的研究。作者选取见于《左传》的 516 人,见于战国典籍的 197 人作为研究对象。作者将这些人物划分为公子、卿大夫和士三个集团,又以 30 年为一代划分为九代,战国又分为若

干代,定量地考察这个集团在政治生活中的重要性的消长及变化趋势。

从公元前 692 ~ 663 年,公子集团人数所占比例由 53% 骤减至 19%,而到公元前 542 ~ 513 年以后,公子集团比例人数就常在 10% 以下了。在春秋的 516 人中有 335 人属于卿大夫集团,占总数的 65%。他们从公元前 772 ~ 693 年一代中所占比例 44%,逐代上升,到公元前 602 ~ 573 年,占到 74%。这一上升趋势与公子集团的下降趋势同时发生,表明了政治活动的重心由公子集团向卿大夫集团的转移。到了春秋后期,卿大夫集团所占比例从 74% 的高峰跌至 55%(公元前 482 ~ 464),卿大夫的下降,表明了"士"集团在政治生活上的兴起。战国时期,作者着重考察了社会上的"新人",或出身微寒者。在春秋时代,来历不明者占总人数平均为 32%,到了战国时期则高达 60%,这一趋势表明了卿大夫集团的衰落以及战国时期社会具有的高度流动性。

这一研究表明,春秋战国时期,王室宗亲的公子集团和贵族卿大夫集团一直处于逐步在政治上衰落的变化中,而且有高度的流动性,不以身份等级为固定标志的士阶层逐步崛起,成为政治生活中最重要的组织力量;表明中国古代社会由封建贵族政治结构向官僚政治结构的转型。作者总结道:这一历史时期"新的社会结构已经取代了旧有的秩序。"〔1〕

[二]刘泽华的研究指出,"士大夫"是战国出现的新概念,在此之前均称为"大夫士"。战国典籍中,在表示人物身份等级时仍用"大夫士"。"大夫士"强调等级,士大夫强调阶层,特点是知识分子和官僚的混合体,从职能分工上又有"文士"、"武士"和低级官僚。另外还有一部分是有一定社会地位的文人。值得注意

〔1〕 许倬云:"春秋战国间的社会变动",中研院历史语言研究所集刊 24,下册。

的是,儒家以儒学和倡导道义为己任,把士与道义紧密相连,有“士君子”之称。[1]

[三]Franz Michael 在“十九世纪中国的国家与社会”一文中也得到这个值得注意的结论。文中指出,清朝与明朝一样,“设立不到四万个官职来处理中央和地方政府最重要的职务”。最低的官阶是县官,要管理 20 万左右人口的地区,所以大量公共事务的管理是通过绅士。

绅士的数量是多少呢?“在 19 世纪初是 110 万,同世纪末是 150 万,士绅连同和他一起分享特权地位的家人,有 550 万 ~ 750 (57)万人,占全国人数的 1.5% ~2% 。”这个比例相当低,但他们却分享“约全国总收入的 23% ”。作者指出,这仅仅是他们的正规收入,他们还通过受贿、压榨等不正当手段获取更多非正规收入。作者分析道:“士绅的总收入,约有 50% 是服务得来的,这包括服官的薪俸和其他各项服务如教书等换取收入;三分之一弱因拥有土地得来,约有五分之一因企业或商业活动得来。”

文中分析了绅士的特权地位,如控诉士绅的罪行有特殊的程序,还有经济上的特权,他们可以免除劳役。这是由于他们的各种公共服务被国家认可。他们的重要性不可忽视,社会稳定时,他们控制社会基层的公共事务及经济活动,危机到来时,他们角色的重要性增加了,延伸到从事军事活动及控制税收。因此“士绅的这些社会职务,无法和他们的官方职务明显区分。两者往往互相交错,不论在朝在野,也不论是为国家利益还是为家乡利益,处理公共事务的人同属这个社会集团。大部分士绅没有官职,但也执行社会职务,若无士绅,政府就不能发挥作用。”这就造成了中国古代社会不仅国家是官僚形态,而且连社会本身也是官僚

[1] 刘泽华:“战国时期的‘士’”,载《历史研究》1987 年第 4 期。

化的。[1]

[四]在不同的朝代,基层社会中的管理人员有不同的名称,如汉代有掌教化的“三老”,管理农村生产活动的“力田”,对农民进行伦理说教和管社会风尚的“孝悌”。这些乡官不是政府委派的官员,多是农村中有影响的村社领袖。又如,隋唐时代的里正、坊正及村正;北宋的里正、户长、耆老、壮丁及乡书手等,以及吕氏乡约中的约正、约副;明代的里甲制和清代的里平制与保甲制,都是把地方赋役和治安交由地方人民自己负责处理,政府只是指导辅助。这些地方自治的乡官,大多是有位无禄,由当地上层家庭中选任。正如梁启超说:“中国有乡自治,而无市自治。”

[五]实现一体化,必须源源不断地培养出具有统一信仰的知识分子,因此历代王朝在办学教育方面是竭尽其力的。以宋朝为例,当时政府对官办太学及州县学非常重视,不但赐予五至十顷的学田,还赐予九经等书籍,致使这类学校十分兴隆。据文献记载,大观三年(公元 1109 年),大小学生共 167,622 人,学舍 95,298(楹),学田 155,454 顷。教育经费也很充足,学钱岁入 3,058,872 缗,支出仅 2,678,787(58)缗。[2]

[六]我们在写作《兴盛与危机》一书时,使用了“贵族化”这一概念。当时,我们并不了解国外的有关研究。事实上,不少学者也论及有关现象。例如,布洛克(Marc Bloch)在其名著《封建社会》中,曾讨论过封臣制的普遍演变逻辑。他认为封臣制中存在着内在的悖论,即构成封臣制的两个要素采邑和臣服礼是处于不断异化(Aliena – tion)之中的。在总体上,总可以看到封臣制逐渐失去原有的结构和功能而不断退化的现象。布洛克讲的这种退化,就是我们这里所描述的贵族化趋势。但是,布洛克讲的封臣制的异

---

〔1〕《食货》,第 3 卷,第七期。

〔2〕据张希清:“论宋代科举取士之多与冗官问题”,载《北京大学学报》1987 年第 5 期。

化包括了农奴化及向官僚体制转化，未将二者区分，没有将封臣制向世袭领地转化专门抽取出来定义。而我们提出的贵族化，则是专指农奴化倾向。我们在以后的研究中，专门讨论过功能异化的问题，读者可以发现，布洛克提出的封臣制的异化是我们提出的功能异化的一个特例。

贵族化的另一个重要的方面是官僚、封臣演化为世袭贵族。这方面的研究也不少。有趣的是许倬云教授也使用了“贵族化”来描述士大夫的家世背景的演变趋势。他指出汉代“士大夫具有地方领袖、科层僚吏以及儒生三重身分”，但上层士大夫的家世背景日益重要，到两晋南北朝则开始了少数士大夫成为贵族的时期。隋唐时，这批世家大族“逐渐转化为政治权力的寄生物”，有“士族中央化的现象”，唐中叶后，士族开始萎缩崩溃，“宋代以下，士大夫再未曾经历贵族化的过程”，即使明清的缙绅，“其地位只相当于地方豪族，而不是两晋以至唐代的士族”。这里，许倬云教授使用的“贵族化”的含义，与我们说的国家官僚演变为世袭化的贵族倾向是十分相近的。[1]

历史上，中国士大夫由汉至唐的贵族化及瓦解过程，对应着中国古代社会中央集权陷于长期分裂而后又重建中央集权的历史演变。宋以后，中国社会的超稳定结构完善巩固了，不再有分裂割据，士大夫也未曾有贵族化的现象了。根据我们的假说，一体化结构的一个重要功能是遏制贵族化倾向。因此，一个符合逻辑的结论是：贵族化的强弱与一体化结构的强弱恰好成反比。以上历史过程正好是对这一假说的印证。

[七]近年来，学者对唐代藩镇的研究表明，笼统地把藩镇称为割据是不准确的。张国刚将唐代的藩镇分为：“河朔割据型”、“中

---

〔1〕 见许倬云为中研院历史语言研究所、经济研究所合办的《第二届中国社会经济史研讨会论文集》写的“序言”，由汉学研究资料及服务中心 1983 年 12 月印行。

原防遏型”、“边疆御边型”、“东南财源型”四种形态。其中只有河朔型是割据的:藩帅不由中央委派,而是本镇拥立,财政上是赋税裁留本镇而不上供中央,军事上拥兵割据。其他三种类型均不是割据的。从广德元年(763 年)到乾符元年(874 年)110 年间,共发生藩镇动乱 171 起,河朔就占 65 起。而这 65 起动乱中,与中央发生武装冲突或带扩张性的仅有 13 起,占 20%,其他 80% 都是藩镇内部动乱。在全部 171 起动乱中,与中央冲突的不超过 22 起,占 13%,其余 87% 都是藩镇内部兵变或其他动乱,表现出藩镇动乱的封锁性及凌上性,即以下替上、内部杀逐、变易主帅,有同儿戏。作者得出结论:唐后期的藩镇史,最突出的不是因为闹割据而反抗中央政府的斗争,而是频繁激起的藩镇动乱。[1]

[八]许倬云教授也曾讨论过这个问题。他说:“印度教的婆罗门是出世的知识分子;天主教的教士也因强烈的出世倾向而与国家,甚至社会常见对抗与疏离。犹太教的文士与经师,其基本性格与中国儒生相近似;然而在犹太亡国以后,犹太人有社会,而无国家,也就谈不到国家与社会经由文士经师而结合了。”[2]许倬云的这一观点与我们十分相近。我们在第八章讨论中国古代意识形态结构时,也用了“出世”倾向来说明道家对实现一体化的困难。

[九]有关政府控制与商业发展之间相关性的研究,有不少论文。一个相当典型的案例是,有人研究了北宋川峡商税大幅度变化的情况。熙宁前,川峡四路年平均税收入达 24,000 贯以上,而熙宁十年,川峡路的商业税收大幅度下降。作者认为,其原因在于政策的变化。当时茶货是商税的主要来源之一。宋初以来一直实行自由通商的茶法。而神宗七年四月却改变政策实行榷禁——官府

---

〔1〕 张国刚:“唐代藩镇类型及其动乱特点”,载《历史研究》1983 年第 4 期。

〔2〕 许倬云为中研院历史语言研究所、经济研究所合办《第二届中国社会经济史研讨会论文集》所作“序”,1983 年版,第 2 页。

直接向园户征购茶产出售,“不许民间私衷买卖”。这一政策直接导致川峡四路商业税大减。[1] 我国历代王朝后期都有商业病态繁荣的现象,估计与政府的控制能力丧失有关。

〔1〕 郭正忠:“铁钱与北宋商税统计”,载《学术研究》1985 年第 2 期。

第三章　无组织力量及社会结构的老化

没有一个人长生不老，也没有一件东西永久长存。我们的一生不是一个古老的负担，我们的道路不是一条漫长的旅程。

——歌德

3.1　历史病：官僚机构及人员的膨胀和腐化

中国古代神话中有一个故事。黄帝与蚩尤在冀州之野决战。蚩尤请来风伯雨师，纵大风雨，形势十分严峻。黄帝便命令一个有制伏大雨本事的女儿下凡参战。果然，天女一到，大雨乃止，遂杀蚩尤。但是，施展出浑身解数的天女自身也被这种本事所毒化，她变成一个秃头旱魃，从此再也上不了天。从这个故事中，我们可以理解一个深刻的哲理：人们在解决某类问题时，采取一种看来是非常有效的措施，但对这种措施事后会带来什么样的灾难性后果，却又显得惊人的无知。

中国封建社会利用宗法一体化结构，建立了控制整个社会的管理系统，有效地控制了小农经济分散性所带来的贵族化趋势，造就了封建大帝国的繁荣，但它也带来了特有的社会问题，这就是官僚机构自身的膨胀和腐化。

一般说来，一个新王朝开始建立时，官僚队伍较小，而且较廉洁，机构效率也较高。但随着时间的流逝，机构和官员越增越多，冗官滥吏就像官僚机构中的废物那样，越积越厚。最后，造成官僚机构生锈、腐坏。

历代官僚数量虽不同，但有一个趋势是显而易见的：任何王朝末期，官僚的数量都比王朝初期的大得多，常常膨胀了数倍至数十倍。例如公元 627 年，精明的唐太宗省并官职，偌大一个唐帝国的京都——百余万人口的长安，只留用了 643 至 730 名京官，外官数量也相应减少。30 年后，高宗显庆年间内外官员膨胀到 13,465 名。[1] 到元和年间(806 ~ 820 年)，文武官吏及诸色胥吏已达 368,668 人。如以当时全国纳税户 144 万计算，平均每七户就要供奉两个官员。[2] 宋朝官员膨胀情况更为惊人，从仁宗皇祐到哲宗元祐四十年间，就外官而论，节度使由 3 人增加到 9 人，两使留后由 1 人增到 8 人，观察使由 1 人增至 15 人，防御使由 4 人增至 42 人。[3] 其他几类官吏，从景德到元祐八十余年间的增长情况，可见下表：[4]

表 3.1　宋景德至元祐年间官僚膨胀情况

官员(人)	大夫	朝奉郎以上	承议郎	奉议郎	诸司史	副使	供奉使	侍禁	三省之吏
景德(1004 ~ 1007)	39	165	127	148	27	63	193	316	60
元祐(1086 ~ 1094)	230	695	369	431	260	111	1322	2117	172

〔1〕《文献通考》卷 37,《选举十》,商务印书馆 1936 年版,第 348 页。

〔2〕《通典》卷 40,《职官》22;《旧唐书》卷 14,《宪宗纪上》。转引自周伯棣《中国财政史》,第 233 页。

〔3〕《古今图书集成》,《食货典》卷 244,《国用部》4,《宋》2。

〔4〕周伯棣:《中国财政史》,上海人民出版社 1981 年版,第 298 页。

根据这个表,我们可以求出这期间仅这几类官员人数平均增加了六倍。明初洪武时,文武官员为 24,000 余名,一百年后宪宗时膨胀为八万余名。机构的膨胀也很快。以蓟镇为例,原为一个机构,到神宗时,把边分为镇,一镇分为三路,各路均设机构。这样,机构为原来的 12 倍,设官为原额的 20 倍。[1]

宦官系统也是处于不断膨胀之中。洪武初年宦官尚不满百人,明中叶已达一万余人。明亡国时,仅宫内阉人就有七万,加上全国各地的就有十万。阉宦自成系统,有十二监、四司、八局,共二十四衙门。为宦官机构服务的爪牙更是多如牛毛。世宗时,第一次就裁革锦衣卫三万余人,第二次又裁去 148,000 人。[2]

在官僚机构中。吏员(办事人员)一般说来,大约为国家官员的十余倍。东汉时按官制定额,内外文武官员为 7,567 人,而吏有 145,419 人。吏约为官的十几倍。唐代官吏总数为 368,668 人时,其中官员为 17,668 名,吏也为官的 20 倍左右,宋代官僚总数并不太多,但吏员很多。北宋时,1063 年官员数为 24,000 人,吏为 536,000人,是官员的 20 倍。1088 ~ 1090 年,官员为 34,000 人,吏为 429,000 人,也达十余倍。[3] 如果王朝初期官员人数在一至三万左右,[4] 到末期膨胀达 5 ~ 15 倍左右,那么吏员也就相应膨胀为百余万人了。这确实是十分惊人的。

为什么官僚机构和人员会不断膨胀呢?我们知道,宗法一体化结构为了对整个社会实行强行控制,没有足够的官吏是不行的。

---

〔1〕《神宗实录》卷 234,第 394 册,第 3 页。

〔2〕《明史》卷 17,《世宗纪》,第 2 册,第 216 页。

〔3〕郭正忠:“宋金时代官吏人数的最高记录”,载《中州学刊》1986 年第 2 期。

〔4〕历代官僚数为:西汉 130,285;东汉 7567(《文献通考·职官》卷 47);隋 12,576(《文献通考·职官》);唐高宗时 13,465(《文献通考·选举十》);宋太祖时 13,000(《文献通考·职官》);元 16,425(《续通典·职官》);明太祖时 24,683(《续通典·职官》);清圣祖时 27,000(《皇朝续文献通考·职官》)。

在王朝初期,人口较稀少,各种社会问题也相应地不那么尖锐突出,而且行政效率较高,官吏数量一般较少。随后经济的发展,人口成倍地增长,耕地扩大了,城市繁荣起来了,相应的管理事务也必然会增多。因此,官僚机构和人员的增进是自然趋势。最近,有的经济史研究者指出,以公元 180 年行政管理效率为基准,当时全国人口 6000 万,县数 1180,平均每个县为五万人。"要想维持这五万人口为一单元的基本行政效率,在 875 年时就需 1600 个县,1190 年需 2200 个县……1850 年则需 8500 个县……"[1]对这种算法,学者们争议很大。但从行政事务与人口增长关系的角度来考察官僚机构的膨胀,是有一定道理的。

这里必须指出,随后社会生活的发展,管理人员的增加的自然趋势并不是封建官僚机构和人员膨胀的主要原因。以宋代景德年间(1004 ~ 1007 年)至哲宗元祐三年(1088 年),80 年间官僚膨胀及人口增长的情况,做一比较分析,我们根据有关资料可制出下表(表 3.2):

表 3.2　1006 ~ 1083 年人口与官员增加情况

年　号	公元	时间差	人口总数①	人口增长率	官员数②	官员增长绝对数	官员增长率
宋真宗　景德三年	1006		16,280,254		10,000		
宋仁宗　皇祐五年	1053	47(±5)	22,292,861	0.0079	20,000	10,000	0.0213
宋神宗　元丰六年	1083	30(±5)	24,969,300	0.0055	34,000	14,000	0.0467

①此栏人口数取自梁方仲《历代户口、田地、田赋统计》,第 6 ~ 8 页。
②《元丰类稿》卷 30,《议经费》。

根据这个表我们可以画出两条曲线如图 3.1 所示:

---

〔1〕 施雅坚:"市场及区域经济的结构发展",自宋到 1900 年中国社会和经济史讨论会论文。

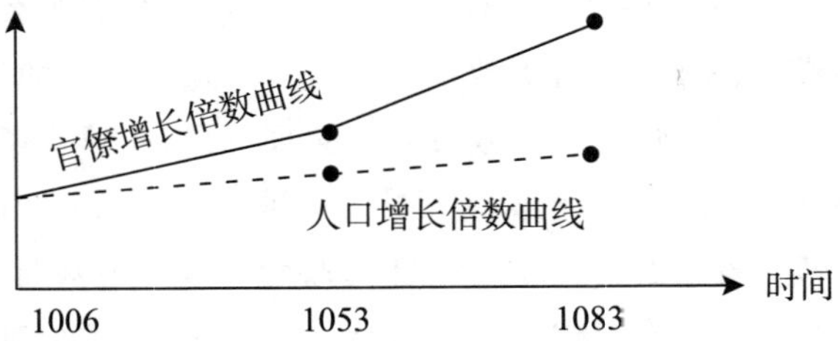

图 3.1　1006～1083 年人口与官员增长对比曲线

这两条曲线并不重合。官员增长的速度远大于人口增长速度。在历代封建王朝中,人口增至峰值(清以前一般在六千万上下)后,就比较稳定了。而官僚的增长却如野马脱缰,并没有随人口达到峰值而停顿。这证明行政管理事务的增加不是官僚膨胀的主要原因。

官僚膨胀的主要原因是封建官僚机构自身的腐化。腐化造成行政效率越来越低。行政效率越低,又要达到强控制的目的,就不得不增加机构和人员,从而造成恶性循环。

明末的情况相当典型。当时官员已比初期增加十余倍了,但由于内部摩擦和腐朽,反而出现了官员匮乏的反常现象。万历末年,中央到地方各级机构,办事官员"十缺六七"。有的中央官的缺俸竟达五个月之久。内阁大学士应有五六人,实到办公的只有叶向高一人。给事中应为 33 人,实际只有五人供事。而湖广、河南、福建皆缺巡抚。另一方面,当时有上千名新录贡生长期滞留京城,向主事官员乞求任命。[1] 明末这种有官无人当,有事无人问的瘫痪局面,其根本原因是官僚机构已经完全腐败。大量官员挂官藉以支取官俸却不到职办事,官僚们因循苟且,结党以谋私利。官僚机构越腐败,所需的官员也就越多,膨胀也就越快。

可见,中国封建社会官僚机构的膨胀与腐败,是一体化调节机

〔1〕《神宗实录》卷 479,第 562、563、567、576 页。

制日益老化、逐步丧失其调节功能的表现。这种现象是中国封建社会每一个王朝都具有的历史病。一体化调节能力越低，官僚机构的腐化膨胀就越厉害。东晋就是这样，其地盘很小，但官员数量在比例上超过其他王朝。

下面，我们就来分析一下，为什么这种历史病在每一个王朝都反复发作？它又是怎样导致宗法一体化结构逐步丧失调节功能，使封建帝国日益老化趋于崩溃的？

3.2　封建特权与低薪制

为什么封建官僚机构的腐化，就像铁在空气中生锈、刀在使用中变钝那样，是一种不可抗拒的趋势呢？因为，中国封建社会官僚机构具有两个特征。第一，是为了实现对社会的全面控制，不得不把管理权授给一部分社会成员，这些成员大多数是来自于地主阶级的。在一人权力的影响大于经济影响的社会里，权力本身很容易成为掌权者的腐蚀剂。第二，为了建立庞大的官僚网，又不至于造成国家过重的负担，政府对官员采取了两种看来是互相矛盾的政策，即按官僚等级划分的封建特权和普遍的低薪制。正是这两个特点，使得利用权力谋私，贪赃枉法，假公济私，贿赂迎奉，拉关系，说假话，两重人格等成为中国封建官僚的通病。

确实，除宋代官俸俸禄特别优厚以外，其他各个朝代的俸禄都不算太高。汉代官吏有120,285人，年支出俸禄钱20余万，平均下来，每人每月仅1,389钱，这还不及“平更一月，得钱二千”的被雇更卒。[1] 唐代官俸仅次于宋，以开元时为最高，大历时为最低。其

〔1〕 罗庆康：“汉代俸禄制度的特点”，载《湖南师范大学学报》1987年第1期。

中一品官和九品官的官俸差额,开元时约 14.2 倍,大历时约 62.5 倍。[1] 唐代二品官实际所得,合米 120 公石。开元时正九品小官实际所得合米十公石。东汉最高级的二千石大官,每月货币收入不过 18 贯,折米 28 公石半,最低级的小官每月实际得米仅有 1.9 公石。[2]

官员如仅靠官俸生活,状况将怎样?我们可以拿开元时代一个九品官和一普通纸商的生活做一对照。当时,一个名叫陈泰的纸商,供养家人共 20 口,一年约一百缗就够用了,每人每年的生活费大约五千文。[3] 而一个九品官如仅靠官俸生活,年收入仅 35,800 文左右,就是供养一个 10 口之家,每人平均还不到五千文。如果他家像陈泰那样有 20 口,那生活就相当清苦了。即使像宠妃杨贵妃之兄杨国忠,权高势重,不可一世,如果他仅靠其司空俸收入生活,每月只能拿到几十贯钱,相当于 160 石大米。明代著名清官海瑞在淳安任知县时,一天忽然买了两斤肉,同僚们甚为奇怪。原来,海瑞是为母亲过生日才买肉的。海瑞死于任所时,甚至贫穷到不能置棺椁,由同僚们相与捐金治具。[4] 海瑞这样的大官,尚且穷到平日不能吃肉,死后无钱置棺的地步,足见明代官吏如果只凭官俸生活,就会像吴晗先生所分析的那样"非饿死不可"。[5]

与低薪制并行不悖的是封建特权。特权又与品级高低相关。一般说来,只要在科举制度下取得功名,哪怕是最低等的生员,都可享有免除本人丁徭的负担,免笞刑,见官不必行大礼等特权。唐代,只要是最低品官就可以成为不课户,免纳赋税。高级官员特权

---

〔1〕 这两个数字是从彭信威《中国货币史》(群联出版社版,上册,第 219 页)中《唐代官吏俸月变动表》所列举的数字求出的。

〔2〕 彭信威:《中国货币史》(上册),群联出版社版,第 219~220 页。

〔3〕 (唐代)于逖:《灵应录》载"……弟子幼累二十口,岁约一百缗粗备……"

〔4〕 蒋星煜:《海瑞》,上海人民出版社 1979 年版。

〔5〕 吴晗:"晚明'流寇'之社会背景",载《吴晗史学论著选集》,人民出版社 1984 年版。

更为明显。根据《唐律疏义》,六品官以上者原则上免本人课役,五品官以上的连同居者也能沾光免课役。他们有机会朝见皇帝,向皇帝推荐用人,住房可以“得制乌头门”,各级官员子弟能上何类学校也有规定。另外,三品官可以荫曾孙,五品荫孙。宋代特权更为严重,只要当官,除优厚的俸禄之外,还有职钱、禄粟、仆人衣粮(宰相可领70个仆人的衣粮)、茶酒厨料、炭薪、盐、马匹的刍粟、添给钱、职田等名目,此外还行相当高的办公费,当时,节度使月俸四百贯,公用钱竟达三千至一万贯。而一亩地仅一二贯至二三贯钱。[1]封建官员除了享有经济上的特权,高官享有门荫权外,在法律司法上也享有“刑不上大夫”的种种特权。清代规定司法机关不得自行决定捉拿提审官员,只有经皇帝批准革职后才可以拿办。官员士人犯有死罪的,只要按品级高低,交纳数额不等的银子,就可抵罪。[2] 这简直是有了权就有了一切。清代八旗中的宗室,均为世职,世代享用,并在法律上享有宽刑、免刑等特权。中国老百姓有两句俗话,一为“一人当官,鸡犬升天”;二为“朝中有人好办事”,就是指的封建官僚的特权和权势。

吏员不算国家官僚机构的正式编制,多由人数众多的没有功名的下层知识分子来充当。他们有时连薪金也拿不到。按规定来说,他们不享有任何特权,他们为政府工作,常常相当于服差役,供官吏使唤,但他们是政府机构的办事人员。催租催赋,摊派徭役,捕人缉拿,及处理各种民事,管理市场、关卡,都是吏员的事务。要知道,一体化造成官员变成“万金油式”的通才人物,而吏员则多是精通文书、法律、财会统计或其他技术专长的专业人员。

---

〔1〕 王曾瑜:“宋朝阶级结构概述”,载《社会科学战线》1979年第4期。

〔2〕 据冯尔康:《清代地主阶级述论》。乾隆八年(1743年)定例,犯斩绞两刑的,三品以上官只要纳银12,000两;四品官5000两;五、六品官4000两;七品以下及进士、举人2500两;贡监生员2000两,就可以赎罪。(该文收入《中国古代地主阶级研究论集》,南开大学出版社1984年版。)

这就造成了大小政府官员不得不依赖吏员处理大量烦琐的行政管理事务。精通专业的吏员深知如何蒙骗不涉俗事的官员,这就是使吏员很容易利用为官府办事之机大行贪污利己之便。但是,吏员的地位是卑下的,他们常会受到官员的惩罚和羞辱。而且在一般情况下,吏甚至不能参加科举考试,限制他们进入官僚系统。[一]但是吏员不受官僚那种回避乡里,几年一调转的限制,形成"为吏者传袭及子孙",[1]进而造成"官无封建而吏有封建"[2]的现象。北宋初年,全国吏员例不给禄食,但允许他们接受贿赂。熙宁三年(1070 年)开始定吏禄,五年后,吏禄几乎翻了十倍,但吏员们受贿贪污依然如故。[3] 宋代有"吏强官弱"、"公人世界"的说法。吏员往往是地方基层的土皇帝、地头蛇。杜甫在著名的《石壕吏》一诗中,刻画了一个黄昏闯入农家、吓得老翁逾墙而逃的唐代恶吏的形象。这些人打着为国家办事的招牌,欺压百姓,揩足了油水。

这样,一方面是封建特权,有权就有一切;另一方面是表面的低薪制,就造成一个使官僚机构趋于腐化的巨大势垒。封建特权的存在,使官俸地位成为儒生刻意追逐的目标。所谓"洞房花烛夜,金榜题名时",是儒生一生中最得意的两件大事。

顾炎武曾经很精辟地分析过为什么在中国封建社会中,有那么多人孜孜以求科举功名。他分析道,以当时每县 300 名生员计,全国有生员以上功名的知识分子就不下 50 万人,其"可为天子用者,数千人不得一也。"但人们犹趋之若鹜。因为一旦获得哪怕是生员这种功名,也就获得了最低的政治身份。他们虽然不为官,却也能"免于编氓之役,不受侵于里胥,齿于衣冠,得于礼见长官,而

---

〔1〕《宋会要辑稿》,《职官 60》,中华书局 1957 年版,第 4 册,第 3752 页。

〔2〕《水心文集》卷 3,《吏胥》。

〔3〕中国历史研究会编:《中国通史简编》,华东人民出版社 1951 年版,第 502 页。

无笞捶之苦。”也就是说，国家把封建特权的范围扩展到相当大的范围，包括无官职而有功名的众多知识分子。顾炎武认为，众多人追求功名的目标，“非必慕功名也，保身家而已。”[1]也就是说，他们追求的是高人一等的封建特权，在这种特权的荫护下，他们得以保家置产。

低薪制使得官僚机构有可能吸收更多的人当官。他们一旦当官，便攀就高门，扶植亲信，联络裙带，结成广泛而又牢固的有权有势的社会关系网，然后，便开始放胆地侵吞社会财富。汉元帝幸臣董贤、唐代名将郭子仪、北宋末年的六贼，都是家财成万上亿、奴婢成千的大富豪。明代太监刘瑾，要求想进京觐见布政的人须先缴银二万两。清代的和珅，占地八千顷，有当铺、银号、古玩铺130座，私自藏金三万余两、银三百余万两，[2]据估计财产总值折银22,300万两，相当于乾隆五十六年(1791年)国家财政总收入4359万两的五倍！而他的一个家奴刘全的家产也达20万之多。[3] 能做到况钟在(《示子》诗)中所说的“虽无经济才，尚守清白节”的官僚，不过是儒臣的理想主义者。像海瑞、况钟这样的清廉有为的官僚，是极为罕见的，而贪官酷吏则比比皆是。

尤其是官僚的荫补特权，它涉及官僚后代的利益，更是加速腐朽的催化剂。一个高官，凭借这种特权可以荫补多人，“多至一二十人，少不下五七人，不限才愚，尽居禄位，未立襁褓，已列簪绅”。[4] 荫补特权使得那些只知声色犬马的纨绔子弟身居高位。这种人当官后，不会也不去过问政事，因此造成很多人支俸而不理事的麻烦局面。宋代冗官之多，是历代王朝中相当突出的一个

---

〔1〕 顾炎武:《亭林文集》，卷1，《生员论上》。

〔2〕 《清史稿》，《和珅传》，第35册，第10756～10757页，载和珅“所藏珍珠手串200余，多于大内数倍，大珠大于御用冠顶”，“夹墙藏金二万六千余两，私库藏金六千余两，地窖埋银三百余万两。”“家奴刘全家产至20余万”。

〔3〕 同上。

〔4〕 《续资治通鉴长编》卷132，庆历元年，五月壬戌。

现象。宋真宗时一次裁减冗官滥吏就有 195,800 余人。但造成冗官多的主要原因并不在于科举取士,而是门荫特权及其他。[二]清代鸦片战争时,依靠满族贵族身份当上官僚的奕山、奕经,被派到南方当靖逆将军。奕山到广东后只知搜刮宝货,被称作“翡翠将军”。奕经到浙江,只以酒色为事,妓不离营,被称为“琵琶将军”(抱肉琵琶)。由这样的将军指挥作战,有何战斗力可言!

中国封建社会要实现一体化结构,国家必须依靠大大小小的各级官吏,同时也就把管理土地及其他事务的权力赋予他们。而这些官员本身又是剥削阶级分子,是土地的兼并者,私利的谋取者。他们获得权力,如虎添翼,可以更加便利和放肆地掠夺土地与财富。封建国家不能再造一架控制官僚机构的机器,这样,官僚机构这架调节器本身就成为造成危机的根源之一。事实上,每当出现社会问题时,封建国家总是用增加机构和人员的办法来加强控制。其后果往往适得其反,机构与人员的膨胀又加速了腐化过程,带来了更严重的社会问题。尤其到了王朝末期,一方面国家财政收入日趋亏空,一方面官员数字大大膨胀,造成国家难以支付官员的俸禄,其结果加速了官员凭借权势肆无忌惮地贪污。如西汉末年对官员俸禄实行克扣、减俸、借俸等手段。天凤五年,王莽减俸,“吏以不得奉禄,并为奸利,郡户县宰家累千金。”〔1〕官员的贪污又加快了国家机构的腐败和瘫痪。这一恶性循环,正如利用天女去战胜水灾,却又带来了旱灾那样,一体化在调节过程中,不断发生异化,从而使自身的调节能力逐步丧失。

〔1〕 转引自罗庆康:“汉代俸禄制度的特点”,载《湖南师范大学学报》1987 年第 1 期。

3.3 皇帝的调节作用与权力金字塔

人们自然地会想到：既然官僚机构的膨胀与腐化是使一体化调节能力一点一点丧失的慢性病，那么为什么不设立一种对官僚机构控制和调节的机制呢？

为了自身的存在，统治阶级总是竭尽自身的一切能力，来保持固有的社会结构。宗法一体化结构确立以后，无论在官僚机构内部还是之外，都有一套企图遏制其膨胀和腐化的机制，其中最重要的是皇帝的调节作用，这一作用随着封建社会的演化不断强化。

为了对皇帝的调节作用加以说明，我们可以对中国封建官僚政治做一简明的分析。官僚机构权力金字塔机构，如图 3.2 所示。其中坚部分是儒臣——中央及地方各级官僚。它的下面是办事机构和人数众多的吏员；它的上面是皇帝。此外，皇帝还带来两个旁支系统：皇室贵族和宦官。皇室贵族包括皇室宗族和外戚；宦官是内廷服务人员。这两部分人并不是一体化的国家机器的职能部分，但由于他们是与皇帝关系最密切的人，所以他们也能干预、参加国家大事。

皇帝居于金字塔之顶，拥有至高无上的权力。根据君权神授的信条，这一权力来自于天，因而皇帝又称天子。皇帝的调节职能主要有两个方面：一是维持官僚机构的统一性和流动性；二是遏制官僚机构的腐化。皇帝的这两种职能，是克服官僚机构门阀贵族化，保持其调节作用的必要机制。

众所周知，中国封建官僚机构的统一性和流动性，是依靠一整套选拔制度以及中央对官僚的调配、任免来实现的。如果选拔和考核儒生、任免官员完全由官僚机构内部的有关部门来完成的话，那就很容易形成固化的权力中心。在小农社会中，官僚机构一旦

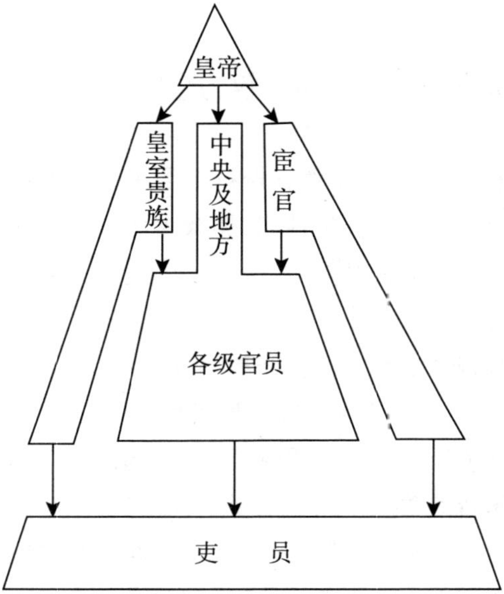

图3.2　权力金字塔示意图

失去流动性,官僚的选拔成为表面手续的话,各级官僚就会门阀化,演变为世袭贵族,出现像日本大化改新后官僚向领主演变的过程,从而导致一体化的瓦解。因此,必须要有一种外在的、凌驾于官僚机构之上的权力,来维系官僚机构的统一性和流动性。

皇权正是这样一种权力。历史上有为的皇帝大都充分意识到和实行着这一调节职能。他们任用贤相和有识之士,常常把一些资历甚浅而有抱负的官员提拔到高位上,使官员常处于循环流动之中。对选拔官员这一重要环节,皇帝更是不能忽略。

明代洪武时发生过这么一件事。公元1397年(洪武三十年),儒生应试揭榜时发现考中的全部是南方人。举人们议论纷纷,向朱元璋告状,说这是因为主考人刘三吾是南方人,偏袒南方人。朱元璋大怒,把主考官白信蹈杀了,因刘三吾已85岁,太老了,免死充军边境。朱元璋亲自出题重考。[1] 这件事非常典型地反映出皇权是凌驾于官僚机构之上的调节器,在维护一体化结构中发挥着重要作用。清朝时,为了减少官员绅衿在科举中作弊,将考卷改设为“官卷”、“民卷”两种,分别取中,[2]这是皇权采取的一种遏制手段。

在遏制腐化方面,虽然官僚机构内部有相应的监察、考核官员行为的部门,但是,与上一个问题一样,因为监察、考核机构也是官僚机构的一个组成部分,其官员也是儒生知识分子,它对自身的腐化是无能为力的。明代有较严密的监察制度,监察官员有相当大的在人事方面的监督、考察、弹劾百官的权力,但到后期变得非常腐败,成为朋党之争的工具。[3] 又如,清初曾“大计天下”,考核地方官和京官,决定升迁去留。考核需通过官僚来实行,于是就出现了“各堂官考核司属,朝夕同事,孰肯破情面、秉至公?其中钻营奔竞,弊不胜言”的现象。[4] 而皇权正是在官僚机构之上的监察考核的权力。

历史上,比较有作为的皇帝都在整肃吏治,遏制贵族豪强,打击贪污腐化方面下很大功夫。明初朱元璋就颁布了惩治贪污的条令,凡贪污60两银子以上的即行枭首,甚至处以剥皮之刑。据说,有的衙门正厅,就摆着贪官污吏的臭皮统,以示警戒。对官员们调动时所允许带的辎重分量,都有严格规定。1384年,户部侍郎郭桓与中央六部以及地方官勾结,大肆贪污,赃款达700万两。朱元璋严加惩处,因这一案致死者达数万人。[5]

---

[1] 《明史》卷137,《刘三吾传》,第13册,第3942页。

[2] 转引自冯尔康:“清代地主阶级述论”,载《中国古代地主阶级研究论集》,南开大学出版社1984年版。

[3] 可参见吴观文:“论明代监察制度及其作用”,载《管理世界》1987年第3期。

[4] 《清圣祖实录》卷14。

[5] 《明史》卷94,《刑法志》,第8册,第2318页。

正因为皇权在一体化政治结构中起着上述两种主要作用,所以自秦汉帝国确立了君主专制中央集权政体之后,随着一体化结构的不断完善,皇权一直有逐步扩大的趋势。这是宗法一体化结构逐步稳固的表现。历代官制的演变有这样一个规律:一些原属于为皇帝私人办事或服务的机构,常常发展成国家官僚机构中最重要的权力部门。汉代的内朝(皇帝的办事和服务机构)官员部属少府,尚书是内朝官员的头领。尚书官职不大,秩不过千石。国家大政由号称三公的丞相、御史大夫、太尉掌管。但到西汉末年,内朝权力已很大。到东汉时大权已集中在尚书手中,相权低落,三公成为空洞而无实权的了,尚书成为朝廷主要命官。[1] 自明代以后,皇权更以绝对专制的形式出现。朱元璋废中书省和丞相制,又取消总揽兵权的大都督府,集军政大权于一身,吏、户、礼、兵、刑、工六部长官直接听命于皇帝。朱元璋废丞相制是为了彻底解决皇权与相权的矛盾,但不得不设内阁。随着时间的推移,阁权日益扩大,首辅变为真的宰相,于是又出现了皇权如何控制首辅的权力危机,明神宗就在这方面试图改革,结果引起长时间的党争。[2] 皇帝周围的办事机构不断扩大,权力不断加强,都反映了皇权的放大。这一现象充分说明了至高无上的皇权是宗法一体化结构的必要调节力量,是官僚机构的核心。

但是,能否说由于有了皇权的调节作用,就可以有效地遏制官僚机构的膨胀和腐化,以保证官僚机构长期有效地运转下去呢?事实并非如此。历史现象告诉我们,人类任何控制方法都不是万能的,当人们引进一种新办法来解决某一类问题时,往往又会引进新问题、新弊病。正如童话中所讲的,魔法师让狗去看管羊群,为

---

〔1〕 有人提出汉代相权的削弱并非因为相权威胁到皇权,而是由于官僚机构的腐化,为了重新加强对官僚机构的控制而采取的措施。参见祝兑斌:“西汉宰相制度变化的原因”,载《历史研究》1986 年第 2 期。

〔2〕 欧阳琛:“论明代阁权的演变”,载《江西师范大学学报》1987 年。

了监视狗不出差错，就命令一根棍子去监视狗，但怎么又能保证棍子不出毛病呢？皇帝至高无上的权力和调节作用固然是凌驾于官僚机构之上的控制力量，但是又怎么能够保证皇帝不腐化呢？事实上，由于皇帝位于权力金字塔的顶峰，他上面没有别种力量可以控制他，所以历史上皇帝往往成为腐化的核心。昏君常常是贪官污吏的总代表，是全国性吏治腐败的加剧者。皇帝的调节作用和权力不仅造成皇帝本人的腐化，而且皇权扩大用以监督官僚机构之时，又把另一种破坏因素引入一体化结构之中，这就是宦官和外戚干政所造成的一体化结构的自发破坏。

3.4　皇权的放大：宦官、外戚干政

中国历代封建王朝，吏治最腐败、王朝面临全面崩溃之日，也就是外戚、宦官专权之时。翻开二十四史，吕氏专权，武则天篡位，慈禧临朝等等外戚干政事件屡见不鲜。再以宦官专权而言，从秦二世时赵高指鹿为马，东汉十常侍乱政，唐代高力士弄权，到宋代童贯统辖禁军，明朝魏忠贤大肆淫威，再至晚清李莲英飞扬跋扈，宦官乱政问题一直也很严重。历史上，外戚和宦官对一体化调节破坏大多起着加速作用。为什么外戚宦官干政意味着一体化的自发破坏呢？从官僚政治结构来看，外戚和宦官本身是一体化结构的异物。他们的来源与一体化结构是不相容的。封建官僚是经过一定的仕途选拔出来的儒臣。他们有相当的文化素养，又经过国家机构的统一选拔，方能入仕参政。而外戚与宦官则凭着自己是皇帝宠爱信任的人，便参与朝政，从最高层干预国家政治生活，这本身就意味着一体化结构的破坏。它使得儒臣与外戚、宦官在维护一体化还是破坏一体化的立场中，处于天然对立状态。这一点，外戚和宦官心里也很清楚。为了扩大自己的政治权力，追求与其

相应的经济利益,他们总是要包围皇帝,设法使皇帝远离儒臣。

唐代有个名叫仇士良的大宦官,告老还乡时就对其他宦官传授了盗用皇权的策略。他说,侍候皇帝的要点就是不能让皇帝有闲暇。皇帝一有空必读书,接近儒臣,这样"吾属恩且薄而权轻矣"。应该用声色犬马、宝物财货"蛊其心,极侈靡,使悦不知息"。皇帝一旦沉溺于享受,那么便"万机在我,恩泽权力欲焉往哉"?[1]

正因为外戚和宦官是一体化内部的异物,所以外戚和宦官的权势膨胀到相当程度以后,他们就势必和依照宗法一体化结构组成的儒臣不相容。这时,他们便会越发利用权势提拔亲信,进一步破坏一体化结构。这样做的结果是,加剧矛盾,加速吏治腐败,最终酿成内乱。

东汉的党锢之祸是一个很典型的例子。汉章帝死后,窦太后临朝称朕,外戚窦宪便总揽大权。窦姓亲属及其党徒纷纷出任朝官与地方官,造成大批儒生不能入仕的局面。公元92年,汉和帝与宦官郑众密谋,杀了窦宪。结果宦官集团又借翦灭外戚势力之机,掌握了朝政大权。宦官当权后,大事镇压杀害儒生,制造党锢之祸。以后外戚与宦官争权夺利的斗争持续不断。继外戚窦宪——宦官郑众之后,还有外戚邓隲——宦官江京、李闰——外戚阎显——宦官孙程——外戚梁冀——宦官单超,一直折腾到东汉灭亡。

唐代在公元820~826年,七年之中,就有宪宗、敬宗两个皇帝为宦官所杀。自唐宪宗820年被杀到公元903年,唐代共有八个皇帝,除敬宗一个是以太子继位外,其余七人全是各派宦官根据自己的需要所拥立的。这表明唐代后期,一体化结构已被宦官干政破坏了。明代司礼太监刘瑾专权,于1508年将三百多名国家在职官员投入狱中,1509年又剥夺了675个官员的诰敕身份。刘瑾破坏

---

〔1〕《新唐书》卷207,《仇士良传》,第19册,第5874~5875页。

一体化结构可谓肆无忌惮。他夸口说:“满朝公卿,皆出我门。”[1]明末天启年间,魏忠贤更是不可一世,被他的走卒呼为“九千五百岁”,各地修建生祠供奉。魏阉官僚们,也以镇压东林党人为能事,把东林人士和一些正直不阿的文臣武将编入名册,加以杀戮或免职。

这些情况表明,外戚与宦官是宗法一体化结构之外的势力。他们在得势时便要挟制皇帝,打击儒臣,破坏一体化结构。这时,就会出现政治不稳,危机四伏的局面。

既然外戚和宦官是明显破坏一体化结构的力量,那么,这种力量为什么会夹杂到一体化中来,并且必然膨胀呢?关键在于,外戚和宦官是由皇权的放大而带入一体化结构的。皇权尽管在一体化结构中担负着不可取消的调节使命,但皇帝一个人的能力是有限的,并与其所担负的调节任务不相称。朱元璋总揽大权后,平均每天要批阅公文208件,此外还要处理424件政务。[2]控制论专家艾什比曾经说过,一个人的调节能力,最大不能超过他所能堵塞的系统变异度。也就是说,不能超过他每时每刻都在进行的选择能力。皇帝为了放大自身的调节能力,不得不依靠某种力量。

外戚虽然不是皇统正宗,但他们是皇帝最亲近的人。宦官地位低贱,招之即来,挥之即去,又是皇帝左右的近侍和耳目。因此,皇权利用外戚、宦官来监督控制官僚机构也就是一种不可避免的选择。从短期看来,它可能是有效的,这两种势力也还可以处于皇帝的控制之下。西汉时,皇帝领导中央政府采取了一系列措施,成功地实行了削藩政策,维护了国家的大一统。但是,在对皇室诸王子的打击过程中,外戚的政治势力却也随之扩充。到汉元帝以后,元后王氏集团已成为实际上的最高政治领袖,延绵相继,这为王莽

〔1〕《明史纪事本末》卷43,《刘瑾用事》,中华书局1977年版,第2册,第654页。

〔2〕《明太祖实录》卷165,“洪武十七年九月己未条”。

篡汉做了准备。[1] 可见皇帝为了维护大一统,借用外戚力量,终于又造成一体化的破坏。又如东汉时官员人士中贵族化倾向日趋严重,东汉末期的宦官专权反而有力地遏制了这一趋势。[三]但长期使用宦官的结果,就必然造成一体化结构自身的破坏,甚至皇帝本人也成为傀儡并身受其害。

这是一种历史的意志。只要存在绝对皇权的调节作用,那么不管皇帝多么英明、多么警觉,宦官或外戚专权总是要出现的。

宦官为害最烈的要算明代。可是明初对宦官干政防范也最严。朱元璋鉴于历史教训,曾经制定了严禁后妃、宦官干政的法规,以绝后患。洪武五年在宫中悬挂刻有训诫后妃条例的红牌,明文禁止后妃问政,洪武十七年又颁布了"祖训",在宫内置高三尺的铁碑,上铸有"内臣不得干预政事,预者斩",并规定宦官不得任文武官,诸官也不得与宦官有文件往来,宦官官位不能超过四品,并不准其读书识字。朱元璋在制度上杜绝外戚和宦官干政,可以说是费尽心机了。但后果又如何呢？由于无限君权和皇帝有限调节能力之间的矛盾是不可能解决的,这就使得宦官和外戚二者之中总有一个要成为皇权延伸的借用力量。明代外戚干政的禁令做得比较好,但皇帝不用外戚,就只能用宦官。宦官干政就必然越来越猖獗。

朱元璋死后不久,这些祖训禁令对子孙就没有什么约束力了。明成祖因夺取皇位得力于以宦官充当耳目,对宦官便"久乃称肺腑矣"。[2] 英宗是太监王振一手抱大的皇帝,成人后便很自然地要依靠王振处理朝政。永乐以后,宦官的地位也起了变化。他们由受吏部领导,变为监视吏部,掌升迁差遣之权了。宪宗时增设新的特务机构"西厂"一事,很可以说明皇权放大与宦官干政的内在联

---

〔1〕 洪神皆:"西汉前期的削藩政策及其对政治的影响",载《食货》,第 7 卷,第 3 期,1977 年。

〔2〕 《日知录》卷 9,《宦官》。

系。当时,已有特务机构东厂、锦衣卫了。但宪宗仍疑心重重,怀疑身边的人和外间有勾结,使另设西厂,专门刺探外臣与民间活动,委心腹大太监汪直任头目,闹到天下知有西厂而不知有朝廷,只怕特务头子汪直而不知有天子的地步。东、西厂之间也有矛盾。皇帝大可利用这些矛盾,监察控制官僚机构;宦官势力趋势发展。到明代末年,一体化调节能力完全丧失,最后土崩瓦解了。

3.5　什么是无组织力量

综上所述,我们就会发现一个引人深思的事实,这就是官僚机构腐化的弊病和中国封建大国的组织力量来自同一个母体。

为了克服小农经济的分散性,一体化结构把知识分子组织成官僚网,并赋予他们管理社会的权力。在一定时期内,官僚机构有效地发挥了作用,但是,权力同时也腐蚀了他们。为了防止腐化和膨胀,在一体化结构中王权也就越来越强化。但从外部监督一体化的结果,造成宦官、外戚干政,长远又破坏了一体化结构。总之,无论一个大系统怎样竭尽自己一切控制办法,却不能最终保证控制系统的长远不失灵。繁荣和稳定是一体化调节的短期后果,而官僚机构的腐败与膨胀又是一体化结构调节中长期释放出来的毒素。

这里,我们要引进一个极为重要的概念,来描述一体化在调节过程中不断异化的现象,这就是无组织力量。我们将某种社会结构在维系自身稳定的调节过程中所释放出来的对原有结构瓦解作用,其本身又不代表新组织的那种力量,称为无组织力量。

中国封建社会的政治、经济、意识形态三个子系统中,无组织力量的具体内容和表现形式是不相同的。官僚机构的膨胀和腐化是政治结构中主要的无组织力量。这种无组织力量的增长,导致一体化调节功能逐步丧失,官僚机构老化衰朽,国家趋于崩溃。

从理论上讲,无论一种社会结构怎样牢固,调节能力如何强,但它内部发展变化的趋势是不可阻挡的:人口在波动,老一代去世了,新一代成长起来,生产和物质文明在积累,人的改造自然、管理社会的经验不断丰富,统治者在更替,权力和财富在转移……发展变化的潮流像海浪一般拍打着社会结构的固定框架。在短时期内,它不会显示出明显的作用,但在长时期内,它却能积累起不可忽略的社会效应,使得旧的社会框架无法再容纳新的生活内容。另一方面,任何一种控制调节机制都不是万能的,其不可控制的方面在长时期内积累起来,也会使这种调节机制丧失功能。无组织力量不可抗拒之增长只是这一普遍机制的一个方面。[1]

从中国封建社会政治结构中无组织力量增长情况来看,我们还可以看到无组织力量增长的两个特点:一是不可逆性;二是增长到一定程度后就具有的自繁殖性。所谓不可逆性,就是指无组织力量的增长是不可能在这个系统内部由调节机器自身加以遏制的。虽然任何一架调节机器对它的调节对象是有效的,但对自身的朽坏却无能为力。所谓自繁殖性,是指无组织力量的增长,犹如细菌繁殖,当其数量超过一定的临界点后,就会繁殖得越快,具有恶性加速的机制。

战国时期有一个故事,可以很形象地说明无组织力量增长的特点。一次,齐桓公与大政治家管仲去参观马厩,桓公问管马的人什么事最难?那人答不上来。管仲乘机说编马厩最难。因为第一根选了直木树立正直,以后根根梁都要跟着树直。如果第一根都树不直,以后根根就无法树直了。所谓上梁不正下梁歪就是这个道理。管仲是用这个比喻向齐桓公说明国家组织原理。

我们知道,在儒家国家学说中,特别强调圣君贤相对治理国家

---

〔1〕 有关无组织力量增长的理论分析见本书第十章。

的积极作用。孔孟曾提出举贤授能的政治主张。孔子说过:“其身正,不令而行;其身不正,虽令不从。”[1]这强调了道德的影响和组织作用。唐太宗很明白这个道理,他对魏征说过:“为官择人,不可造次。用一君子,则君子皆至;用一小人,则小人竞进矣。”[2]但是,一个完全由正直的儒生按儒家国家学说组织起来的官僚机构,正如一个完全用直木编成的马厩一样,它们只是组织系统的理想状态。在其发展过程中,由于贪官总比清官多,曲木总比直木好找,而一旦曲木混入马厩,那么曲木选曲木,马厩就会越编越坏,整个系统就会越来越快地偏离理想的组织状态。在官僚机构系统中,皇帝是核心,他好比编马厩时的第一根木桩,对全局影响很大。昏君选奸臣,奸臣选贪官,贪官选污吏,上一级机构是否腐化,对下一级机构是否腐化起着重要的调节作用。一旦整个系统腐败到一定程度,无组织力量增长的不可逆性和自繁殖性就表现得十分突出,即使出现像唐太宗那样雄才大略的皇帝,也绝不能挽救一个腐朽王朝的覆灭。明末亡国的状况就相当典型。

明末的崇祯皇帝相当有为,性格刚毅,一即位就贬黜魏忠贤,清除魏阉势力,起用东林党人,赢得朝野一片喝彩之声。儒生们以为英主降世,明朝有振兴的希望了。但是,官僚机构中无组织力量已增长到不可遏制的程度,崇祯皇帝只好又依靠宦官。朝臣对崇祯的出尔反尔议论纷纷。崇祯皇帝诉苦道:“朕御极之初,撤还内镇(宦官),举天下事悉以委之大小臣工,比者多营私,罔恤民艰,廉谨者又迂疏无通论。……朕不得已,用成祖监理之例,分遣各镇监视。”[3]崇祯皇帝明明知道重新任用宦党会加剧矛盾,但在整个官僚机构极端腐败的情况下,又不得不这样做,真可谓到了穷途末

---

〔1〕《论语·子路》

〔2〕《资治通鉴》卷194,中华书局1976年版,第13册,第6101页。

〔3〕《明史纪事本末》卷74,《宦官误国》,中华书局1977年版,第4册,第1238页。

路、非亡国不可的境地了。政治结构中的无组织力量已使封建国家机器完全丧失了功能。官僚机构、贪官污吏、阉宦奸党,已成为一个使封建国家致命的恶性肿瘤。只有对这个组织开刀,将其切除,新的官僚机构才有可能重建。正如一个完全由乱七八糟的木头编的马厩,只好将其全部拆除重编了。

3.6 经济结构中的无组织力量:土地兼并

我们在第二章已说明,宗法一体化结构的调节作用是中国封建社会自耕农——地主经济得以繁荣的重要条件。那么,这种对经济结构的调节作用会不会异化,会不会释放出破坏自身的无组织力量呢?会的,它造成历代王朝反反复复出现的社会危机——土地兼并。

所谓土地兼并,是指国家控制的编户齐民即自耕农、半自耕农转化为佃农,土地逐渐集中在少数人手中的过程。土地兼并能成为一个普遍的社会问题,必须有一个前提:一是社会上存在着大量自耕农,如果经济结构是以领主经济为主,自耕农很少,就无所谓土地兼并;二是自耕农对地主的人身依附关系得到控制,不会无限发展;三是土地自由买卖和商品经济的繁荣。

在欧洲封建社会经济结构中,土地兼并就不明显。其早期农村公社中也存在一定比例的自耕农。但由于农民对贵族人身依附关系的强化,所以大量自耕农转化为农奴,并没有变成佃农。在中世纪欧洲典型的领主庄园经济结构中,领主是大土地所有者,佃农和自耕农比例很少。以 11 世纪英国为例,其阶级结构如表3.3。[1]从这个表可以推算,农奴和奴隶占 70% 以上。到 13 世纪,农奴制

[1] 齐思和:“西欧中世纪的庄园制度”,载《历史教学》1957 年第 7 期。

开始瓦解，但自由农民和佃农所占有的土地比例并不高（表3.4）。[1]所以，无所谓农民失去土地的兼并问题。另外，欧洲封建社会中，领主是大土地所有者，土地不能买卖，即使有土地集中过程也主要是地产（连同农奴）的转移引起的。实际上，欧洲土地兼并是在封建社会中后期，在资本主义因素增长的过程中才出现的。

表3.3　1085年英国的阶级结构（150万~180万人口）

阶层	贵族	市民	自由人	魏兰农奴	茅舍农奴	奴隶	散居人
人数	10,558	7968	35,474	108,456	89,443	25,156	6187
百分比（%）	4	3	12	38	32	9	2

表3.4　13世纪英国土地结构

	领主自用地	农奴分地	自由农民租佃地
大庄园	26%	51%	23%
中级庄园	35%	39%	26%
小庄园	41%	32%	27%

中国封建社会，由于有宗法一体化结构调节作用存在，问题就不同了。强大的国家调节限制着农民对地主人身依附关系的发展，保证了地主经济的稳定。有发达的商品经济，并允许一定程度的土地买卖。这种强大的国家调节本身为土地兼并提供了前提。为了和英国11世纪至13世纪的经济结构进行对比，我们来分析一下宋代的阶级结构。北宋分客户和主户。客户是“食于富人而为之农”的佃农。主户分为五等，主要包括大中小地主，也包括占有土地的农民。最近，不少研究者对主户五个等级的占地情况进行

---

〔1〕　齐思和：“西欧中世纪的庄园制度”，载《历史教学》1957年第7期。

了分析。我们根据这些研究提供的数据,[1]可以算出主户中各种成分的比例,见下表(表 3.5):

表 3.5　北宋主户的构成

<table>
<tr><th>主户户等</th><th>阶级成分</th><th>占地情况</th><th>占全国总户数的比例</th><th>备注</th></tr>
<tr><td>一</td><td>大地主</td><td>3 ~ 100 顷以上</td><td>10%</td><td rowspan="5">北宋的官户、形势户加上主户中的一、二等上户,总共不超过 10%</td></tr>
<tr><td>二</td><td rowspan="2">中、小地主</td><td rowspan="2">1 ~ 3 顷或不满 1 顷</td><td rowspan="2"></td></tr>
<tr><td>三</td></tr>
<tr><td>四</td><td>自耕农</td><td>数十亩</td><td rowspan="2">50%</td></tr>
<tr><td>五</td><td>半自耕农</td><td>占少数土地
但不能自给</td></tr>
</table>

再据梁方仲对公元 980 ~ 1099 年有关数据的统计,求出了佃农在总户中所占比例的平均值为 34.5%。[2] 这个数再加上主户中四、五等户,那么北宋时期的自耕农、半自耕农以及佃农约占全国总户数的 70% ~80%。其中,“天下之自耕而食为天子之农”的自耕农以及半自耕农,当为 30% ~40%。[3]

一般说来,每个王朝初期自耕农占的比例较大。正因为有大量自耕农存在,才会出现自耕农失去土地演化为佃农的土地兼并问题。而且,根据 2.4 节对一体化的定义,一体化调节是国家利用有统一信仰的知识分子组织庞大官僚机器来对社会进行管理,而

〔1〕 此表根据系毓棠“关于北宋赋役制度的几个问题”(《历史研究》1964 年第 2 期)和赵俪生“试论两宋土地关系的特点”(《吉林师大学报》1979 年第 1 期)两篇论文提供数据整理制出。

〔2〕 梁方仲:《中国历代户口、田地、田赋统计》,甲表 33,第 126 ~ 129 页。

〔3〕 据漆侠:“关于宋代人口的几个问题”一文中的估计,“客户在北宋人口构成中是 33.1% 至 36.3%,南宋绍兴以后,客户有所增加,也超不过 40%”,“客户,(无地农民)、第四、五等户(自耕农、半自耕农),占总户数 85% 左右。”他的这一估计与我们上述分析相符合。

在县以下单位则依靠有功名的儒生作为地方领袖以及下层知识分子作为吏员来组织社会生活，后面我们将说明，正是这些一体化的组织者成为土地兼并中的主要力量。这充分表明，土地兼并是封建大国运用一体化调节力量对经济结构进行调节所释放出来的毒素。它也是宗法一体化结构的异化。虽然就内容来说，土地兼并不同于官僚机构腐化，但从产生的根源来说，它们都是短期有效的调节作用所带来的不可克服的弊病。而自耕农、半自耕农向封建国家交纳赋税，"是行政权力整个机构的生活源泉"。[1] 土地兼并必然破坏封建统一大国赖以存在的物质条件。同时，它又不能在经济结构中造成新经济因素。所以说土地兼并是中国封建社会地主经济结构中最主要的无组织力量。

必须指出，欧洲封建社会后期的土地兼并是资本主义商品经济发展的结果。它不是无组织力量。英国封建社会后期，由于货币经济的发展，农奴渐渐演化为农民，领主演化为地主。农民又分为"自由租户"和"公簿租户"。而富农阶级就是从自由租户中产生出来的。地主和富农又用金钱的手段买卖土地，造成土地兼并问题。英国到伊丽莎白时代，土地兼并大规模发生。公元 1561 ~ 1600 年间，2500 个庄园中有三分之一换了地主，1600 ~ 1640 年间，则有二分之一以上的地主更换了。有些郡的土地地主变动率达 40%。[2] 这时，英国已进入资本主义了，土地兼并则成为破坏封建经济形成资本主义经济结构必需的环节，它并不是只有破坏而无所建树的无组织力量。同样，日本的土地兼并也不是无组织力量。判断一种因素是否是无组织力量，不仅要看它的本身，而且主要需看这一过程发生在什么样的社会结构中，要看它是不是社会结构

---

〔1〕 马克思："路易·波拿巴的雾月十八日"，载《马克思恩格斯选集》，第 1 卷，第 697 页。

〔2〕 郑如霖："略论英国资本主义发展的几个问题"，载《华南师院学报》1980 年第 3 期。

调节作用自身的异化。

3.7　土地兼并的自发趋势和受控阶段

土地兼并这种无组织力量尽管与政治结构中的无组织力量具有不同的内容,但发展过程具有共同的特点,它们都表现出自繁殖性和不可逆性。它可以分成两个阶段:受控阶段和恶性增长阶段。我们先谈谈第一阶段。

在中国地主经济结构中,很早土地就是可以买卖的。〔1〕贫者出卖土地,富者购入土地。卓文君和风流才子司马相如私奔后就“归成都,买田宅为富人”。有的人靠在山中经营牧羊事业也成为地主,如卜式就是“入山牧,十余年,羊致千余头,买田宅”。〔2〕早在汉代已出现土地买卖的文书。近年出土的居延汉简中就有这样的文字记录,有人用几百钱购买奴田 35 亩,如丈量后亩数不足,卖方须还钱,签字据时有旁人作证。〔3〕可见当时的法律和习俗都已承认土地的私有权,土地所有权的转移要通过立据和见证等手续。这种田产易主、兴废无常的土地买卖引起的自发兼并趋势,随着商品经济的发展而加速。“千年田,八百主”,就是古人对土地兼并自发趋势的概括。

然而,土地兼并的自发趋势虽然有加速的现象,但如果没有非经济力量的干预,那么土地集中就是一种比较缓慢的连续的过程,不会突然造成土地危机。[四]为什么呢? 因为自发兼并趋势内部

---

〔1〕据《汉书》载:“至秦则不然,用商鞅之法,改帝三之制,除井田,民得卖买。”《汉书》卷 24 上,《食货志》,第 4 册,第 1137 页。

〔2〕《汉书》卷 58,《卜式传》,第 9 册,第 2624 页。

〔3〕《居延汉简释文》卷 1,第 82 页:“□置长乐里受奴田卅五亩,贾钱九百钱,毕已丈,田即不足,计亩数环钱。旁人淳于次孺王兄郑少卿古酒旁皆饮之。”

就存在着控制这一过程的诸种因素。如田产家财继承关系上,不是集中传于一个儿子而是分家分产的继承制,使得田户在传代转移中不断分化。[五]经营不善,或挥霍无度,也会造成破产而出卖田产。史书上有不少大地主自行解体的记载。前面说到那个靠畜牧业发家的卜式,他的弟弟本分到了全部田宅财物,但弟弟是个败家子,数年后“尽破其产”。所谓“鬻庄而食”、“鬻书而食”、“卖奴婢而食”的“三食之辈,何代无之”。[1] 唐代“[李]叔明素豪侈,在蜀殖财,广第舍田产”,但是“殁数年,子系骄纵,货产皆尽”。[2] 甚至像著名的房玄龄、杜如晦、高季辅,他们“皆辛苦立门户”,也免不了“悉为不肖子败之”。[3] 有人赋诗叹曰:“庄田置后频移主,书画残来亦卖钱”。[4] 正是对这种地产不稳固的分解现象发出的感慨。

自发兼并趋势不会急骤增长的另一个原因,在于封建大国的强控制。这种强控制主要是通过一系列不断变动的田赋差役税收政策、土地法令的颁布来实现的。封建国家为了维持自身的统一和强盛,一方面要允许土地买卖,以防止地主经济向领主经济蜕变;另一方面又要把它限制在一定范围和一定程度之内。一旦超出界限,政府就要对土地买卖加以限制。对土地买卖影响最直接的因素是地价。而封建国家可以靠变动税收政策的调节来影响地价的升降。[六]而且,在一个王朝新建时,国家把大量无主荒地分给农民,分配原则是按农户劳力多少。这种名义上的均田,最初确实起到了抑兼并的客观效果,维持了大量自耕农的存在。近年在敦煌、吐鲁番出土了一批唐代前期户籍地籍残卷,它的格式是先记下每个家庭成员的名字、年龄、性别、身份以及与户主的关系。下

---

〔1〕《太平广记》卷256,《唐五经》,第6册,第1997页。

〔2〕《新唐书》卷147,《李叔明传》,第15册,第4759页。

〔3〕《新唐书》卷93,《李勣传》,第12册,第3821页。

〔4〕《后村先生大全集》卷1,《故宅》,上海涵芬楼影印版,第1册,第11页。

面就登记各类土地的数量,应受田数,已受数,居住园宅用地,以及每一块土地的性质、数量、位置,非常具体。国家“每岁一造计帐,三年一造户籍”。里正要负责清查登记管理户籍土地情况。这种把户籍与地籍连在一起的状况,说明在王朝前期,土地的自发兼并趋势确实是受到国家有效的控制的。

但是随着经济的发展,国家不可能牢固并持久地控制住户籍、地籍。唐代均田制在实施过程中的许多问题日益严重,随着私有土地的扩大,土地买卖也很常见。这时,国家为了进一步控制因土地买卖而造成的兼并,常下令取缔土地买卖。唐高宗时就发布“禁买卖世业口分田”,玄宗曾下令“天下百姓口分永业田,频有处分,不许买卖典贴”,“若有违犯,科遣敕罪”。[1] 实际上绝对禁止买卖又是不可能的,最多只能起到限制作用。而所谓限制,就是买卖土地必须由政府监督和允许。例如,唐代规定:“凡卖买皆须经所部官司申牒……若无文牒辄卖买,财没不追,地还本主。”[2] 唐至五代时,土地买卖已有契约,上面有“官有执法,人从私契,两共平章,书指为记”[3] 的字样。可见法律是允许土地买卖的,但又有所限制。尽管如此,到唐德宗时,均田制已完全破坏,土地私有占主导地位。政府也只得承认现实,采纳宰相杨炎的建议,实行两税法。

儒家意识形态对土地兼并也起到抑制作用。从孟子起,很多儒生就把井田作为理想的土地制度。孟子勾画过一幅农家乐图:一家农民有 100 亩地,5 亩作住宅之用,盖房植桑,养猪喂鸡,50 岁以上的老人有绸衣穿,70 岁以上的有肉吃。农民们能做到“养生丧死而无憾”之后,又受点礼义的教育,乐岁终身饱,凶年免于死亡。

---

〔1〕《册府元龟》卷 495,《田制》,《开元二十三年九月敕》,中华书局 1960 年版,第 6 册,第 5927 页。

〔2〕《通典》卷 2,《食货·田制下》。

〔3〕《敦煌资料》第 1 辑第 293 页。转引自张传玺:“论中国封建社会土地所有权的法律观念”,载《北京大学学报》1980 年第 6 期。

这样,就实现了"王道",国家可以安定繁荣了。先秦思想家就已经很清楚地提出了"贫富不齐"可以使得"万民之不治",应该使贫者富,富者贫,大家都能安居乐业,才能保持封建国家的稳定。[1] 这样"制民之产"以保国家,就成为儒家最重要的经济思想。另外,儒家道德观念把保持祖业使其"基祉不衷"看作美德。汉代萧何就非常聪明,他购买田宅专挑僻远之地。因为他想到自己死后,后代节俭贤能,尚可保产业;如不贤,地在僻远也可"毋为势家所夺"。[2] 那些卖田产的后代,历来被视为不肖子孙。

另一方面,宗法家族结构,也是保家产续祖业的强有力的控制手段。尤其自宋代以后,宗法家族制日益完善,出现了不能买卖的族田,对稳固宗法家族内部的等级起到了相当大的作用。宋人就说过族田"百亩之田或传十数世而不失一"。[3]

虽然国家和一体化宗法结构对土地兼并进行控制,但是土地兼并的自发和受控阶段并不能长久持续下去。经济在发展着,特别是商业的发展,会使兼并的自发倾向加速。而国家利用宗法一体化结构对经济的控制并没有随之而加强,相反,这种控制是处于不断减弱之中的。在封建国家中,实现这种控制主要是靠各级官僚吏员,而他们本身往往就是土地兼并者,封建国家所代表的整个地主阶级利益的"公"与一已一家利益之"私"根本不能维持平衡。执法者对抑兼并政策的破坏就意味着凭借政治地位和权势等非经济因素参与了经济活动过程。这样,必然导致封建国家对经济结

---

〔1〕 转引自汪茂和:"政治支配形态下的封建国家与贵族官绅地主",(《中国古代地主阶级研究论集》,南开大学出版社 1984 年版。)管子说:"夫民富则不可以禄使也,贫则不可以威罚也,法令不行,万民之不治,贫富不齐也。"(《管子·国富》)《商君书》认为:"治国之举,贵令贫者富,富者贫"(《商君书·说民》),人民"弱则尊官,贫则重赏"(《商君书·弱民》)。

〔2〕 《史记》卷 53,《萧相国世家》,第 6 册,第 2019 页。

〔3〕 《后村先生大全集》卷 93,《林寒斋烝尝田》,上海涵芬楼影印版,第 23 册,第 5 页。

构控制力量的削弱。这一不可克服的内在矛盾,必然会使土地兼并的潜流,突然冲决国家控制的堤坝,从而产生严重的社会经济的问题。于是土地兼并进入加剧、爆发危机的阶段。

3.8 危机爆发的突然性

历史上土地兼并所引起的社会危机的爆发,大多具有突然性。在王朝前期,这一问题并不很突出,但到了某一转折点,这个问题就突然爆发出来。如汉代,是在汉武帝统治时突然爆发的,当时仅关东一地就出现了200万流民。[1] 唐代均田制保持到代宗大历年间,但玄宗时土地兼并问题就爆发了。据史载,开元、天宝以来,法令弛坏,兼并之弊超过西汉末年成帝、哀帝时期。当时,豪富之家“比置庄田,恣行吞并,莫惧章程”。[2] 明代土地兼并加剧的突然性也十分明显。明代流民问题是于15世纪三十年代爆发的,高峰期约持续到16世纪三十年代。当时,6,000万在籍人口中,至少约有600万流民,流民占10%。[3] 为什么说流民的突然出现能表明土地兼并速度的骤然加剧呢?最近,胡如雷在《中国封建社会形态研究》一书中指出,变为流民的绝大多数是自耕农,而不是佃农。[4] 显然这是由于土地兼并突然加剧,大批自耕农失去土地。这些失地农民又不可能立即转化为佃农或雇农而被社会吸收,农民破产速度大大高于转变为佃农速度。这就造成了流民问题以爆发的形式出现。这说明了土地兼并爆发绝不仅仅是单纯的自发趋向发展。仅就自发兼并而言,因土地买卖是一个连续的经济过程,

---

〔1〕《史记》卷103,《万石张叔列传》,第9册,第2768页。

〔2〕《册府元龟》卷495,《田制》,中华书局1960年版,第6册,第5928页。

〔3〕李洵:“试论明代的流民问题”,载《社会科学辑刊》1980年第3期。

〔4〕胡如雷:《中国封建社会形态研究》,三联书店1979年版,第131页。

自耕农一破产往往就转为佃农或雇农，不致造成大量农民流离失所。

土地兼并的骤然加剧，可以从政治结构与经济结构的相互作用得到说明，见图3.3。

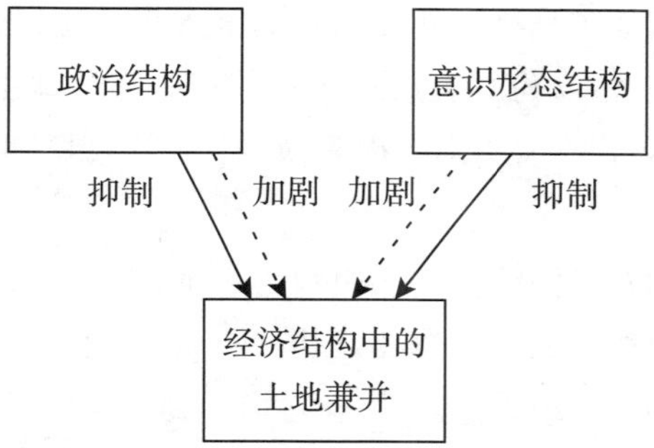

图3.3　政治结构、意识形态结构与经济结构的相互作用

封建国家运用政权力量对土地兼并实行控制，即实行抑兼并保护自耕农的负反馈调节。但是，政府官吏同时又进行土地兼并，即有正反馈加剧作用。在王朝初期，官僚较廉洁，法令尚能贯彻，政治结构对经济结构中无组织力量的抑制还占上风。而一旦官吏兼并加剧作用大于一体化的抑制作用，就到一个转折点。一过这一转折点，就像缰绳断裂，野马失去控制，土地兼并问题便突然爆发了。

控制论以数学的形式证明，某一系统内子系统之间互相抑制的负反馈调节逐渐减弱，变为互相促进放大的正反馈，都有一个明显的转折点，即突变的关节点。

历史上，一个王朝到达鼎盛时期，往往就是土地兼并爆发的前夜，它是王朝由上升阶段转入维持和下降阶段的转折点。太平盛世的繁荣同时意味着大大小小的剥削者侵吞挥霍财富，无法餍足的胃口使他们进一步加紧了对农民的剥削勒索。尤其是封建社会里有政治势力的那一部分剥削者，他们的政治地位使他们有可能在集中和分配社会财富的过程中捞取大量油水。他们不仅凭借经济力量兼并土地,而且依仗政治势力强占土地。一旦这股社会势力张开了血盆大口,那就很难再行什么力量能阻止他们的活动了。这部分人就是官僚地主阶级和与之有勾结的商业高利贷地主、恶霸地主。官僚地主是指在朝廷当官的士大夫地主;恶霸地主是官僚的走狗,其政治身份是吏或地头蛇的那一部分地主。这两种类型的地主,在各代有着不同的称谓,如豪强、衣冠户、形势户和不课户,等等。

政治结构对经济结构中无组织力量的加剧,表明中国封建社会无组织力量增长的一个重要规律:政治结构中的无组织力量与经济结构中的无组织力量,只要各自增加到一定程度以后,就会越出自己存在的子系统的范围,相互加剧,对整个社会发生重大影响。这就好比癌一样,只要长到一定程度,就会向其他系统和器官转移,摧残整个机体。

3.9 无组织力量的汇流

从封建国家的长久之计来说,官僚凭借政权力量兼并土地牟取私利的行为是应受到限制的。汉代匡衡就曾利用封建特权,冒领扩大私有土地,犯了“专地盗土”之罪,被罢了相。[1] 唐代天宝年间,也曾禁止官员和私人侵占荒地,“并潴停客户”,“如辄有违反,无官者决杖四十,有官者录奏处分”。[2] 自宋代以后还有不许

〔1〕《汉书》卷 81,《匡衡传》,第 10 册,第 3346 页。对“专地盗土”的解释,目前史学界尚有争论。主要涉及匡衡是侵犯了土地国有制的有关法令,还是侵犯了土地私有产权。有关争论请参见苏诚鉴著“‘名田宅’、‘专地盗土’与‘分田劫假’”,载《中国经济史研究》1986 年第 3 期。

〔2〕《册府元龟》天宝十一年诏。

地方官在当地买置田产的规定。宋仁宗时,曾公亮曾因其父在其辖境内买田,受到了“谪监湖州酒”的贬职处分。[1] 唐代法令也规定官僚任职期间不准在当地购置田产。[2] 清代对州县官中隐瞒土地者,十顷以上罚俸三个月,五十顷以上罚俸九个月,至百顷者降一级调用。[3] 但是,官僚在本性上要以权谋私,他们不可能约束自己的行为。他们一定会利用获取的政治权力,不失时机、不择手段地侵占土地。

这一现象,历代王朝都很严重。汉代时,张禹就买田达四百顷之多。这些田“皆泾、渭溉灌,极膏腴”之地。[4] 成帝时,有一个被称为“宿儒”的丞相翟方进,在侵占汝南鸿隙陂下良田不遂时,竟然利用职权破坏水利建设,致使田地枯旱,没有收成。[5] 东汉末期,更是豪绅、富商、世族、贵族横行的时代。老百姓有谚语道:“县官漫漫,怨者死半。”

唐宋时,那些被称为衣冠户、官户的官僚地主分子,“既恃其不差不科”的特权,“恣其无畏无忌”;“不惟自置庄园”,横行乡里,并利用权势包庇笼络富户,使他们“永绝差科”。[6] 宋代官户虽然只占总户数的0.1% ~0.2%,[7] 但他们是主要兼并力量之一。当时,一些上户有势力的人家,已享受免差役的特权,还要偷偷地把田产托于官户。这只是地方官和当地豪强富户勾结,广占田地,欺压百姓的一种办法。

---

〔1〕《宋史》卷312,《曾公亮传》,第29册,第10232页。

〔2〕《册府元龟》卷495,《邦计部·田制》,转引自张国刚、叶振华:“关于唐代地主阶级的几个问题”,载《中国古代地主阶级研究集》,南开大学出版社1984年版。

〔3〕《清世祖实录》卷105。转引自王思治、金成基:“从清初的吏治看封建官僚政治”,载《历史研究》1980年第1期。

〔4〕《汉书》卷81,《张禹传》,第10册,第3349页。

〔5〕刘泽华等:《中国古代史》(上册),人民出版社1979年版,第359页。

〔6〕《全唐文》卷866,《复官阙后上执政书》。

〔7〕王曾瑜:“宋朝阶级结构概述”,载《社会科学战线》1979年第4期。

地方官除了和地方豪强勾结,利用权力购置田产以外,有的还利用职权明目张胆地搜刮土地。唐初,曾担任过深州刺史的张长贵、赵士达,离职后在深州境内都占有膏腴之田数十顷。[1] 唐代许州长葛令严部罢任以后,便在县西"置别业,良田万顷"。[2] 宋人曾说,士大夫们"宦游而归,鲜不买田",真是"富者有资可以买田,贵者有力可以占田"。[3]

明代的诸王、勋戚、宦官以及官僚们兼并土地的情况更为惊人:曾任内阁首辅的徐阶,罢官回乡,在苏松地区占夺土地达 24 万亩,佃户数万人。他每年仅在华亭一地就收租 13,000 石,敛银 9800 两。[4] 明代正统五年(公元 1440 年),户部对各地藩主的刍牧地作了一次调查,发现仅这一项土地里就有 3000 余顷是强占农民的田产。[5] 景泰二年(1451 年),贵戚汪泉一人占有土地达 13,320余顷,即近 200 万亩。[6] 景泰五年,权贵黄竑泰以奏讨方式兼并侵吞了相当于 400 平方公里的土地。[7]

明代是皇权高度集中的王朝,所以皇族、勋戚以及宦官宠臣在土地兼并过程中是特别突出的。根据嘉靖、万历、天启三朝 100 多年间,《明实录》中有关王公勋戚文武大官兼并土地万亩以上的记载,我们将他们 88 人的占田累计起来,就会画出一条急剧上升的曲线(图 3.4)。这条曲线还不包括万亩以下但为数更多的官僚地主在内。到 1628 年,这 88 个达官贵人占地累加数已达到 217,414 顷,和明初全国耕地 850 万顷相比,占 2.6%,和万历年间耕地面积

---

〔1〕《旧唐书》卷 58,《长孙顺德传》,第 7 册,第 2309 页。

〔2〕《三水小牍》卷下,《郑大王聘严郜女为子妇》。

〔3〕《通典》,《田赋考三》。

〔4〕于慎行:《谷山笔麈》卷 4。

〔5〕《明英宗实录》,"正统五年十月条"。

〔6〕《明英宗实录》,"景泰二年五月癸丑条"。

〔7〕《明英宗实录》,"景泰五年三月壬子条"。

701 万顷相比,占 3%。88 个人占地达全国耕地的 3%。[1] 这充分说明了明朝土地高度集中的情况。除官僚地主外,还有大量为政府办事的吏员,他们的人数是官僚人数的十数倍左右。这么大量的官僚爪牙,他们在本乡政府机构中服务,其中很多人成为地方豪强。中唐时,吏员已达 35 万人。而宋代英宗治平年间(1064～1067 年),役人达 536,000 余人。[2] 这数十万吏员中,有相当一部分不是形势户,但其上层是形势户,他们凭借着官府的力量对百姓敲诈勒索,无恶不作。唐代自穆宗以至武宗以后,形势户在地方已成为一股相当嚣张的恶势力。从武宗会昌五年(845 年)所发的一道诏书可以看出,当时形势户竟敢以坏地调换国家配给官员的职田,而政府亦长期不明真相,还强迫原来耕种职田的佃客纳租。[3] 形势户连官员职田都敢于变相地兼并,对农民的土地就更是明目张胆地强占了。五代十国的史籍中称形势户为"有力户"。他们"私事寄禁"囚犯,无视国法,还敢于不向封建国家交纳两税。[4] 在吏强官弱的宋代,形势户更是肆无忌惮地作恶。南宋房州房陵人李政在农村当保正,为人顽滑健讼,侵田占地,夺人牛马,连官府也管治不了他。[5]《宋会要》中还记载着,有不少百姓因为逃避寇盗而离乡背井,回家后"形势户侵夺地界,不许耕凿"。[6] 根据《宋史》卷 173《食货志》可算出,形势户占全国耕地的 70% 以上。

---

〔1〕 统计资料来源:黄冕堂:"论明代后期的社会危机和明末农民大起义的历史背景",载《山东大学文科论文集刊》1979 年第 1 期。

〔2〕《宋会要辑稿·食货》13。中华书局 1957 年版,第 6 册,第 5036 页。

〔3〕《文苑英华》卷 429,《会昌五年正月三日南郊赦文》。

〔4〕《五代会要》卷 19,《县令》,上海古籍出版社 1978 年版,第 315 页。

〔5〕《夷坚志》支戊卷 4,《房州保正》。

〔6〕《宋会要辑稿》,《刑法三》,中华书局 1957 年版,第 7 册,第 6601 页。

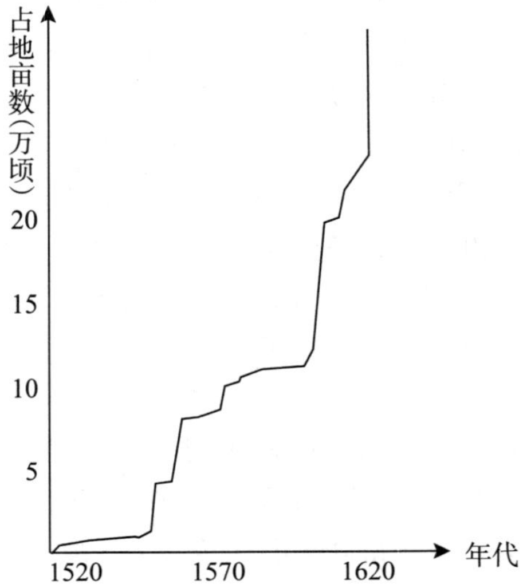

图 3.4　土地兼并趋势

此外,宦官攫取土地也是穷凶极恶的。明代皇室有大量皇庄。宦官在为皇室经管皇庄的同时,也向皇帝讨赏,趁机侵占大量民田。刘瑾弄权时,他手下一个叫谷大用的太监就强占民田达万顷之多。宪宗时(1480 年)还出过这么一回事:一个管皇太子庄田的太监占了大量民田,引起老百姓向朝廷告状。户部一个员外郎前往调查,这个太监对他说:如果你能把这些民田断给我们,我们保证让你升官![1]

政治结构中无组织力量与经济结构中无组织力量汇合,互相促进,恶性发展。这股污秽的浊流很快就冲刷掉封建大国的繁荣的外壳,使社会危机日益暴露出来。最后,不仅广大农民破产,无法生存,就是小地主、一般下层士大夫也处于朝不保夕、穷困潦倒

〔1〕《古今图书集成》,《食货典》卷 94,转引自郑克晟:“明代皇庄的设立与管理”,载《南开大学学报》1979 年第 2 期。

的境地。明代的皇庄占地相当多,末期更是惊人。如在成都周围的11个州县,王府占去了70%的田地,军屯又占20%,民间(包括农民及小地主)占田不过10%。[1] 农民的构成也起了极大的变化,初期自耕农、半自耕农占50%~60%,到末期仅占不到10%了,顾炎武在《日知录》中写道:“吴中之民有田者十一,为人佃作者十九。”[2]

就这样,依靠宗法一体化结构的调节力量组织起来的封建大国,又被这种结构调节力量所异化出来的无组织力量瓦解,整个社会再也无法维持下去了。

3.10　王朝威信(天命)的丧失

意识形态结构中无组织力量增长,表现为思想日益混乱,官方意识形态渐渐失去指导意义。王朝初期,经济、政治、意识形态三者之间的关系还是较适应的。但是,由于政治结构、经济结构中无组织力量的恶性发展,儒家思想逐渐失去了指导管理国家的作用。朝廷上下道德败坏,仕途也失去了保证一体化结构的作用,成为一桩买卖交易。这时候,便出现思想混乱,纲纪崩坏,小人麇集官场,理想主义者的儒生退避林泉,百姓怨声载道的情况。于是王朝威信丧失,人们开始把种种自然灾变看作是旧王朝天命丧失的征兆。这样的观念思想占了上风以后,就充分显示这个王朝面临崩溃的危险了。

意识形态结构中的无组织力量,是随着经济结构、政治结构中无组织力量的增长而增长的。我们知道,一旦封建王朝不仅把土

---

〔1〕《万历实录》卷421。

〔2〕顾炎武:《日知录》卷10,《苏松二府田赋之重》,商务印书馆1929年版,第4册,第56页。

地作为商品,而且把官爵禄位、功名也统统作为商品时,理想主义者的儒生希望通过读书做官报效国家的梦想便破产了。中国封建社会卖官鬻爵的现象十分严重,尤其是到三朝财政困难的时候。如东汉末年,刘宏在鸿都门悬内外大小官爵的价格表:禄位为二千石的卖二千万文;四百石的卖四百万文;"公"卖一千万文……曹嵩就是花了一万万文买了个太尉。崔烈贿通灵帝的保姆半价买得司徒。直到清代,卖官鬻爵一直是封建统治者缓解财政危机的一种手段。康熙平三藩之乱时,就大搞这一套。金钱可以使人"显贵不必诗书,而蓄资可致",入仕者如市中贸易。

仕途的阻塞意味着儒家国家学说对于管理国家事务的指导作用逐步丧失。一个王朝是否能把理想主义的儒生吸收和组织进官僚机构中,取决于两个因素:一是官僚机构本身是否健全而有效率,能维持仕途的严肃性;二是这个王朝政府(包括皇帝在内),对理想主义的儒生是否还有吸引力。随着无组织力量的合流,官僚机构腐化膨胀,土地兼并日益严重,这个腐朽的机体便再也不能吸收较为新鲜一点的血液。这样,每个王朝后期使出现那种贪官污吏横行,官员们"非奸即迂",不堪任用的情况,再也不能像唐太宗那样夸口天下人才"尽入吾彀中矣"。

本来,一个王朝后期的社会问题增多,更需要各种有用人才参与国家事务管理。但官僚机构已为昏官、贪官和势利之徒所挤满,他们压抑异己力量,大量较有德才的儒生便落拓朝野,抑郁不得志。《隋书·文学传》中形容过这种局面:"或矜气负才,遗落世事。或学优命薄,调高位下,心郁抑而孤愤,志盘桓而不定。"[1]隋末,一些名流文士,如大儒刘炫,名士王胄、虞绰,礼律专家潘征,诗人褚亮等,不是被杀,就是被贬,还有更多的人与隋政府不合作。祖君彦等"自负其才",而"郁郁思乱",后来唐太宗能集合那么多有才

[1] 《隋书》卷 76,《文学传》,第 6 册,第 1750 页。

干的名臣武将,就是吸收了隋末大量落拓民间的人才。实际上,这种人才危机在各个朝代末期都很普遍。

在这种情况下,腐败的官僚机构再也不会推行儒家学说指导下的“制民之产”的农桑政策和忠君保民的原则,儒家道德也失去了对他们的约束力。趋炎附势,胁肩谄笑,成为升官发财所必备的政治品质。明代有这么一件事:太监王振得势时,有一个名叫王佑的美男子,没有长胡子。有一天,王振问他:“王侍郎何无须?”善于察言观色的王佑马上答道:“老爷所无,儿安敢有?”〔1〕太监无须,乃阉割所致,而王佑自贱称儿不算,还说连胡须也不敢生了,讨好谄媚到作践自己人格的无耻地步。王佑就因为有这种本事,由工部郎中超擢为工部右侍郎。每到一个王朝后期,官僚们拍马逢迎,甘作两面派或乡愿成为一种普遍现象。

下层士人尚且惶惶不可终日,那么广大劳动人民所受的残酷压榨就更可想而知了。在儒家国家学说里,皇帝受命于天,皇帝有君临天下的至高无上的地位,世间没有可以约束他的力量。但是“天”却要监视警戒皇帝。董仲舒在完善儒家国家学说时,就发展了这套理论。他说“天子受命于天”,〔2〕“天”对国君的行为有约束力,并可以通过天象显示出来。各种灾异现象,就是对皇帝做坏事的一种谴告。“国家将有失道之败,而天乃先出灾害以谴告之”,〔3〕到国君坏事做绝,“其恶足以贼害民者,天夺之。”〔4〕所以每个王朝末期,民怨沸腾之时,便会出现针对王朝的民间舆论,其中有很多是宣扬在王朝天命丧失,气数已尽的。这一点,也是下层儒生的意识。在一个社会里,绝大多数人都感到无法生活下去时,

---

〔1〕《明史纪事本末》卷29,《王振用事》,中华书局版,第2册,第444～445页。

〔2〕《春秋繁露·顺命》。

〔3〕《汉书》卷56,《董仲舒传》,第8册,第2498页。

〔4〕《春秋繁露·尧舜不擅移汤武不专杀》。

那种本于天命的五德终始的改朝换代观念,便会成为一种普遍的社会意识。它表明,这个王朝已完全被无组织力量吞没了。这时,全国性的农民战争便会掀起汹涌澎湃的革命巨浪。

本章中,我们分析了中国封建社会经济结构、政治结构、意识形态结构三个子系统中无组织力量增长的原因及过程。概括起来,要点如下:

1. 无组织力量是宗法一体化结构调节能力异化的结果,是这种结构本身无法克服的力量。

2. 无组织力量增长的过程是不可逆的。在王朝前期,它们受到一体化结构的控制作用较强,因而增长逗度较慢。但无组织力量积累到一定程度之后,就会出现自繁殖机制,增长速度大大加快。[七]

3. 无组织力量的增长不是局限在每个子系统的内部,而是互相联系、互相影响、互相加剧的。三个子系统内部的无组织力量的汇流,破坏了封建社会内部经济、政治、意识形态三个子系统之间相互调节、相互适应的功能,从而造成原有社会的瓦解。

无组织力量增长过程所具有的这三个特点很重要。我们将在第十章中,根据这三个特点,引入数学工具来描述它们,并且进一步建立模型,讨论王朝寿命问题。

第三章 说 明

[一]关于中国封建政治结构中胥吏的使用和管理情况,刘子健写了一篇很简要清晰的论文。这里先引用几个重要数据,作者介绍了日本学者的估计,南宋时,一个县的吏至少有 150 名,一个州则有 300 名,而中央政府的一个大机构中一般有 200 名吏,像吏部这样的大机关则有 900 名吏,京师中吏的总数多达万人。宋代充当中央政府吏员的来自三种京师居民:一为原来是地方政府派

驻京师的联络代理人;二为低层官僚的子弟,他们入仕无门时就只有选择这一行业,一旦为吏,他们同时也失去了以前那种和统治阶级一体的关系;第三种为最普遍的,即家族世袭的职业。作者还很生动地介绍了王安石变法中企图提高吏员的数量和质量的努力。而旧党则认为吏就像一群奴隶一样,根本不必给予薪俸。宋代没有找到有效的监督办法来约束官和吏。南宋的资料文献中流露出对"公人世界"的无力感。而一些家规家训中也几乎无例外地警告人们勿与地方政府,尤其是吏打交道,而采取法外私下解决的办法。理学家们的这类道德劝告,表明他们承认建立一个廉洁秉公的好政府的理想的失败。他们认为只有靠提高整个社会的道德水准,才能压制行为不端的胥吏。宋以后,胥吏的情况有了较大的变化,金、元都有胥吏出职的惯例。明以后,官僚们有了幕僚,实现了如下功能:官员做决策,幕僚负责督管,吏则在下层服务,三种人共生,各取他们应得的一分。[1]

[二]张希清研究了宋代冗官问题。他首先统计了宋代科举取士的情况,指出,宋代平均每次科举以上的人数为唐代的5倍,约为元代的30倍,约为明代的4倍,约为清代的3.4倍。接着,作者又统计了宋代入仕的各种途径有科举入仕、门荫补官、胥吏出职、进纳买官等。以嘉定癸酉六年(1213年)为例,统计出科举取士仅占总人数的28%,门荫补官高达57%,为科举取士的两倍,可见科举取士不是造成宋代冗官多的主要原因。[2]

又据张国刚、叶振华对《新唐书》列传中1443人(官员)的分析,科举入仕的约540人,占统计总人数的37%;胥吏出职等杂色入仕344人,占24%;开国功臣与降归入仕者162人,占11%;门荫入仕的约92人,不到7%;入仕途径不详的约306人,占21%。作

---

〔1〕 刘子健:"宋人对胥吏管理的看法",载《食货》,第14卷,第2期。

〔2〕 张希清:"论宋代科举取士之多与冗官问题",载《北京大学学报》1987年第5期。

者认为门荫不是入仕主要手段,但科举入仕的也只占二分之一强。[1]

[三]据邢义田对东汉孝廉身份背景的研究,他给出了东汉各朝孝廉家世变化表(表3.6):

表3.6 东汉各朝孝廉家世变化

朝别 / 背景	光武	明	章	和	安	顺	桓	灵	献	合计
仕宦之族	6	4	4	2	5	12	10	7	12	62
非仕宦之族	16	5	5	2	5	3	12	14	13	75
合 计	22	9	9	4	10	15	22	21	25	137
仕宦之族所占百分比(%)	27.2	44.4	44.4	50	50	80	45.4	33.3	48	

这是作者对东汉可考的孝廉的一个分析统计。很明显,仕宦之族出身的所占比例从光武朝的27.2%一直上升,到顺帝时高达80%,到东汉末期,仕宦之族所占比例又大幅度下降。怎样解释这一奇特的现象呢?作者的猜测是由于宦官与士族之间斗争激烈,宦官专权打击了士族。献帝时,宦官被消灭,出身士族的孝廉又有增加。[2]

[四]据赵冈、陈钟毅的研究,无论是从汉代土地买卖的铅券,还是从清代一些鱼鳞册中反映的土地买卖的情况来看,绝大多数土地交易的数额都很小,现存汉代买地铅券所记载土地成交额都是三五亩而已。而作者对清代遂安县同治元年至十三年的文献统

〔1〕 张国刚、叶振华:"关于唐代地主阶级的几个问题",载《中国古代地主阶级研究论集》,南开大学出版社1984年版。

〔2〕 邢义田:《东汉孝廉的身份背景》,中研院历史语言研究所、经济研究所合办《第二届中国社会经济史研讨会论文集》。

计可知,十三年中区内共有300余户曾买地。从这300例中进行随机抽样选出100笔田产交易,算得平均每笔仅0.59亩。作者对另一县的情况也进行了分析,得出平均每笔交易1.56亩。作者从文献中看到,大宗的土地交易极为罕见,10亩以上者也极少见,绝大多数是在1亩左右。这种小额土地交易,使得土地集中的过程很慢。作者举例山东淄川树荆堂毕家,经过四代170余年的积累共有田产900亩。而在长江下游人口密集地区土地交易额则更小。据某汪姓家的置户簿,从康熙二十九年买入第一块地算起,在以后160年的记录中,共买地84笔,合37.6亩,平均每年买地0.23亩。所以,作者认为,无论是从农业生产积累资金,还是商人买田,土地集中的速度要比靠非经济力量兼并土地的速度缓慢得多。[1]

刘和惠研究明代徽州洪氏誊契簿所得出的结论也是,明代徽州中小地主积累很慢,上升为大地主是相当困难的。大地主多为世族大家或官宦之家,或从事其他非法活动骤富而转化为地产。[2]

[五]中国古代社会的多子继承制是减缓土地集中速度的一个重要机制。张国刚、叶振华这样分析了唐代一个中产地主的情况。根据唐代法律规定:"应分田宅及财产者兄弟均分"[3],如地主阶级人口生殖周期为20年,每代有两个(或两个以上)男姓,如果这家的田产房宅住20年内没有成倍地增殖,那么,其后代就很难保持其地主地位了。作者还列举了敦煌文书中的《善濮兄弟分家文》为例,这家原有100多亩田地、耕牛、农具、房产、园林和水利设施,兄弟二人分家,各得一半,这个家庭就由原来的小地主(或富农)的地位一下子变为各有五六十亩土地的小土地所有者了。因为在唐

[1] 赵冈、陈钟毅:"中国历史上的土地所有制",载《食货》复刊第9卷第11期,1970年2月。

[2] 刘和惠:"明代徽州洪氏誊契簿研究",载《中国社会经济史研究》1986年第3期。

[3] 《唐律疏义》卷12,《户婚》。

代,一个六口之家的自耕农,大约占地六七十亩。[1]

[六]据赵冈、陈钟毅的考察,汉代的地价低得惊人。在西北边陲地区,大婢一人的价值相当于二百亩土地。内地普通地价在千钱至三千钱之间,而卖田百亩才能购置一辆马车。作者提出这样一个问题:土地如此低廉,劳动力这样昂贵,购置田产应非难事。作者指出,造成汉代土地高度集中的原因在于它的租税结构。当时和地产联系在一起的是纳税人要向国家交纳田赋和按人头算的丁课(包括徭役和算赋),而田赋通常很低(3% 到 10%),力役则很重。这样在小额土地上生产的农民,交纳不起课税,土地已不是资产,而是负担,所以只好放弃土地,全家逃亡,以避免田赋徭役,这就造成地价便宜。还有些农户"带产投靠"富豪之家,或凭诸政治地位而享有合法收纳"荫户"的官僚地主,以脱离政府课税的编户。这是造成汉代土地集中的主要原因。

宋代以田产多少来划定户等,决定其有无纳税的义务。无地的客户自然不纳税,在主户中的第五等,也可免税。这种赋税制度造成两种逃税方法:1. 放弃土地,取得免赋役的客户资格;2. 将家庭拆散,各立门户,财产分散,使得每一子户财产额达到五等户的标准。作者认为第一种方式造成的土地集中与第二种方式造成的土地分散两种相反的作用,在某种程度内互相抵消。所以北宋在王安石变法前,土地集中过程较缓慢。[2]

据冯尔康的研究,清代土地价格的几涨几落,和政府用赋役政策来调节土地占有关系密切相关。顺治和康熙前期,战争频繁,政府开支大,赋役很重。当时的地价就很便宜。康熙中后期,社会安定,又实行蠲免钱粮政策,于是人们争购土地,田价上涨。雍正中

---

〔1〕 张国刚、叶振华:"关于唐代地主阶级的几个问题",载《中国古代地主阶级研究论集》,南开大学出版社 1984 年版。

〔2〕 赵冈、陈钟毅:"中国历史上的土地所有制",载《食货》复刊第 9 卷第 11 期。

期清查积逋,严行追补,又推行摊丁入亩制度,增加田地就意味着增加负担。同时又严禁衿绅外逃避差徭,于是地价又下跌到顺治年间的水平。乾隆时屡次实行普免钱粮,人口猛增,粮价上涨,田价又大幅度上升。……太平天国起义时,田价又下落。这一点,清人也明确意识到了。清人黄印叙述了赋税制约地价起伏后总结道:"转运之机,盖在朝廷。"[1][2]

[七]有一个案例能形象地表明无组织力量增长自繁殖性,它在一个王朝初期几乎看不到危害,但到后期成为瓦解社会的不可控因素,这就是明代宗室人口的膨胀。所谓宗室就是皇子皇孙。明朝建国时,规定他们不得从事四民之业,这批人完全由优厚的宗禄养起来。表3.7为明宗室人口增长和宗禄占国家税收之百分比。

表3.7　明宗室人口增长与宗禄占国家税收的比例

时间	宗室人数(人)	税收	宗禄占两税百分比(%)
洪武	58		
永乐	127		
正德	2945	26,794,024	3.28
嘉靖八年(1529)	8203		
嘉靖二十八年(1549)	10,000		
嘉靖三十二年(1553)	19,611	22,850,355	25.58
嘉靖四十四年(1565)	28,840	22,850,535	36.83
万历二十二年(1594)	62,000	28,369,247	65.13
万历三十二年(1604)	8000	28,359,247	84.03
明末	200,000 以上	26,396,240	225.79

〔1〕《锡金识小录》卷1,《风俗变迁》。

〔2〕冯尔康:"清代地主阶级述论",载《中国古代地主阶级研究论集》,南开大学出版社1984年版。

一开始宗室人口很少,其宗禄占税收百分比可以忽略不计。但宗室人口是自繁殖的,以指数增长,到万历三十二年,宗禄居然占两税之 80% 以上。到明末,用全部税收都难以养活达 20 万的宗室人口。[1]

〔1〕 详见赵毅:“明代宗室人口与宗禄问题”,载《长春师院学报》1986 年第 2 期。

第四章　变法与动乱

如果一个人犯了破坏比例法则的罪，使一个太小的去负担一个太大的体积——船太小而帆太大，身体太小而食太多，心灵太小而权力太大——其结果一定是全部破坏。

——柏拉图

4.1　变法效果递减律

封建国家也意识到无组织力量对自身的危害。他们曾一次又一次地振作起来和无组织力量作斗争，这就是历代的变法。变法是封建大国改变控制办法，实行某些改革，以期对政治、经济、意识形态结构无组织力量进行遏制。在政治上主要是抑制特权，精简机构，整肃吏治，反对腐化；在经济上是抑制兼并，稳定小农经济；在意识形态结构中是整顿纲纪，恢复王朝威信。

但是，和无组织力量增长作斗争的效果又如何呢？

如果我们把一个王朝中历次改革变法，按时间顺序排列起来，就会发现一个有意思的现象：其效果随着社会内部无组织力量的增大而递减。一般说来，王朝初期的一些变法改良往往有较明显的社会效益,中期变法尚能够取得一定的成果,而末期则是越变越糟。唐代这一历史现象相当典型。

唐初,唐太宗周围集合着一批有为的文臣武将,官僚机器的运转也比较有效率,一系列政策能付诸实践。土地法令制定后,凡丁男以及残疾寡妻都可依有关规定获得土地。赋役都写明数额,“书于县门、村坊,与众知之”,[1]政府规定凡地方官能做到增殖户口,“劝课农桑,禾谷丰登,施政清平”者就加以升奖。官吏有贪赃者,则“随其所犯,置以重法”。[2] 史载贞观一代地方官很重视农田水利,招纳流亡,劝课农桑。当时“官吏多自清谨,制驭王公妃主之家,大姓豪猾之伍,皆畏威屏迹,无敢侵欺细人商旅”。[3] 这说明官僚机构尚未腐化时,尽管社会上也存在着王公妃主、大姓豪猾这些无组织力量,但他们却受到了制驭抑制。这时,出现了中国历史上著名的贞观之治,唐太宗也成为最有作为的皇帝,为后世所赞扬。

唐朝中期,社会情况就较前不一样了。土地兼并严重,官僚机构臃肿失灵,唐玄宗即位时,立即在自己周围形成了一个改革核心,先后任命姚崇、宋璟、张嘉贞、张九龄、韩休、杜暹等人为宰相。改革以整肃吏治,清除武则天以来外戚集团干政所造成的种种弊病为发端,公元 714 年(开元二年),将武周时代的著名酷吏 13 人“放归草泽,终身勿齿”。开元十年,又将洛阳县一个剥削百姓无度、民愤极大的主簿在朝堂集众决杀,[4]并严格考试制度,裁减大批冗官。开元四年,唐玄宗亲自出试题考核县令,其中 45 个不合

---

〔1〕《新唐书》卷 51,《食货志》,第 5 册,第 1343 页。

〔2〕《贞观政要》卷 1,《论政体》,上海中华书局据明刻本校刊版,第 1 册,第 22 页。

〔3〕同上。

〔4〕宋敏求编:《唐大诏令集》卷 110,《诫勖内外郡官诏》,商务印书馆 1959 年版,第 572 页。

格者,当即淘汰,“放归学问”。[1] 唐玄宗还实行京官与外官的互调制度,恢复了贞观时的史官出席中央最高级会议的旧制,做到“有失则匡正,美恶必记之”。[2] 对经济结构中的无组织力量,也进行了打击。开元九年,开展了全国性的检田括户运动,公布法令,禁止买卖永业田。国家增户80余万。同时放免镇兵20万,缩减军事开支。当时佛教势力很大,对一体化是严重的干扰。唐玄宗下令僧尼还俗,一次还俗者就达12,000余人。[3] 中外闻名的盛唐繁荣局面,就是指的开元、天宝年间的情况。

但是,开元之治已不同于贞观之治。改革在推行中遭到无组织力量这样那样的抵抗。有不少达官贵人,贪官奸商,无视中央政府的土地法令,继续兼并土地。如奸相李林甫的“京城邸第,田园水硙,利尽上腴”。[4] 唐玄宗的改革不过是对无组织力量作了某些限制而已。且这种限制,往往又被立法者带头破坏。如当时规定皇妹封户为千户,皇女减半。但玄宗在咸宜公主出嫁时却赐封一千户。特别是玄宗本人后期已成了腐化的魁首。勇于进谏的张九龄也被罢相。全国军费由初唐时的200万贯增至1200万贯。政治、经济、意识形态结构中的无组织力量在稍受限制之后,又很快地反攻倒算,恶性发展。开元之治只保持了20年左右的繁荣局面,安史之乱爆发后,唐朝很快就陷于衰落境地了。

我们再来看看唐代后期的一次变法改革。公元805年,唐顺宗继位但已病重,当时一批有抱负的臣僚如王叔文、柳宗元、刘禹锡、王伾等,把改革的矛头指向猖獗的无组织力量,打击腐朽的宦官和藩镇势力,停发内侍郭忠政等19人的薪俸,为受迫害排挤的

---

〔1〕《资治通鉴》卷211,中华书局1976年版,第14册,第6717、6728、6695页。

〔2〕同上。

〔3〕同上。

〔4〕《旧唐书》卷106,《李林甫传》,第10册,第3238页。

官员陆贽、阳城等人平反。经济上推行德宗时制定的两税法,抑兼并,止苛征,免除百姓历年积欠的课税。这些政策深得人心,“市里欢呼”。但是这次改革之际毕竟不是贞观、开元的时候了,无组织力量已合流成一股不可控制的势力。当时,朝中大官僚、大士族高郢、郑珣瑜、贾耽等以退职不干来威胁新政。宫中大宦官俱文珍、刘光琦抓住禁军权力,割断了王叔文派与皇帝的联系,拥立太子李纯为帝,改元永贞。在短短一年之内,王叔文派全部被贬或被杀,永贞改革彻底失败了。早在改革初期王叔文曾借杜甫之名诗,浇心中之块垒,悲壮地吟诵“出师未捷身先死,长使英雄泪满襟”,他已预感到改革将不可避免的失败。

如果我们孤立地看永贞事变,而不把它放到唐王朝自身的历史演变的背景中,那就很可能会像王叔文那样把这次改革的失败归于一些偶然的原因。

纵观中国历史,历代王朝前期和中期的变法改革往往是成功的或有成效的,而后期变法不论改革者多么有作为,都注定要失败。

唐代的贞观之治、开元之治,以及永贞前的改革,极为典型地反映出变法效果和成功的概率随着无组织力量增长和社会结构的老化而递减的现象。中国历代封建王朝的变法大致符合这一现象。因此,我们可以把这一历史现象,称为变法效果递减律。

4.2 王朝中后期变法对社会危机的加剧

为什么会出现变法效果递减这种特定的历史现象呢?关键在于封建大国只能用一体化调节力量来控制调节社会,只能用官僚机构来进行改革。除此,它不能拥有别的调节力量。社会结构中无组织力量越大,一体化调节能力越弱,变法成功的可能性就越小。特别当一个王朝中后期，利用腐败的官僚机构去整顿官僚机构，用土地兼并者去反兼并，用贪官去整顿吏治，就犹如以油灭火，越灭越烈。公元780年，唐德宗任用杨炎推行两税法，针对土地兼并日益严重的情况，提出征税"唯以资产为宗，不以身丁为本"。土地以公元779年政府掌握的垦田数为定额进行征税，其余一切"租庸杂徭悉省"。这种税收制度的重大改革，对于均田制破坏后失去土地的农民，对于封建国家，都比较有利，而不利于兼并户。但它在实际推行过程中，加重了农民负担。按资产占田数征税，要求封建政府及时而准确地掌握实际的资产占田情况。但在公元780年定税之后，"三年一定"的清产核资根本实行不了，公元788年才勉强重新审定一次。有的地方甚至二三十年也不审定户等。公元811年，衡州刺史吕温在奏折中说到，该州"二十余年，都不定户，存亡孰察，贫富不均"。[1] 清查定户要靠地方基层官吏，当政治结构中无组织力量相当大时，就无法认真做到这一点，而且他们还利用权势，任意定户。两税法实行后，货币流通减少，物价下跌，政府又不得不把钱折合成实物征税。官吏就抓住把钱折合成实物这一缺口，趁机向老百姓敲诈盘剥。政府规定在征税过程中，加耗不得超过2%，而在实际征收谷物时，往往加耗10%左右。[2] 这个例子表明，任何政策从字面上讲，可以制定得非常严密，但它总有不那么明确的地方，而且执行政策的是人，一旦机构腐败，执行政策的就是无组织力量本身，那么政策中不明确之处，就成为那些人钻空子攫取私利的依据，从而使一个较好的政策不是无法实行，就是弊窦滋生。

北宋中后期王安石变法，目标也是遏制无组织力量，精简机构，增加财政收入，加强对农民的控制，企图富国强兵。于是推行

---

〔1〕《唐会要》卷85，《定户等第》，中华书局1955年版，下册，第1558页。

〔2〕陈仲安："试论唐代后期农民的赋役负担"，载《武汉大学学报》1979年第2期。

了一整套法令:均输法、青苗法、免役法、方田均税法、市易法、保甲法,等等。尤其是免役法,改服役为交役钱,由国家雇佣有关人员,这样可以增加国家收入。但原有的吏员绝不肯放弃既得利益,官僚机构反而因实行新法膨胀得更快了。免役法在推行中一改再改,越改则贫苦下户负担越重。最后造成乡村下户要交纳役钱几百文到一二千文的地步。[1]

方田均税法本是为了抑制兼并,但丈量土地也要靠地方官吏去办,在执行中,官僚地主往往从中渔利。王安石的新法虽相当完善,但在执行中不是走样,就是受到阻挠,结果是无组织力量更加猖獗。

明代中后期张居正推行重大赋役改革——"一条鞭法"的情况也很类似。"一条鞭法"简化了征收赋役的手续,田赋力役合一,按亩计税,以银交纳。"一条鞭"刚实行时也曾使国家经济状况好转,但在执行中流弊很多,往往是鞭外加鞭,巧立名目,推行十年后就乱了套。贪官污吏手持两本账,上报的一个样,实际又是一个样。有的地方交的手续费超过正供的一倍以上。

任何一个系统,内部调节力量一旦衰弱,如果人们再去干扰它,企图将其重组,这正如对癌症晚期病人施加手术,对朽坏的大厦进行改造一样,医生和改造者用心往往是好的,但效果却适得其反。因为系统内在调节能力的丧失,已变得脆弱不堪,任何干扰都会提前它的瓦解。中国封建王朝中后期变法非但在抑制无组织力量增长方面没有什么效果,还会促使无组织力量的膨胀,加剧社会危机。

晚期变法加速王朝崩溃最典型的例子是西汉末年的王莽改制。王莽为了推行新法,于公元 8 年废除了刘氏皇帝,建立了王莽

〔1〕《续资治通鉴长编》卷 227,《熙宁四年十月庚申邓绾奏》,光绪七年浙江书局校刻版,第 5~6 页。

新朝。他针对社会上官僚腐败的情况，借助残酷的法律来维护新法。他针对土地兼并和蓄奴，“更名天下田曰王田”，属国家所有，按口分给农民，改奴婢为私属；王田私属严禁买卖，违令者死。但占有大量土地的官僚地主、贵族地主绝不肯交出土地。不到三年，王莽就不得不自动废除新法。史书记载，当时官吏们利用新法使老百姓“摇手触禁，不得耕桑，徭役烦剧”，而官吏们则“苛暴立威”、“侵刻小民”。[1] 商业、手工业中推行“五均六筦法”，因官与商勾结，币制频频变更，手工业劳动者和小商贩大吃苦头，贵官富商得到实利。王莽改制大大加剧了社会危机，终于酿成天下大乱，王莽自己也身败名裂。其实，王莽篡位改制以前，在朝廷中享有很高的威信，曾有 403 人联名上书称颂王莽的功德，王莽本人在公元 2 年蝗灾旱灾严重，赤地千里之时，带头献钱 100 万、田 30 顷以赈民。我们不能根据个人品德和王莽改制的主观动机来判别这一历史事件。在一个社会结构已被无组织力量瓦解到即将崩溃的时候，任何变法改革，只能加剧社会危机，使崩溃之日提早到来。

用变法效果递减律来看一下史学界长期争论的让步政策问题，是很有启发的。“让步说”把整个统治阶级比作一个人，因吸取了农民大起义的教训，初期对农民实行让步，取得社会进步。其实，从统治阶级的目的来说，无论是前期让步，还是后期变法，都是一样的。改革方案也很类似。问题在于统治阶级能否让步，这要取决于整个社会无组织力量的大小。与其把让步看作封建统治者的意志，还不如说是历史的意志。

严复曾感慨地写道：“夫一国之制，其公且善，不可以为一人之功，故其恶且虐也，亦不可以为一人之罪，虽有桀纣，彼亦承其制之末流，以行其暴，顾与其国上下，同游于天演之中，所以不可自拔

---

〔1〕《汉书》卷 24 下，《食货志》，第 4 册，第 1184 ~ 1185 页。

者,则一而已矣!”[1]严复认为所谓圣君贤相和暴君污吏,乃由他们所处时代的社会结构决定,这是很有见地的,可以说是对封建社会中无组织力量不可遏制增长的一种朦胧的认识。

总之,历史表明,封建统治者不可能从内部清除其自身产生的毒素,而只可能用与一体化调节对立的力量,用剑和火来消灭它们。社会结构只有崩溃才可能再生。历史发展正是这样,无组织力量增长过程中,正在慢慢引发另一种调节机制——全国性农民大起义。

4.3 封建剥削的可控部分与不可控部分

中国封建社会里农民起义次数之多,规模之大,作用之强,都是世界史中所仅见的。农民起义的这些特点直接与无组织力量有关,它们是中国封建社会结构独特的产物。要理解农民起义的特点、作用以及它们和无组织力量大小的关系,必须从中国封建社会农民所受的独特的剥削形式谈起。

在不同结构的封建社会里,被剥削者和剥削者之间的关系是不完全一样的,剥削形式和结构也有差别。

西欧封建社会剥削结构相对简单。领主主要以实物地租和劳役的方式来剥削农奴。此外,农奴还要向教会交纳什一税等。这种剥削关系有两个层次:一个是领主和教士;另一个是农奴(图 4.1)。而中国封建社会由于存在着强大的一体化调节,存在着国家对人身依附关系的控制,于是剥削关系比西欧的多了一个层次,如图所示,它是三层次结构(图 4.1)。[一]

[1] 严复译:《法意》卷 4,第 7 页按语。

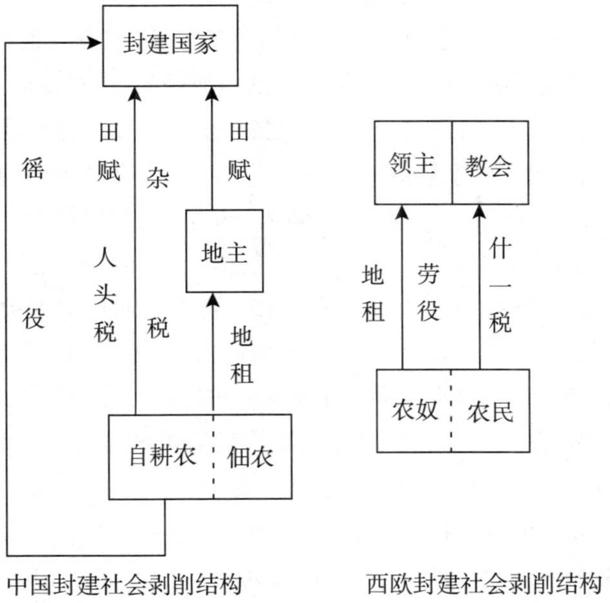

图 4.1　中国与西欧的封建社会剥削结构对比

在中国封建剥削关系中，自耕农向国家交纳田赋、杂税，还要服徭役。佃农不仅要受封建国家的剥削，还要受到地主的剥削，中间层次是地主（它包括贵族、官僚以及一般的中小地主）。最上层是封建国家。这种剥削结构的最大特点是，农民所受剥削量大小的伸缩性很大，它可以相对轻，也可以极重，主要取决于一体化调节力量的大小和无组织力量。而在欧洲封建社会里，领主的剥削多受习惯法约束，其可变度不大。

在中国封建社会剥削结构中，农民所受的剥削可分为控制部分和不可控部分。先看一下可控部分。这一部分主要由田赋、人头税以及法定的徭役等组成。历代王朝，赋税定额及征收方式不尽相同。但是，田赋和人头税是相对稳定的，相比之下也不那么重。杂税和徭役则是由国家控制的一个可伸缩量。在王朝实行与民休息政策、国库充实时,这个可伸缩量就较小。当无组织力量膨胀、国库亏空或有边患时,这个可伸缩量就会因横征暴敛而扩大。

西汉时,田赋号称“三十税一”,是相当轻的,但有役重于税的特点。最近,有人对汉代一个五口之家、耕地 70 亩(合周制百亩)的农户所受封建国家的剥削作了推算:〔1〕年收谷共 210 石,其中田税为七石,占 3.3%;徭役折合谷 60 石,约占 29%;人头税折合谷四石,约为 2%。也就是说,田税及人头税相加,只占总收获的 5%,如加上徭役,剥削率当在 34% 左右。我们再看看明代的有关情况。据梁方仲统计:明代洪武二十六年(1393 年)、弘治十五年(1502 年)、万历六年(1578 年),每年平均每亩田征粮额分别为:3.46 升、4.3 升、3.8 升。〔2〕他还统计了从明太祖到熹宗(1381 ~ 1626 年)近 250 年内,全国实征粮银按全国人口平均每口的负担量。〔3〕根据统计,我们可以看到最高额为明仁宗朝,为 61.06 升/人;最低为世宗朝,为 36.51 升/人;而太祖时为 49.27 升/人,熹宗时为 49.93 升/人。250 年间人均负担的变动是不大的。这说明,封建国家对农民剥削的可控部分是相对稳定的。

根据上述数字可算出,明初法定人均负担为 50 升/人。假定自耕农为 60%,国家的全部税收都由这部分人承担,那么自耕农人均负担量就为:

50 升/人 ÷ 60% = 83 升/人

按洪武时每户平均人口为 5.5 人,〔4〕那么每户自耕农每年平均负担:83 × 5.5 = 465.5 升/户,也即 4.6 石/户。这个赋额是不高的。可见,在一个王朝初期,仅就封建剥削的可控部分而言,自耕

---

〔1〕 谢天佑、王家范:“中国封建社会的个体农业经济和赋税、地租剥削率”,载《上海师范大学学报》1980 年第 2 期。

〔2〕 梁方仲:《中国历代户口、田地、田赋统计》。乙表 36,第 346 ~ 347 页。

〔3〕 同上。乙表 89,第 428 页。

〔4〕 同上,第 8 页。

农受剥削较轻。封建国家的财政和农民的生活都可以维持下来。

佃农的情况又怎样呢？他们除受封建国家剥削外，还要向地主交地租。地租是国家不可控部分，地主对佃农的地租剥削率比国家田赋高得多，《汉书·食货志》载："或耕豪民之田，见税什五。"王莽也说过，在豪民兼并的土地上"实什税五也"。[1] 唐代陆贽也说过，国家收田税每亩五升，而地主每亩要收一石，"是二十倍于官税也"。[2] 他主张制定全国统一的地租标准，以限制地主对佃农的剥削。历代也曾有过这样的尝试，但并不成功。宋代基本上是私租五五分成。如果租用地主的牛及耕具，则须再加一成，四六分成。地租标准的高低往往和土地兼并程度有关，当土地兼并日益严重、自耕农破产佃农人数急剧增长时，地主往往就会借机抬高地租标准。可见，地主是封建国家与佃农间的一个中间剥削层次。地主只向国家交纳（往往偷税漏税）少量田赋，而以高达50%的剥削率残酷地剥削佃农。这一层次的剥削实际上是不可控的。

中国封建社会里剥削结构分为可控部分和不可控部分，就造成了农民受剥削和无组织力量大小紧密相关的重要特点。

当王朝初期无组织力量比较小的时候，自耕农比例较大，所受剥削主要是国家可控部分的田赋、人头税、法定徭役，相对来说剥削是比较轻的。相比之下，西欧领主制经济下农奴所受剥削要重得多。一些研究者对英国中世纪农民的生活状况和所受剥削程度做了分析。他们认为，多数或相当不少的一部分英国中世纪农民，在正常年景下可能只拥有10%～20%的净余率。[3] 也就是说，80%以上的部分被剥夺了。还有的学者认为以上估计还太轻。农民所余是如此之少，以至于勉强维生和不足维生的农户占总户数

[1] 《汉书》卷99，《王莽传》，第12册，第4111页。

[2] 《陆宣公集》卷22，《均节赋税恤百姓》，第6条。同治五年版，第8册。

[3] 庞卓恒："西欧封建社会延续时间较短的根本原因"，载《历史研究》1983年第1期。

的 72% ~78%,而无以维生的农户占总户数的 46%左右。[1] 法国到农奴制后期,农奴每星期要为领主服三天强制性劳役,此外,还须向领主纳地租和不定贡献,对教会纳什一税和其他不定期费用,对国王纳土地税、人头税、盐税、二十取一税,等等。

但是,在古代中国一个王朝的中后期,政治结构和经济结构中的无组织力量合流以后,加剧了土地兼并,自耕农大量破产,转化为佃农,夹在封建国家与佃农之间的地主阶级,就充当了一个剥削放大器。尤其是官僚地主更是有恃无恐,剥削无度。致使"国与民俱贫,而官独富。"[2] 越到后期,土地兼并日益严重,佃农人数骤增,地主剥削所占比重也越大。剥削放大器的作用随着无组织力量的增长而增大,其恶性发展,一方面,造成农民失去简单再生产的能力,被推到饥饿死亡的边缘,封建统一大国赖以生存的经济条件被瓦解;另一方面,造成封建国家财政枯竭,难以维持庞大的国家开支。唯独这个饱吸农民血汗的中间剥削层次,像肿瘤一样越长越大,最后吸干了国家机体的营养,导致农民铤而走险,国家全面崩溃。

4.4 剥削放大效应

在封建国家的剥削中,杂税和徭役是个伸缩量,它给农民带来的负担可能是非常大的。[二]秦、隋两王朝,土地兼并固然是一个问题,但因为王朝短命而没有充分地发展。这两个王朝之所以迅速崩溃,正是这个可伸缩量被封建国家过分扩充的结果。秦始皇"内兴功作,外攘夷狄",造阿房宫,修骊山墓,筑万里长城,动用劳

---

〔1〕 马克垚:"关于中世纪英国农民生活状况的估算",载《历史研究》1983 年第 4 期。

〔2〕《明史》卷 226,《邱橓传》。

力200余万人,另外蒙恬率30万人击胡,守五岭的还有50万人。这样全国大约有300万人被国家征用,占全国人口2000万的15%左右。陈胜、吴广起义的直接导因就是反抗残酷而繁重的徭役。隋炀帝登基之初,修建洛邑,"每月役丁二百万人"。[1] 他在位13年,修运河、筑长城,三次出兵高丽,动用劳力达到600万之多,占总人口的七分之一,造成举国就役,"丁男不供,始以妇人从役"[2]的可怕局面。

封建王朝在初期和中后期田赋征收总额虽然变化不大,但是,随着皇室日益腐化,挥霍无度,官僚机构日益膨胀,国家开支也会增加,而王朝末期,朝廷上下的腐化糜烂造成的浪费更加惊人。晚唐懿宗的女儿同昌公主出嫁时,仅赐钱就达500万缗。[3] 这一项支出就超过岁额的四倍。号称"节俭"的崇祯皇帝,每年仅宫内脂粉费耗银就达40万两,鞋料费五万两。[4] 为了维持庞大的开支,国家就会在它可控部分之外,采取加派各种杂税的办法来增加剥削收入。唐代,安史之乱以后,苛捐杂税名目繁多,公元780年,全国总税收为13,056,070贯,每户平均为四贯二百三十文,是贞观时期的六至七倍。[5] 又据明代人李春芳说,当时国家年度财政总收入为250余万两银,而一岁支放之数为400余万(明初为200万~300万)两银,每年尚少150万两无从筹措。[6] 这样,封建政府就只有采取加赋的办法。公元1618年,万历末年,神宗借辽饷之名,先后三次每亩地加派九厘,仅这一项全国就增加了520万两的田赋收入。明末皇帝崇祯时代,加派辽饷额达900万两,剿饷又增赋

[1] 《通典》卷7,《食货七》。
[2] 《隋书》卷24,《食货志》,第3册,第687页。
[3] 《资治通鉴》卷251,《懿恣宗皇帝下》。
[4] 谢国桢:《南明史略》,上海人民出版社1957年版,第15页。
[5] 彭信威:《中国货币史》(上册),第203页。
[6] 《明经世文编》卷281,《李春芳请停止敛取银两疏》,中华书局1962年版,第4册,第2969页。

330 万两,后改为练饷,增赋达 730 万两。几项加派税相加比原定额增大了几十倍。[1]

最近有人将清代鼎盛时期 1753 年和灭亡前夕 1908 年两个年度的总税收做了比较分析。1753 年总税收折银为 73,792,000 两,其中田赋为 54,214,000 两,占总税收的 73.5%。而 1908 年总税收达 292,000,000 两,其中田赋为 102,400,000 两,占总税收比例已降为 35.1%,而其他税收总和大大超过了田赋;[2][三]1908 年的杂税收入比 1753 年增长了 1203%,即十几倍。由此可见,国家剥削中,杂税及各种加派税、徭役这些可伸缩量,越到王朝后期越是成倍地增长。因而从总体上来说,封建国家对农民的剥削是逐步加重的。

如果把封建国家剥削与地主剥削联系起来看,就会发现这两种剥削是相互加强的,呈现出剥削放大效应。这一放大效应是随着地主经济的发展而加剧的。开始有部分自耕农破产,出卖土地变为佃农。但国家总收入不能减少。当官的怕失职,便采取“只于见在户中,分外摊配”的办法,保证地方总赋税,其结果是,剩余编户“每年加配、流亡转多”。[3] 这种加剧农户逃亡的现象,叫做“摊逃”。同时,地主对农民也趁势扩大剥削。这就又造成了更多的自耕农的破产。往复恶性循环,自耕农经济如雪崩般解体。

唐代的户口记录很能反映这一过程。《唐会要》记载:天宝十三年(公元 754 年)国家掌握的总户数为 9,069,154 户,到建中元年(780 年)实行两税法时,定天下两税户就仅为 3,850,076 户了。元和年间(813 年)以后,只剩下 2,473,963 户。50 多年的时间里,

---

〔1〕《明史》卷 78,《食货志》,第 7 册,第 1904 页。

〔2〕[美]王业键:“清代田赋在财政上的重要性”,载《中国史研究动态》1980 年第 7 期。

〔3〕《钦定全唐文》卷 76,《武宗检校逃户制》。

税户数减到原来的三分之一左右。[1]《全唐文》中很清晰地记载着:这种户口减少在很大程度上是摊逃引起的。李渤《请免淮南摊均逃户赋税疏》中说:"臣自出使,力求利病,窃知渭南县长源乡,本有四百户,今才四十余户,闵乡县,本有三千户,今才有一千户。其他州县,大略相似,其弊所自,起自摊逃。"明代中后期,这种放大效应更为明显,如台州共有四县,原有人数为188,000余人,经流亡后只剩下原来的三分之一了,但"岁造之数如旧"。[2] 山西代州繁峙县,编民原为2166户,正统年间"逃亡者俱半",但田赋徭役未减,致使剩下的农户纷纷破产,变为流民或佃农。[3] 山东济南、东昌等32个县,逃亡死绝共60,419户,欠税粮212,500余石,马草265,008束,所欠之数又被摊到余下的农户头上。[4] 其结果是造成农民更快地破产,佃农数量骤然膨胀,国家收入减少,农民所受剥削的不可控部分越来越大。

地主大多总是想方设法偷税。著名考据家马端临在《文献通考》里指出,北宋土地的偷税逃税占总额的十分之七八。随着佃农在农民中占了大部分,封建剥削不可控部分占了优势。而这部分剥削是没有限度的,很快发展到敲骨吸髓的程度。

佃农化意味着农业劳动者生产地位的急剧恶化。对于佃农来说,他们不得不忍受比封建国家重得多的残酷剥削,以出卖劳力维持生活。佃农化程度提高,势必造成同等数量耕地所能吸收的农业劳动力数量的减少,大量破产自耕农失去就业机会流窜于社会无安身立业之所,生活陷于赤贫状况。所谓"农夫输于巨室"、"巨室输于州县",就是佃农化的结果。这些巨室大家的膨胀和对社会财富的侵吞,不仅使国家难于支持,而且使百姓无以立家。

---

[1] 《唐会要》卷84,《户口数》,中华书局1955年版,下册,第1551页。
[2] 《明实录·英宗正统实录》,《正统六年十一月》,卷85,第8页。
[3] 《明实录·英宗正统实录》,《正统三年八月》,卷45,第2页。
[4] 《明实录·英宗天顺实录》,《天顺二年四月》,卷290,第6~7页。

总之,我们在分析剥削放大效应时,可以看到这样一个总趋势:在中国封建剥削关系的三层次中,王朝初期时,封建剥削的可控部分占优势,三层次保持某种平衡,使得封建大国能够支撑并发展;但随着无组织力量增加,不可控部分特别是地主阶级封建剥削这一中间层次,就会恶性增长,其结果是堵塞了国家的财源,吸干了农民的血汗。这样,平衡破坏了,封建国家丧失了赖以生存的物质条件,整个社会的崩溃也就是不可避免的了。[四]

4.5 农民大起义与社会结构的关系

封建剥削和压迫加剧的后果只是为农民大起义准备了条件。任何较大规模的农民起义,都需要相当的组织力量。因此,仅仅只有农民所受剥削压迫深重这一点,而没有把革命力量组织起来的要素,大规模的农民起义仍是不可能的。

稍微具备世界史常识的人都知道,世界古史中,很少看到中国封建社会那种每隔两三百年发生一次的全国性的农民大起义,而且这些大起义都发挥了摧垮旧王朝、使新王朝得以重建的巨大历史作用。西欧自公元5世纪进入封建社会以后,到8世纪才有农民起义的记载,其规模很小,影响不大。直到14世纪,英国著名的瓦特·泰勒起义,捷克的"塔波尔派运动",不过三四万人,一般则是六七千人。西欧封建社会最大的农民起义,是16世纪德国农民战争,总共也不过十几万人。总的说来,欧洲封建社会农民起义与中国封建社会农民起义相比,具有规模不那么大、作用不那么强的特点。

从农民阶级所处的地位和分散性来看,实现大范围内的有组织的行为是相当困难的。要出现全国范围内有组织的暴动,必须有两个条件:第一,有共同的反抗目标;第二,反抗者有相互联系的条件,能及时地集中起来。一般说来,在分散的自然经济条件下,实现这两个条件把农民组织起来是很难的。西欧封建社会中,领主是本领地里的土皇帝,农奴们的反对目标往往仅限于一个个具体的领主。随着领主各有差异,农奴的处境也不完全相同。在这种情况下,农奴的反抗目标就难以在大范围跨地域地统一起来。所以,虽然欧洲中世纪封建领主对农奴极其残酷的剥削,使社会像干柴一样随时可能起火,但反抗的火苗大多不能形成燎原之势。

在中国封建社会里,由于存在一体化调节和全社会性的无组织力量的增长,全国农民很容易认清贪官污吏、地主恶霸是他们共同的敌人,反抗目标很集中。一体化调节及无组织力量就刚好起到了克服农民分散性、把农民的反抗行为组织起来的作用。这确实是很奇妙的。大规模的农民战争的巨大威力,正是中国封建社会独特的社会结构所呼唤出来的。

如果我们考察一下农民起义的反抗目标与无组织力量的关系,就可以发现,在一个王朝中前期无组织力量较小时,农民起义是地区性的,规模也不太大,反抗目标往往只是贪官而不是皇帝。如明代中期最著名的是1511年以刘六、刘七为首的农民起义。他们攻城克堡,杀贪官污吏,势力到达北京附近,并从河北进入山东、河南,南下湖广,抵江西,又北上进攻北京,打得明廷大有招架不住之势。这支农民起义队伍首领之一赵鐩说,“今群奸在朝,舞弄神器,浊乱海内,诛戮谏臣,屏弃元老”,“乞陛下睿谋独断,枭群奸之首以谢天下,即枭臣之首以谢群奸”。[1] 他们的反抗目标,主要是针对当权的群奸。只要明主杀“群奸”以谢天下,他们甘愿杀头。王朝中前期的农民起义,大多是针对贪官污吏和地方恶霸地主,而不是把矛头指向以皇帝为代表的国家。

王朝末期无组织力量在全国范围泛滥,整个官僚机构腐败,推

〔1〕《明史》卷175,《仇钺传》,第15册,第4662页。

翻以皇帝为首的整个官僚机构就成为全国农民统一的目标,农民起义势必是全国性的。汉末黄巾军提出“苍天已死,黄天当立”,已有改朝换代的意思了。隋末农民大起义历数隋炀帝的十大罪状,指出起义原因是“今同苦朝政,各兴大义”。除了反对旧王朝外,平均主义的社会理想,也是把农民组织起来的目标。我们可以看到,自唐以后农民起义的口号,除了推翻旧王朝以外,平均主义的理想也日益突出了。王仙芝自称“天补平均大将军”。宋代王小波、李顺起义则明确提出:“吾疾贫富不均,今为汝均之。”钟相、杨么起义提出:“法分贵贱贫富,非善法也。我行法,当等贵贱,均贫富。”〔1〕明末农民大起义也提出均田、蠲免钱粮、平买平卖的主张。在哀鸿遍野的时候,李自成义军的“迎闯王,不纳粮”的口号更是富有吸引力的。到清代太平天国时,农民政权甚至颁布了“天朝田亩制度”,提出平均主义的社会理想。[五]

农民起义口号的发展,说明反抗目标日益明确——从王朝初期反贪官不反皇帝到末期反对整个朝廷;从王朝早期仅仅提出某些具体反对目标到后期发展到追求平均主义的理想,这充分表明农民起义是否定宗法一体化结构和无组织力量的革命力量。农民起义的组织和口号与无组织力量形式变化是直接相关的。

除了共同的反抗目标以外,大规模的农民战争必须有革命的组织核心。中国封建社会存在宗法一体化结构的调节机制,它促进了革命组织核心的形成。

陈胜、吴广起义核心的形成,是秦王朝繁重的徭役和苛政所致。雇农陈胜、吴广和服役农民900余人在蕲县大泽乡为暴雨所阻,耽搁了报到日期,要被处死;在死亡的威胁下,他们便“斩木为兵,揭竿为旗”就地起义。有了这个组织核心带头点火,加上当时

〔1〕 徐梦华:《三朝北盟会编》卷137,《建炎四年二月十七日条》,光绪四年版,第22册。

“天下苦秦久矣”，于是声势浩大的全国农民大起义立即燃为燎原之势。隋末农民大起义的引爆点出现在受兵役之苦最重的山东省、河北省。邹平、王薄起义是反对东征，当时有“无向辽东浪死歌”。元末刘福通起义，正是抓住了元顺帝役使17万民工集中于黄河工地的时机。明代的流民暴动，则发生在流民集中的荆襄和四川。总之，往往在那些国家举办的公共工程中，或人口集中之处、商业交通便利之地，首先成为全国农民起义的引爆点或形成组织核心。

农民中的秘密结社和宗教团体，在形成起义组织核心中也起过重要作用。[六]黄巾大起义前利用“太平道”已建立了三十六方的全国性秘密组织。益州、巴郡一带的“五斗米道”在张鲁起事前已活动多年。元末农民大起义中，“明教”影响十分大。农民中的宗教团体之所以能够做到暗中串联、秘密结社，一方面要以共同的反抗目标为基础；另一方面必须利用宗法一体化结构克服小农经济分散性为条件。日本学者研究清代农民起义和宗教关系时，提出这么一个观点：如果没有捻军、太平天国、白莲教介入，以反对当地中小地主为目标的地方性农民斗争，就不可能扩大为以反对官府以上的统治者为目标的大规模的斗争。农民起义受到国家镇压，也使他们懂得了要获得起义成功，必须形成全国规模的农民战争。〔1〕这里，国家镇压的力量就是宗法一体化结构克服小农分散性的力量，它激起规模越来越大的反抗。在欧洲分散的领主经济结构中，农民起义也有宗教的色彩，但缺乏一体化调节力量，所以很难形成全国性的组织。

---

〔1〕 日本学者小林一美考察了王伦起义、嘉庆年间的白莲教起义、林清和李文成起义，以及咸丰十一年山东白莲教起义，他把起义参加者的出生地标在地图上，发现教徒们往往是从几个县，甚至是从几个省的范围汇集起来举行起义的。作者由此得出上述结论。（[日]小林一美：“论清代宗教起义”，载《山西大学学报》1986年第3期）

总之,如果说农民是中国封建社会中最主要的物质财富的创造者,他们的生产劳动推动着整个社会生活的发展变化,那么宗法一体化结构就好像一座牢固的长坝,把农民管理起来,控制起来,而无组织力量就好比坝里的老鼠,不停地打着洞,任何挖鼠灭鼠的行为也不能遏制鼠洞的增加。这样,堤坝越来越脆弱,老鼠越来越猖獗,终有一天,波澜壮阔的农民起义要冲决一体化的大坝,淹死老鼠,把数百年积累起来的污泥垢水荡涤干净。

4.6 动乱规模与无组织力量成正比

从以上分析可以看出,农民起义的规模和无组织力量的大小有着正比的关系。漆侠研究东汉农民起义时发现,从东汉安帝永初二年到灵帝光和三年(180年)近七十年中,据不完全统计各地起义有36次左右。其中公元108~111年间4次。而在外戚梁氏专权期间(132~159年)则达21次,占总次数的58.3%。160年以后宦官干政,起义次数有11、12次之多。从人数上看来,安帝时起义人数不过几百人,多则数千人。到顺帝以后,起义人数以万人计,有的达两三万人之多。[1] 由此可见,农民起义的次数与规模与无组织力量的状况是密切相关的,起义密集在外戚宦官干政时期。我们认为,当局部地区无组织力量很大时,局部地区的农民起义就会发生。当全国性无组织力量泛滥时,全国性的农民大起义就会爆发。我们能不能从统计上说明这一点呢?

最近,有的历史研究者在这方面作了一些定量的分析。梁作檠在“晚清之政治腐败与社会骚乱:一个量化之分析”的论文

〔1〕 漆侠等:《秦汉农民战争史》,三联书店1962年版,第154页。

中,〔1〕将1796～1911年间的农民起义的次数和规模进行了统计。为了排除偶然性,作者将农民起义人数的对数之函数作为农民起义烈度的度量。如将少于1000人的起义烈度定为二,而1000～10,000人的起义烈度定为三。又考虑到起义持续时间和影响范围,将其总体相加之后,画出农民起义烈度曲线(见图4.2a)。为了研究自然灾害以及物价、通货膨胀等经济因素对农民起义的影响,也画出这一时期相应的物价等因素综合变化曲线(见图4.2c)。作者还根据《清实录》把官员渎职行为分为贪怠、无能、欺凌平民三类,每一类又分有细目,然后对政治腐败情况进行综合考察,加以量化,得出政治腐败曲线(见图4.2b)。

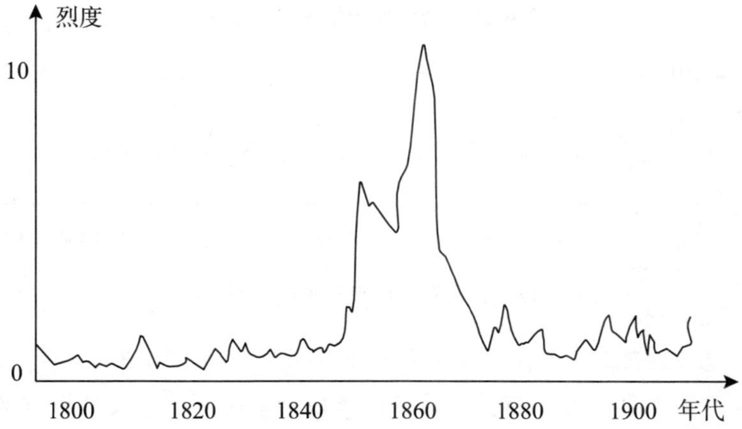

图4.2a　农民起义烈度变化曲线

这三条曲线为我们从统计意义上研究无组织力量的大小,与农民起义烈度之间的关系,提供了素材。为了进一步看清三者之间的相互关系,我们可以用取十年平均值的办法,对这三条曲线进

〔1〕 梁作檠:"晚清之政治腐败与社会骚乱:一个量化之分析",载《香港中文大学中国文化研究所学报》第9卷,上册,1978年。

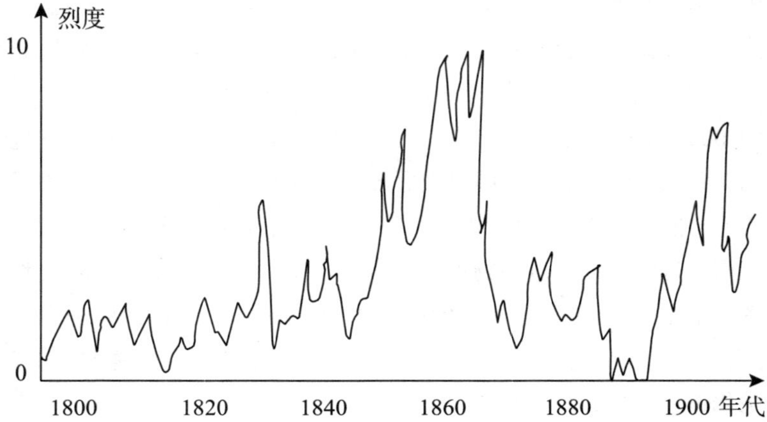

图 4.2b　政治腐败情况变化曲线

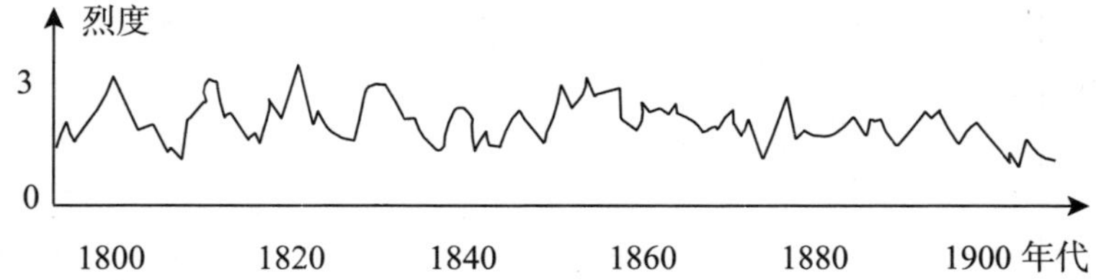

图 4.2c　自然灾害及经济衰滞等经济因素变化曲线

行滤波处理。这样,就可以得到以下三条曲线(见图 4.3a、b、c):

非常明显,农民起义烈度曲线和政治结构腐败曲线是相当吻合的。在公元 1820 年以前,政治腐败程度在 1.5 级以下,相应的农民起义的烈度也很小(在 0.5 级以下)。1820 ~ 1840 年间,政治腐败程度从 1.5 级增加到 2.5 级,农民起义烈度也增加到 1 级。到 1840 年以后,政府腐败恶性增长,农民起义的烈度也迅速增加了。这两者之间,呈现出很显著的正比例关系,而天灾及经济衰滞因素的曲线,在这一段时间里,保持着前后大致相当的水平,与农民起义烈度的相关性较小。

梁作檠的论文中存在一个严重的问题,即把政治腐败仅仅看作是一种政治行为,没有和经济行为联系起来看。我们在前面的分析中已经论述,封建社会中官僚们的政治行为往往是和他们利用权力攫取经济利益联系在一起的。政治结构与经济结构中的无组织力量发展到一定程度后,就会相互加强,汇成一股恶势力。根据这种分析,我们认为,图 4.3 和图 4.2 中的 b 曲线,应该作为社会无组织力量的度量。实际上,就拿梁作檠列为政治腐败的渎职行为来看,贪污税款、粮饷,用刑诈财,欺侮平民(往往是侵占土地财货),也是依仗政治势力掠取经济利益的行为。梁作檠的这项研究是为了论证"经济衰滞与社会动乱之间并无相关关系",而我们则从这项研究工作中作出农民起义的烈度和社会结构中无组织力量大小密切相关的论证。

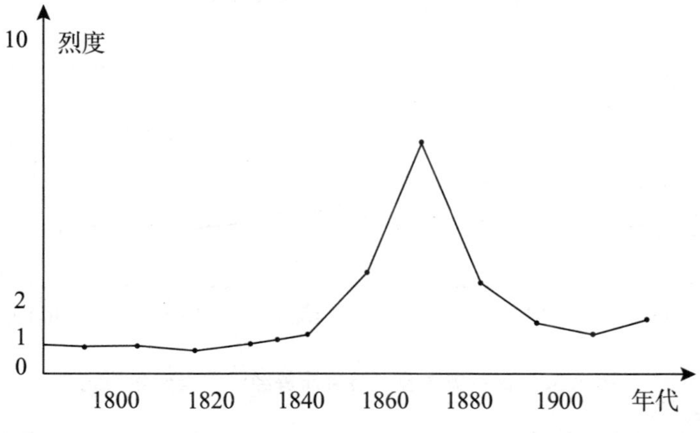

图 4.3a　农民起义烈度变化曲线

第四章　说　　明

［一］为什么中国封建社会的剥削结构是如图 4.1 所示的三层次构造？我们可以证明,它是一体化社会结构的产物。让我们回忆一

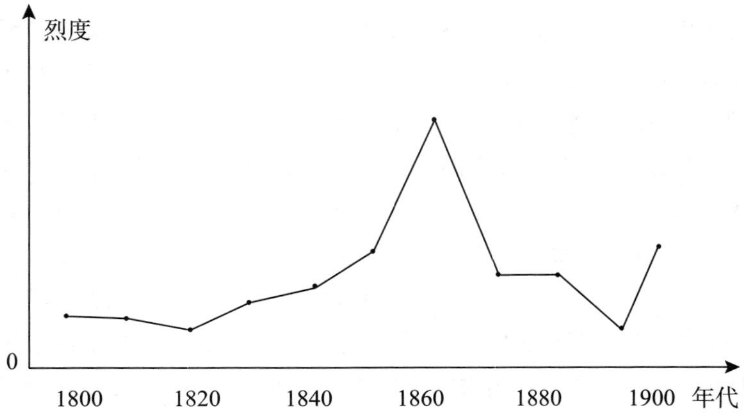

图 4.3b　政治腐败情况变化曲线

图 4.3c　自然灾害及经济衰滞等经济因素变化曲线

下 2.4 节中一体化的定义:第一,由具有统一信仰之儒生组成官僚机器;第二,在古代农业社会,国家官僚机构的直接管理只能达到县一级,对于县以下广大的乡村社会,一体化要靠绅士集团(他们大多是知识分子),作为地方领袖与政府合作,并需要大量识字具有专业才能的人作为吏员(其中大部分是下层知识分子),从而使管理系统一直把统治的触角伸到每一个村庄。绅士在维系地方治安,特别在国家税收方面充当着不可取代的角色。没有他们,国家就无法实现对一个幅员辽阔的小农社会的长久统治,甚至连税都收不上来。这种结构就导致了中国封建社会剥削结构是三层次的,即官僚机构对应着国家税收这一层次;地方绅士和那些为国家办事的人员(他们不拿薪俸)本身大多是地主,如果没有产业,他们很难免费为国家服务;而为政府服务又使他们获得特权,于是他们组成了图4.1中介于国家和农民之间的中间层次,充当了剥削放大器。

这方面一个有趣的案例是太平天国的社会结构。我们将在本书5.8节中谈到太平天国没有实行一体化是其失败的主要原因。这一点非常突出地反映在太平天国的租赋政策中。在清代苏浙地区,地租、田赋、佃农所获的比例大约是3:2:5。它表明,在王朝稳定期(图4.1)中,佃农收成中一半留给自己,其余一半中三成归地主,二成由地主作为上缴国家之田赋。这种结构中地主有利可图,国家也能将税收上来。但在太平天国占领区,没有实行一体化结构。太平天国为了打击地主利益,把地租、田赋、佃农所获之比,硬行规定为0.5:2:7.5。在这种结构中,佃农利益虽受到保护,但地主完全无利可图了。传统的三层次的剥削结构完全破坏。它也导致了整个税收系统的失灵。一方面,整个士绅阶级不和太平天国政府合作;另一方面,农民虽分得了土地,但长期生活在一体化结构中,并习惯了传统社会结构纳税方式的农民也不愿意向政府交田赋,致使太平天国很难从农民那里征得税收。这样太平军不得不靠“打先锋”、“征派苛捐杂税”,甚至抢劫过活。后期太平天国全面的粮饷危机都和这种赋税结构破坏有关。[1]

[二]一些学者对汉代农民所受剥削中的徭役和田赋之比作过较为定量的探讨。在汉代,一个农户,号称“治田百亩”实则是70亩,假设亩收二石,石百钱,田赋是三十税一,则岁纳田租为四石七斗,折钱470文。一家五口,二大三小,每岁按丁口纳口税、更赋等

---

〔1〕 参见杨天宏:“太平天国的租赋关系”,载《历史研究》1987年第5期。

常制赋敛计609文。再算一下农户劳役所付出的代价。如根据“客佣一月仟”,《汉书·昭帝纪》注引如淳曰:民间雇人代役“月二仟”,《居延汉简》则载“月直四百”或“月直七百”,假设一月工价是700文,一家二人服役,每岁服两个月的“更年”,折钱1400文。这样,租、赋、役之比为1:1.3:3。由此可见徭役占剥削量的很大比例。[1] 有的学者认为,汉代徭役约4倍于赋税,还不包括杂税。[2] 因此,徭役之加重可以导致农民彻底破产。

[三]当然,这些杂税中相当大一部分是商业税(见本书6.5节)。商业税增加一方面表现在王朝后期,中国社会假资本主义繁荣;从另一方面,商业税中除了手工业外,很大一部分负担仍将通过间接的方式加到农民身上的。因此,商业税的增加必然意味着农民负担之加重。

[四]人们自然会问,剥削放大效应是否可能被控制住?中国封建社会历代政府都曾意识到这个问题,他们也曾想各种办法来避免剥削放大效应导致的税源枯竭。从理论上分析,控制剥削放大效应的办法无非是两个:一个是让自耕农民直接成为国家的佃农,这样可以避免中间剥削层次的恶性增长;另一个办法是限制地主对佃农的剥削率。但这两个办法都不可能生效。第一个办法普遍实行是不可能的,我们在[一]中指出,三层次的剥削结构是由一体化结构本身所规定的。但部分实行国家佃农制度却是可能的,确实在很多朝代都曾实行过国家佃农和自耕农并存的制度,以增加国家财政收入。在汉代,国家佃农称为“假田公民”,国家规定收租率为国家佃农总收入之50%。在宋代和明代,所谓官田也是有类似性质的制度。但是,国家佃农和自耕农并存的制度,在实施中会出现一系列难以克服的弊病。首先必须要设置一个机构来管理

---

〔1〕 黄金言:“西汉徭役制度简论”,载《江西师院学报》1982年第3期。

〔2〕 罗庆康:“试论西汉徭役制度的特点”,载《中国社会经济史研究》1985年第4期。

它，汉代管理这方面的人员称为“稻田使者”、“左右内史”等。[1] 这种机构作为官僚机构一部分必然碰到腐化和贪污问题，国家佃农的负担同样处于不断加重之中。其后果同样是佃户逃亡。为了克服这些弊病，国家不得不让私人来承包官田（这实际上等于取消国家佃农）。它往往加剧土地兼并。无论是宋代还是明代，我们几乎都看到官田税粮减轻，民田税粮加重，最后两者完全趋于一致的过程。由于“民田之价十倍官田”，佃户常将官田假充民田卖给富户。[2] 因此国家佃农制亦不能减轻剥削放大效应。至于固定地主对佃农的剥削率，这种方法普遍是行不通的，它同整个地主阶级利益相矛盾。即使在某些地区，以某种形式将佃农的田租率固定下来，也会出现新的问题。例如，佃农对地主地取得永佃权，就似乎是一种控制剥削放大效应的方法。但是它却造成一个“二地主”阶层的出现，它在加速土地兼并的同时，使剥削结构的层次进一步加多，在地主和佃农之间又出现新的层次，这样最终佃农所受的剥削仍不能控制在某一限度之内。[3]

[五]代表农民平均主义理想的“天朝天亩制度”，按理说农民会拥护并主动维护这一制度的实施。但真正实施起来，情况恰恰相反。王宏志根据太平天国留下的一些告示文献，研究了有关情况。湖北有一告示：“天下农民米谷，高贾资本，皆为天父所有，应解归圣库。”此令遭到太平天国统辖地区农民的顽抗。太平军政府很难收到粮财。农民一旦得到土地后，他们并不想把自己的一部分私产拿出去搞平均共产，而且坚决抵抗。后来派石达开去解决这一矛盾，他不得不采用封建政府惯用的办法，实行“照旧交粮纳

---

〔1〕 张荣芳：“论两汉的公田”，载《中山大学学报》（哲学社会科学版）1985年第1期。

〔2〕 详见林金树：“明代江南民田的数量和科则”，载《中国社会经济史研究》1987年第3期。

〔3〕 这方面的研究可参见有关论文。林详瑞：“永佃权与福建农业资本主义萌芽”，载《中国史研究》1985年第2期。

税”,农民才平息下来。这说明,作为小私有的农民,从根本上是反对真正实行平均主义的。[1] 所谓农民起义中平均主义理想只是由均田、均富而产生的一种观念,它实际上是对土地兼并和无组织力量增长之反抗意识。

[六]赵俪生、高昭一在研究明代农民战争时发现一个有趣的现象,明永乐年间的唐赛儿起义和天启年间的徐鸿儒起义中,宗教结社的作用很明显。而明末农民大起义中,宗教作用几乎看不见。[2]

这一现象可以用无组织力量的大小来说明。在王朝初期,全国无组织力量较小,要形成起义,有时就需要借助宗教结社等跨地域的组织力量。到王朝末期,无组织力量相当大,组织核心很容易形成,这时农民起义对宗教结社的需求反而可能减弱了。

---

〔1〕 王宏志:“农民战争和封建主义”,载《中国农民战争史论丛》(第三辑),河南人民出版社 1981 年版,第 231 ~232 页。

〔2〕 赵俪生、高昭一:《中国农民战争史论文集》,新知识出版社 1954 年版,第 151 页。

第五章　中国封建王朝的修复机制

无破坏即无新建设，大致是的；但有破坏却未必即有新建设。

——鲁迅

5.1　奇异的修复能力

两千多年前，我国伟大诗人屈原看到月亮一圆一缺，提出了一个有趣的问题："什么机制使月亮死了之后又复生呢？月亮里的玉兔在它的影响下又会怎么样呢？"〔1〕从现代科学来看，屈原提的问题是没有意义的。但是，如果我们把月亮比作中国封建大国，就可提出同样有意思的问题。中国封建王朝确实具有"死则又育"的机制，它内部各种各样的新因素正如月亮中的玉兔，受到"死则又育"的机制的影响。

是的，从世界史的角度鸟瞰中国封建大国的兴衰，就不能不对其巨大的修复能力感到惊异。腐朽的旧王朝在农民大起义的猛烈打击下土崩瓦解，但是在短短十几年，至多二三十年的时间里，一

〔1〕 屈原：《天问》："夜光何德，死则又育？厥利维何，而顾菟在腹？"

个版图达数百万平方公里、人口数千万的统一的封建大国又奇迹般地重新建立起来。新建王朝在社会结构上却几乎是旧王朝的翻版。世界历史中,很少看到这种“死则又育”的再生现象。

罗马奴隶制超级大国瓦解之后,历史上任何企图重建罗马帝国的尝试都没有真正实现过。公元 962 年,德意志国王鄂图一世追慕古代的光荣,强迫教皇约翰十二世为他加冕,称为“神圣罗马帝国皇帝”。但帝国只是一种梦想,实际上就连德意志也没有实现统一。我们在前面提到过的查理曼帝国、阿拉伯倭马亚王朝、土耳其奥斯曼帝国、日本大化改新建立的统一政府等,都在崩溃或分裂解体后,再没有恢复昔日的光荣。

但是中国封建社会里,从公元前 209 年陈胜、吴广起义,统一的封建帝国秦王朝崩溃,到公元前 202 年刘邦称帝,历时只有短短的 8 年。公元 17 年绿林大起义导致西汉帝国瓦解,但到公元 37 年东汉光武帝完成统一,只用了 20 年(如果按刘秀称帝,也只用了 8 年)。611 年隋末农民大起义从爆发到李渊称帝只花了 7 年时间。621 年唐军击败河北、河南义军,全国安定,只不过 10 年左右。元明之间,动乱时间较长,差不多历时 30 年。从 1628 年明末农民战争开始,到清王朝建立并基本平息反抗,也只用了二三十年的时间。可见,中国封建王朝的改朝换代,只需要 10 年到 30 年。对于一个巨大的社会机体的更新,这种修复速度之快是惊人的。这种剧烈而又高效率的王朝更迭,说明了中国封建社会结构内部存在一种生命力极其顽强的修复机制。

显然,研究和揭示这种修复机制,是认识中国封建社会内在演变模式的重要方面。它是中国封建社会之所以成为超稳定系统的又一重要环节。

5.2　大动乱的调节作用

中国封建王朝能得到更替和修复，首先是因为农民大起义的调节作用。换句话说，就是农民战争摧枯拉朽的历史作用：贪官污吏、土豪劣绅被大量镇压，土地关系获得了调整。大动乱对毒害一体化调节的废物来了个大清扫，新的统一王朝有了重建的土壤。

无组织力量以农民为自己的掠夺剥削对象，农民大起义也以无组织力量为自己的扫荡目标。封建统治者内部变法改良只是对无组织力量加以某种限制，而农民起义则是以武装革命的手段来摧垮它。起义军烧衙门，开粮仓，杀县令、守备、官僚地主、恶霸地主。西汉末年绿林、赤眉大起义摧垮了王莽新朝，起义群众杀了王莽。东汉末年黄巾大起义，攻城略地，“旬日之间，天下响应”，郡县官员不是被杀，就是仓皇逃窜。史书称“所在燔烧官府，劫略聚邑，川郡失据，长吏多逃亡”。[1] 隋末农民起义军攻打州县，“得隋官吏及士族子弟皆杀之”。[2] 唐末王仙芝、黄巢举义旗，攻克长安以后，黄巢下令：唐宗室、贵族、大官僚、宦官统统处死；在蕲州、黄州杀“衣冠士族”，[3]并镇压豪强官僚地主，“捕得官吏悉斩之”、“宗室侯王屠之无类矣”。[4] 真是“天街踏尽公卿骨”，“甲第朱门无一半”。义军还迫令奸商大贾交出财货，称为“淘物”。明末李自成攻入北京后，对最腐朽的宦官势力狠狠打击。主张追赃的刘宗敏，对“内臣加炮烙尤惨”。当时，阉人被全部逐出京城。史载当时激愤的民众，“群呼打逐老公”，那些昔日作恶的寺人被群众打得“哀泣

〔1〕《后汉书》卷71，《皇甫嵩传》，第8册，第2300页。
〔2〕《资治通鉴·隋记》。
〔3〕宋敏求：《唐大诏令集》119，《遣使宣慰蕲黄等第卌敕条》。
〔4〕《新唐书》卷225下，《黄巢传》，第20册，第6458页。

奔走,失履、裂衣、坠帽,首面血淋漓"。[1] 全国农民战争中,腐朽的官僚机构被革命迅速摧毁了,使得新王朝得以重建一个有活力的新政府。

农民大起义镇压官僚恶霸地主、土豪劣绅、皇族宗室贵族,对那些"官于朝,绅于乡"的士大大们也狠狠地打击。在明末清初的动乱中,江南松江府的"士大夫"著名家族有三分之一衰落了。[2] 这样,也就同时解决了被他们侵吞兼并的大量土地,使王朝新建时期出现了很多的无主荒地。这是新王朝能够调整土地关系的先决条件。

明末李自成曾建立大顺政权,公布均田法令,颁发新的土地凭证。农民佃户在义军支持下也起来向地主报仇雪恨,出现"奴坐于上,主歌于下"的现象。大顺政权还采取通令当地豪绅迁居他乡的政策,如将河南辉县"大小乡绅举贡","并其家属,押解陕西"。最近,有的历史研究工作者统计了清初顺治年间,地处中原的河南省的荒地情况[3](表5.1)。这个统计表清楚地说明:中原一带因明末农民大起义,无主荒地平均为54.8%,有的县竟高达80%~90%。这种情况相当普遍。尽管清初统治者一再颁布诏令,"应还应取者照旧还取",[4] 保护旧地主利益,要求土地和财物各归原主。但是,在农民大起义后能够重新返归治家的地主,毕竟是少数。这样,清廷也不得不承认农民占有小额耕地的现状,颁布"更名田令",并将明代各藩王的土地"给予原种之人,改为农户,号为

---

〔1〕 管葛山人辑:《平寇志》卷10,民国二十年北平图书馆印行,第10页。

〔2〕 李洵:"论明代江南地区士大夫势力的兴衰",载《史学集刊》1987年第4期。文中说,在入清后,世家大族有三分之一由衰而复振,有三分之一衰败,其余三分之一情况不明。

〔3〕 王兴亚:"李自成农民军辖区土地占有关系的变化及其对清朝初年土地政策的影响",载《学术研究辑刊》1980年第1期。

〔4〕 《清世祖实录》卷15,《顺治二年三月至四月》,华文书局版,第175页。

更名地,永为世业”,“与民田一例输粮”。[1]

表 5.1　清初顺治年间河南省荒地情况

年份(顺治)	县(州)	原额地(顷)	无主荒地(顷)	百分比(%)	材料来源
2	嵩县	12,000	10,887	90.7	康熙《嵩县志》卷四
2	辉县	8716	3355	38.5	乾隆《辉县志》卷六
2	淇县	5016	3897	77.7	顺治《淇县志》卷三
3	伊阳县	4881	1577	32.7	康熙《伊阳县志》卷二
3	临颍县	10,693	2069	19.3	乾隆《临颍县志》卷三
3	西华县	12,637	4725	37.4	乾隆《西华县志》卷四
4	宝丰县	7368	4848	65.8	乾隆《宝丰县志》卷三
3	唐县	5048	3614	71.6	乾隆《唐县志》卷三
3	延津县	3095	2001	64.7	康熙《延津县志》卷一
5	信阳州	4204	1792	42.6	乾隆《信阳州志》卷三
6	登封县	6657	5221	78.4	顺治《河南府志》卷一
合计		80,279	43,986	54.8	

一旦经济、政治结构中的无组织力量被农民大起义基本剪除,就有可能由一批新贵来建立新的国家机器。这时,便出现了人心思定的潮流。在天下大局初定的情况下,那些被镇压下去的农民起义队伍中的某些人会滋长出解甲归田的情绪。如唐统一北方后,窦建德一故将刘雅返乡事农,有人鼓励他重新起兵,他说:“天下已平,乐在丘园为农夫耳！起兵之事,非所愿也。”[2]起义首领高开道的部下,由于天下大定,“思还本土,人心颇离”。[3] 意识形

〔1〕《清朝通典》卷1,《食货一》。

〔2〕《旧唐书》卷55,《刘黑闼传》,第7册,第2258页。

〔3〕《旧唐书》卷55,《高开道传》,第7册,第2256页。

态结构中无组织力量也大大减少了。这说明了农民战争是执行着清除无组织力量的功能,或者说是发挥了除旧布新的调节作用。

5.3 新王朝稳定性与无组织力量残存程度成反比

由于农民大起义起着调节作用,所以在中国历史上可以发现这么一个现象:农民起义对旧王朝打击得越彻底,建立起来的封建王朝的寿命也越长,如汉、唐、清皆是。在割据基础上统一起来的王朝,很不稳定,其寿命较短。如秦、西晋、隋等。

这说明,新王朝的稳定性与无组织力量的残存程度成反比。在农民大起义扫荡无组织力量较彻底的情况下,新王朝初期无组织力量比较小,社会也相对安定。而较大规模的农民起义,一般要到这些王朝的中后期才会发生。[一]在割据基础上统一起来的王朝,保存的无组织力量较大,所以一般不太稳定。比如北宋建朝后不久,就有十几万人的农民起义在四川爆发。这和局部地区还存在较大的无组织力量是密切相关的。

众所周知,唐末农民大起义对全国 11 个省的无组织力量来了一次大扫荡。此后是五代十国,混乱时间持续了半个世纪。动乱有效地杀伤了中原地区的无组织力量。这是宋代得以建立的条件之一。但唯独四川的情况较特殊:唐末政治局面动荡,一些世族、官僚也纷纷入蜀避乱。史称五代时期,"衣冠之族,多避乱在蜀,蜀主礼而用之","有唐之遗风"。[1] 所以,宋代建国时,四川保存下来的无组织力量最大。在经济结构中,这一点更为明显。宋初中原一带,"京畿周环二十三州,幅员数千里,地之垦者十才二

---

〔1〕《资治通鉴》卷 266,《后梁太祖开平元年九月》,中华书局 1976 年版,第 18 册,第 8685 页。

三”，[1]荒地极多。到真宗时，宋代已开国60年了（即王、李起义30年后），全国总户数为8，677，677户，其中客户为2，638，346户，[2]占三分之一左右。这说明全国土地兼并还不很严重，中原地区无组织力量相对弱小。但四川例外，大土地所有制相当严重，以川峡路的统计为例，客户高达41.8%，夔州路客户的比例更是高达70%。[3] 地主阶级过着“斗鸡破百万，呼户纵大噱”的纸醉金迷的生活。正因为宋初四川省无组织力量很大，不扫除之，社会就不能安定，所以农民起义又一次执行了自己的历史使命，王小波、李顺起义在四川爆发了。[二]

经过王小波、李顺起义的清扫，残存于四川的无组织力量也被消除大半。宋代四川省经济的繁荣和这次扫荡有很大的关系。这个历史事实说明，不仅一个王朝末期的全国农民大起义可以有效地杀伤无组织力量，发挥调节作用，而且一个王朝局部地区的农民起义，也能对这个地区起到调节作用。又如，明代277年历史中共有三次近于全国规模的农民大起义。第一次是发生在明开国80年后的叶宗留、邓戊士、黄萧养等大起义（1447～1448年）。又过了60年，爆发了刘三、方四、蓝五、刘六、刘七等大起义（1511～1512年）。这次大起义对无组织力量的清除相当有效，明王朝又延续了130年，最终爆发了明末全国农民战争。[4] 清朝中期白巾军起义，在四川战区活动频繁的州县，起义后户口都有明显的增长，甚至数

〔1〕《宋史》卷173，《食货志》，第13册，第4160页。

〔2〕梁方仲：《中国历代户口、田地、田赋统计》，第126页。

〔3〕吴天墀：“王小波、李顺起义为什么在川西地区发生？”，载《四川大学学报》1979年第3期。

〔4〕赵俪生、高昭一：《中国农民战争史论文集》，新知识出版社1954年版，第157页。

倍增长,经济得到一定的发展。[1]

上一章中,我们分析过农民大起义烈度曲线和无组织力量增长曲线的相关性。图 4.2 中曲线表明,1860 年清代无组织力量大规模减少,这是太平天国农民革命调节的结果,也是同治中兴的前提。一般说来,只有农民起义大到一定的规模,波及相当广的地区,才有这种调节作用;而当农民起义规模很小,很快就被镇压下去时,其解决土地兼并、打击官僚机构的效果马上就会被地主的反攻倒算抵消。这说明了小规模起义的调节作用不大。因此,虽然在一个王朝中前期,农民小规模起义不断发生,但不能遏制无组织力量的增长。

农民大起义杀伤无组织力量起到社会的调节作用,它是王朝修复的基础,这一点也可以从反面得到证明。在某种特殊的历史条件下,动乱调节作用失灵,无组织力量不能被消除,统一的新王朝也建立不起来。东汉末年和唐代末年就是这样。农民起义调节作用失灵的原因,是强大的无组织力量和军事武装力量相结合。当农民起义扫荡无组织力量时,那些拥有武装力量的豪强趁着镇压农民起义的机会,获得了进一步的发展。他们拥有相当的经济、军事、政治实力,于是割据的局面就出现了。

东汉末年,世家望族的势力恶性膨胀,商业和高利贷资本也极有势力。同时,国家兵役制度很不完善。自汉光武帝撤销内部征兵制以后,征兵成为一纸空文,老百姓长期不知道兵役为何物了。募兵制给豪强以发展私人武装的可能。所以,黄巾一举事,腐败无能的中央不得不号召各地豪强地主自行武装力量参加"平乱"。著

[1] 一些研究者考察了达县第 15 个县在起义后户口增殖情况,其中户口增加 100% 以上的有 6 个县。这 6 个县其中有 4 个县人口增加到 200% 以上,最高的大宁县户口增加 706.84%,其余 9 个县除两县户口减少,一县未变动外,另 6 个县户口也有不同幅度的增加。[胡昭曦、霍大同、杨光:"试论清朝中期白巾军起义四川战区的几个问题",载《中国农民战争史研究集刊》(第二辑),上海人民出版社 1982 年版,第 162 页]

名的刘、关、张桃园三结义,就是在地主张飞的庄园里举行的。臭名昭彰的董卓原为陇西临洮一恶霸,桓帝末年他以自己的佃户和家奴为基础,组织了强大的私人武装,在镇压农民起义中迅速发展了自己的势力。大军阀袁绍、袁术,则更是出身于著名的四世三公的大贵族家庭。袁术的那个南阳太守,是他自封的。孙坚起兵时,有孙静"纠合乡曲及宗室五六百人以为保障"。[1] 可见,东汉末年无组织力量和军事力量结合了。于是,农民起义被残酷镇压之后,马上形成了军阀混战的局势。

唐代的情况也很类似。为了保持强大的军事力量,唐代实行了府兵制,但随着均田制被土地兼并破坏,府兵制也相应衰落,于是边防军不得不招募了,节度使可以发展地方武装力量。唐代中期,藩镇实力很强,尤其是河朔的魏博、成德、卢龙三镇实际上已是拥有对本镇经济、政治、军事大权的地方武装割据势力。唐末农民起义爆发时,唐廷也是利用地方武装割据势力来围剿农民起义军的。唐中央政府任命平庐节度使宋威为诸道行营招讨使。在征讨农民起义的过程中,各藩镇纷纷扩充自己的实力。其中宣武节度使朱温和河东节度使李克用最强,朱、李之间恶斗十余年。朱温杀唐昭宗后不久,便自称皇帝,建后梁,开始了五代十国。

东汉末年及唐代末年分裂,从反面说明:如果由于某种障碍使得农民起义不能有效地扫荡无组织力量,那么新王朝建立的修复机制就会暂时失灵。应该指出,只有在一体化结构尚不完善时,才会出现无组织力量与军事势力结合的问题。宋以后,一体化结构完善了,就再也没有发生过农民战争调节失灵和地方武装割据的情况了。

本书第十一章,我们将通过数学模型讨论新王朝残存无组织力量的大小与王朝的寿命的关系,以及在什么条件下无组织力量

---

〔1〕《三国志》卷51,《孙静传》,第5册,第1205页。

不能被杀伤,而造成割据等。

5.4 第一块修复模板:宗法同构体

农民大起义杀伤无组织力量所起的调节作用,只是王朝得以修复的第一个必要条件。它只是割除了寄生的恶性肿瘤,为统一的新王朝的重建廓清了道路。它本身并不是建设性的。封建大国的迅速重建,第二个必要条件是它内部存在着一套非常有效的修复机制。

我们曾分析了中国封建社会在组织层次上的特点,指出了封建国家和宗法家庭(家族)是两个同构体。由子孝、妇从、父慈所建立起来的家庭关系,不过是民顺、臣忠、君仁的社会关系的缩影。在王朝统治时期,宗法家族制度发挥了与国家结构的同构效应,大大加强了封建国家对个人的控制、管理作用。可以说,宗法家庭结构像细胞那样,保存了国家组织的信息。

这一点非常重要。它使得旧王朝崩溃之时,保存了国家组织结构信息的家庭,能够成为新王朝重建的第一块模板。这里,“模板”是借用遗传学的名词。生物个体总是要死亡的,但保存着生物个体全部信息的遗传基因,能够成为新个体发育成长的模板。只要同构体使得结构的信息能够保存下来,那么这种组织也就具有巨大的自我修复能力。当原系统稳定时,它把自己的结构信息转录到同构系统中,而一旦系统被破坏,它的同构系统就将根据所录制的信息来修复这一系统(图5.1)

中国封建国家社会与家庭的同构效应正好起到这种修复作用。在封建国家稳定时,它把国家组织原则灌输到家庭、家族中;而封建大国瓦解时,家庭、家族组织又成为国家修复的模板。

历史上大动乱所摧毁的是旧王朝的国家组织,而家庭是没有

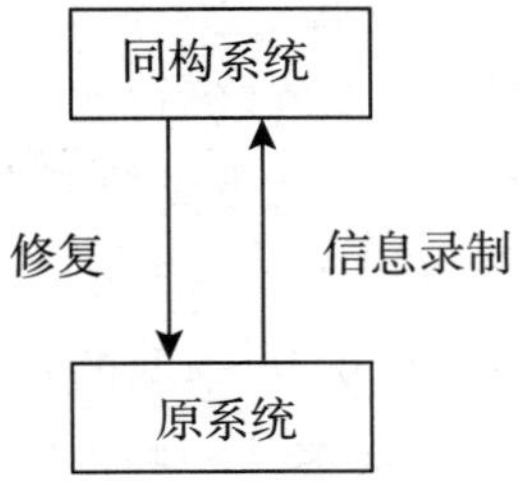

图 5.1　同构系统的修复

而且也不可能被消灭的。宗法一体化的社会结构,使中国的家族成为一个有经济和组织实力的小社会,这导致宗法家族势力能成为大动乱中相对稳定的因素。例如,宋代名臣范仲淹建立的宗族义庄,历尽千年,在社会大动乱王朝更迭时都没有受到破坏。到清朝时它拥有田 3000 亩,文正书院有田 1100 亩。[1] 日本学者片山刚研究清代图甲制中的总户、子户和丁户时,考察了许多族谱,发现一个十分有趣的现象,即图甲表中有一些总户户名从明代万历年间直到清末都没有变化,还是那一个人名。而从雍正至清末总户户名保持不变则是一种相当普遍的现象。[2] 事实上,没有一个人能活这么长的时间。这一现象,表现了宗法组织作为中国封建社会的基础单元,具有相当大的稳定性。这种稳定性使得宗法家族组织在动乱中得以维系。这就使得宗法同构体在大动乱时能起到对封建国家修复的模板作用。

历史上新王朝的重建者大多出自宗法世家贵族之门,与旧结构有血肉相关的联系。东汉的开国者刘秀,本是南阳的豪强地主。他的外祖父是有 300 余顷田地的大豪强樊重。刘秀、刘縯兄弟发

〔1〕 冯尔康:"清代地主阶级述论",载《中国古代地主阶级研究论集》,南开大学出版社 1984 年版。

〔2〕 [日]片山刚:"明清时代的王朝统治与民间社会——关于两者接点的户主问题",载《广州研究》1986 年第 6 期。

动族人宾客七八千人在舂陵起兵,反对王莽,而成为东汉开国皇帝。唐高祖李渊是所谓陇西旧族之后,他的祖父和父亲都是位至公爵的大官僚。李渊本人是隋文帝妻独孤皇后的姨侄,七岁时就袭封为唐国公,后来又在隋炀帝手下任太原留守。李渊之子,即有名的唐太宗李世民掌握精兵 9 万,李渊的女儿李氏也有精兵万余人。李渊周围的文臣武将,大多是一些世胄名家子弟。北宋开国之君赵匡胤虽是行伍出身,但他在后周政权中身任大将,统率殿前诸班禁军,有相当的实力。周世宗柴荣尚未完成统一大业就抱病而亡。握有重兵实权的赵匡胤在此基础上才有可能发动陈桥兵变,建立北宋王朝。[三]

我们还可以发现,每当旧王朝在农民大起义打击下土崩瓦解的时候,一些世家望族也格外活跃。他们往往聚族而处,并村而居,积极发展家庭武装。如东汉末年群雄并起,曹操手下著名的大将李典拥有"部曲宗族万三千八口",另一大将许褚"聚少年及宗族数千家"。[1] 当时的地主家族武装,"大者连郡国,中者婴城邑,小者聚阡陌"。[2] 明末李自成起义时,长葛知县李某聚大家族和义军对抗。元末红巾军起义,处州大地主吕文燧募族中子弟为兵反对义军。清代太平天国农民战争时期,各地的团练也主要是封建家族武装。这些历史现象表明,农民大起义摧垮旧王朝之时,正是封建家族组织活跃起来竞争之日。人们常说,地主阶级窃取农民大起义的成果重建封建王朝。在某种意义上说,封建宗法世家所代表的封建关系最强,更能发挥宗法家庭的模板作用。

但这并不是说豪门世家成员夺取帝位后,是用宗法家族组织代替国家组织。所谓以家庭组织为模板,绝不是将家庭关系简单放大。模板的作用是设计,也即提供组织原则。宗法家庭结构,其

---

〔1〕《三国志》卷 18,《李典传》、《许褚传》,第 2 册,第 534、542 页。

〔2〕《三国志》卷 2,《文帝纪》,第 1 册,第 89 页。

封建家长制、等级制以及封建道德观念,体现着国家组织的原则。豪门世家是社会上层,他们既富有统治经验,又具有强烈的封建宗法思想,这使他们能够在动乱中既能有效地发挥社会地位优势,又能驾轻就熟地运用封建宗法观念进行新王朝的组建。这就是豪门世家能够成为开国皇帝的有利条件。

封建宗法家庭的模板作用是十分强大的,因为它的组织原则深入到各个家庭中,尤其是保存在人们的思想意识之中。生活在封建社会里的农民大众,也摆脱不了宗法家庭关系及其思想意识。这种宗法家庭的模板作用,反映到农民起义队伍中,就是皇权主义。

5.5　皇权主义:农民对第一块模板的意识

皇权主义,可以说是中国封建社会中农民起义具有的另一个特点。但是,人们往往把这一特点看作是小农意识。

事实上,欧洲封建社会的农民起义领袖,很少有想当皇帝的。西欧早期农民起义的目的与口号是:恢复公社自由,恢复氏族神;反对封建化农奴化。公元 841 ~ 842 年,查理曼帝国内萨克森农民起义,他们的口号是“照往昔一样地生活”,希望恢复村社制度。西欧封建社会后期的农民起义主要是反对农奴制度,要求归还土地。1381 年,英国农民起义规模相当大,英国 40 个郡中有 25 个郡参加了起义,起义军在泥瓦匠沃特 · 泰勒和下级教士约翰 · 保尔的领导下,甚至一度攻占了首都伦敦,英王查理成了阶下囚。但是起义军中并没有人想当皇帝,只是杀了一批贪官污吏,要求废除农奴制,把教会土地分给农民。1476 年,德国汉斯 · 贝海姆起义,战斗口号是“从今不应再有皇帝,亦无诸侯亦无教皇,亦无其他教会官厅或世俗官厅”。[1] 当然,欧洲农民起义也不是没有皇权主义,如沙俄时,普加乔夫领导农民起义,他诈是叶卡捷琳娜二世的丈夫彼得三世,因受其妻暗算而逃亡。但农民起义首领自称为皇帝的现象是极为罕见的。

而中国从陈涉、吴广“诈自称公子扶苏”[2]起,历次农民大起义中皇权主义极为明显。起义首领往往都称孤登基。隋末窦建德自称“长乐王”,建元丁丑,其部下刘黑闼也自称“汉东王”。唐末黄巢攻入长安后,建国号“大齐”,称为“承天广运启圣睿文宣武皇帝”。北宋初李顺起义攻占成都以后,建立“大蜀”,改元“应运”,自称为“大蜀主”。元末徐寿辉起义,在蕲水称帝,国号“天完”。明末李自成建立了“大顺”农民政权。张献忠入川攻占成都后,国号“大西”。

为什么在皇权主义问题上,中国和欧洲封建社会的农民起义有如此大的差异呢?如果仅把这种差异归之为小农意识,是缺乏说服力的。小农意识是欧洲农奴和中国农民都具有的。一般说来,在封建社会里,小农不是社会的组织者,而是被组织者。那么中国封建社会农民起义的改元建朝,称孤道寡,又是怎么回事呢?

我们知道中国宗法一体化结构里,国家和个人中间多了一层宗法家庭。这种社会结构与欧洲中世纪不同,所以造成了欧洲农奴和中国农民不同的精神方式。生活在宗法一体化结构中的广大农民群众,他们在社会上是生产者,在阶级关系上是被压迫者被剥削者,但他们在家庭中往往却是封建家长,享有父权、夫权。而家庭又是国家组织的同构体,子孝和忠君同构,父权与皇权相对应。因此,中国农民从封建家庭生活中可以获得国家组织原则的精神要素,从而对以皇帝为中心的国家政权形式很容易理解和接受。

---

〔1〕 恩格斯:“德国农民战争”,载《马克思恩格斯全集》第 7 卷,第 422 页。
〔2〕 《史记》卷 48,《陈涉世家》,第 6 册,第 1950 页。

在农民大起义时,农民也会以家庭组织形式为模板,建立以宗法家长制为组织原则的政权。这种政权由于同构效应,极易转化为以皇权为中心的政权。中国农民在社会大动乱中之所以是"取而代之主义者",绝不是偶然的。欧洲封建社会的农民,他们的社会生活不会使他们产生以皇权为中心的社会意识。所以他们或者想取消国家,或者回到古代农村公社中去。

马克思曾论述不同的社会结构决定着人们不同的精神方式。他说:"从物质生产的一定形式产生:第一,一定的社会结构;第二,人对自然的一定关系。人们的国家制度和人们的精神方式由这两者决定,因而人们的精神生产的性质也由这两者决定。"[1]与这一论述相似,我们可以看到,中国封建社会的宗法一体化结构决定了人们(包括农民)的精神生产的性质,农民的皇权主义和宗法思想,正好是家庭与国家同构这种社会结构的自然反映。

5.6　第二块修复模板:一体化目标

宗法家庭结构只是第一块修复模板,它保存了国家组织的一些基本原则,是渗透到社会各阶级成员思想意识的一种力量。在大动乱中,家庭结构是一种没有像国家组织那样被粉碎的社会组织。第一块修复模板的作用无疑是非常重要的。

宗法家庭结构尽管是国家组织的同构体,但它们毕竟不是同一层次上的组织。国家组织远比家庭组织精细,复杂得多。更重要的是,中国封建大国要建立跨地域的政治统治,必须通过一体化,即由信奉儒家国家学说的儒生组成国家官僚机器,这样才能控制小农经济所带来的贵族化趋势,保持统一大国的形态。这一点,

---

〔1〕 马克思:"剩余价值理论",载《马克思恩格斯全集》,第26卷,第296页。

不能包含在宗法家庭结构之中。所以,在新王朝建立过程中,儒家国家学说及一体化,是更为重要的第二块修复模板。

第二块修复模板由如下两个环节组成:第一,儒家国家学说对国家机构起着理论指导作用;第二,广大儒生在新王朝建立过程中起着组织作用。第二块修复模板作用,表现在中国历次大动乱时期,无论是在豪门世家竞相争雄的活动中,还是在农民起义队伍中,儒生都是一个非常活跃的阶层。

当陈涉、吴广揭竿而起,天下云集响应之时,就有“鲁诸儒持孔氏礼器(往)归之”。尤其引人注目的是孔子的八世孙孔甲(鲋)也投奔起义军,“为涉博士,卒与俱死”。[1] 西汉末年绿林、赤眉大起义,当过县狱吏的徐宣参加了起义军,他后来成为丞相。隋末翟让、李密的瓦岗军中,聚集了一大批著名的文士学人。这些人中有不少后来成为唐代开国的名臣贤相,如魏征、高季辅、戴胄、郭孝恪、杜正伦等。著名文士孔德绍在河北窦建德的起义队伍中任中书令,负责起草各类公文。江南李子通手下有李百药、殷芋等。贵族知识分子李密在瓦岗军中起的作用,更是众所周知的。他在大海夺战役中大败张须陁,打得“河南郡县为之丧气”。他力图克服农民军“旦夕偷生草间”的思想,提出了“取天下之策”,以改朝换代为战略目标。儒生祖君彦起草的《为李密檄洛州文》例数了隋炀帝十大罪状,是一篇极富鼓动性的战斗檄文,对全国性的反隋运动发生了重要影响。

每当改朝换代的大动乱来临时,儒生阶层就会激烈地分化,大致可分三类:一类是保皇派,积极参加镇压农民起义,妄图拯救旧王朝的覆灭,如东汉末年著名大儒卢植、朱儁都是剿杀农民军的最著名的军事将领。第二类人积极参加反对旧王朝的斗争,甚至有的参加了农民起义队伍。第三类是采取观望态度的人,他们既不

---

〔1〕《汉书》卷 88,《儒林传》,第 11 册,第 3592 页。

满于旧王朝的统治，觉得它气数已尽，又不愿参加农民军，认为“草寇”终不能成大业。他们窥探形势，坐待时机，一旦他们认为有希望重建新王朝的“真龙天子”出现，他们就会主动地投靠，共图大业。当然，也有不少儒生一直采取避乱的消极态度，我们讲的第二块修复模板的作用，主要是指第二、三类儒生所发挥的作用。动乱时期，值得重视的是那些未被组织进官僚机构中去的广大中下层知识分子。在2.4节中我们讨论了当王朝稳定时期这部分知识分子充当地方领袖与吏员，成为一体化组织的有机部分。但是在王朝末期，他们首先对王朝的天命发生怀疑，从而成为实行一体化目标和第二块修复模板的积极分子。[四]

中国传统知识分子如何在乱世发挥自己的作用？这方面，他们为自己塑造了一个理想的典型——诸葛亮。诸葛亮自幼饱读兵书，研究用兵治国之道。黄巾起事天下大乱之时，他隐居南阳，号称“卧龙”，虽足不出户，但对天下大势了如指掌。直至刘备“三顾茅庐”，才将他请出山。一旦入世，他便发挥管仲、乐毅之才，在战争中出谋划策，屡建奇功。入川后，他出任丞相，安邦定国，制定国家制度。他没有个人政治野心，刘备白帝城托孤传为历代佳话。唐代魏征则是治世辅佐天子的典范。这也是因为他既具有雄才大略，勇于进谏，又没有个人政治野心。诸葛亮和魏征为中国历代知识分子所仰慕，这很能反映出中国知识分子对自己在乱世和治世所赋有的使命的理解。

在改朝换代的历史时期，所谓“真龙天子”的出现，是第二块模板真正发挥作用的标志。儒家学说中的君权神授、天人感应观念，在动乱时期往往被人们借以证明“真龙天子”出世。古书上一说到某人可能成为皇帝时，就说可以望见他头顶上有紫色瑞气，这预示着他是“真龙天子”，甚至生辰和八字也可以作证。确认“真龙天子”的地位，是儒家组建国家的重要部分。不管“真龙天子”用什么样的天命色彩来涂抹自己，其意义在于，他是重建以皇帝为中心的宗法一体化结构的核心。有了“真龙天子”这个核心,就能吸引儒生和各种社会力量来重新组建国家机器,大大小小的诸葛亮们才能施展自己的抱负和才能。儒生或进入新王朝官僚机构,成为图2.4 所示国家上层组织(官僚机构)的基本成分,或虽不进入正式官僚体制,但在基层作为新的缙绅阶级,组织县以下乡自治作为官僚机构之延伸。这样,一体化结构组织的三个层次就得到了修复。

事实上,在王朝修复过程中,只有第一块模板与第二块模板拼合在一起才能成功(图 5.2)。两者的拼合,就意味着重新建立起一个有着宗法家庭同构体的一体化新王朝。历史上有三种不同的路径来实现统一的目标:豪门世家利用农民大起义摧垮旧王朝的战果,重建政权;农民起义首领建朝称帝;少数民族入主中原。虽然这三种路径有很大的不同,但有一点是他们必须遵循的,这就是不论走什么路径,都必须在不同的历史条件下完成两块模板的拼合任务。

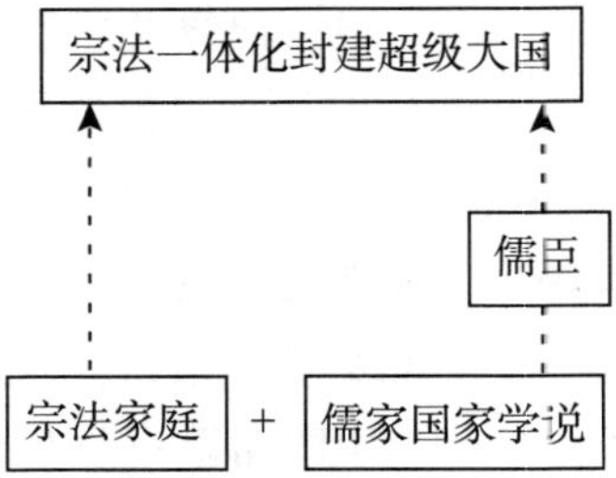

图 5.2　两块模板的拼合

5.7　两块模板的拼合:新王朝建立的三种途径

历史上由豪门世家建立新王朝的有东汉、唐、宋;由农民起义建立的新王朝有西汉与明朝;由少数民族入主中原完成修复任务的是元、清。第一类情况，我们在5.4节已经分析过了。这里，我们着重分析后两种情况。

西汉和明代这样由农民起义建立起来的稳定的新王朝，不仅在世界史上是绝无仅有的，就是在数以千百次计的中国农民起义史中也是仅有的两例。中国农民起义军曾建立过不少政权，但它们存在的时间都很短。如果把西汉与明的政权建立，仅仅看作是农民起义首领蜕化为地主阶级的代表来解释，那就把问题简单化了。我们认为，这两次农民起义军所以能够修复封建王朝，是由于他们特别注意了第二块模板的作用，即利用儒生实现了一体化，其首领也转化为封建帝王。

刘邦出身于农民，当过亭长。秦末农民战争爆发后，他杀沛县县令起事。其起义军成分很复杂，有吹鼓手周勃，城市贫民韩信，布贩子灌婴，屠狗者樊哙，“强盗”彭越，游士陈平，旧贵族张良，中小地主官吏萧何、曹参、王陵等。张良、萧何、陈平等知识分子在打天下中起到了十分突出的作用。张良提出拉拢各农民起义军队伍、广招人才的策略，“召诸县父老、豪杰”，并制定禁止杀、伤、盗的“约法三章”，为刘邦壮大实力谋取帝位准备了条件。萧何制定的“王汉中，养其民，以致贤人，收用巴蜀，还定三秦”的方针，则是重要的战略退却，没有这一退却，刘邦也不可能在几年后统一中国。另外，郦食其、陆贾、叔孙通等儒生则在定天下中发挥了关键作用。陆贾常在刘邦面前说《诗》称《书》，弄得刘邦不耐烦了就骂他，说天下是“马上得之”，与诗书有何相干。陆贾便趁势说明天下可以“马上得之”，但不能“马上治之”，要治理天下，就必须采用儒术，这才是“文武并用，长久之术也”。〔1〕儒家国家学说认为，“天子之职，莫大于礼”，史称“不好儒”的刘邦当然不懂这一套。他看见儒生戴着儒冠酸不可耐，便取下其冠撒尿，以示蔑视。但是，当他称帝以

〔1〕《史记》卷97，《郦生陆贾列传》，第8册，第2699页。

后,有一次开宴会时,“群臣饮酒争功,醉或妄呼,拔剑击柱”,闹得不成体统,他见而“患之”。叔孙通乘机对他说:“夫儒者难与进取,可与守成。臣愿征鲁诸生,与臣弟子共起朝仪。”叔孙通制定朝仪之后,刘邦高兴地说:“吾乃今日知为皇帝之贵也。”[1]由此可见,不管帝王本人爱不爱、信不信儒术,而儒术对于维护君主尊严、建立君主专制的官僚机构,则是必须依赖的理论武器。

明代开国皇帝朱元璋,出身于雇农,为了不至于饿死,才到皇觉寺当和尚。他本来也瞧不起儒生,初见儒士刘基时,认为他是个“白面书生,不识时务”。但正是刘基和陶安、秦从龙、朱升、范常等儒生,对朱元璋平定天下起了重要作用。朱元璋手下的诸儒“为参谋,预机划,主馈饷”。李善长一投奔朱元璋就劝他效法汉高祖,讲了“汉高起布衣”,“五载成帝业”的典故。刘基提供了好几招关键性的军事策略,如先灭陈友谅,与张士诚、方国珍暂时妥协,然后各个击破。攻占婺州后,朱元璋每日叫两名儒生给他讲治国之术。刘基“数以孔子之言”疏导朱元璋,使他明白了“倡仁义,收人心”的儒家道义。他到处收罗“贤士”,并“谒孔子庙,遣儒士告慰父老”。这时他已经不再是一个农民起义首领的形象,而是个符合儒家礼贤下士原则的“真龙天子”了。

最能反映朱元璋立场转变的是他抛弃明教,尊崇儒术。明教又称弥勒教,信奉弥勒救主,宣传明王出世,追求光明,反对黑暗。当时很多农民起义军部信奉明教,朱元璋的部队也是如此。他们共奉韩林儿为“小明王”。但在儒生看来,明教是妖术,根本不能与儒学相容。公元1361年(元顺帝至正二十一年),各起义首领共奉小明王行庆贺礼。而刘基独不拜,并骂他是牧竖。朱元璋很奇怪,问刘基为什么这样做。刘基“遂陈天命有在”。朱元璋大感悟,“乃

[1] 《史记》卷99,《刘敬叔孙通列传》,第8册,第2722~2723页。

定征伐之计”。[1] 在儒士看来,只有赋有天命的真龙天子才可去辅佐,而绝不能向妖教“小明王”礼拜。刘基的愤怒,朱元璋的感悟,非常生动地反映了朱元璋如何在儒士的引导下由农民起义领袖向自觉运用第二块模板的“真龙天子”转化。最后,朱元璋派人暗害了“小明王”韩林儿,背叛了自己的出身。但话也可以反过来说,如果朱元璋不能有意识地运用第二块模板利用儒生实现一体化结构,那么他也只能像其他农民起义首领那样,做一辈子皇帝梦而已,绝不能成为开国皇帝。由于一体化结构必须通过信奉儒家意识形态的乡绅地主与政府合作,管理农村,即使由农民起义军建立的新王朝也必须维护乡绅在农村的地位,是一个地主阶级的政权。无论是刘邦建立的汉王朝还是朱元璋建立的明王朝,都是封建地主阶级的政权。刘邦的“复故爵田宅”令,“以功劳行田宅”令等,不但承认旧地主的利益,还造就了新地主。在朱元璋分封的六公二十八侯中,徐达、常茂、李文忠、邓愈、汤和、傅友德、廖永忠等都由原来的贫苦农民蜕变为封建阶级的大土地占有者。公元 1386 年,朱元璋选取应天诸府州县地主分子到南京做官的,共 1460 人。[2] 由此可见,由农民起义而建立的巩固的汉、明王朝,与其他封建王朝一样,都是宗法一体化结构的修复,绝不能仅视为其首领个人蜕化变质的问题。

明末李自成起义军的失败,可以从另一个角度说明两块模板拼合的重要性。起义军经过多年的浴血奋战,攻占北京,崇祯皇帝自缢而死,形势非常好。当时,李自成起义军是全国境内最强大的武装力量。起义军本来可以利用自己政治和军事上的优势,争取某些不满于向清军妥协的明廷的文臣武将以及广大爱国儒生和社会各阶层人士,但是,李自成没有采取有效的手段运用第二块模

---

〔1〕《明史纪事本末》卷 2,《平定东南》,中华书局 1977 年版,第 1 册,第 23 页。

〔2〕《明太祖实录》卷 179。

板,因而在腐化面前显得无能为力。实际上,起义军进京后,杀辱明廷官员,对八百余名降官加以拷挟,同时"追赃助饷"、嗜财贪色的腐化倾向进一步滋长了。李岩、顾君恩等提出"收人心"、礼葬崇祯帝、收纳明降官、建立根据地等主张,尤其是提出以田赋制度代替流寇式的吃大户的办法,这都是重建封建天国的符合一体化结构的重要政策,但都未被李自成采纳,反而受到压制。尽管李自成本人没有腐化,在吴三桂带领 6 万清骑兵入关的紧急关头,他御驾亲征,负伤苦战,表现得十分英勇,但终于不得不退出北京。从公元 1644 年 3 月 19 日起义军进京,到 4 月 30 日起义军自动退出北京,这短短的 42 天没有成为李自成开国的起点,却变成了起义军从此一蹶不振的转折点。这段历史说明,不运用第二块模板,新王朝就不能重建。

相反,李自成没有做到的事,满族贵族却做到了。公元 1618 年,距明王朝覆灭还有 20 余年,努尔哈赤攻占抚顺后,就有 21 岁的青年才俊范文程主动投奔。他出身仕宦之家,是范仲淹的后代,他积极为金帝出谋划策,提倡科举取士、定册籍、减赋税等政策,为清开国之功臣。[1] 满族贵族多尔衮也十分重视笼络重用降清儒生。为了争取明廷官员,他们打出仗义出师的旗号,制造舆论,说什么"国家抚定燕都,得之于闯贼,非取之于明朝也。"[2]进京后又礼葬崇祯帝后,下令为之服孝三日。他们号召儒生和明廷官员到清政府做官,并宣布了八项政务:求贤、薄税、定刑、除奸、销兵、随俗、逐僧、均田。他们在祭孔尊儒吸收汉族士大夫、争取有名望的鸿儒硕彦等方面,颇费心机。这说明清朝开国者是有意识地运用第二块模板的。当然,要实现落后的少数民族的政治统治,清政府同时也采取了血腥的军事镇压和残暴的思想文化专政等高压手段。可以

---

〔1〕 章小朝:"试论范文程在清立国过程中的作用",载《浙江师范大学学报》1986 年第 6 期。

〔2〕《清史稿》,《多尔衮传》,第 30 册,第 9027 页。

说清朝和中国历代其他封建王朝一样,有着相同的宗法一体化结构,只不过它是由少数民族完成了建立新王朝的历史功能而已。

元朝的情况略有不同。宋政权是在蒙古铁蹄征服了欧洲、高丽及西藏等地之后才被征服的,这一统治的地区成了庞大的横跨欧亚大陆的蒙古军事统治的中心腹地。在中国本土上建立的元朝政权,是以种族等级制为特点的,同时也实现了一体化结构的官僚政治。但总的说来,蒙古贵族在这方面不如后来满族贵族做得成功。元代虽然没有取消科举制,但元代100年间开科取士,一共仅有1200人左右。元代官员有26,690员,可见科举入仕的人只占1/22。在元代盛行的是吏员出职上升为官员的制度。结果,元代学校教育衰落,吏员文化素质低下,加速了吏治的腐败速度。所以有人认为"元亡于吏"。[1] 由于在科举入仕和其他实现一体化重要条件方面,元代做得不够好,因此,元政权也不像其他封建王朝那样要经过二三百年的周期,而只历时不到一百年就结束了自己的统治。

5.8　与一体化不相容力量的淘汰

用两块模板的拼合还可以理解中国历史上另一种现象,即有些农民起义队伍力量发展得相当强大,在全国有很大影响,甚至建立了区域性的农民政权,但由于其指导思想与一体化不相容,最终不能完成新王朝的重建。

东汉末年黄巾军以太平道、张鲁以五斗米道作为思想基础和组织手段,就被儒生视为妖言惑众,不齿为伍(尽管他们也在争取儒生方面做了一些工作)。他们的思想基础和组织手段一旦与一

〔1〕 许凡:"论元代的吏员出职制度",载《历史研究》1984年第6期。

体化不相容,就造成修复机制的不可克服的障碍。一个更为明显的例子是太平天国农民战争。太平天国领袖洪秀全原是下层读书人,两次应试失意。他偶得宣传基督教教义的《劝世良言》,便改信耶稣,砸了孔子的牌位,创立了上帝会。他装疯月余,说自己上了天堂接受了上帝的救世天命。他又作《原道救世歌》和《原道醒世训》,在贫苦大众中传播在上帝面前人人平等的和"天下一家、共享太平"的政治及经济主张,深得人心。从公元1851年洪秀全领导的太平军建号太平天国,到1853年1月攻占武汉三镇,3月攻克南京,短短两年时间,太平军发展成为拥有百万人队伍的强大力量,并在南京正式建立了国家政权。但这一强大的力量在坚持了十余年的顽强斗争后,终因政治、军事、经济诸方面的原因,到1864年南京陷落而趋于失败。

除了政治、军事、经济上的各种原因外,如果我们从一体化模板作用来看,也可以发现不相容的现象。据说,在太平军围长沙时,左宗棠潜往会见洪秀全,劝其放弃天主耶稣,改崇儒教,并进而论述攻守建国的策略,但洪秀全不听,左宗棠连夜逃跑。大儒曾国藩以镇压农民起义有功而见称。他的《讨粤匪檄》就特别强调了上帝会使得"士不能诵孔子之经,而别有所谓耶稣之说,新约之书"。[1] 这些现象反映出当时大多士人还是非常崇信孔子的儒家学说的,所以曾国藩的湘军中争取了不少地主阶级知识分子。[五]太平天国的指导思想与一体化不相容,使得其不可能较好地运用第二块模板。这样,太平天国辖区的土地兼并问题,起义首领中的贵族化和腐化等问题,都没有受到相应的控制。再加上太平天国内部在其他各种重大问题上的意见分歧,其结果必然造成分裂内讧,削弱自己的战斗力。这样,就为太平天国被消灭准备了条件。

〔1〕《曾文正公全集》,世界书局版,第2册。

现在,我们可以从社会演变的角度,来总结一下中国封建社会农民战争的特点及历史作用。

中国封建社会的农民战争,以疾风暴雨之势扫荡着无组织力量,这就为新王朝的建立奠定了基础。但农民大起义所完成的只是王朝修复机制中"破"的这一环节。新王朝的"立"要靠修复模板完成,即实行宗法一体化结构。对于农民起义首领来说,他们或者变质,利用儒家一体化模板和宗法家庭组织模板,成为名副其实的"取而代之"的开国皇帝;或者为豪门世家或少数民族军事力量所消灭。而农民自发产生的平均主义思想和其他带有平等思想的宗教,都不可能形成新的社会结构的意识形态。人们用"改朝换代"和"改朝换代的工具"这样两个词汇,来描述中国历史上周期性社会振荡和农民大起义的后果,是非常生动和贴切的。

可以说,中国封建社会农民战争的历史功能在于打击了腐朽的官僚机构以及各种无组织力量,使封建王朝有可能回到太平盛世。它对于避免封建大国因其内部尖锐的阶级矛盾而造成整个社会的退化或在矛盾中被消灭,是有积极意义的。只有经过农民革命战争,中国封建社会中经济、政治、意识形态三个子系统中互不适应的因素才能被大大地消除,中国封建社会才能重新统一,获得进一步发展。在漫长的封建社会中,每经历一次全国性农民革命战争以后,新建王朝在总体上说来都比前一个王朝有所进步,社会生产力有所提高。在这个意义上来说,对于打击摧垮封建旧王朝,农民战争是一场革命。但对于封建宗法一体化结构来讲,农民战争又是调节三个子系统严重失调的稳定机制,它使封建制度在一个新王朝中有复苏的可能。农民战争规模越大,对无组织力量扫荡得越彻底,新建王朝的寿命就越长。全国性的农民战争是中国封建社会超稳定结构的特殊产物,也是这一结构得以延续的重要调节机制。

回顾前几章的内容,我们可以看到,中国封建社会的宗法一体化结构具有两重调节机制。第一套机制是,在王朝稳定时期依靠宗法一体化结构所形成的国家官僚机器和宗法家庭制度对社会实行全面的调节和强控制,保持自身大一统形态的稳定。但这种调节功能本身异化出来的无组织力量又使王朝老化衰亡。这时,周期性的社会动乱就发生了,农民战争以革命的手段摧垮了腐朽的旧王朝,宗法一体化结构所体现的同构效应和儒家国家学说,又成为新王朝重建的两块模板。正是这两重调节机制交替发挥作用,使得中国封建社会的基本形态,在周期性的改朝换代中一代一代地保存下来了。

因此,从旧封建社会形态的保持说来,宗法一体化结构的两重调节机制是巨大的内稳定力量。对于新社会结构在旧社会结构内的成熟和诞生说来,宗法一体化结构的作用又是如何呢?这就是中国封建社会为什么发展不到资本主义社会形态中去的问题。下一章,我们将论述,正是宗法一体化结构的这种双重调节机制,在王朝稳定时期的强控制,扼杀了新因素的壮大,在王朝崩溃修复期的大动荡对生产力积累的大破坏,使中国封建社会构成了超稳定系统。在有这双重调节机制的系统中,新结构的玉兔虽然存在于封建超级大国的月亮之中,但它并没有能够从封建母体中脱胎出来。

第五章　说　　明

[一]这方面一个反例似乎是明朝。明朝是元末农民大起义首领朱元璋建立的一个新王朝。按理说明王朝初始建立的年代中,不应该发生什么频繁的农民起义。但是,最近一些研究者发现在明初洪武年间一共发生了至少 190 次农民起义。林金树对《明太祖实录》中记载的洪武朝三十余年的 120 次起义,做了进一步的考察,发现 120 次起义中只有 20 次发生在长江以北地区,占 16%;而

其余100次全发生在江南，这些起义又多是“随起随灭”的小规模骚动。这是为什么呢？林金树认为，有的研究者用北方是元末农民大起义的战场，社会矛盾解决较彻底，而南方相对安定来解释这一现象是不对的。他指出，当时南方也经历了军阀混战和统一战争历时十年的动乱，也并不安定。而我们则认为，农民战争的扫荡目标是无组织力量，而军阀混战和统一战争虽然也是社会动乱，但这类动乱对无组织力量的扫荡远不如农民战争彻底。因此，明初农民骚乱集中在南方，与南方残存的无组织力量相对较大是一致的。这说明即使在一个盛大王朝建立初期，只要局部地区对无组织力量扫荡不力，该地区就可能不稳定。[1] 作者不同意孙达人的观点，孙达人认为元末农民战争在北方，打击地主阶级彻底。[2]

［二］我们在写作完《兴盛与危机》一书以后，发现了对我们这一观点构成一个反例的挑战性的研究结果。这就是张荫麟先生在30年代做的题为《北宋的土地分配与社会骚动》[3]。作者对北宋的主客户做了大量的统计研究，并考察了宋王朝前期的五次较大的社会动乱（993～995年的王小波、李顺起义，1043年的王伦起义，1047年的王则起义，1077年的廖恩起义），所得的结论是这些动乱与土地兼并“无甚关系”。因为在这五次动乱发生的州府中，客户所占总数的比例没有超过57%的，而同时期，有些州府的客户高达70%～80%，却未发生动乱。其中与我们文中讨论的王小波、李顺起义有关的统计是，发难所在地的眉州，客户在总户数中所占百分比，在太平兴国年间为41%，在元丰年间为37%。张荫麟先生的工作是一个相当有意义的研究。这里，我们无从得知吴天墀在研究过程中，是否考察过张先生的工作。起码，张、吴二人都是从

［1］ 林金树：“洪武朝农民起义初探”，载《中国农民战争史论丛》（第四辑），河南人民出版社1982年版，第438～441、446页。

［2］ 孙达人：“明初户口升降考实”，载《文史哲》1980年第2期。

［3］ 刊载于《中国社会经济史集刊》第六卷第一期，民国二十八年版

主、客户反映的阶级关系出发,得出了相反的结论。本着严肃的学术态度,我们将不利于我们结论的张先生的观点也写在这里,希望今后有进一步的研究来解答这一问题。

需要说明的是,我们讲的无组织力量的残存,并不仅仅指土地集中程度。如我们5.3节讲到大量世族和官僚在五代战乱时避难入蜀,造成宋初时四川保存了大量无组织力量。另外,根据赵冈、陈钟毅的研究,由于北宋的税收制度是根据户等决定征税多寡,而五等下户和客户可以免税,由此造成了一些人为地降低户等的现象以逃税。所以主、客户的比例并不一定能全部反映土地集中的真实情况。[1]

[三]豪强士族出身的人,大多自幼受到儒家思想文化的训练。这使他们在执行王朝修复第二块模板方面比较有利,即他们能够自觉地把一体化付诸实施。史家赵翼在《廿二史札记》中说,刘秀"诸将皆有儒者气象"。他少时"往长安,受尚书,通大义"。在东征西战的时候,往往"投戈讲艺"。13岁能诵诗的邓禹,早年与光武同游学,"其后佐定天下"。其他如寇恂、冯异、贾复、耿弇等,这些功臣"大半多习儒术,与光武意气相孚合"。[2] 这说明豪族大家在大动乱中,不但在财力地位上具有绝对优势,而且他们在用儒学来实现一体化目标上也有天然优势。正因为如此,在大动乱后逐鹿中原之时,往往是这些人建立新王朝。

[四]处于官僚机构最下层的广大胥吏仆役及其他职员、事务员、勤杂工,更是农民起义中的活跃分子。他们平时受官僚驱使,或受辱而有私人恩怨而不得不忍气吞声,一旦社会动乱,他们往往倒戈。又由于他们是精通政府各项事务、有一定文化的专业人员,

---

〔1〕 赵冈、陈钟毅:"中国历史上的土地所有制",载《食货》复刊第9卷第11期。

〔2〕 赵翼:《廿二史札记》卷4,《东汉功臣多近儒》条,中国书店1987年版,第54页。

所以他们往往出来充当农民起义的首领。这方面最著名的例子是汉代开国皇帝刘邦,他曾任亭长,是农民大起义的领袖。又如,明代后期,粮长王浩八领导欠赋农民起义,是江西五路起义大军中的一路。[1] 吴晗分析晚明流寇社会背景时引用材料,流民多是"一乱民,一驿卒,一饥黎,一难氓"。[2] 而在清代嘉庆白莲教起义中,刘松、刘之协的下属,齐林及其岳父都是县署的衙役。在林清和李文成的起义中,林清本人就做过县署的佣役、书吏。在这次白莲教起义中,北京城内的五名下级宦官、滑县的训导、定陶的国子监助教、故城县的武生等政府基层办事人员都参加进来了。[3]

下层没有功名的知识分子参加农民起义,甚至充当起义首领,对农民起义是有很大益处的。他们见多识广,在平日为政府服务中练就了社会活动的组织能力,又由于他们是熟习旧典章制度写公文、搞统计的专业人员,所以又是农民起义不得不依靠的文职人员。一旦农民起义首领称孤道寡,不管他们的王朝多么短暂,登基改元等一套程序,都是由这些人来筹划。有关这一现象的研究还有待深入。

[五]近年,有的研究者对清代地方官员死亡的情况做了量化分析,他们把正常自然死亡作为一类,而因公殉难或城破被杀作为殉难一类。在道光以前,殉难在总死亡人数中所占比例很低,一般在1.4%～5.4%之间。而在咸丰至同治期间,殉难比例大幅度升高,殉难占知府死亡总数的15.4%,占直隶州知府死亡总数的23.5%,占散州知州死亡总数的25%,占知县22.6%。[4] 也就是

---

[1] 《明代粮长制述要》,载《梁方仲经济史论文集补编》,中州古籍出版社1984年版。

[2] 吴晗:"晚明'流寇'之社会背景",载《吴晗史学论著选集》,人民出版社1984年版。

[3] [日]小林一美:"论清代宗教起义",载《山西大学学报》1986年第3期。

[4] 李国祁、周天生:"清代基层地方官人事嬗递现象之量化分析",载《国立台湾师范大学历史学报》第2期。

说,在太平天国起义、捻军起义、英法联军入侵等内外动乱期间,有五分之一左右的地方官以身殉国。不单是官员,一些知识分子、数学家,也自愿以自杀的方式表示不与太平军合作。这一点,在阮元的《畴人传》中有许多记载。这表明太平天国由于与一体化不相容在儒生中遇到顽强的抵抗。

第六章　历史的奇观：超稳定系统

世界怕时间，时间只怕金字塔。

——埃及谚语

6.1　从一个寓言谈起

现在我们来回答本书的中心问题：中国封建社会长期延续的原因。

《荀子·劝学》中讲到，南方有种名为蒙鸠的鸟，用羽毛做巢，又用发丝精细地编织起来。但鸟巢却托在芦苇穗上，大风一吹，苇折窠坠，鸟蛋打破，幼鸟跌死。如果用这个寓言来说明宗法一体化构造成中国封建社会停滞机制，是再恰当不过的了。

中国封建社会长期迟滞，并不是因为它内部没有资本主义因素。令史学研究者惊奇的是，几乎在每个盛大王朝中，都有各种各样的新因素在成长，如商业市镇港口、国内外经济贸易、手工作坊等。但是，在某些封建王朝后期（如明朝），成百年中精心编织出来的资本主义因素之巢，却是托在芦苇之上的。随着王朝崩溃，它将被打得粉碎。为了剖析中国封建社会内部特有的遏制资本主义结构产生的机制，我们先分析一下西欧封建主义向资本主义演化所经历的几个阶段。

西欧资本主义从孕育、发展直至取代封建主义,大致可以分为三个阶段:萌芽阶段;资本主义因素互相结合壮大阶段;取代封建制度,确立资本主义结构阶段。其演化过程如图 6.1 所示。

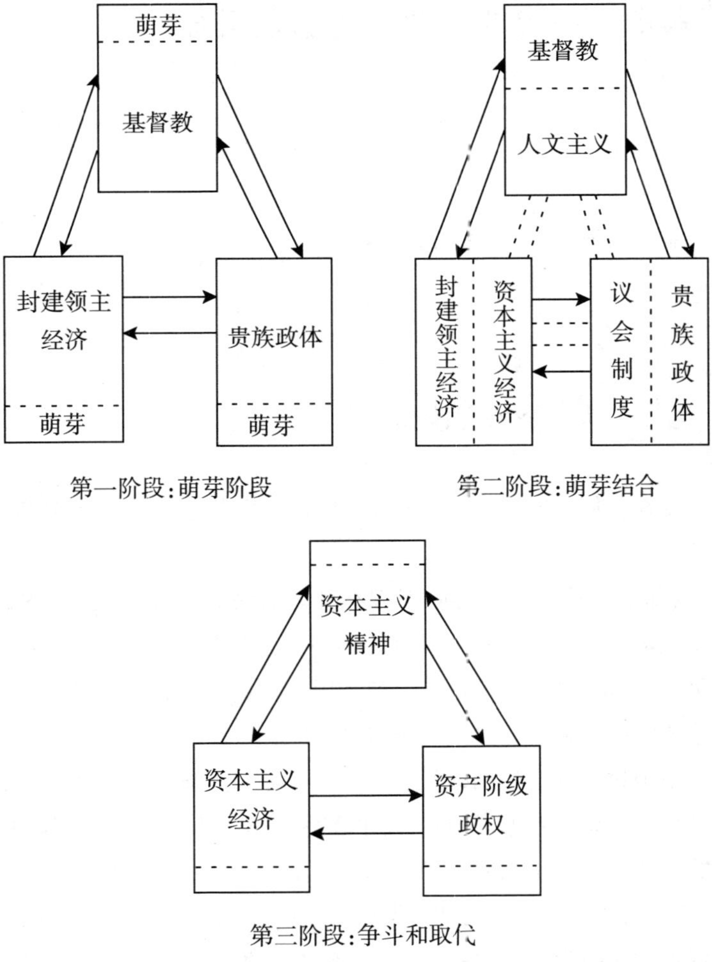

图 6.1　西欧资本主义社会结构确立的三个阶段

第一阶段相当早。西欧经济结构中资本主义萌芽是城市和市民阶级的出现。公元10世纪左右，西欧的城市作为农村自然经济的对立物开始兴起，商人和从领主庄园中逃亡出来的农奴，成为城镇的市民。政治结构中的新组织的萌芽，最早在10世纪的英国产生。到13世纪末，由贵族、教士、市民组成的议会，已发展成为管理英格兰国家事务的政权组织形式了。意识形态结构中的萌芽是人文主义。它的曙光于14世纪出现在意大利上空，16世纪文艺复兴运动达到高潮。

第一阶段的特点是：萌芽寄生在封建社会的躯壳内，不能剥离开来。13世纪英国的国会，14世纪初法国的三级会议，都离不开封建皇权的保护。文艺复兴运动早期在政治上的建树是十分有限的。

第二阶段是资本主义因素结合阶段。我们所说的结合，并不是一般意义上的相互联系，而是特指资本主义萌芽开始形成一种相互调节的潜在结构。这一阶段很难与上一阶段划出一条明确的分界线来。随着萌芽的成长，资本主义因素就会互相结合、互相加强。城市和市民力量的发展，要求他们以政治斗争的方式来维护自己的经济利益。早在11世纪，英国市民中就产生了商法和法庭，它们被生动地称为“灰脚法庭”。12世纪时，一些富庶的欧洲城市以赎买方式购得了自治权。经济结构与政治结构中资本主义因素的结合还表现在市民与王权的联盟上。14世纪英国国会不仅已获得批准赋税的权力，还有颁布法律的权力。

英国的经济结构和政治结构中资本主义因素结合得较早也较为顺利。一个明显的原因是英格兰的封建制既不禁止贵族经营工商业，也不完全以血统论为贵族的依据，每个自由土地所有者，不问其出身如何，只要每年有20镑以上的收入，缴纳“盾牌捐”，就可以接受骑士称号，成为贵族的一员。这些资产阶级化的新贵族，和市场保持密切联系，开始使用雇佣劳动。新贵族和资产者有很强的经济实力，他们在治安法官的名义下掌握了地方政权。正是这一阶层后来发动了著名的“圈地运动”,成为资产阶级革命的重要领导力量。

16、17世纪英国新教伦理是经济结构和文化系统中资本主义因素结合体形成的标志。18世纪法国的启蒙运动,也意味着法国社会中经济、政治、意识形态中资本主义因素成熟最终结合成一种新社会形态。资产阶级的国家政体、经济结构都已成熟,社会契约、天赋人权的人文主义思想,“自由、平等、博爱”的口号广泛传播,资本主义已成为一种可能取代封建主义的社会制度。这时就进入第三阶段。

第三阶段也在英国较早完成。16世纪至17世纪,以国会反对国王专制为标志,拉开了英国资产阶级政治革命的序幕。法国、德国稍晚一些。欧洲各国资本主义制度的确立时间具体的道路各有差别,但它们都是经历了一个新社会形态逐步成熟并取代旧社会结构的历史过程。

系统由一种结构向另一种结构演化一般要经过这三个阶段:旧结构的稳定性逐渐破坏;新结构在旧结构尚未解体前就已发展成为一种潜在的新稳态,即新结构的子系统之间已建立了相互调节的功能,最后取代旧结构。西欧封建社会向资本主义社会演化,是符合系统结构演化的一般规律的。[一]

那么,中国封建社会的演化又如何呢?在丰富的社会生活海洋中,在不断发展积累着的生产力推进下,任何一个社会内部总会有这样那样的新因素产生,并且不断成长,正如在一片肥沃的土地上总有新芽萌发那样。但是,由于中国封建社会宗法一体化的脆性和强控制的特点,萌芽的成长、新因素之间互相促进以致结合,就要受到压抑和破坏。一方面强控制的郡县城市不能成为资本主义因素结合的摇篮;另一方面资本主义因素也缺乏互相结合的中介。这就使得萌芽只能孤立地成长,不能形成一种新的社会结构,甚至只能扎根于无组织的力量之中。这正如蒙鸠筑巢,各种单个新因素再发达,它们也是托在芦苇之上的,不可能独立于旧结构而存在。

这样,在社会演化第三阶段,中国封建社会就呈现出和西欧封建社会完全不同的结局。

由于宗法一体化结构的脆性和王朝周期性瓦解,使得周期性地折断芦苇的大风必定要刮起,其结果是蛋破雏死,萌芽和无组织力量一起被扫荡了。

荀子曾感叹道:“卵破子死,巢非不完也,所系者然也。”中国封建社会之所以长期延续,资本主义的胎儿不能产生出来,正是由于宗法一体化结构所造成的这种特有的机制。

6.2　资本主义萌芽成长的障碍之一:强控制和郡县城市

明末夏允彝《幸存录》中记载着这样一个故事:有一天晚上,五个人在一旅馆喝酒,一人趁着酒胆骂了魏忠贤几句,另四人劝他不要乱说。他想反正自己的话不会被特务听见,就说:“魏忠贤虽然凶横,剥不了我的皮,我怕什么?!”谁料到骂声未绝,东厂特务就冲进来抓起这五个人,魏阉也真把那个骂他的人活剥了皮。虽然明代特务机构的横行在历史上也属罕见,但封建国家对市镇人民的控制一直是相当强的。如早在汉代,《汉律》就规定:三人以上,无故聚集饮酒,罚金四两。[1] 我们认为,任何强控制对潜组织形成都是十分不利的,这方面甚至表现在邮政制度上。我们曾讨论过中国古代邮传系统的完备和发达,又由于它是牢牢控制在官方手中,

[1]　中国历史研究会编:《中国通史简编》,华东人民出版社1951年版,第159页。

这就造成了两个后果:一是有利于广泛跨地域的多民族大国的统一;另一结果是,邮传制度所规定的严妨奸非的关卡制度则大大"限制和取消了民间的广泛交往","出入关防的符传制度限制了正常的经济交往。这些都排除了民间利用邮传系统传递信息的机会"。[1] 这个例子很典型地反映了强控制的功能及其相应的对民间力量的压制。特别是城市,更是一体化结构强控制的中心,它们不可能成为资本主义因素发育结合的母体。

中国封建社会强控制的一个重要政策是重本抑末。它对保护农业经济的发展有一定的积极意义,尤其在封建社会早期更是如此。但从另一方面看,重本抑末又不允许新因素相互结合,相互促进。历代的"士农工商",商人排在最后一位。早在战国时代秦国就规定私自做小生意的要罚为奴隶,"事末利及怠而贫者,举以为收孥"。[2] 西汉初年,规定商人不能做官、骑马、乘车、穿丝绸衣服。就连商人的子孙也不得幸免。当时明令规定:"市井之子孙亦不得仕宦为吏。"[3]除政治上的压制外,对商人在经济上的勒索也非常严厉,"重租税以困辱之"。[4] 禁止有市籍的商人及家属占有名田,违者没收其田地奴僮。[5] 又如,人头税,"人出一算,算百二十钱,唯贾人与奴婢倍算"。[6] 唐代规定"工商杂类,不得预于士伍"。[7] 此外,国家对商业活动也管理得很严。唐政府征当铺典当税、粮食买卖税"四取其一",高达25%;商贾的财产税,每缗税二十。甚至死人和蔬菜瓜果过关也要纳税。明代政府在各府、州、

[1] 高敏:"秦汉邮传制度考略",载《历史研究》1985年第3期。

[2] 《史记》卷68,《商君列传》,第7册,第2230页。

[3] 《史记》卷30,《平准书》,第4册,第1418页。

[4] 《史记》卷30,《平准书》,第4册,第1418页。

[5] 《史记》卷30,《平准书》:"贾人在市籍者,及其家属,皆无得籍名田,以便农。敢犯令,没入田僮。"第4册,第1430页。

[6] 《汉书》卷2,《惠帝纪》(应劭注),第1册,第91页。

[7] 《旧唐书》卷48,《食货志》,第6册,第2089页。

县、市、集都设立了商税机关“税课司局”,并到处新设“抽分局”,以加紧对市民和商人的勒索。

对商业实行强控制最重要的手段,是中国特有的官商、官办手工业制度。这种制度既可以使统一大国内部必要的商品交换得到满足,又不致失去对商品经济的控制、垄断。周代就有泉府的设置,“以泉府同货而敛赊”。[1] 这是最早的专卖机构。

从秦汉一体化结构实现以来,封建官僚政治就把触角伸进了商业、手工业,控制了盐、铁、生产工具、铸币的专营专卖,并通过官营手工业垄断了主要的商业和贸易市场。汉文帝时尚“弛山泽之禁”,“纵民得铸钱、冶铁、煮盐”,但到汉武帝时便任用桑弘羊在全国设立了盐官三十二处,铁官四十四处,还沿袭战国以来的少府机构,专掌山海池泽收入和皇室消费的手工业,以后成为定制。

官办手工业集中了全国最优秀的工匠和丰富的原料,吸干了民间的精华。但它本身常常又是为最高封建统治者消费服务的,从生产到经营都不受经济规律的约束,不计效率,实报实销。从采购到生产,由国家政府包管。就以元代为例,其官营手工业种类很多,分工很细,机构非常庞大,据记载:“籍人匠四十二万,立局院七十余所。”[2] 但由于管理系统腐败,又不按经济规律办事,以致生产力很低。忽必烈时綦阳四处铁冶,有9550户工匠,但所冶的铁价还不如只抽冶户包银所得的多。[3] 这种违反经济规律的现象只可能在官营企业中出现。管理官营手工业的是属于衙门,官员腐化、机构膨胀在这里也非常明显。明穆宗隆庆元年,在司礼监担任生产的军民工匠为1383名,脱离生产的人员就有433人,占三分之一。从公元1596年起,又用宦官来管理少府,更是腐败不堪。这些部门中的官员营私舞弊,贪污浪费。因此,在官营手工业系统中,

---

[1] 《周礼·地官司徒下》,“司市”条。

[2] 王恽:《秋涧文集》卷58,《浙西道宣慰使行工部尚书孙公神道碑》。

[3] 刘泽华等:《中国古代史》(下),人民出版社1979年版,第185页。

生产水平和技艺再高,它也是被埋在无组织力量的污泥中,常常随着无组织力量被扫荡而失传。

另一方面,官商和官办手工业的发达,使得民间私人手工业、商业的发展受到限制,有时甚至萎缩。汉武帝时,私自煮盐、铸铁者,左脚要枷上六斤重的铁钳,并处以酷刑。国家利用行政手段推销商品,出现了“县官作盐铁,器苦恶,贾贵,或强令民买之”〔1〕的违反经济规律的现象。

最近,有的研究者指出,直到清代,资本主义萌芽和一些新生产关系因素,大多出现在那些私营的非法的厂矿中,而在官办、官督商办的厂矿中,生产关系都相当陈旧。〔2〕 官办手工业和厂矿,资金雄厚,技术先进,但这种生产力被束缚在无组织力量的桎梏之中。私营手工业和厂矿,虽有新生产关系的萌芽,但它时时要受到官僚机构的种种限制和打击,这不能不说是十分可悲的事。

形成鲜明对照的是,欧洲中世纪的城市是封建势力控制鞭长莫及的地方。马克思曾指出:“从中世纪的农奴中间产生初期城市的自由居民。”〔3〕英王亨利二世颁发给林肯城的特许状中说,任何人只要在城市住满 101 天,就可以获得自由。所以当时欧洲有“城市的空气使人自由”的说法。

欧洲的城市是农村封建经济的对立物,是封建政治势力控制薄弱地区,它成为资本主义新因素聚集结合的母体。韦伯对欧洲城市的特殊性十分强调,他认为西欧的这类城市是“一组引导特殊性与创新的社会结构,也是历史变迁的主要工具”。早在 11 世纪,法国朗城就以赎买为手段获得自治权。法王菲利浦二世为了争取城市的支持,曾先后对 41 个旧城和 43 个新城颁发了特许状,承认它们自治。这些自治城市,麻雀虽小,五脏俱全,是一种尚未发育

---

〔1〕《汉书》卷 24,《食货志下》,第 4 册,第 1173 页。

〔2〕 李炳东:“清代前期广西的矿冶业”,载《广西大学学报》1980 年第 1 期。

〔3〕 马克思、恩格斯:《共产党宣言》,人民出版社 1956 年版,第 33 页。

起来的新结构的雏形。市民经济、市民思想文化以及市民政治,都是在城市里孕育、结合并进一步发展的。欧洲的城市是封建社会汪洋大海中资本主义结构的岛屿。可以说,资本主义取代封建主义的历史,就是城市不断壮大、战胜农村的历史。

一般说来,城市的发展是和商业的发展联系在一起的。但是,城市能否成为新因素的结合体,就和社会结构直接相关。旧结构控制力越弱,城内越容易成为新因素成长的摇篮。

教皇所在的意大利最为典型。教皇和霍亨斯陶棻家族争夺对意大利的统治权,各自又不具备统一全境的力量,形成了三四百年之久的均势。这种均势造成了意大利的四分五裂局面和旧制度控制的真空。于是,发达的商业贸易和文艺复兴运动,在这里兴起了。威尼斯、佛罗伦萨、热诺阿等城市,像种子一样在封建社会结构的裂缝中扎根生长,逐渐长成大树。

中国封建社会实现了宗法一体化结构,就不可能出现上述真空状态。在一体化形成之前,中国古代城市——都、邑、鄙……一开始就带有强烈的等级和宗法色彩。“凡邑有宗庙先君之主曰都。”〔1〕一体化结构确立以后,城市就进一步成为国家政治、经济、文化的枢纽。正如傅筑夫指出的那样,我国战国以前的大小城市中,市场是根据封建“礼法”设置的,是城市一个特殊区域,战国以后的城市仍然由国家设立,而不是随经济需要自然发展起来的;唐代以前,大小市场的兴建和废止,均由朝廷敕令行之。〔2〕唐代以后经济的发展,充分由政府控制市场已不可能了,出现了大量非官方设置的市镇、集市。但是,由于宗法一体化结构存在,它们不可能像欧洲城市那样成为相对独立于封建结构之外的地区。一旦这些城市由于经济上的重要性而发展起来,就会马上引起封建国家的

---

〔1〕《左传·庄公二十八年》。

〔2〕傅筑夫:“中国古代城市在国民经济中的地位和作用”,载《南开大学学报》1978年第4、5期。

重视,国家政府机构和管理网会立即延伸到这些城市中去,随之而来的是它们也具有行政上的重要性了。

由于一体化官僚网总是和城市交织在一起,中国古代城市,特别是大城市的兴衰,往往取决于它们在政治上的重要性,并不完全受经济发展的支配。所以,中国封建社会的大城市比欧洲出现得更早,规模也更大。而这些大城市又随着封建王朝、官僚政治的兴衰而变迁着。

开封就很典型。它是在唐代迅速发展起来的,后被北宋定为首都,成为中原华北地区的政治、经济、文化中心,十分繁华昌盛。这种兴旺局面同它是京城的显赫政治地位分不开的。公元1126 年金军入城,开封失去首都地位以后,大批官员、商贾、市民离开了开封。开封一旦失去了国家政治中心的地位,商品需求也大为减少,商业急剧衰退;与开封市相连的交通网也开始冷落弛坏,以开封为中心的华北地区的商业交往随之衰落。南宋定都临安(杭州)后,临安迅速成为一个有百万人口、面积比现今杭州市区还要大的繁华大都市。但明代以后,杭州不再是首都,它也就逐渐衰落了。

总之,由于宗法一体化结构,中国古代城市不仅是商业中心,而且是各级官僚机构的衙门所在地,负责管理广大农村,处理行政和法律事务,担当地方和中央的联系职能。执行着如此重要通讯联络功能的中国封建社会的城市,当然远比欧洲封建社会的城市发达,但它也是封建统治控制力最强的地方。因而,中国古代城市又被称作郡县城市,是带有地方行政的强烈的政治色彩的。这种城市,不可能成为资本主义因素结合的母体。[二]

6.3 资本主义因素结合的障碍之二:缺乏中介

宗法一体化的社会结构,还使得资本主义因素结合失去了必要的中介。众所周知,欧洲和日本封建社会中资本主义因素的结合和壮大,是通过两个重要的中介:一是经济结构中资本主义因素和王权相结合;二是新经济因素在意识形态结构中找到自己的代言人,依靠知识分子接受市民文化或信仰具有资本主义精神的新教来实现。这两个中介在中国封建社会都很难起作用。

西欧封建社会经济结构中的资本主义因素在政治结构中找到代表,是通过王权与市民联盟的方式实现的,并逐步形成了市民参加国家政事的相应组织形式。英国议会制起源于 11 世纪。公元 1066 年,诺曼底公爵威廉入主英格兰,为了加强中央集权,便组织了由贵族和教士组成的类似咨询的机构,它是议会制最早的萌芽。法国更明显,1302 年美男子菲利浦四世为了和教皇斗争,召开了由主教、贵族与平民参加的三级会议。可见,市民阶级参政直接和王权的强大有关。意大利的 consuls,英国的 aldermen,法国的 jurés,都是市民阶级在王权干预下参政的相应组织形式。

欧洲和日本封建社会,王权之所以能成为中介,是由于王权为了与割据的贵族进行斗争,取得政治上的统一,就不得不依靠那些与封建割据势力在经济利益上尖锐对立的市民阶级。在贵族与资产阶级的利益冲突之间,封建国家的王权凌驾于二者之上,王权在混乱中代表着秩序。〔1〕尽管王权在本质上是代表封建制度的,但它为了自身利益,不得不把资产阶级的魔鬼从瓶中放出来。正如恩格斯分析的那样:“在封建主义表层下形成着的一切革命因素都倾向王权,正像王权倾向它们一样。”〔2〕欧洲封建社会后期出现的绝对君主制政体,实际上成为封建结构向资本主义结构转化的过渡状态。英国和法国在这一点上都比较典型。法国在路易十四时期形成强大的中央集权制国家。一百年后,就爆发了资产阶级大

---

〔1〕 恩格斯:“论封建制度的瓦解和民族国家的产生”,载《马克思恩格斯全集》,第 21 卷,第 453 页。

〔2〕 同上。

革命。

中国封建社会的绝对君主制的出现比欧洲早一千多年,而且王权逐步加强。但为什么不能起中介作用呢?关键也在于宗法一体化结构。

中国封建社会形成中央集权政体时,市民阶级并不强大。封建国家和皇帝利用由广大儒生组织起来的官僚机器,来和小农经济的分散性导致的贵族化倾向进行斗争。这就注定了宗法一体化结构中的王权不可能再和市民阶级相结合,反而要利用一体化来遏制市民力量。

中国古代城市和市民阶层,很难形成维护自已利益的组织,尤其是政治方面的组织。虽然早在唐代就出现过长安商业、金融业的人员的罢市和请愿,但这种力量一直都相当弱小。商人市民为了办点事,除了找官府官吏或宦官贵族的门路外,很难再找到自己的代言人。唐宋以后,出现了手工业、商人的行会组织,明代甚至还出现过下层官僚和市民联合反对税监的现象,[1]但它并不属于新因素之结合。刘志琴对明代的城市民变做了分析。从万历六年(1578年)到天启六年(1626年)约50年间,共发生城市民变46起。有意思的是,其中有19起是以下级官员士大夫为首发动的。手工工人、商贩、作坊主为首的仅4起,土豪为首的5起,身份不明的18起。作者认为,士大夫是城市民变中最活跃的阶层,当时就有"难发于士子"之说。[2] 这说明王权一旦不需要同市民联盟,即使出现了下层知识分子和工商阶层的结合,导致的结果不是资本主义潜结构的出现,而只是对原有结构的破坏力量。实际上,即使是知识分子领导的市民运动,其最终目标仅仅在于反对官僚机构

---

〔1〕 据《明万历实录》卷348,"万历二十八年六月条":税监王虎掠夺北京附近时,"香河知县焦无聊率生员士民喧闹,执枪棍抛砖石者数千人。"

〔2〕 刘志琴:"城市民变与士大夫",载《中国农民战争史论丛》(第四辑),河南人民出版社1882年版。

的腐败,它们本质上仍是属于旧社会文化体系的。

宗法一体化结构里,王权与儒生的结合还造成一个可悲的后果:中国传统知识分子很难分化出一个新成分,以便完成经济结构中的资本主义因素和意识形态结构中新因素结合的任务。正如人体中的血红蛋白一旦和一氧化碳结合了,就失去了和氧结合的能力。传统知识分子一旦和王权结合,形成一体化,也就中断了传统知识分子的分化,难以形成一个接受市民文化的新队伍。

我们知道,西欧封建社会,从旧贵族、教士、商人、市民中逐渐游离出了一个新知识分子阶层。他们实现了把经济、政治结构中产生出来的新因素与意识形态中新因素结合起来的任务。他们是宗教改革的积极推动者,新教精神的热情宣传者。而且正是这些人形成了具有"天职"和敬业精神的各行业之精英骨干。

日本也是这样。18 世纪,日本封建等级制度开始破坏。那些俸禄低微的下级武士更为贫困所窘迫,不得不出卖祖上传下来的武器。他们有的去经商,有的以收养富商子弟为养子的方式出卖武士身份。据《江户町方书》记载,在 250 家商人中,本人是武士、浪人或祖先是武士、浪人和乡士者,就有 48 家。[1] 很多人转化为资本家。但更多的人变为知识分子,充任教师。他们成为学习传播资产阶级文化——兰学的主要队伍。公元 1838 年,著名的兰学家绪方洪庵在大阪设"适适斋",讲授西学科学知识和资产阶级民主思想。24 年间,各地来的就学者达三千余人,其中不少是下级武士。这一接受了资产阶级文化的新知识分子阶层里,出了不少明治维新的著名活动家,如桥本左内、大村益次郎、寺岛宗则等。有的则成为日本启蒙思想家,福泽谕吉就是代表。"把刀剑换成算盘",这是当时一个著名的口号。[2] 明治政府中出任领导者和公

---

〔1〕 本庄荣治郎:《日本社会经济史》(1928 年),第 359 页。

〔2〕 转引自刘天纯:"论日本近代产业革命的政策和措施",载《历史研究》1979 年第 7 期。

务员的多是下级武士出身,可以说,“整个国家机关之中都渗透了武士的势力”。[1] 明治天皇则利用由武士分化出来的新阶层,组成官僚机构。这样,维新政策得以推行,日本完成了由封建主义向资本主义的过渡。同样,彼得大帝也是依靠了到西欧留学的小贵族、新知识分子,在农奴制的俄国发展资本主义的。

而中国封建社会里,儒生士大夫阶层与王权结合之后,就始终没有分化过。无疑,科举制比欧洲封建贵族等级制更具有平等色彩:知识分子不单凭身份,而主要靠读圣贤书就可以做官。它对广大儒生有着极强的吸引力。入仕,对儒生不仅意味着实现“治国平天下”报效国家的志向,而且意味着“黄金屋”、“颜如玉”的富贵荣华,意味着衣锦还乡和青史留名。平时,他们皓首穷经,做着白衣卿相的美梦,等待着封建政府通过科举制度把他们选拔到官僚机构中去。当了官后,便一朝权在手,便把令来行。即使他们在穷困潦倒之时,也特别注意自己“士”的身份。儒生把自己的行为,严格约束在符合宗法一体化结构的“个人—家庭—国家”三个层次上。即使王朝面临崩溃时,他们也不会怀疑儒家思想,去接受什么市民文化。明末东林党人对李贽的看法,很能说明这一点。

明末,商品经济和城市生活有了很大的发展,意识形态结构中也出现了一些新思想。其中,李贽就是一个具有启蒙意识的进步思想家。他鼓吹思想解放,提倡“童心”,把追逐财富和权势的心理看作是人的本性,并对儒家经典评头品足。李贽的思想在市井中获得很大的反响,一时轰动大江南北。但因其是“惊世骇俗之论”而被禁,甚至“毁其书刻”。大多数正统儒生都不能接受李贽的思想。著名的东林党人虽反对腐败的朝政,深得民心,但是他们对李贽也嗤之以鼻,大骂他是“小人”,说什么“李卓吾大抵是人之非,非

---

[1] E. H. 诺曼:《日本维新史》,商务印书馆 1962 年版,第 83 页。

人之是。又以成败为是非而已,学术到此真成涂炭!”[1]李贽的思想在中国儒生中遭到如此抵制,却可以漂洋过海传到日本,对日本明治维新前的知识界产生了积极影响。[2]

可以这样说:中国历来不缺乏伟大的思想,也不缺乏卓越的思想家,但是缺乏新思想结合、扎根的土壤。宗法一体化结构像盘根错节的古老大树,把自己的枝叶布满空间,使得新因素的萌芽得不到充足的阳光,也不可能在布满了大树根毛的土壤中真正扎根。

宗法一体化结构不仅构成经济结构中新因素和政治文化中新因素结合之障碍,而且它还把中国封建社会颇为发达的商品经济引导到一个特别的方向,这就是宗法家族和商业力量之联合。这方面有代表性的例子是徽商。徽商是中国封建社会晚期相当活跃的一支商业贸易势力。他们拥有雄厚的经营本钱,又实行垄断性经营方式。按理说,这些起自民间、拥有大量财富和经营经验的商人,应该是资本主义原始积累的代表人物。但是,据唐力行对徽商的研究表明,徽商在其经营活动中是与宗族势力结成同盟,这类活动不但不是瓦解封建关系的因素,反而加强了宗族势力。他指出,为了解决地少人多的矛盾,宗族势力积极支持族人经商,不少族规、家典上明确规定:族人“业已所就,令习治生理财”。而经营的原始资本,大多也是靠宗族族人提供。而一旦把持了某种行业的经营垄断权,他们往往举族移徙附就,造成人力、财力上的优势,展开了商业竞争,而所雇用的伙计则多为族人乡党。为了加强对各级伙计的控制,徽商在经营地仍保持聚族而居的习惯,并建立宗祠,祭祀祖先。作者指出,徽商建立的会馆带有强烈的血缘色彩与欧洲中世纪纯粹地域性或行业性的“基尔特”不同。所以徽商资本

[1] 沈铁:《李卓吾传》。

[2] 傅衣凌:“论明清社会的发展与迟滞”,载《社会科学战线》1978 年第 4 期。

反过来加强了宗族势力。西欧的原始资本积累,靠对小生产者的土地剥夺和财富积累,而徽商的资本却大量消耗在捐助族人、增置宗族户口。[1] 由此可见,徽商和封建宗法势力的同盟,使他们难以转化为真正意义上的市民阶层。

6.4 原始积累的中断

为什么新因素之间的互相结合对于新社会的诞生那么重要呢?因为只有这样才能形成新社会的框架,才能脱离封建社会而独立生存,并在一定时机取代旧结构。

欧洲资本主义制度的确立是三种要素结合——经济结构中的资本主义生产方式、政治结构中资产阶级国家政治制度、意识形态上资本主义精神占主导地位。如果三者之间没有相互联系相互加强的过程,那它们就不可能正常地壮大起来。意大利就是这样。

14世纪前后,意大利经济结构中资本主义因素很活跃,城市和贸易十分发达,出口在欧洲占第一位。文艺复兴运动就是在这里兴起的,达·芬奇、米开朗基罗、康帕内拉、马基雅维里等文化巨匠是意大利的光荣。意大利的文化火炬点燃了欧洲的资产阶级革命烈火。但是由于种种原因,意大利始终没有出现一个强大而统一的王权,也没有市民与王权的联合,所以,经济中的资本主义因素未能和政治结构中的力量联系在一起。16世纪以后,意大利的经济反而衰落了,工业革命不是在这里发生。

为了说明新因素结合对新社会结构形态壮大、发育以致成熟的重要性,我们可以分析对比两个十分典型的系统:一个是15世纪的英国资本主义因素互相结合的系统;另一个是15世纪的中国

〔1〕 唐力行:“论徽商与封建宗族势力”,载《历史研究》1986年第2期。

明代,资本主义萌芽虽然产生,但并不可能结合的系统。众所周知,资本主义经济结构发育壮大,需要经历资本原始积累这个重要阶段。马克思曾经研究了这一过程,指出资本的原始积累的历史活动,是“把劳动条件转化为资本、劳动转化为雇佣的劳动历史的分离过程”,是“在资本本身基础上,因而也是在资本和雇佣劳动关系基础上的资本积累”。[1] “这种所谓原始积累不过是使劳动者与其劳动资料间原先存在过的统一归于破坏的一连串历史过程。”[2]也就是说,资本原始积累是由两个环节组成的:一是封建经济不断瓦解,大量自耕农从封建生产关系中游离出来,陷为流民;再就是封建社会内部已经出现的新的经济结构——资本主义生产方式,它不断地吸收这些从旧经济结构中瓦解分离出来的力量,一天天壮大,成为主导形态。资本原始积累能否顺利进行,取决于如下条件:

(1)旧结构能否逐渐瓦解;

(2)新经济结构能否有足够的吸收能力,把旧结构中分离出来的经济力量组织到自身中来;

(3)政治、意识形态结构对这一新经济结构的成长是促进还是抑制。

对于资本主义因素相互结合的系统,新经济结构有着巨大的吸收能力,并且政治、意识形态结构中资本主义因素结合体又对原始积累有促进作用。相反,如果资本主义因素不可能结合,即使封建社会旧经济结构在瓦解,原始积累也不可能进行。英国“圈地运动”,与中国明代的流民问题都出现于15世纪,但前者是工业革命的前导,而后者却是原始积累的中断。

15世纪末期,英国由于毛纺业的发展对羊毛的需求量急剧增

---

〔1〕 马克思:“剩余价值理论”,载《马克思恩格斯全集》,第26卷,第348页。

〔2〕 马克思:“工资、价格和利润”,载《马克思恩格斯选集》,第2卷,第180页。

加,地主、贵族、富裕农民便利用各种手段把农民从土地上赶走,圈地改为牧场。大批农民沦为乞丐和流浪汉,成为廉价的雇佣劳动力的来源。它迅速瓦解着自给自足的小农经济。失地农民为资本主义企业提供了大量雇佣劳动力,促进了毛纺业的发展;而毛纺业的发展反过来又进一步加剧了圈地运动。随着这一循环的反复进行,资本主义结构一天比一天壮大。

中国封建社会也出现了农民和土地相分离的现象,其规模和英国圈地运动相类似。明代中叶,公元1440年,北直隶及山西两省116个州县失地农户就达36,640户。[1] 1468年,仅荆襄地区聚集的流民就达二三十万人,[2]1471年达到40多万人,最高达150多万人。[3] 李洵指出,当时全国6000万在籍人口中,至少有十分之一,即600万人成为流民。[4] 这些流民必然充斥雇佣劳动力市场。他们曾大批涌向矿山,以致掀起全国范围的采银狂潮,冲破了政府的盗矿禁令。福建省一次被明廷"招抚"的"窃矿小民"就有1150余户。[5] 还有相当多的流民流入城市,充实小手工业、小商贩队伍。早在宣德年间,在富庶的江浙地区,苏松巡抚周忱曾向户部报告失地流民的七种去向为:大户包荫、豪匠冒合、船居浮荡、车囚索引、屯营隐占、邻境蔽匿、僧道招诱。[6] 其中所谓豪匠大约就是大手工业主,有点"资本家"的味道。明代南京、苏州一带纺织业十分发达,与流民提供了大量廉价劳动力很有关系。明正德时,制造兵器的南京兵仗局手工工场,官家工匠655名不够用了,所以又花

---

〔1〕《明实录·英宗正统实录》卷63,《正统五年春正月》。

〔2〕《明实录·宪宗实录》,《成化四年正月》。

〔3〕《明经世文编》卷46,项忠《抚流民疏》,中华书局影印版,第1册,第361页。

〔4〕 李洵:"试论明代的流民问题",载《社会科学辑刊》1980年第3期。

〔5〕《明实录英宗正统实录》卷144,《正统十一年八月》。

〔6〕《明经世文编》卷22,周忱:《与行在户部诸公书》,中华书局影印版,第1册,第174~176页。

2850两银外雇工人。[1] 这反映出大量失地农民确实造就了劳动力市场。也就是说，随着商品经济发展，中国封建社会内这种资本主义原始积累的迹象也是出现过的。但是，由于资本主义因素在中国封建社会内没有形成结合体，企业和手工工场不可能吸收更多的劳动力。不少的农民虽然从旧经济结构中分离出来，但不能成为新经济结构的建设力量。流民主要去向，则如周忱当时所表明的那样，为“大户包荫”即转化为佃农，或“屯营隐占，邻境蔽匿”，即逃入边远和控制不严的地区，开荒种地。还有一些为生计所迫，铤而走险，则遭到残酷的屠杀镇压。更重要的是，中国封建社会政治结构中不存在经济结构新因素的代表，因此，封建国家就会用种种办法来中断这一原始积累。对比一下英国封建政府和中国封建政府的态度是很能说明问题的。

15世纪末至16世纪初，都铎王朝也曾颁布过一系列限制圈地的法令，但很多封建贵族自己就加入了圈地，这些法令大多是一纸空文，压不住圈地的势头。16世纪30年代以后，英国政府改变措施，把限制对象改为流民，除持有乞食特许证的人外，其余流浪汉一律迫令立志愿劳动誓言。公元1547年爱德华六世即位后，颁布“血腥立法”，用肉刑和打“S”字母烙印的办法来对付流浪汉。1597年英国议会还颁布了惩治流浪者和乞丐的法令，法令中有对放逐的流浪者返回本国的处以死刑的条例。这些措施加速了失地农民向无产者的转化。亨利八世时期，约有五分之三的寺院土地被国家没收，这些土地以惊人的低价卖给各种投机者、租地农场主和新兴市民。这一措施加强了王权与市民的联盟，促进了资本原始积累。1700～1760年间，资产阶级政府颁布了208件“圈地法令”，用国家立法手段迫使小农经济解体。

中国封建王朝则是一体化结构抑制兼并，用招抚的办法尽可

〔1〕《明经世文编》卷78，倪岳《会议疏》，中华书局影印版，第1册，第690页。

能使流民重新回到土地上。15 世纪 30 年代,明英宗发布一系列安置流民法令,一方面令流民复业,另一方面重申严禁隐占土地和人口。国家甚至对流民作出让步。公元 1441 年英宗的《大赦天下诏》中,除赦免拖欠政府的钱粮外,并允许“离乡年久、产业已成”、不愿返乡的流民在所居住地区报官附籍,享受贷款并“免杂泛差役三年”。[1] 这种国家调节是颇有成效的,宪宗成化年间,聚集在荆襄地区达 150 万人之多的流民,先后被诱迫复业的达 93 万人。[2]

对待圈地和流民的不同办法,说明了英国王权(一个资本主义因素结合了的系统)和中国封建政府(资本主义因素不能结合的系统)具有不同性质,因而结果也是不同的。

我们可以把这两种不同的过程用图表示出来(图 6.2)。其中粗箭头表示流民、自耕农、佃农的流动情况。英国流民主要转化到资本主义经济结构中去了,而中国流民则仍在封建地主经济结构中流动。[三]

6.5 封建王朝崩溃前的“假资本主义”

由于中国封建社会里资本原始积累必然中断,但随着无组织力量的增长又不能阻止地主经济的瓦解,于是在封建社会后期王朝的末期便会出现一些很奇特的现象。大量破产自耕农流入城市,商业、服务性行业十分繁荣发达,城市畸形发展,与剥削者消费有关的奢侈品生产也高度发达。从事社会主要生产部门——农业的人数占总人口的比例相当小。这种现象很类似资本主义的表面特征,但它只是假象。它不是预示着向资本主义的过渡,而是大动

---

〔1〕《明实录·英宗正统实录》卷 85,正统六年十一月。

〔2〕《明经世文编》卷 46,项忠《抚流民疏》,中华书局影印本,第 1 册,第 361 页。

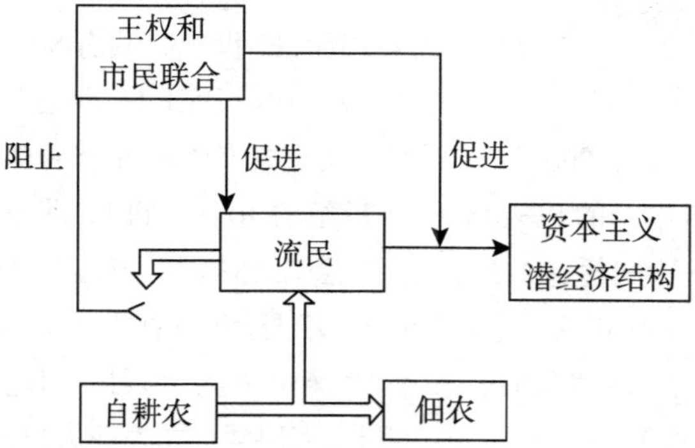

资本主义雇佣劳动力市场的形成

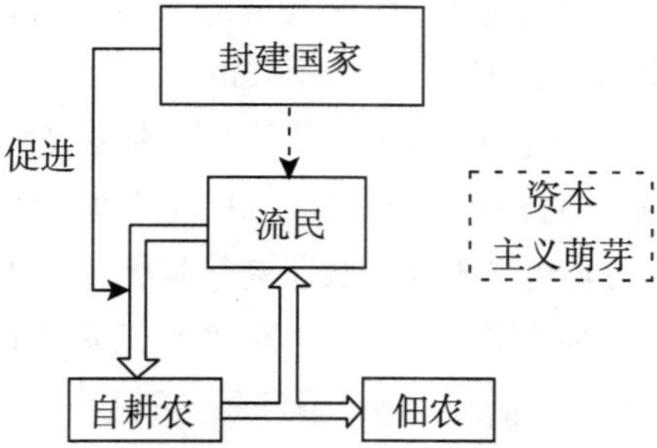

图 6.2　中国流民在封建经济结构中的流动

乱来临的前兆。崩溃一旦发生,这种浮华局面立刻像海市蜃楼一样消失。我们称这种现象为"假资本主义"。

揭示王朝末期这种"假资本主义"现象,对于我们理解中国封建社会是很必要的。因为"假资本主义"现象从反面表明,新因素不互相结合,会出现怎样的社会悲剧。

"假资本主义"第一个重要特点是,王朝末期商业的高度发达和非农业人口的急骤增加,但它是扎根于完全不同的社会结构中的。

众所周知,西欧资本主义的历史发展,是与城市及城市人口的增长的历史密切相关的。

英国的城市在 10 世纪左右兴起,11 世纪时共有 80 个市镇,13 世纪达 160 个,[1]14 世纪增至 276 个。[2] 到 16 世纪时,已有 26 个较大的城市,1700 个小市镇了。[3] 城市居民占全国总人口的比例由 11 世纪时的 5% ,增至 13 世纪的 10% 。到 17 世纪 90 年代,每 10 个人中间便有 2. 5 个市民。公元 1534 年,英国首都伦敦人口为 6 万人,150 年后,上升后为 53 万人,全国总市镇人口为 87 万人。[4] 法国 18 世纪时,人口约为 2630 万人,乡村人口达 2400 万,城市人口占十二分之一。[5] 因此,人们常把非农业人口的增长,看作资本主义发展的标志之一。

我们先以明代为例,看看城镇的发展。明宣德年间(1426 ~ 1435 年),全国就有 33 个大商业城市。百万人口以上的大城市也有数个。如南京城、临清城,“周围逾三十里,而一城之中,无论南北财货,即绅士商民近百万口”。[6] 北京城的城市贫民“不减百万”。中小市镇,更是不计其数。瓷都景德镇到 16 世纪末叶,已有 10 万人口。当时“镇上雇工,皆聚四方无籍游徒,每日不下数万人”。[7] 江浙一带的盛泽镇、震泽镇、黄溪市、王江镇、双林镇,都是丝织名镇。明初盛泽镇仅为一个有五六十户人家的村庄,随着丝织业的发展,到成化年间(1465 ~ 1487 年)改村为市,一百年后,成为有五万人口的市镇。[8] 16 世纪末期,江南五府中,五万人口

[1] 《英格兰简史》,第 22 页,第 44 页。

[2] Y. C. Russel, British Medieval Population, Albugnergue, 1948.

[3] 《十六世纪英国简史》,第 53 页。

[4] John U. Nef:“早期的能源危机及其后果”,载《科学》(中译本)1979 年第 1 期。

[5] 曹绍濂:《法国资产阶级革命》。

[6] 《明清史料》甲编,第 923 页。

[7] 《西江志》(康熙)卷 146,《艺文》,萧近高《参内监疏》。

[8] 乾隆《吴江县志》卷 4,《镇市村》。

以上的大镇有四个,35,000 人口的一个,一万至一万人口的有 7 个。[1] 一般说来,王朝中期,非农业人口就占 20% 左右了,超过英国 16 世纪的水平。

非农业人口增加更是十分惊人。

在明王朝初建时,国家配给土地,推行农桑政策,务农的人口占绝大多数。但随着时间流逝,非农业人口逐渐增加。非农业人口在王朝中期即可达 20%,到末期则大大超过此数。明代何良俊曾分析过这一趋势。他说,正德以前,百姓十分之九"安于农亩";过了四五十年,因不堪日益繁重的田赋徭役,便纷纷弃农。他分析了弃农百姓的去向:到乡宦人家做佣人的比以前增加了 10 倍;到官府干杂活"蚕食于官府者"增加了五倍;"改为工商者"增加了三倍;流浪汉也达"十之二三"。这样算下来,"大抵以十分百姓言之已六七分去农"。[2] 这是一篇很好的社会学调查报告。可见 16 世纪末,明代某些地区非农业人口已达 60% 左右了。这些人口或为官宦人家仆役,或为官府当差跑腿,或弃农经商,或游手趁食。邱浚在《大学术表补》中也说:"天下之人食力者什三四,而资余以食者什七八。"[3]

北宋非农业人口比例也很高。毕仲游的《耀州理会赈济奏状》中说,耀州七个县,主客户共 113,050 户,284,850 口,而非农业户口计 46,338 户,179,534 口,[4]非农业人口达 60% 左右。

一方面是城市和商业的发展,另一方面是非农业人口的急剧增加,这就造成了一个王朝末年俨然是一个商品经济畸形发展的

---

〔1〕 中国人民大学中国历史教研室编:《中国资本主义萌芽问题讨论集》(下),三联书店 1957 年版,第 909 页。

〔2〕 何良俊:《四友斋丛说摘抄》,商务印书馆民国 26 年版,第 2 册,第 171 ~ 172 页。

〔3〕《大学衍义补》卷 25,《市井之令》。

〔4〕 毕仲游:《西台集》卷 1,《耀州理会赈济奏状》,商务印书馆民国 24 年版,第 1 册,第 9 页。

“假资本主义”社会。

这方面,宋代很典型,北宋神宗时国内贸易总额约达三亿两千万贯,合六亿四千万石米的价值,如按当时人口平均每人每年购买商品折合米九至十一石以上,在封建社会中有这么发达的商品经济,真是十分罕见的。[1] 手工业与商业的发达还表现在分工细致上,所谓“三百六十行”的说法,就起源于宋代。当然,宋代是否有资本主义萌芽,学术界还有争议,但是宋代商业的发达,非农业人口比例之高是公认的。

胡如雷形象地把王朝末年商品经济的病态繁荣,称为城市肥胖症。[四]因为流入城市的非农业人口,只有小部分转化到手工业生产部门中去,大量的则沦为贫民,充当茶楼酒肆的佣保,斗鸡、走狗、击筑、歌舞的游手,或充当杂役,以至于:“上富之家,待而举火者五六十人。最下者亦不减二三十人。”[2]城市肥胖症的病根并不在于城市该不该发展,而在于整个社会没有产生一种新框架来容纳这种发达的城市经济。应该指出,这种“假资本主义”过渡现象,在中、后期封建王朝的末代都很明显,不能把这种现象只看作明代或清代所特有的,而应该把它和中国封建王朝的发展周期联系在一起来看。

另外,从商业贸易方面来看,早在汉末就有商业的病态繁荣现象。如西汉末年,长安、洛阳、郑州、南阳、邯郸、成都、临淄都是繁华的大都市。在王莽当政时期,南阳是大商人聚集的地区。王符在《潜夫论》中说:“今举世舍农桑,趋商贾,牛马车舆,填塞道路,游手为巧,充盈都邑,治本者少,浮食者众,商邑翼翼,四方是极。”[3]

---

〔1〕 束世澂:“论北宋时资本主义关系的产生”,载《华东师大学报》1956 年第 3 期。

〔2〕 赵完璧:《西园闻见录》卷 40,《户部 · 蠲赈前》,哈佛燕京学社民国 29 年版,第 19 册,第 28 页。

〔3〕 王符:《潜夫论 · 浮侈》。

宋以后,商品经济更加发达,这从商贸杂税在国家财政总收入中所占的比例可以反映出来。从公元997年(至道末年)到1077年(熙宁十年)的80年间,商贸杂税从1238万贯激增至4911万贯,几达四倍,占国家全年财政总收入从35%上升到70%。而同期农业税基本稳定在2320万贯至2162万贯。[1]

可见,弃农趋末,商业市镇发达,非农业人口增加,是从汉代到明清每个盛大王朝后期都具有的现象。有发达的商品经济不一定就有资本主义萌芽。我们应该把经济史与王朝的发展周期联系起来看。王朝之间被大动乱隔断,新建王朝初期的商品经济比旧王朝末期显得是倒退了。如果拿西欧的模式套中国封建社会现象,问题是无法扯清楚的。

"假资本主义"的第二个重要特点,是萌芽和无组织力量相结合。"假资本主义"虽然表面强大,但只不过是墙头芦苇。因为他们是植根于无组织力量之中的,无组织力量一起畸形发展,一荣俱荣,一损俱损。当王朝末期无组织力量最大时,"假资本主义"也最明显。而一旦农民大起义扫荡无组织力量时,这些萌芽就像长在牛粪上的嫩芽一样,随着垃圾一块被清除了。

资本主义萌芽与无组织力量结合的突出表现是,王朝末期城市人口的大发展是和农村中土地兼并成正比的。城市的膨胀要以农村提供大量商品粮为前提,而在地主—自耕农经济中,提供商品粮的主要是地主,而不是自给自足的自耕农。因此城市的发达本身是建立在经济结构无组织力量——土地兼并之上。另一方面官、商、大地主三位一体也使得商人和市场经济与政治腐败不能剥离。大贾富商们与官府勾结垄断市场,贪官污吏们插手商业贸易,他们从商业资本中捞取的资金不断投入土地兼并,变为大地主。

〔1〕 我们读到宋代赋税收入情况的论文中,其中有两篇都提到上述数据。一篇为:贾大泉:"宋代赋税结构初探",载《社会科学研究》1981年第3期。另一篇为:张文芳:"试论宋代商品经济发展的自我障碍",载《安徽史学》1987年第2期。

而那些没有官位的巨商和大地主,也可以通过卖官鬻爵制度成为名义上的官僚,而获得政治、社会地位。

清代著名的广东十三行,就是集官、绅、商于一身。浙江巨商胡雪岩官至江西候补道,衔至布政使,阶至头品顶带,服至黄马褂,称为在籍绅士。[1] 明清著名的山陕商人、江西商人,都是在官僚机构的扶植下发展起来的,并成为大地主。山西人经营票号钱庄的特别多,政府给予他们包办汇兑、贷款、代解钱粮及收捐税的特权。近代有山西富商、山西票号之称,他们聚集了巨额财富。

从表面看来,商人、市民与官僚勾结,并通过商业利润购置田产,这一过程和欧洲资本主义发展的情况有类似之处。甚至,卖官鬻爵也不是中国封建社会特有的。16 世纪法国王室也实行过这种制度,不少暴发户买到了官职和贵族头衔,这种挤进贵族行列的人获得"穿袍贵州"的称号。他们以雄厚的经济实力支持王权对地方封建割据势力进行抑制,操纵国会。所以,这种卖官鬻爵,是经济结构与政治结构中资本主义势力相结合的一种具体途径。而中国封建社会的卖官鬻爵制度则不然,它是政治结构中的贪官污吏和经济结构中腐败成分的结合,其结果是进一步造成了政治上的腐败和土地兼并的加剧,造成了私营商业、手工业的受压制和萎缩。

中国封建士大夫和百姓历来对商人当官嗤之以鼻。他们把市井商人穿戴公侯蟒袍,倡优缀上珠玉,仆隶换上朝履的现象,视为世道崩坏的异端现象而不齿。在中国历代封建王朝中,大商业资本的发展总是与经济、政治结构中无组织力量的恶性膨胀一致的。它们也同无组织力量一样是寄居在社会机会上的毒瘤,老百姓对之仇恨入骨。所谓"老必逊幼,贱必抑贵。逆天之夫,众皆敬畏"的现象,正是对其写照。所以,当王朝崩溃时,农民大起义的斗争矛

---

〔1〕 傅衣凌:"论明清社会的发展与迟滞",载《社会科学战线》1978 年第 4 期。

头从来都是指向皇室贵族、贪官污吏、恶霸地主和富商巨贾的。无论是“假资本主义”,还是夹杂其中的资本主义萌芽,很少有逃过大动乱扫荡而幸存的。

6.6　脆性瓦解的悲剧

如果我们用婴儿出世来比喻新社会结构的诞生,那么这种结构的萌芽阶段就好比生殖细胞受精阶段,其结合阶段就好比十月怀胎,第三阶段就像伴随着剧痛的分娩。第三阶段十分重要。即使是第一、第二阶段获得正常发育,胎儿还有可能死于难产。社会结构的演化不仅需要有新结构在旧结构母体内漫长的发育过程,而且新结构取代旧结构时所要求的条件也十分严格。

对比中国封建王朝的崩溃和欧洲封建社会的解体,我们会发现中国封建社会组织解体方式是全面崩溃,我们称为脆性瓦解;而西欧封建社会组织则是一部分一部分地解体,我们称为柔性瓦解。两种解体方式不同,造成了第三阶段的重大差异。

什么叫脆性瓦解呢?用社会结构演化理论来看,一个组织在结构调整时出现了完全无序的状态,那就是脆性瓦解。所谓柔性瓦解,并不是说新结构取代旧结构是一种渐变。新结构取代旧结构,总不可避免地要伴随着某种革命,但柔性解体时,社会结构的三个子系统的变革不会导致社会基本秩序的破坏。

封建社会柔性瓦解最典型的例子是英国,16 世纪英国经济结构发生了急剧的变化,毛纺业变为英国的民族工业,圈地运动像旋风般地在广大农村刮起,流浪汉的队伍充斥社会。公元 1549 年诺福克郡爆发了两万人规模的起义,但短短两个月时间就被瓦维克伯爵的军队镇压下去了,社会基本处于有序状态。英国的宗教改革是英国国王和政府操纵的自上而下的改革运动,与罗马教廷决裂,停止向教廷缴纳贡税,并封闭大批寺院,没收其土地财产;卡尔文教、路德教等新教在英国广泛传播。尽管其间有“血腥的玛利”在位时对清教徒的残酷宗教审判,天主教一度复辟,引起国内强烈不满,但并没有酿成大动乱。不久,伊丽莎白当政,1563 年国会通过了“三十九条信条”,确定了英国国教的教义。在 1642 ~ 1649 年八年内战和革命期间,英国分为“骑士党”和清教徒“圆颅党”两个敌对阵营,交通曾一时中断,贸易也有所停顿。但是,在政治结构急剧变革时,国内的社会秩序基本上仍是稳定的。就拿革命期间伦敦的粮食贸易来说,革命前从肯特、爱塞克斯、索福尔克、色西克斯等郡运往伦敦的粮食是 273 船,而在克伦威尔革命期间,1649 ~ 1650 年,粮食贸易更加繁荣了,增加到 803 船。[1] 当然,内战和革命对经济也有很大影响,如粮价上涨。1620 年平均粮价为以 30 先令,1646 年上涨到 58 先令,1648 ~ 1649 年上涨为 68 先令。[2] 但 1646 ~ 1650 年,社会工资收入平均增加了 15% ~ 30%,虽然同期面包价格增长了两倍。[3] 这些经济情况证明,英国政治革命爆发期间,经济仍在向前发展着,并没有出现无序状态。

中国封建社会的王朝末期情况就大不相同了。只要是政治结构一崩溃,经济结构马上也随之崩溃,整个社会陷于无序状态。社会大动乱时期,物价飞涨是毁灭性的。物价的上涨,不是几倍、十几倍,而是成百上千倍,甚至上万倍。秦末大动乱时,米价上涨 166 倍,马价涨到一匹百金,最困难时一石米要值万钱。[4] 汉末大动乱时物价也上涨万倍。崩溃性的物价飞涨使经济结构马上破坏。为什么中国封建社会是脆性解体呢？因为宗法一体化结构通过官僚

---

〔1〕 E. A. 柯斯铭斯基:《十七世纪英国资产阶级革命》(第 1 卷),莫斯科 1954 年版,第 37 页。

〔2〕 J. E. Th. Rogers, A History of Agriculture and Prices in England,牛津出版社 1807 年版,第 270 页。

〔3〕 同上,第 826 ~ 827 页。

〔4〕 彭信威:《中国货币史》(上册),第 85 页。

政治把控制力伸到每一个社会细胞中,对农业、手工业、商业、城市贸易实行有力干预,政治关系网与经济关系网过于紧密地交织在一起,所以一旦政治关系网碎裂,经济生活也会跟着陷于彻底的混乱状态。

以货币流通为例,元代以前主要使用铜币,元代以后白银的地位明显地重要了,甚至以纸币为流通手段。在以小农经济为主的社会中,使用纸币这些不是以它们本身价值为基础的货币,就必须以强大的国家政治力量为后盾。货币的稳定性要依赖于政治上的稳定性。中国历史上还常出现由于纯粹政治因素而引起物价的大幅度波动的现象。如公元前216年,秦始皇因有人谋刺他,便大索关中20日,米价上涨几十倍,每石1600百钱(原来每石约为30至60钱)。[1] 这种不符合经济规律的波动,完全是政治干预的结果。欧洲封建社会,则以金、银等贵金属为流通手段,一直比较稳定。元代通货膨胀过程是有代表性的,众所周知,元代的纸币通行全国,完全是官僚机构控制的结果。有的地方使用铜钱,则明令禁用。对推行交钞不利的肃州,元世祖曾"降诏谕之"。1280年,连边远的维吾尔(畏兀儿)等地,也设立交钞提举司,开始通用交钞了。[2] 正因为纸币的使用是依靠一体化强控制来实现的,所以随着政治结构中无组织力量的不断增长,一整套货币管理发行、回收、黄金准备制度也就开始破坏。原设立了"回易库"处理用坏的昏钞,但到后期"民持昏钞赴库倒换者,易十与五,累日不可得",于是货币信用日益丧失,"民间所存昏钞,又不能纳赋税,易货物,于是遂成废纸矣"。[3] 民间造伪钞者与贪官污吏相勾结,胆子也越来越大。另外,随着政治的日益腐败,国家开支就越大,元武宗时

---

〔1〕 彭信威:《中国货币史》(上册),第44页。

〔2〕 匡裕从:"试论元代的纸钞",载《文史哲》1980年第3期。

〔3〕 赵翼:《廿二史札记》卷30,《元代专用交钞》,商务印书馆1958年版,第633页。

每年用钞600万锭,降旨赏赐用300多万锭,土木营造用几百万锭,北边军需又六七百万锭,而国库仅有十一万多锭的储备。[1] 这种巨额财政赤字,只有靠印钞来解决。元末物价上涨六七千倍,贿赂官吏所用纸币要用车载。[2]

脆性瓦解为什么不利于新结构的诞生呢?旧社会组织的彻底瓦解,不正意味着社会革命的彻底吗?问题在于这种脆性的社会一旦陷于崩溃,就具有惊人的残酷性,特别不利于新结构取代旧结构。脆性瓦解总是带来毁灭性的破坏。

古代社会中人口变化,在某种程度上反映了社会发展或被破坏的程度。我们可以用王朝灭亡前后的人口波动来看脆性瓦解的破坏性。

秦汉之交,短短八年时间中,全国人口从两千多万锐减到一千万左右,减少一倍之多。汉初,社会普遍贫困。史书记载:"汉兴,接秦之敝,诸侯并起,民失作业,而大饥馑。凡米石五千,人相食,死者过半"。[3] 户口可得数才什二三。当时,连天子都乘不起四匹马的马车,将相只能乘坐牛车而已。汉文帝在位23年当中,"宫室苑囿车骑服御无所增益","治霸陵,皆瓦器,不得以金银铜锡为饰,因其山,不起坟",[4]皇帝这种"以示敦朴,为天下先"的做法,固然有其政治意图,但这也说明大动乱后社会的极端贫困。

东汉末年大动乱造成的破坏更为惊人。公元157年东汉人口达5600多万人,大动乱后公元260~280年,魏、蜀、吴三国人口总数才760余万人,[5]不及原来的七分之一。仅曹操破徐州一次坑杀江淮难民就达数万口,竟致"江淮间空尽,人民相食"。192年,董

[1] 彭信威:《中国货币史》(上册),第402页。
[2] 彭信威:《中国货币史》(下册),第396~397页。
[3] 《汉书》卷24上,《食货志》,第4册,第1127页。
[4] 《汉书》卷4,《文帝纪》,第1册,第134页。
[5] 梁方仲:《中国历代户口、田地、田赋统计》,甲表1,第4页。

卓部将李傕、郭汜攻破长安,“时三辅民间数十万户,傕等放兵劫略,攻剽城邑,人民饥困,二年间相啖食略尽”。[1] 两年间数十万户人聚居的繁华地区竟然所剩无几,一片荒凉,真可以比做一次毁灭性的大地震了。皇帝刘协逃出长安后,住处是以荆棘编的门户,宫女缺衣食,许多饿死途中。随驾官员出门打柴,往往倒毙在路边。袁绍军队在河北,有时靠桑椹供食。袁术军队在江淮,不得不以蚌蛤充饥。在这种食人习以为常的动乱中,孔融曾为人吃人制造理论根据。他说吃不认识的人,就好比吃猩猩吃鹦鹉。程昱向曹操提供的军粮中就夹有不少人肉干。[2]

隋代人口近5000万,900万户,但唐初武德年间全国只有200多万户,到贞观时总户数才达300余万户,仅为隋代的三分之一。[3] 唐代生产发展了,人口又升到5000万人,但经过唐末大动乱和五代十国的军阀混战,赵匡胤建立北宋王朝时,全国登记只有300万户左右。又经过一段时间的休养生息,宋代人口慢慢增至6000万左右。但经过元末明末大动乱,公元1655年,即清初顺治十二年,人口仅为14,033,900人,[4]与公元1626年即明末天启六年总人口51,655,459人[5]相比,短短20年间,人口减少数千万。当然,史书所载的人口数和实际人口是有差别的,但人口的波动如此剧烈,可见脆性瓦解破坏性之大。欧洲14世纪中叶黑死病大流行,短短几年中使欧洲人口减少了三分之一。有的经济史家把这次大瘟疫看做欧洲14世纪经济停滞的重要原因。[6] 但是,如果把

---

〔1〕《三国志》卷6,《董卓》,第1册,第182页。

〔2〕中国历史研究会编:《中国通史简编》,华东人民出版社1951年版,第200~201页。

〔3〕梁方仲:《中国历代户口、田地、田赋统计》,第6~7页。

〔4〕同上,第10~12页。

〔5〕同上,第10~12页。

〔6〕亨利·皮郎:《中世纪欧洲经济社会史》,上海人民出版社1964年版,第174页。

它与中国大动乱对人口的杀伤相比,那真是小巫见大巫了。

这种巨大破坏性,给社会结构演化带来两个严重问题:第一,新结构缺乏内部调整的时间;第二,大动乱的巨大破坏性必然会摧毁进步因素的积累,造成积累过程的周期性中断。

6.7 严峻的选择

系统的组织及其演化的理论表明,一个复杂系统的建立,不会从空白状态开始。系统的进化是内部不断调整改进的过程。如果整个系统出现了完全无序状态,那么弱小的新组织因素是不可能建立一种新协调结构以完成整个系统的重建的。

任何一种新结构的优越性,并不能在一开始就能为大多数人觉察到。它还有很多不完善之处,需要时间进行自我调整。它往往要在和旧结构的不断竞争中,慢慢显示自己的优越性。所以,社会不以脆性瓦解的方式,而以柔性瓦解的方式,才能给新结构以自我调整和显示优越性的时间。

英国的君主立宪制度,是适合其社会经济、文化结构的一种资本主义政治制度。但寻求这一适应状态,却经过了相当多的尝试和相当长时间的调整。17 世纪资产阶级革命胜利后,克伦威尔宣布英国为共和国,实际上实行的是个人独裁。这种政体和英国新经济结构并不适应。克伦威尔死后不久,新议会马上请回被处死的查理一世的儿子查理二世即位,斯图亚特王朝君主制复辟。复辟后的君主制更不能适应资本主义的经济结构。政治结构还必须进一步调整。1688 年,英国发生了“光荣革命”,废黜了国王詹姆斯二世,君主专制最后失败,确立了君主立宪制的政体。经过这样反复的调整和寻找,英国政治结构才达到相对适应的稳定状态,议会成为具有最高权力的立法机构。它日益显示出对经济的促进作用。18 世纪上半叶,英国开始著名的产业革命。19 世纪中期以后,英国社会结构全面资本主义化,劳动生产率提高了 20 倍,跃为世界上头号资本主义工业强国。

历史证明,即使是新结构完全确立后,也需要经过相当长的修改、调整,才能适应并推动经济进一步发展。英国资产阶级革命刚开始时,上议院的议员全部是贵族,下议院的 507 名议员中,除 70 名外,其余也全部是贵族。[1] 产业革命开始时,英国一些新兴的工业城市没有议员,而那些正在衰落的老城镇却有很多议员。于是,经过一段时间的结构性调整,1832 年通过第一改革法案,重新分配了议员,取消了"衰落选区"在下院的席位,把席位拨给新兴城市,并扩大了选民范围,使有选举权的人数从 435,000 人增加到 656,000 人。改革后的议会推行重商主义政策,废除谷物法,走上了自由贸易的道路。1867 年和 1884 年又进行了两次政治改革,把选举权扩大到城镇工人和乡村农民,实行了近代资产阶级的普选制。从 17 世纪资产阶级革命,到 19 世纪普选制,英国的政治结构经过二百多年的自我调整和完善,才发展成现在这个样子。

世界上其他国家从封建主义向资本主义过渡都不是一日之功,都经过相当长的时间探索和完善过程。这只有在旧社会结构柔性瓦解的情况下才能完成。

有的历史学家认为,中国封建王朝的数次崩溃瓦解中,有几次是可能过渡到新社会形态中去的。例如明末,资本主义在经济结构中已有萌芽,西方近代科学技术也传入了中国,像徐光启、李之藻、王征、宋应星、李时珍、方以智等都已经意识到科学技术的重要性,并作出了重要的科学贡献。明末大动乱时,李自成的农民政权主张均田,废八股,改用策论取士,允许西洋教士随军,这些进步倾

---

〔1〕 D. Brunton and D. H. Penington, *Members of the Long Parliament*, 1954, M. Keeler, The Long Parliament, 1954.

向都有异于以往的农民起义。[1] 但这此新因素并没有竞争的实力,实际上是满族贵族建立清朝,完成了对旧王朝的修复。即使是李自成统一了中国,中国也不一定能完成向资本主义的过渡。在脆性瓦解中,任何封建宗法一体化结构的变异都注定要被清除。太平天国的指导思想是个异端,太平天国也曾建立了政权。但它还没有达到像李自成大起义那样推翻了旧王朝的统治的程度,就被镇压下去了。社会组织是每个人赖以生存的基础,人不能离开社会而生活。那种造成整个社会崩溃、具有巨大破坏性的动乱,很难说对社会的进步有什么积极意义。旧大厦的存在固然是新大厦建立的障碍,但是假如有一天旧大厦完全倒塌,新建筑材料和建设蓝图还没有出现,人们连栖身之处也失去了,形势就会迫使人们迅速作出选择。这时,人们会选择最快恢复秩序的办法。人们不得不用旧砖瓦,依照旧大厦的样子,迅速地把屋子建造起来。本来大变革意味着一次选择机会的到来,但在新组织核心相当弱小,并且不具备必要的细节,其设计蓝图远不如旧结构的残留印象清晰有力时,那么它就不可能战胜旧结构。所以,在脆性瓦解所造成的崩溃局面中,最后结果不是社会的毁灭就是旧结构的恢复。

6.8 永恒的萌芽

希腊神话中有这么一个故事:宙斯罚西西弗斯每天把一块大石头推到山上去,但石头一推到山顶,就因自身的重力作用而滚下来。于是,西西弗斯重新开始把石头往山上推。日复一日,西西弗

---

[1] 范文澜:《范文澜历史论文集》,中国社会科学出版社1979年版,第106页。

斯处于周期性的努力之中。中国封建社会生产力的发展,很有点像西西弗斯推石头。在王朝稳定的时间里,生产力在进步积累,但在王朝脆性瓦解时,它就像大石头从山顶滚到山下,下一个新王朝不得不重新开始积累。生产力的进步因素处于发芽、生长、摧毁的周期性破坏之中。萌芽不能发展成新组织的大树。

如果我们研究周期性大动乱对经济积累的破坏,可以发现一个很明显的规律,即越是繁荣富庶的地区,破坏得越厉害。凡是经济高度发达的地方,正是无组织力量聚集之处,贪官污吏、豪门大户、富商巨贾往往十分集中,农民大起义首先扫荡这些地区。

经济史研究者常常谈到中国封建社会的经济文化中心有一个转移过程,即由西向东、由北向南的转移。由秦汉时候陕西关中平原东移到华北平原,唐宋以后又向江南转移。实际上这一转移是和大动乱对经济中心周期性的扫荡与破坏连在一起的。中国号称丝国,就从我国丝业中心转移的情况来看,唐以前蚕丝业的中心在黄河下游山东省一带。据《元和郡县志》记载的唐各州府在开元年间贡纳的丝和丝品情况判断,当时长江流域的蚕丝业虽已发展起来,但还敌不过北方。[1] 唐中叶以后,尤其是经过唐末的动乱,北方蚕丝业受到严重摧残,南方受到的破坏相对来说要轻得多。宋代,江浙一带的蚕丝业就超过了北方。明以后,再三受动乱扫荡的北方,蚕丝业就一蹶不振,后来加之棉花传入,就完全衰落了。

大动乱对繁华富庶的重点杀伤,还表现在对城市的摧毁上。东汉末年大动乱中,大军阀董卓焚洛阳城,胁迫献帝西迁长安,洛阳居民也被迁徙,沿途积尸累累。一直到魏文帝时,中原一带仍人烟稀少,昔日繁华的都城洛阳附近仍树木成林,田芜罕耘。“自伊、洛以东,暨平海岱”的中原,本是我国古代的经济、文化最

---

〔1〕 章楷:《蚕业史话》,中华书局1979年版。

发达繁荣的地区。隋大业时,全国人口曾达800余万户,后经隋末丧乱,到唐代建立60年以后,中原一带仍是"灌莽巨泽,苍茫千里,人烟断绝,鸡犬不闻"。[1] 唐代长安人口近200万人,城区比今日西安还要大。唐末和五代动乱,对以长安为中心的经济富庶地区的打击也最为猛烈。开封在盛唐时不过是个周围8.3公里的小城,唐末已发展为周围56公里的城市。唐末大动乱时,开封所受的破坏比长安一带小。宋代以开封为都城,它成为全国经济最繁荣的地区,城方圆达193公里,11世纪末人口达到百万以上。但经过大动乱,公元1330年,开封人口只有9万人了,周围8.5公里,倒退到600年前盛唐时开封市的规模了。[2] 以开封为中心的中原华北地区,人口由3000万人左右降为1000万人。600年似乎一个大轮回。

其他城市也是这样。南宋时以临安为中心的长江下游地区经济迅速发展起来。杭州人口达39万户,百余万人口。但经过元代动乱,杭州市衰落了。史书称:"嘉靖初年,市井委巷,有草深尺余者,城东西僻有狐兔为群者。"[3]唐代扬州市是"雄富冠天下"的重要商业贸易城市,经动乱后,明初扬州市仅余下18家居民了。[4] 福建泉州的兴衰也很典型地反映出周期性动乱对经济发展的危害。泉州市在宋元数百年间一直保持了高度繁荣。自西晋到隋300年间,这里是块没有受战乱骚扰的绿洲。唐末农民大起义时,起义军自福州南下广州,也没有进泉州城。五代时,泉州也一直处于相对和平的环境。数百年的建设造就了泉州在宋元时代的高度繁荣,侨居泉州的外商数以万计。但是,元末大动乱,公元1357年至1366年十年间,富庶的泉州、兴化沿海地区也遭洗劫,出现"烽

---

〔1〕《旧唐书》卷71,《魏征传》,第8册,第2560页。

〔2〕施雅坚:《市场及区域经济的结构发展》。

〔3〕《万历杭州府志》卷19,《风俗》。

〔4〕据《明太祖洪武实录》中载:"按籍城中,仅余十八家。"

火连天暗锋镝,遗骸遍地飞乌鸢”的凄凉景象。阿拉伯、波斯商人纷纷从这里离去。这个曾经与亚历山大港齐名的世界著名港城,从此以后就失去了昔日繁华的光辉。泉州市的兴衰说明,在中国封建社会里,很少有能够逃脱周期性大动乱打击的经济中心。有时逃过了一次两次,但第三次打击来临时就难予幸免了。

随着经济最发达地区一再受到周期性大动乱的破坏,中国封建社会的商品经济也必然是一上一下地波动着,它很难有一个几百年近千年的连续积累过程。众所周知,秦始皇统一中国时,就统一了货币,建立了金本位制,金为上币,单位为镒(二十两);以铜币为下币,禁止以他物为货币,这是十分先进的制度。但秦崩溃后,汉代的币制一直很不稳定。从惠帝二年到武帝元鼎四年共80年间,钱法变更了九次,直到武帝收回铸币权,废除以往各种杂钱,通行五铢钱,才稳定下来。从武帝到平帝百年间,共铸五铢钱280亿枚。[1] 但从王莽改制到东汉建立,中国社会又经历了一次大振荡,商品经济也受到严重摧残。东汉王朝黄金在经济中的作用反不如西汉了。魏晋南北朝大分裂时,统一的货币制度崩溃,一些地方又倒退到以物易物的低级状态,人们反而用谷帛等实物作为流通手段。查两晋时期的史书,竟然没有铸钱的记载,大约只用旧币就够了。可见东汉末年的大动乱对商品经济破坏到何等程度。

唐代是我国古代商品经济相当发达的朝代。长安已出现了金融市场,并有专门办理汇兑的商人组织,有供给普通信用的公廨,还出现了供抵押信贷的质库,现代的几种金融业务在唐代差不多都有了。公元782年,政府以筹措军费为名,向长安金融市场勒借200万,商人为之罢市,政府不得不让步,可见市民有相当力量了。但唐末大动乱后,进步的经济萌芽又被动乱所摧毁。五代时没有

---

〔1〕《汉书》卷24,《食货志》,第4册,第1177页。

一个政府不是穷困的。唐代出现的世界上最早的汇兑制度——飞钱,在南宋和元代就消失了。唐代的柜坊中,有类似近代银行的萌芽,宋以后竟变成了赌坊,元代就完全消失了。[1]

宋代的城市和商品经济是一个高峰。北宋和南宋的都市化现象很突出,两朝的城市人口占全国总人口的比例均超过20%。[五]当时已经有印刷得十分精美的纸币。铸钱数量,数十倍于唐,对世界许多国家的经济都发生了重大影响。当时日本就使用宋代的货币为国内通货。据日本出土的自唐至明553,000枚中国货币来看,其中82.4%是北宋钱。[2] 由于商品经济发达,沈括发现了货币流通的规律。他对神宗说:“钱利于流借。十室六邑,有钱十万,而聚于一人之家,虽百岁,故十万也。贸而迁之,使人飨十万之利,遍于十室,则利百万矣,迁而不已,钱不可胜计。”[3]这一最基本的货币流通规律,欧洲到17世纪才由洛克发现。但随着宋朝的灭亡,沈括的理论再也没有受到人们的重视了。

纸币的使用也是这样。开始使用纸币的时间,美国是1692年,法国是1716年,英国是在拿破仑战争时期,而俄国则在叶卡捷琳娜二世时。欧美使用纸币比我国要晚五六百年。我们在前面谈到过元代有一系列的货币制度,其中某些是相当成熟的。但元灭亡以后,那些可以进一步完备的货币管理制度并没有完全继承下来。这说明在我国漫长的历史中,经济发展了,会产生一些进步的萌芽。但是,即使是这些种子发芽了,有的发育成幼苗了,但它们注定要在周期性的大动乱中夭折。

疾风暴雨似的周期性大动乱,不仅一次又一次地把经济结构

---

〔1〕 [日]藤繁:《中国经济史考证》(第1卷),《柜坊考》,商务印书馆1959年版。

〔2〕 转引自徐规、周梦江:“宋代两浙的海外贸易”,载《杭州大学学报》1979年第1、2期。

〔3〕 彭信威:《中国货币史》(下册),第342页。

中萌发的新因素幼苗摧残了，更重要的是，它还破坏了生产技术发展所必要的积累过程。

我们知道，生产力的进步需要有生产技术的积累，产品数量不断增加，质量不断提高。就以钢铁生产来看，只有钢铁生产技术和产品数量积累到一定量以后，才能普及于人们的生产与生活中，才能在经济结构中发挥重要影响。而这种积累在古代往往需要经过漫长的岁月。显然，周期性大动乱对生产力的积累是极为不利的。如果欧洲封建社会每隔两三百年也来一次大破坏，其生产力也不可能发展到足以产生资本主义。

近年来有的学者在铁产量上做了些统计〔1〕（表6.1），统计表明，我国铁产量随着大动乱而明显地波动着。宋代铁产量比唐代有一个大的进步，但经过战乱和分裂，南宋产量就降到了唐代的水平。到元代铁产量仍然未达到北宋水平。明代有个大发展，高出北宋一倍多，使我国的铁产量在世界各国中居于遥遥领先的地位。到17世纪，俄罗斯铁产量在其他各国最多，也只不过为2400吨，〔2〕与我国永乐初年铁产量9700吨相比，数量质量都相差甚远。但到清代初期，经过明末大动乱，再加上政府严禁开矿，冶金业衰落了。康熙皇帝于公元1675年还谕令："闻开矿之事，甚无益于地方，嗣后有请开采者，悉不准行。"〔3〕对于不能封闭的冶铁厂，则抽十分之二的重税。〔4〕到乾隆时，全国合法的铁矿厂只有93处了。

〔1〕　黄启臣："明代钢铁生产的发展"，载《学术论坛》1979年第2期。

〔2〕　石心圃："中国古代冶金"，载《北京钢铁学院第一次科学研究教学法讨论会集》，1956年。

〔3〕　《光绪大清会典事例》卷243，《矿课》。

〔4〕　刘岳云：《矿政辑略》卷5，《铁课》。

表6.1 唐、宋、元、明铁产量比较

年号	公元	年铁产量(斤)	备注
唐元和初年	806~811	2,070,000	年产量均由矿课推算
宋治平年间	1064~1067	8,241,000	
南宋初年	1127~1162	2,162,144	未包括北方数,因金史无记载
元中统四年	1263	5,844,000	
明永乐初年	1403~1410	19,575,026	包括民营铁产量110多万斤

航海业更是如此。众所周知,西方资本主义的迅速发展是建立在对本国人民的残酷压榨和对东方的血腥殖民掠夺的基础上的。西方对东方的殖民又和地理大发现紧紧地系在一起。地理大发现则以航海业的进步为前提。西方地理大发现以前,我国的航海业一直居于世界领先地位。早在唐宋,我国的远洋航海就极为发达了。明代初年郑和七下西洋,更是中古世界史上航海事业的盛举。郑和的船队出海人数多达27,000余人,组织严密,分工细致。宝船长四十四丈,阔十八丈,一次就有62艘船的大型船队远航。宝船曾达红海海口和东非海岸。当时无论造船还是航海技术,我国都是遥遥领先的。造船的吨位数,我国是700吨位,印度才有300吨,而半个多世纪后著名的哥伦布只不过几十人驾着一百吨位左右的海船开始了冒险事业。也许凭郑和的船队及航海技术,是有可能绕过好望角,进入大西洋的。但是,郑和七下西洋之后不久,航海业就因禁海运而衰落了。清代时限定沿海渔船只许用单桅,梁头不得超过一丈,[1]出洋贸易的海船仅许用双桅,梁头不得过一丈八尺,载重不得超过五百石。[2] 时间一晃,又是300年过去了。在这300年里,中国社会经历了一个繁荣到崩溃,又到复

〔1〕《嘉庆大清会典事例》卷507,《兵部·绿营·处分例·海禁》。

〔2〕《嘉庆大清会典事例》卷615,《刑部·兵律·关律》。

苏繁荣的王朝大轮回。而西方却在这300年间迅速发展起来,开始了对东方的殖民。不进步就要挨打,失去了时间就可能被列强侵略,历史就是这样无情。

被培根喻为近代文明发展前提的火药、印刷术、指南术这三项伟大的技术均发源于我国。特别是火药传到西方后,对摧毁封建制度发挥了重要作用。但这此伟大发明在自己故乡的命运又如何呢?鲁迅先生曾辛辣地说过:西洋人用火药做武器,而我们却用来做鞭炮;西洋人用罗盘来航海,而我们则用它来看风水。

我国发明火药后,也曾用于制造武器,并不仅仅为了辟邪驱鬼和游乐。宋代开封就有兵工厂,称为"广备攻城作"。公元1040年,《武经总要》里记载了三种火药配方,为世界上最早的火药资料。火药武器用于战争最早的记载是宋太宗淳化五年(公元994年)。当时火器就被用于镇压蜀民作乱。[1] 1161年在采石之战中,中国已经运用了原始的火箭弹。[六]而外国用火器作战,最早为1247年的Leon之战。明代火器曾广泛用于军备。明末军营编制里,除一千人为骑射外,其余均为火器手,[2]火器装备普及一营兵的三分之一左右。嘉靖时,陕西总督曾铣说:"每一营(五千人大营)其用霹雳炮三千六百杆,合用药九千斤,重八钱铅子九十万个……大连珠炮二百杆,合用药六百七十五斤……手把铳四百杆……盏口将军一百六十位。"[3]这是何等强的火力和先进的装备啊!当时明政府建立了规模相当大的军火工业及供给机构。宣宗时熹峰口外御清兵之战,就是用火器打胜的。史书载,清太祖被"铁铳击之,所伤甚重",[4]后来身亡。另一方面,明廷因为怕"外

[1] 《宋史》卷307,《张雍传》,第29册,第10121页:"相里贵帅众十万围樟潼……(张)雍命发机石碎之,火箭杂下。贼稍退……"

[2] 《皇明经世文编》,卷371。

[3] 同上,卷223,卷118。

[4] 同上,卷223,卷118。

夷”掌握威力巨大的火器,往往是在士兵临上阵时才发给火器。士兵平时没有受过使用火器的训练,打仗时不会用。于谦在他的《建置五团营疏》里,曾建议平时就把“枪炮”发给士兵,使火器真正成为他们的长技,但是,后来封建政府却以此为借口杀了他的头。随着明朝灭亡,先进的火器技术也慢慢落后甚至被遗忘了。当外国的洋枪洋炮打入中国时,手持长矛大刀的清军士兵已不识其为何物了。他们怎么能想到这些新式武器正是从我国的火器技术不断改进发展而来的呢?中国的悲剧在于:这些先进技术在生产、军事中的推广和应用,往往受到大动乱一次又一次的扫荡而中断了,但与宗法一体化结构联系在一起的那些奇特而又畸形的用途,却不会失传。于是用罗盘看风水,用鞭炮驱邪辟鬼,反倒一代又一代地继承下来。

周期性大动乱割断了生产力的积累发展,这就造成了中国古代生产技术、科学发明失传的特点。失传使得后代不得不用相当大的精力去研究前辈的发现,为发掘被湮没的科学技术文明而耗去宝贵精力。最著名的例子是指南车一次一次地发明又一再失传。有人把历代制作指南车的人列了一个表[1](表 6.2)。指南车为世界最早的自动机械,它在中国历史上吸引了如此多的科学发明家和能工巧匠,使他们在这种反反复复的中发明中耗尽了精力。

近年出土的秦青铜宝剑,历时两千余年仍熠熠闪光。经分析鉴定,其表面有一层防腐的含铬化合物的氧化层。而用铬酸盐处理金属表面的技术,德国人是 1937 年,美国人是 1950 年才做到的。[2] 这种技术随着秦王剑埋藏了两千年。另一个著名的例子是《几何原本》的翻译。明末利玛窦曾口译《几何原本》,由著名大学士、科学家徐光启笔录。但十五卷本的《几何原本》只译了前六卷,

---

〔1〕 刘天一:“漫谈指南车”,载《科学月刊》1981 年第 1 期。

〔2〕 王学理:“秦王剑的光辉”,载《陕西日报》1979 年 10 月 20 日。

利玛窦就不干了。利玛窦说:"请先传此。使同志者习之,果以为用也,而后徐计其余。"[1]利玛窦似乎不相信译著会对中国封建知识分子发生什么大影响。当时有远见的徐光启急欲传播科学知识,也深知这一中断就不知会拖到何时,他感慨地说:"续成大业,未知何日,未知何人。"[2]的确如徐光启感慨的那样,明朝一灭亡,翻译中断了整整两百年,到清末数学家李善兰才译出了后九卷。但就在这两百年间,徐光启译的《几何原本》传到日本,影响甚深。而且,日本人研究《几何原本》的著作也已问世。一本西方自然科学名著传入中国,仅翻译时间就前后中断两百年,这不能不令人感慨万分。

如果我们从这个角度来看资本主义萌芽始于何时的讨论,我们就会理解何以史学界意见分歧这么大,时间跨度这么长了。问题在于,无论是说萌芽起于宋,还是起于明清,它们都在周期性大动乱遭受浩劫,萌芽也一次又一次顽强地萌发起来。可悲的是,它们只不过是萌芽。

表6.2　历代制指南车人名表

元代	时代	制作人	备注
	传说时代	黄帝	仅系传说
	西周	周公	仅系传说
	东汉	张衡	有旁证
235	三国	马钧	成功
333～349	后赵	魏猛　解飞	成功
417	后秦	令狐生	成功
	后魏	郭善明	未成

〔1〕 利玛窦:《译几何原本引》。

〔2〕 徐光启:《题几何原本再校本》,《徐光启集》,第79页。

续表

元代	时代	制作人	备注
424 ~ 452	后魏	马岳	垂成被郭善明鸩杀
477 ~ 478	刘宋	祖冲之	成功
	刘宋	索驭驎	未成
616 ~ 647	唐	杨务廉	未成
808 ~ 820	唐	金公立	成功
1027	宋	燕肃	成功
1107	宋	吴德仁	成功

有的学者提出,在我国漫长的封建社会中,生产力的发展呈现为两个马鞍形。秦汉时期是一个高峰,魏晋南北朝社会生产力低落下来,到隋唐复苏,形成第一个马鞍形。宋代达到经济发展的另一个高峰,元代生产力急剧跌落,进到明中叶以后才恢复到宋代水平。这是第二个马鞍形。[1] 这两个马鞍形很形象地反映了用大时间尺度来看中国封建社会的经济发展的波动性,生产力难以持续发展。这就是大动乱所付出的历史代价。

中国封建社会的大动乱是没有“立”的“破”,是没有新果实的耕耘。尽管从历史发展的总体过程来看,历代王朝的生产水平处于缓慢的上升发展中,即后期封建王朝的生产水平和生产关系,都比前期王朝有所发展,有所前进,但这种前进是在一次又一次毁灭后的复苏,遗忘失传后的再创造中缓慢实现的。前进的道路是如此迂回曲折,不得不由一代又一代人反反复复地去走。伟大的有创造性的中华民族,就是这样一边创造了无比光辉灿烂的古代文明,一边迈着沉重的步子行走在弯弯曲曲的道路上。以至于两千

〔1〕 漆侠:“宋代社会生产力的发展及其在中国古代经济发展过程中的地位”,载《中国经济史研究》1986 年第 1 期。

年,一直到清代鸦片战争,中国社会仍没有摆脱专制主义的桎梏。

6.9 中国封建社会的超稳定结构

现在,我们可以用超稳定系统的理论来总结一下中国封建社会的结构和长期延续的原因了。

从结构上来说,中国封建社会是宗法一体化结构,它具有发达的地主经济,大一统的官僚政治,意识形态结构是儒家正统学说。

从行为方式上来说,第一,中国封建社会的宗法一体化结构及其维系的内部子系统,在两千余年中保持了巨大的稳定性;第二,这种结构的巨大稳定性直接和周期性改朝换代的振荡机制相关。

控制论、系统论中超稳定系统的行为曲线一般如图6.3。

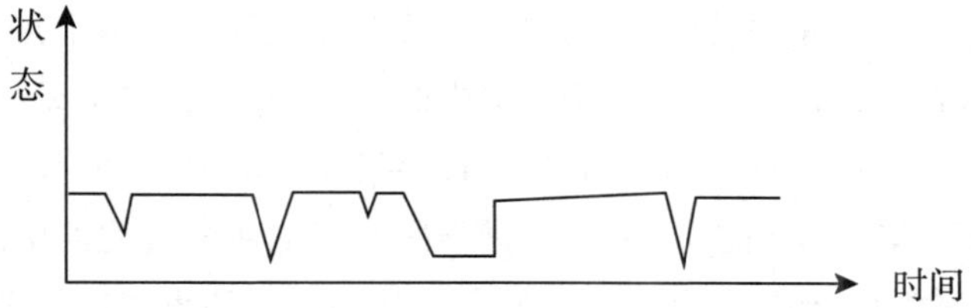

图6.3 超稳定系统的行为曲线

其中,波峰状态为系统稳定时期,波谷为不稳定时期。超稳定系统一般都具有两重调节机制。一重调节机制是在系统稳定时期发挥调节作用的。另一重调节机制在第一重调节机制失灵时发挥作用,即用振荡消除不稳定因素,使系统回到原有状态。凡是具有这两种调节机制的,不论是生物个体、生态系统还是社会,都具有极大的稳定性。

如果我们把中国封建王朝盛衰变迁过程依照时间顺序画出

来,就可以得到一条曲线[1](图 6.4)。显然,它和上图所示的超稳定系统一般形式很类似。

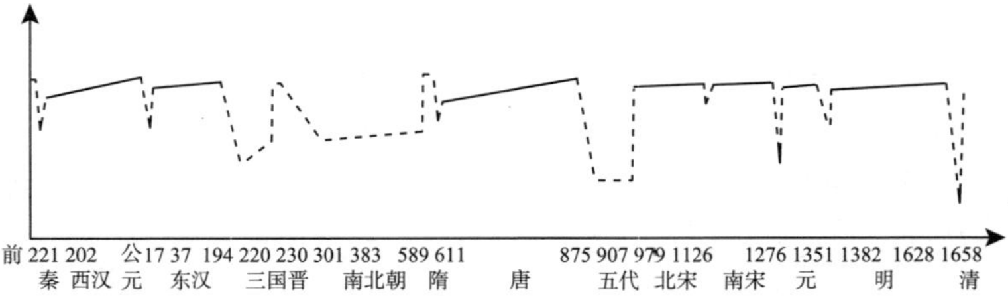

图 6.4　中国封建王朝盛衰变迁的近似曲线

中国封建社会第一重调节机制在王朝稳定时期起作用,它主要是宗法一体化结构运用国家机器强控制,使三个子系统之间的关系尽可能保持适应态,同时这种控制也抑制着可能引起结构变异的新因素萌芽的成长。当第一重调节机制被其自身异化的无组织力量腐蚀而丧失功能时,第二重调节功能就发挥作用了,全国性农民大起义扫荡了政治、经济结构中的无组织力量,摧垮无法维持下去的旧王朝。在这一时期,整个社会发生剧烈振荡,那些尚未成熟的新因素也受到了杀伤,社会进步所必需的积累过程便中断了。宗法一体化结构在此基础上完成新王朝的修复和重建。两重调节机制交替发挥作用,保持社会结构的基本形态的稳定。显然,中国封建社会的结构是一个相当典型的超稳定系统。

应该看到,任何社会组织都是某种稳定系统。所谓稳定性,一方面是指社会内部经济、政治、意识形态三结构要保持某种相互适应的调节关系,使社会能以某种秩序维持下去,生产得以发展。那种不具稳定性的社会结构,正如生物中不适应环境的变种那样,很快就会被淘汰,被历史演变的洪流冲走。另一方面,一般的稳定系统并不能达到超稳定性。因为随着生产和社会的发展进步,任何

[1] 有关这条曲线的做法及描述,详见第十一章。

稳态结构内部都会出现不适应；在出现与它固有的组织框架不能容纳的新内容的时候，这时，社会就不稳定，向着新的稳态逐步演化。而超稳定结构比稳态结构多一重调节机制。在不可抗拒的发展变化潮流中，它内部的作用机制不是使新因素逐步建立新的协调关系，而是以周期性大振荡的方式消除对原有状态的不适应因素，使整个系统回到原有的适应态。人类迄今为止的社会史表明，大多数社会结构都属于稳态结构，超稳定结构是不多的。

超稳定结构是对中国封建社会发展的一种动态模型。它在解释了中国封建社会结构具有巨大稳定性的同时，又肯定了社会内部的不断发展变化，揭示了中国封建社会的停滞性和周期性之间深刻的内在联系。

这个动态模型表明，如果我们把经济结构、政治结构、意识形态结构割裂开来看，它们之中没有一个能成为终极原因。中国封建社会的超稳定机制，表现在三者的相互作用中。

超稳定系统结构所造成的社会结构的停滞，给我们以什么启示和教训呢？

如果具有历史眼光的话，那么也许我们就不能过多地谴责中国封建社会超稳定系统所造成的停滞性。因为，在世界上其他地区的民族和国家陷入分裂和动乱的黑夜中的时候，我们的祖先曾经缔造出独特的宗法一体化结构，在分散的小农经济基础上建立了一个个伟大的统一的帝国，创造了辉煌的古代文明。尽管它是一种保守的停滞性的结构，但其内部有着顽强的难以摧毁的生命力。可以说，在人类文明史上，还没有其他任何一个社会像中国封建社会那样保存了那么多、那么完整的信息。是的，中国封建社会是历史的奇观，是人类社会生活的一部独特的教科书。它告诉我们：压制创造性的协调会造成长久的僵化，依靠强控制得来的暂时繁荣会造成长期的停滞；在小农经济上组织起来的官僚网带来了毁灭性的动乱；以扼杀个性为代价实现了个人、家庭与国家之间、人与自然之间的和谐的思想,虽抵制了宗教的滋生,却可以变为保守的思想体系。

中国封建社会的历史告诉我们,人类的社会组织应该是具有足够的弹性的:一方面它内部各子系统之间要相互谐调适应;另一方面又要各自具有一定的独立性。如果高度的一体化,用政治结构与意识形态结构相结合的强大调节能力去控制一切领域,这样强控制的后果必然是可悲的。因为它在社会稳定时期有效地遏制了新因素的萌芽,而它在解体时又采取脆性崩溃的方式。这样的结构,是既不利于新结构的成长,又不利于社会结构进步的。中国封建社会的历史还告诉人类:最重要的是应具有积极的创造精神,开明的态度。任何既定的社会结构都会老化,关键在于我们对新因素的萌芽应有一种扶植爱护的态度,使潜结构能够在探索中成长起来。这样,它在适当的时机才能取代旧结构,社会结构才能发展。

第六章　说　　明

[一]我们把西欧封建社会向资本主义社会的演化称为结构取代型,它和中国封建社会演化属不同类型。我们认为,只要进一步分析结构取代过程的细节,可以说明为何英国最早进入资本主义社会。在《西方社会结构的演变》[1]一书中,提出一种不同于韦伯学说的假说,它不仅对英国最早完成向资本主义社会转化作了解释,而且可以理解为何英法德三国进入资本主义社会的时间先后和道路有如此大的差异。书中引进了市民、诸侯、王权之间关系有无三角均势来说明这一点。必须指出的是,我们的演化理论并不排斥韦伯学说,而只是将其包含在其中。韦伯认为资本主义精神

〔1〕 金观涛、唐若昕:《走向未来》丛书,四川人民出版社1985年版。

之本质在于理性化。这里的理性有两重含义,一重是人文色彩的,另一重是科学的工具理性。因此新教伦理中的理性精神,实际上是城市文化对基督教的改造。至于科学的工具理性,它来源于另一个研究领域,我们将在本书第九章讨论。总之,用我们的社会结构演化论看来,韦伯所阐明的资本主义精神和新教伦理的关系只是实现整体演化必需的很多历史链条中的一环而已,即它体现了经济结构中资本主义因素和文化中资本主义因素的结合。新教伦理实际上是受人文主义世俗文化冲击的结果。

[二]在此,我们似乎可以提出一个十分有趣的规律性现象:如果某一个系统来自于旧社会结构不可分离的母体部分,那么它很难成为潜结构成长的温床。中国封建社会的城市和西欧封建社会中的城市差别正在于此。中国城市属于一体化结构不可分离之部分。有人在谈到中西城市差别时曾列举过国外史学对中国城乡结构的种种评价,指出,一些日本学者曾把中国城市比喻成像血液自心脏四散流通式的。他们认为中国古代城市和农村形成一种放射性的一体结构,在这种结构中,城乡不是对立的,而是打成一片,即城市的色彩逐渐淡薄,四面扩散。[1] G. Boter 甚至说:"中国只是一个个体,而且只是一个城市。"中国一直没有都市优越性(Urban Superiority)的观念。尽管这些说法有失偏颇,可是这些学者都发现了中国城市和西欧封建社会城市的一个本质差别:中国封建社会城市属于旧社会结构基本构架,而西欧中世纪城市则属于旧社会结构中产生的异物(这一点只要考虑这些城市不存在时是否会导致原有社会组织系统紊乱就可判定)。西方中世纪城市能成为潜结构生成之温床,和它不属于封建社会架构这一特点密切相关。有人认为,一直到 19 世纪后半叶,近代通商口岸制度造成沿海城

---

〔1〕 赵冈:"中国历史上的城镇与市场》,载台湾《食货》月刊第 13 卷第 5 ~ 6 期,1983 年。

市兴起后,中国才出现城乡对立,城市才偏离了中国传统的模式。[1]

[三]在此,读者很容易产生一个误解,即误认为我们把资本主义原始积累作为资本主义社会起源之模式。其实,资本原始积累只是西欧封建社会结构向资本主义社会结构演化之一个侧面,而我们仅仅想证明,即使对于那些原来被作为纯经济动力的方面,也取决于潜结构生成和它的壮大,在社会结构演化分析中,一切都是整体起作用的。我们认为,作为潜结构壮大和取代,无疑也包括了新教伦理和资本主义精神对经济的促进作用。

[四]很多学者在强调中国封建社会病态繁荣时,把"病态"的根源都归为忽略工业和制造业,仅仅扩张了消费和流通领域。其实,这种分析是十分表面的。这方面一个有说服力的例证是景德镇。历代景德镇都是一个"纯"工业型市镇。18世纪时,其主要商品流通额只比17世纪英国全国年出口商品的值略低,由此可见其制造业之发达。但景德镇是否蕴涵着某种资本主义制度或它是某种新的社会结构的代表呢?不是。作为瓷都——景德镇完全是和中国封建社会结为一体的。近年来有些学者证明,景德镇工业越是发展,其后果越是加强其周围的自然经济,而不是摧毁自然经济。[2] 因此,无论是城市商品经济还是制造业,都不能独立于整个社会结构,孤立地看它是否属于新形态。我们提出的假资本主义正是企图用它来把握中国封建社会一个王朝末期,各方面都像资本主义,但不能从旧社会中分离开来的那种如海市蜃楼般繁荣的幻景。

[五]赵冈、陈钟毅在《中国历史上的城市人口》一文的小结中,给出了中国历代城市人口变化的情况(表6.3)。此表反映出我国

---

〔1〕 刘石吉:《城郭市廛——城市的机能、特征及其转型》。

〔2〕 梁森泰:"明清时期景德镇城市经济的特点",载《南开大学学报》1984年第5期。

唐宋两代是城市人口比例最高的,均在 20% 以上。而到 1953 年,城市人口比例与两千多年前的战国时代相仿。作者认为,由于人口增加,而土地不足,造成了农业生产不得不走上集约耕种的方向。但每年农民的平均生产量却逐渐下降,从 11 世纪以后到 19 世纪中叶,每人平均粮食产量下降 36%,这就造成了农民可能供养的非农业人口的比重下降。因此,造成城市人口比例大幅度下降。而 19 世纪中叶以后,城市人口比例上升速度很快,但直到 20 世纪 60 年代中国城市人口比例,还没有达到宋朝的高度。[1]

[六]经潘吉星考证,1161 年宋将虞允文使用的霹雳炮,既不是一般火炮,也不是用人力或机械力掷出的炸弹,更不是古代的希腊火或自动火,而是一种能散出烟雾的借火箭原理推进的炸弹,即原始的火箭弹(Primitive rocket - propelled bombs)。[2] 可见中国宋代火器之先进。

表 6.3　中国历代城市人口变化情况

年　代	城市人口（千人）	总人口（千人）	城市人口比重(%)
战国（公元前 300 年）	4300	30,000	14.3
汉(公元 2 年)	10,845	59,600	18.2
唐(745 年)	10,990	52,900	20.8
北宋(1077 年)	16,623	82,600	20.1
南宋(1193 年)	15,900	71,000	22.4
金(1207 年)	8859	45,800	19.3

〔1〕 原文见:《食货》,第 13 卷,第 3、4 期,1983 年。

〔2〕 潘吉星:“世界上最早使用的火箭武器——谈 1161 年采石战役中的霹雳炮”,载《文史哲》1984 年第 6 期。

续表

年　代	城市人口 (千人)	总人口 (千人)	城市人口 比重(%)
清(1820年)	24,200	353,000	6.9
清(1893年)	29,800	426,000	7.0
近代(1949年)	57,650	541,600	10.6
近代(1953年)	77,257	582,600	13.2

第七章 魏晋南北朝亚稳态结构及其他

我们已经变得衰弱不堪,为什么神灵学和神秘主义在我们中间产生,这些令人毛骨悚然的东西,它里面也许有伟大的真理,但是它几乎把我们毁灭了。

——辨喜

7.1 一体化调节的失灵

也许有人会提出魏晋南北朝作为超稳定系统的反例。

是的,魏晋南北朝是中国历史上的一个反常时期。这一时期,出现了一些不同于其他王朝的特点。大一统解体了,中国陷于长期的分裂状态,北方少数民族源源不断地进入中原。庄园壁坞林立,人身依附关系加强了,商品经济普遍衰落。儒家一度丧失正统地位,佛教和玄学盛行,文学艺术追求形式主义的靡丽铺陈的风尚,奇人怪事和才子神童辈出。甚至农民起义也不同于其他历史时期。总之,我们在前六章中谈到的超稳定系统一些特点都变得不明显了。

那么,是不是能因魏晋南北朝而否定中国封建社会的超稳定结构呢？不能。这一长期分裂又逐步趋于统一的历史过程,反而为超稳定系统结构提供了一个极好的例证,说明当它受到某种不能在短期排除的干扰时,就必将导致宗法一体化调节功能的失灵。

一体化的失灵是从农民大起义调节作用失灵开始的。我们在第五章里谈到过,这是由于无组织力量与军事势力结合造成的。但这样说还很不够。农民大起义只是超稳定系统一系列调节机制中的一环,仅仅这一环失灵并不会导致一体化完全失灵。实际上,是在大动乱使得整个社会极度衰弱的情况下,又出现了外部的强大干扰,这种干扰和内部无组织力量结合在一起,就构成对一体化的连续冲击,使一体化逐渐失灵。东汉灭亡后正是这种情况。

公元 265 年,司马炎建立了西晋,三国割据遗留下来的强大的无组织力量不仅没有减弱,反而进一步发展、变形,甚至固化了。豪强力量发展成门阀贵族,无组织力量很快把西晋王朝吞没了,并且与外部两个干扰源结合在一起。

这两个强大的外部干扰源是佛教传播和少数民族内迁。应该强调的是,这两个干扰源都是乘虚而入的,它们同中国封建社会内部的无组织力量结合后,推波助澜,互相加强,渐渐干扰了一体化结构,从而使中国封建社会陷于三百年的分裂状态。

我们将魏晋南北朝这一分裂动荡的时期称为中国封建社会的“亚稳态结构”。之所以要用“亚稳态结构”这个词,是因为它是一种缓慢过渡的状态,最终还是通过排除干扰,重建一体化,回到超稳定系统结构的。

7.2　中原的虚弱和少数民族内迁

我们先谈谈使一体化调节失灵的第一个原因——西北少数民族的冲击和门阀贵族化相结合。

国外一些史学家认为,东汉灭亡后,中国历史上也出现过类似罗马帝国崩溃后蛮族大入侵的时期。虽然魏晋南北朝时期少数民族内迁确实是突出的问题,但这个问题由来已久。当时少数民族军事侵扰的规模还不及汉初。西汉初年,匈奴势力最大,控弦之士号称三十万,构成了对汉政权的巨大冲击力。东汉,匈奴威胁基本解决,但又面临空前强大的鲜卑部落军事联盟。少数民族内迁问题在魏晋南北朝以后也很突出。东突厥曾以数十万骑围攻隋炀帝于雁门。唐高祖时(武德九年)突厥兴兵四万大举进兵中原,直达渭水桥北。可以说,自古以来少数民族的内迁就一直是不可阻挡的趋势。那么,为什么偏偏在魏晋南北朝时期,这种因素会成为阻碍宗法一体化实现的干扰源呢?

一个重要的原因是,东汉灭亡以后少数民族干扰源和封建大国内部的无组织力量相结合,而这种结合又是同汉代长期执行的对少数民族的政策分不开的。

远在东汉初,匈奴内部分裂为南匈奴和北匈奴。南匈奴首领呼韩邪单于在公元49年遣使到洛阳,要求奉藩称臣,归附汉王朝,保卫边塞。南匈奴的附汉使北匈奴遭到重大打击。汉帝国对匈奴政策的胜利,使其他少数民族慑服,带来了边境的相对安定,但也使干扰源缓慢地引入内部。

南匈奴附汉之后大量内迁,史载“匈奴五千余落入居朔方诸郡,与汉人杂处。”[1]“落”的意思是户,每户以五口计,五千余落就有二三万人之多。从此不断有少数民族被安置在甘、陕、山西一带。随着时间的推移,匈奴人和其他少数民族也越来越深入内地,集中到并州中部汾河流域一带了。[2]

在东汉尚未崩溃以前,尽管少数民族纷纷内迁,但由于中央集

〔1〕《晋书》卷97,《北狄·匈奴传》,第8册,第2548页。
〔2〕林干:《匈奴史》,内蒙古人民出版社1979年版,第124页。

权力量相当强大,所以这种胡汉杂处并没有引起混乱。当东汉灭亡、大动乱发生时,南迁的少数民族便参加军阀混战了。例如,呼韩邪单于就在公元202年归附了曹操。

大动乱造成中原地区的极度衰弱空虚,为少数民族干扰和无组织力量结合提供了有利条件。第六章已谈过东汉末年的大动乱是历代大动乱中最残酷的一次,人口杀伤最厉害。公元156年,人口尚有5006万余人,到公元263年(景元四年)时就仅余537万人了。[1] 西晋初年傅咸上书中也说:"户口比汉十分之一。"[2]这种大破坏,可以说是毁灭性的。它像巨雷一样,不仅击垮了腐朽的旧王朝,而且几乎使整个社会毁灭。被破坏的大多为中原富庶地区;而偏远的少数民族居住地区,人口杀伤并没有这么厉害。这样,少数民族干扰源在整个系统中越来越重要了。

据历史文献记载,当时入居内地的少数民族共达870万人。[3]我们就拿这个数字来做一简单推算。东汉后期为5006万人,那少数民族就占17%左右(实际上应低于这个比例)。西晋人口最多时为1600万人,那么少数民族比例则高达54%以上了。

不仅是北方少数民族占了总人口的很大比率,就连南朝汉人政权统治下的地区也是如此。最近有人研究了南朝当时的民族结构,指出:蛮、僚、俚三族人口的一部分(远非全部),共计300万人左右。据《宋书·州郡志》,刘宋大明八年(公元464年)人口数为546万余人,那么这三支少数民族的部分人口数,就占了南朝国家掌握的总人口的一半以上。[4]

由此可见,魏晋南北朝时期少数民族内迁使得汉族在人口比

---

〔1〕《后汉书·志》卷19,《郡国一》,第12期,第3388页。

〔2〕《晋书》卷47,《傅咸传》,第5册,第1324页。

〔3〕《晋书》卷2,《文帝纪》,第1册,第40页。

〔4〕朱大渭:"南朝少数民族概况及其与汉族的融合",载《中国史研究》1980年第1期。

例上失去优势。宗法一体化结构是以汉族为主体形成的。在汉民族人口比例急剧减少的情况下，宗法一体化结构也必将受到严重干扰。民族构成发生如此巨大的变化，要完成民族融合，克服干扰，不经过相当长的历史过程几乎是不可能的。

民族结构的变化导致阶级关系更为复杂。中原的凋敝使封建统治者有必要招引边境少数民族入塞充当劳动力。西晋初年（公元265～287年），就先后有几十万少数民族入塞。[1] 他们大量沦为世家豪门的佃客。晋初江统在《徙戎论》中说："关中之人百余万口，率其少多，戎狄居半。"[2] 这些少数民族中的劳动人民和汉族劳动人民一样，要"家使出谷，平其输调"，[3] 成为封建国家剥削和压迫的对象。晋武帝甚至迫使羌族首领姚馥为其养马。魏晋末年太原诸郡"亦以匈奴胡人为田客，多者数千"。[4] 羯族首领石勒曾被贩卖为奴，他在上党时当过佃客。民族问题和阶级矛盾纠合在一起时，农民起义的重要调节作用就要失灵。

这一历史时期，农民起义大多具有民族混杂的色彩。公元301年李特起义，参加的有汉、氐、賨各族；公元305年汲桑起义有羯、胡、汉各族参加。少数民族的贵州首领，往往利用这一形势采取军事行动，如羯族首领石勒就参加了汲桑领导的牧奴的农民起义。少数民族的军事行动与农民起义相结合，造成了对王朝修复机制的巨大破坏。农民起义在扫荡组织力量之时，也为少数民族建立贵族政权铺平了道路。

匈奴左贤王刘渊、刘聪父子灭西晋的过程，很能说明少数民族干扰是怎样与无组织力量相结合、并利用农民起义的形势的。当时西晋内部无组织力量非常强大，爆发了八王之乱。争夺权力的

---

〔1〕 据林干：《匈奴史》第160～161页列举数字统计。

〔2〕 《晋书》卷56，《江统传》，第5册，第1533页。

〔3〕 《三国志》卷26，《郭淮传》，第3册，第734页。

〔4〕 《晋书》卷93，《王恂传》，第8册，第2412页。

八王,各自援引各少数民族上层贵族参加内战。成都王司马颖招引匈奴屠各部贵族刘渊为外援。东瀛公司马腾招引乌桓和羯族兵袭击司马颖。东海王司马越拥有鲜卑兵三万。[1] 刘渊乘晋室内乱之机,打出“兴我邦族”的旗号起兵。当时王弥在徐、青一带起义,汲桑在赵、魏一带起义,造就了很有利的形势。从公元 304 年刘渊被成都王司马颖招为外援,同年举起反晋旗号建立“汉”政权,到刘聪遣将攻陷长安也不过只用了短短的七八年时间。可见,中央政权的衰弱,贵族门阀的强大并与少数民族首领联合起来争夺权力,是使少数民族打入中原的契机。

匈奴贵族建立的政权,采用“汉胡分治”的政策,建立了两套行政管理系统,按“户”统治汉人,按“落”统治胡人,民族界限明显。五胡十六国时期建立的少数民族政权五花八门。当时大多数少数民族原来是落后的氏族部落制或奴隶制,由他们建立某种政权之后,就构成了对宗法一体化结构的巨大干扰。

7.3 玄学、佛教的兴起

导致一体化长期失灵的另一个原因是,封建知识分子的普遍消极和汉代佛教的传播。

到东汉中后期,儒学成为知识分子沽名钓誉的手段,他们弄虚作假,两面派作风盛行。宋人司马光曾以“饰伪以邀誉,钓奇以惊俗”[2]来形容那时知识分子的作风。东汉有一个叫许武的人被举孝廉后,为了让两个弟弟成名,就故意导演了一次分家丑剧,家产分三,自己取肥田广宅和强壮的奴婢,使两弟以“克让”之名被举孝

---

〔1〕 林干:《匈奴史》,第 163 页。

〔2〕《资治通鉴》卷 51,第 1650 页。

廉，然后又“会宗亲”说明自己当初之举不过是为了使两弟成名，现在可以把自己当初分得和以后经营发展起来的产业分给两弟了。这样，许武就进一步猎取了更大的名声。[1] 还有一个叫赵宣的儒生，葬亲后在墓道中“行服二十余年”，“乡邑称孝”，州郡官“数礼请之”，这个“大孝子”硬是不肯出来，直到郡太守陈蕃查出他在墓道中先后养了五个儿子，才戳穿骗局。[2] “举秀才，不知书；察孝廉，父别居。寒素清白浊如泥，高第良将怯如鸡”，正是当时极为败坏的推举制度的写照。

伦理道德是儒学的一个核心，儒家名教与儒生行为日益脱离，暴露了名教的虚伪性。另一方面，东汉中后期政治生活漆黑一团，知识分子入仕无门。有的人六十多岁还在当太学生，等不到一个官做。学术界以沉闷烦琐的经学考为主导。那种“说五字之文，至于二三万言”[3] 的文风，实在使有健全头脑的人无法忍受。凡此种种，必然造成儒学信仰危机。于是，有不少封建知识分子企图摆脱困境，开始批判儒学，另找出路。如魏晋年轻的玄学家王弼一针见血地指出名教的虚伪，他说其“崇仁义，愈至斯伪”，“巧愈精思，伪愈多变，攻之弥甚，避之弥勤”。[4]

在这种情况下，“当时不少知识分子从事先秦诸子的研究，也有人企图推翻汉代经学，重新在原始的儒家经典中做新的发掘，也有人想综合各家，别创新说”。[5] 这种以复古为手段试图摆脱僵局的努力，使得许多消沉泯灭的学派开始活跃起来。如曹操、诸葛亮等政治家就崇尚法术。后人称为“魏之初霸，术兼名法”。[6] 刘

[1] 《后汉书》卷 76，《许荆传》，第 9 册，第 2471 页。

[2] 《后汉书》卷 66，《陈蕃传》，第 8 册，第 2159～2160 页。

[3] 《汉书》卷 30，《艺文志》，第 6 册，第 1723 页。

[4] 王弼：《老子微旨略例》。

[5] 唐长孺：《魏晋南北朝史论丛》，三联书店 1955 年版，第 313 页。

[6] 刘勰：《文心雕龙 · 论说篇》，中华书局 1957 年版，第 185 页。

陶喜论纵横,王衍也好论纵横之术。[1] 甚至墨家也受到一些知识分子的喜爱,管宁就“韬韫儒墨”。学术思想开始摆脱独尊儒术以来的僵化局面,经学迅速衰落了。任继愈指出:“汉代是以经学的记诵来吸引读书人做官的。所以汉代的经师特别多。可是后来在军阀混战中全国的图书文物遭到惨重的破坏,通经的儒生也变得极少了。曹魏时,朝廷大小官吏和大学生在京师的有万余人,能通古礼的却找不出几个;中央官吏有四百余人,能提笔撰写文告还不到十人。”[2]

西晋以前,玄学清谈已占上风,充斥官场的也不再只是老成持重的儒者了。当时的才子神童,如马融、孔融、祢衡、何晏、阮籍、王弼、钟会等一代风流,都是少年成名的。这反映了社会风气的转变。[一]后来,尽管也有傅玄、刘寔致力于儒学的中兴,而东晋以后儒学越发式微了。

经学的衰落,各派学说的活跃,知识分子思想的混乱,表明来临了一个小小的百家争鸣时期。思想真空是不能长久的,玄学和道家开始兴盛起来,并逐渐成为主流。为什么在普遍的信仰危机和思想混乱中,道家会渐渐占了上风,儒家和其他学派不能复兴呢？为什么会出现“儒墨之迹见鄙,道家之言遂盛”[3]的潮流呢？这是有深刻的社会原因的。

道家玄学的兴起,除了意识形态结构自身演变的原因外,[4]主要是由于东汉末年统治者对儒生的残酷迫害,大动乱的惊人的残酷性,造成道家对儒家的反动。当时,广大封建知识分子对政治黑暗、残酷的现实深感失望,有的吓破了胆,生怕干政会招致杀身之祸。在动荡不安的社会生活中,下层知识分子既不敢也不能入仕,

---

[1] 《晋书》卷 43,《王衍传》,第 4 册,第 1236 页。

[2] 任继愈:“魏晋清谈的实质和影响”,载《历史教学》1956 年第 10 期。

[3] 《晋书》卷 49,《向秀传》,第 5 册,第 1374 页。

[4] 有关意识形态结构自身的原因见第八章。

又不满于经学的烦琐和名教的虚伪，他们愤世嫉俗，倾向于修身养性的全身长生之术和信奉“无为”的哲理。上层社会奢靡淫乱的享乐主义也需要找到理论说明。这样，玄学和道家成为社会的一种理论需要。魏晋时知识分子的必读书有三本：《周易》、《老子》和《庄子》，名曰“三玄”。天姿神迈的少年才子王弼，就是以注《老子》、《周易》而闻名一时并影响后世的。

魏晋玄学以道家的“自然”来对抗儒家名教，主张放情任志、顺乎人性的生活态度。它是对儒家伦理说教的一种否定和反动。这种表面上蔑视封建礼法的“解放”，实际上是精神危机和放荡不检的生活所表现出的“退却”。中下层知识分子如嵇康、阮籍之类，愤世嫉俗，憎恶政治的腐败，退却于远离现实的清高的精神生活中去。贵族门阀则沉溺于荒淫无度的享乐之中。魏晋玄学的兴起，是历史的必然。它是毁灭性大动乱在知识分子精神上造成的表现。这种现象说明：当人们对走入死胡同的官方意识形态产生厌倦，但仅仅只有感情上的反抗，而没有理论上的创新的话，就会进入官方哲学补结构的陷阱中去。[1]

正在儒家的入世精神像夕阳西沉，渐渐消失在“无为”和消极的黑夜中的时候，佛教开始构成对中国封建意识形态的冲击。佛教刚传入时影响并不大。魏晋玄学的兴起，使得佛教传播的速度大为加快了。它是在人们纷纷寻找精神防空洞的情况下乘虚扩张的。

佛教比魏晋玄学更为消极。玄学道家虽然讲“无为”，但还主张“内圣”和“外王”的统一。何晏强调“性”是先天之全，“情”是后天之欲，人们不能完全任情达理，还主张要合情合理。而佛教主张“出世”，把“情”看作是产生一切烦恼、罪恶的根源，主张灭除欲望。佛教用现世的虚无来为出世做辩护。佛教和玄学推波助澜，以致

---

〔1〕“补结构”见本书第8.6部分。

许多知识分子由玄而入佛,越陷越深。汉魏时,佛教还不那么炽盛,西晋初年已不然,译出的佛学经典达上千卷之多。但最能引起中国士大夫兴趣的还是"般若"学。到东晋以后,佛学已经十分兴旺了,和尚们以哲学家的形象走上了中国封建意识形态的舞台。并且和尚们似乎在政治舞台上也不甘寂寞,扮演着重要角色。号称"大和尚"的名僧佛图澄曾协助后赵的石勒处理军机政要。名僧道安则为前秦苻坚的政治顾问。后秦的姚兴进把鸠摩罗什奉为国师。南方的刘宋王朝中,孝武帝当朝时,人称慧琳为"黑衣宰相"。梁武帝时,佛教几乎享有国教的地位。陈武帝、文帝则舍身佛寺。[1]

玄学和佛教的兴起,是实现一体化的巨大障碍。宗法一体化结构需要依靠信仰统一国家学说的知识分子组成官僚机构,需要以封建礼法来维护家庭和国家的等级次序。儒学正统地位的丧失,崇尚"无为"和"出世"的佛老之学成为意识形态的主流,就使得一体化无法实现。可以设想,如果没有佛教,实现宗法一体化的障碍会小得多。

就这样,佛教构成外来文化对中国的第一次冲击。中国那古老而有顽强生命力的主体文化,不得不艰难地消化外来文明。这是一个痛苦而又富有创造性的历史过程。

7.4 政治结构的变化:分裂、贵族化及九品中正制

由于上述几个强大的短期内不可能排除的干扰源造成一体化失灵,所以中国封建社会在很长一段历史时期中失去了大一统的组织力量,陷于分裂动荡之中。特别是北部中国一片混乱,时间持

---

〔1〕 方立天:"佛教与中国政治",载《社会科学战线》1987 年第 2 期。

续一个半世纪之久。虽然也曾经有人企图以军事力量统一中国，但不可避免地失败了。最著名的是秦晋淝水之战。

民族酋长苻坚于公元351年建前秦，它的势力迅速膨胀，先后灭前燕、代和前凉，20年间席卷黄河流域和长江上游，大有统一中国之势。公元383年，苻坚率领大军进逼偏安东南一隅的东晋王朝。东晋只有八万军队应战。苻坚很自负，扬言"吾之众旅，投鞭于江，足断其流"[1]认为收拾东晋犹疾风之扫落叶。但淝水一战，前秦大败，苻坚本人后来也被姚苌杀死，已统一的北中国立即解体。姚苌在长安称帝建立后秦，乞伏国仁据陇西建西秦，吕光占姑臧建后凉，短时间内建立了十个政权。固然，前秦的战败有很多原因，但根本原因在于当时一体化结构已受到严重干扰，没有形成统一的力量。可以设想，即便是苻坚灭了东晋，统一也不会稳定，会如查理曼大帝国那样迅速瓦解。

苻坚本人是想推行一体化的。他任用汉人知识分子王猛、薛赞、邓羌等为谋士，倡儒学，兴学校，打击豪强。但是，就连苻坚政权骨干王猛也认为东晋代表"正朔"，说："晋虽僻陋吴越，乃正朔相承。"[2]氐族贵族苻融也自惭戎狄，他说："且国家，戎族也，正朔会不归人。"[3]前秦政权内部贵族化分裂趋势极强，淝水之战中，前锋慕容垂率步骑数十万，但他却希望前秦失败，战争打响时按兵不动，一见失利就率部叛变，拥兵割据。淝水之战从反面证明，一旦一体化受到严重干扰，不管力量多么强大，都不能重建封建大国。实际上，当时几个干扰源还很强，重建宗法一体化结构还要走很长一段路程。

一体化失灵，对贵族化趋势就失去了遏制调节的力量，官僚机构也就逐渐为世袭贵族所垄断。从政治局面上来看，中国陷于长

---

〔1〕《晋书》卷114，《苻坚载记》，第9册，第292页。
〔2〕《晋书》卷114，《王猛传》，第9册，第2933页。
〔3〕《晋书》卷114，《苻融传》，第9册，第2935页。

期分裂的局面,无论是北方还是南方,政权更替频繁,政治形势变幻莫测。但是,在这一长期分裂动荡的历史时期,士族门阀势力是不受王朝更替影响的稳定的社会因素。如颖川荀氏,历曹魏而至晋时显赫。又如,琅琊王氏从王祥仕曹魏一直到南朝灭亡,三百年间始终为士族冠冕。在东晋以后的宋齐梁陈四个王朝更替中,琅琊王氏始终是左右政治风云变幻的强大势力。[1]

魏晋以后门阀贵族势力的强大,是众所周知的。甚至连皇帝也不敢得罪他们。东晋司马睿登帝位的第一天,竟让王导同坐御床,受百官朝拜。士族与非士族之间有非常明显的鸿沟,连皇帝也无法改变。梁时北朝东魏的降将侯景曾要求梁武帝萧衍允许他向王谢士族求婚。萧衍觉得办不到,只好劝他:"王谢门高非偶,可于朱张以下访之。"[2]齐高帝萧道成在临终遗诏中说:"我本布衣素族,想不到做皇帝。"可见门阀等级观念之深。

贵族化的突出表现是,九品中正制代替了汉以来的察举征辟的选拔官僚制度。汉代以地域性的乡闾为单位,考察知识分子的品行学问而授之以官。这种制度的实施,要以一体调节力量的存在为前提,同时又反过来加强一体化。随着一体化失灵,国家陷于分裂,这种制度就不可能推行了。史书载,"魏氏承颠覆之运,起丧乱之后,人士流移,考详无地"。[3] 这样,曹魏便建立了九品中正制。

所谓九品中正制,就是在州县置中正官,考察辖区人才的高下。品级分为九等,列在下等的,永不得仕进。九品中正制在名义上保留了考核选官的制度,但选拔考察官吏的职能实际全部落到世族大家手中。由于名教的衰落,对知识分子的评判越来越以家

---

〔1〕 傅玫:"豪族大土地所有制与士族门阀",载《中国古代地主阶级研究论集》,南开大学出版社 1984 年版。

〔2〕《资治通鉴》卷 116。

〔3〕《晋书》卷 36,《卫瓘传》,第 4 册,第 1058 页。

世门第为标准,以后发展成为家世是能否入仕的唯一标准了。寒门庶族,即使道德高尚,学识渊博,也难以膺选入仕,特别是不可能列入上品担任国家高级官员。毛汉光在《两晋南北朝士族政治》的著名研究中,在35年间找出五品以上的官僚共4022人,统计了这些人的出身背景。其中,士族出身的占67.1%,小姓出身占18.2%,寒素出身占14.7%。这样,造成了"上品无寒门,下品无士族"的局面,国家官僚机构成为贵族门阀专制的政治舞台。吴晗曾经指出,"从四世纪到十世纪大约七百年间,中国的政治被这30个左右的绅士家族所独占"。[1] 可见这种势力流弊之深远。魏晋南北朝时就有人认为,九品中正制的失当,造成了"中华所以倾弊,四海所以土崩",[2]这种见解是对一体化调节功能丧失的一种朦胧意识。

随着政治结构中贵族化趋势的加强,中国封建社会再一次出现了"刑不上大夫"的现象,所谓"罚典唯加贱下,辟书必蠲世族"。[3] 士族犯罪,处理从轻,理由是不能"雷同群小"。皇帝对世族大家"每从宽惠"、"弘以大纲",定罪与量刑均另立标准,前有"八议之科",后设"收赎之制"。东晋初年发生过一桩"偷石头仓米一百万斤"的大盗窃案,主犯是一个士族,有司不敢处理他,就把看管仓库的人杀掉了事。[4]

官僚机构门阀化在官俸上也有体现。两晋官俸主要采取禄田形式。政府把公田按照俸禄等级分给官员,官员自行收禄田(亦称菜田)的租税,同时配给一定的劳动力耕种禄田。官员对禄田有管理、支配收入的全权。禄田上的劳动者称为"田驺"、"僮"、"文武吏"等。他们世代相袭,地位和农奴差不多。我们知道,两晋的禄

---

〔1〕 吴晗:"再论绅权",载《时与文》1984年第3卷第9期。

〔2〕《晋书》卷71,《陈頵传》,第6册,第1893页。

〔3〕《南齐书》卷40,《武十七王》,第3册,第697页。

〔4〕《晋书》卷73,《庾亮传》,第6册,第1933页。

田制度本非古法,它和儒家的"仕者不耕"、"伐冰食禄之人,不与百姓争利"[1]的传统是矛盾的。禄田制度是由官僚俸禄向封建领主采邑退化的中间状态。它也是一体化失灵贵族化趋势的表现。

7.5 经济结构的变化:坞堡组织和人身依附关系的加强

一体化调节的失灵,必然导致农民对地主的人身依附关系的不断加强,出现地主经济向领主经济退化的现象。这一时期出现了类似领主式的经济组织形式:坞堡组织和宗主督护制经济。

最近,陈仲安对这个问题做了较深入的分析。[2] 他认为,以北魏孝文帝太和中颁布均田制为界限,北方的土地制度经历了两种形式。前期占统治地位的是坞堡主经济和宗主督护制经济;后期是以家庭为单位的地主庄园经济。实际上,前期类似于领主经济,而后期是向地主经济过渡的中间形态。

坞堡主经济结构早在东汉末已萌芽,但东汉时有一体化调节对它起抑制作用。西晋灭亡以后,一体化失灵,社会动荡不安,坞堡主经济便迅速发展起来,并部分地取代了原有地方基层组织和行政系统。

坞堡主经济组织很类似于领主制度。大坞堡主控制小坞堡主,小坞堡主控制劳动者。大坞堡主又归附于某一政权,构成了坞堡组织外部的贡纳关系。这一点很类似西欧、日本。苻坚于淝水战败后,当时"关中堡壁三千余所,推平远将军冯翊、赵敖为统主,

---

〔1〕《后汉书》卷80,《黄香传》,第9册,第2615页。

〔2〕陈仲安:"十六国北朝时期北方大土地所有制的两种形式",载《武汉大学学报》1980年第4期。

相率结盟,遣兵粮助坚”。[1] 可见,仅关中就有大小坞堡三千余,北方社会经济主要是以坞堡组织为单位的。十六国后期直到北魏,社会趋于稳定,战乱时的坞堡经济逐步转化成更为稳定的宗主督护制经济。[二]

宗主督护制度经济的主要特点是合户制,即“百室合户,千丁共籍”,“五十、三十家方为一户”。户主即坞堡主、宗主,他们负责向封建政府承担赋役。[2] 我们知道,领主经济中,贵族对农民不仅有经济上的剥削,还有行政上的管理权。宗主对户内所有人家的土地具有支配权,并对类似于农奴的劳动者有人身管理权,甚至有生杀之权。当时某些豪族地主已获得在自己领地内普遍的立法权。《北史》中记载过这么一件事:葛荣起事时,殷州西山李鱼川的宗主“元忠率宗党作垒以自保,坐于大槲树下,前后斩违命者凡三百人。贼至,元忠辄却之。”南北朝后期,特别是北魏孝文帝改革后,行政管理权才渐渐从豪门士族、宗法坞堡主手中夺回来。

魏晋南北朝前期,地主经济向领土经济退化的重要表现是农奴化倾向。史学界众所周知的“客皆注家籍”,就是指这一时期渐渐失去独立户籍,而附注在主人户籍上的趋势。最能说明问题的是“部曲”制度。“部曲”原为两汉政府军队的两级编制单位。东汉灭亡后,“部曲”又用来指世家巨族的私人武装。自永嘉丧乱,一些既不肯流迁江南,又不甘沦为少数民族统治的世家豪族,便纷纷建立坞堡壁垒制度进行自卫。大量投靠他们的自耕农也便成为部曲。他们平时耕田,战时作战,对世家豪族有很强的人身依附关系。

最近,罗宏曾分析指出,部曲与奴隶是两个不同的概念,虽然都是“身系于主”,但他们不是豪门世家的“畜产”,不能像奴婢那样

---

〔1〕《晋书》卷114,《苻坚载记》,第9册,第2926页。

〔2〕《隋书》卷24,《食货志》,第3册,第674页。

论价随便买卖,部曲只能“将转事人”。部曲一旦投靠豪门世家,就不再是国家的编户齐民,不向政府交纳租税和担负徭役。[1]《隋书·食货志》载,魏晋南北朝佃户对国家“皆无课役”,部曲也“不预军征”,而像欧洲中世纪农奴那样,要为主人承担各种杂役,从输谷、助防,到盖房、植树,防范饥民盗田中麦,当船夫等,劳动果实“被强家收大半之赋”。这和地主经济中自耕农是不同的。部曲制是父死子袭,只有通过放免或自赎的手段,才能摆脱对贵族的人身依附关系,重新成为自耕农。《晋书·元帝纪》和《宋书·武帝纪》中都曾记录了免部曲为平民的诏令。姜伯勤对中国的田客制、部曲制与英国维兰制进行了比较研究。他指出,田客或部曲,是国家法令中的“良人”,同时又是封建大地产主及豪强的“私属”。这种身份上的二重性与 12 世纪英国维兰身份的二重性惊人的一致。部曲如维兰不是自由人一样,不是不自由的奴隶,而是不自由的农奴。[2] 由此可见,部曲和佃客实际上和农奴差不多,他们在魏晋南北朝的前期和中期,特别是在北方领主经济结构中占有很大的比重,是主要的劳动生产者。

南朝也由于贵族化倾向严重,自耕农在不断减少之中。南朝地主经济不断退化的有力例证是荫客制的发展。所谓荫客制,就是农民投靠封建官僚或豪门世家求得“荫庇”,以免除对国家的纳税服役。荫客制度可以作为地主经济退化的尺度。

三国时代,国家尚有一定的调节能力,在曹魏、孙吴等地,给官僚数额不等的赐客、复客只是一种不成文的临时性措施。但到西晋时,贵族门阀势力更炽盛了,荫客制也被法律认可而固定化了。西晋法律规定各级官吏“各以品之高卑荫其亲属,多者及九族,少

---

〔1〕 罗宏曾:“魏晋南北朝时期部曲的社会地位”,载《历史教学》1980 年第 2 期。

〔2〕 姜伯勤:“中国田客制、部曲制与英国维兰制的比较研究”,载《历史研究》1984 年第 4 期。

者三世”,“又得荫人以为衣食客”和佃客。[1] 东晋时官员法定可以荫客的人数增加了数倍,详见童超整理出来的表(表7.1)。[2]东晋一至九品大小官员,最多可荫户40户,最少为五户。当时官员有几万,那么国家法定的荫客数即可达10余万户。有人统计过东晋官员法定荫客数为150,000户,如果以南朝灭亡时总户数60万计,那么官员荫客数就占户数的四分之一。实际上,官员荫客数总是大大超出法定数额的。这表明,从三国、西晋到东晋,地主经济在不断退化之中。

表7.1　两晋官吏荫客数

类别	朝代	官品								
		1	2	3	4	5	6	7	8	9
佃客（户）	西晋	15	15	10	7	5	2	2	1	1
	东晋	40	40	35	30	25	20	15	10	5
典计（人）	西晋									
	东晋	3	3	2	2	1	1			
衣食客（人）	西晋	3	3	3	3	3	3	2	2	1
	东晋	3	3	3	2	3	3	2	2	1

由于经济结构向领主经济退化,所以魏晋南北朝时期农民受到的封建剥削更为厉害,农业生产水平下降。最近,余也非指出,先秦时北方小麦平均亩产量为0.73市石,两汉时增为0.804市石,到魏与西晋降为0.791市石,北朝时进一步退到0.686市石,还不如先秦的水平了。[3]

---

〔1〕《晋书》卷26,《食货志》,第3册,第790页。

〔2〕童超:“魏晋南北朝‘客皆注家籍’说质疑”,载《天津师院学报》1980年第4期。

〔3〕余也非:“中国历代粮平均亩产量考略”,载《重庆师院学报》1980年第3期。

7.6 亚稳结构与魏晋封建说

从前几节的分析中可以看出,魏晋南北朝时期的经济、政治、意识形态结构发生了明显的变化,较大地偏离了超稳定系统的典型结构。但是,这一时期社会结构三个子系统之间还是相对适应的,其框图如图7.1所示。领主庄园经济和政治上贵族门阀是相适应的。国家的分裂和佛老玄学为主流的意识形态相互适应,这是一种没有一体化调节功能或一体化功能较弱的适应态。也就是说,这一新适应态代替了由地主经济、大一统的官僚政治、儒家正统这三个子系统组成的原来的适应态。所谓一体化结构的破坏,正是指原来的调节方式受到干扰,通过一段时间的动乱,三个子系统在相互作用中趋于另一种稳定态,这就是魏晋南北朝亚稳定结构。

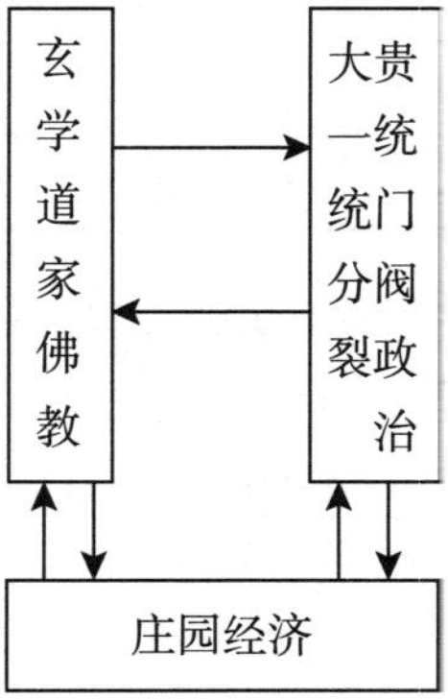

图7.1 魏晋南北朝时期的社会结构

亚稳态结构在魏晋南北朝中期已基本形成,它与西欧、日本封建社会有着相似之处。领主庄园林立,商业和城市普遍衰落,运输关卡重重。我们知道,汉代商品经济远比西欧中世纪的发达。但魏晋南北朝,统一的币制破坏。北齐曾出现实物交换的低级经济形态。北周用布帛为流通手段。[1] 宋铸钱极为粗劣,一千钱不满二寸,称为鹅眼钱。还有一种比鹅眼钱更低劣的钱,称为綖环钱,极易破碎。[2] 梁时币制混乱,甚至改用铁钱。[3] 非常有趣的是,北周前后河西诸郡曾使用西域的金银币"而官不禁"。[4] 这种情况在封建大一统时期很少见。当国家陷于分裂、关卡重重时,金银币外币流通使用是易于理解的,只有这样的货币才能沟通几乎被隔绝的经济区域之间的微弱的交往。这一时期,土地兼并等社会问题也不那么典型了。北朝主要是争夺人口。

根据这些类似之处,一些历史学者提出了魏晋封建说。他们认为汉代仍属奴隶制社会,汉魏时中国才进入封建社会。[5] 有些研究者把汉代的流民问题、货币问题、货币经济的繁荣,看作和罗马帝国类似的情况。历史上竟出现过这样惊人的巧合:罗马共和国的黄金储量为179,100公斤,而王莽死后汉代的黄金储量是179,200公斤。[6] 这些巧合,无疑可以加深这些学者认为汉代是奴隶制大国的印象。的确,汉代奴婢数量相当大。据翦伯赞估算,官私奴隶达150万人,占西汉总人口的2.5%。胡寄窗估算有230万人,也只占总人口的3.85%。持魏晋封建说的童书业则估计西汉的奴隶总数有一千几百万人,即占总人口的20%~25%。另一主张魏晋封建说的学者马克垚估算,西汉的奴隶有500万,占当时人口的十分之一。而雅典极盛时期,据H.瓦郎估计,奴隶占总人口的三分之二,其他学者有的估计奴隶占总人口的二分之一。而《剑桥古代史》和《牛津古典辞汇》估计奴隶占总人口的三分之一。

---

〔1〕 彭信威:《中国货币史》,上册,第135页、146页、151~152页。

〔2〕 同上。

〔3〕 同上。

〔4〕 《隋书》卷24,《食货志》,第3册,第691页。

〔5〕 何兹全:"汉魏之际封建说",载《历史研究》1979年第1期。

〔6〕 彭信威:《中国货币史》,上册,第76~77页。

可见,即使从奴隶占总人口的比例上看,汉代仍远低于雅典时代。[1] 当然,我们应该看到,魏晋封建说是有一定的合理性的。它正确指出了魏晋南北朝时期中国社会有别于秦汉、隋唐、明清的特点,而和西欧、日本封建社会有某种类似之处。[三]

但是,这一理论的失误在于没有看到汉代的社会结构与罗马帝国根本不同。汉代的城市和商业的发达,并不因为它是奴隶社会,而是由于宗法一体化结构对社会调节的结果,是地主经济的特点。这一特点,在隋唐以后各王朝都存在。而且越是王朝后期,商业病态繁荣的现象就越明显。汉代和隋唐以后的王朝都是实现了宗法一体化的封建大国,它们的结构基本上是一样的。魏晋南北朝与西欧类似,是因为宗法一体化调节失灵了,它必然出现那种没有一体化调节的社会结构所具有的一般特点。

魏晋南北朝后期,随着几个干扰源的逐步排除消融,一体化调节力量又开始复苏,社会又往宗法一体化结构过渡。正如一巨大的物体沿某一轨道滚动,由于某种干扰而落进坑陷之中,但在惯性作用下又从坑凹中滚出来,终于回到原有轨道上来。

7.7 重建一体化的道路

我们先从理论上分析一下,要重建一体化,也就是中国封建社会从亚稳态结构回复到封建大一统,需具备哪些条件。显然,第一个条件是那些导致一体化调节的干扰源必须克服,或者干扰源被系统同化,成为自己结构的有机部分,或者系统内部已增加一个反干扰的体制。比如人体对某些病毒能产生免疫力那样,出现抗体,

---

〔1〕 关于西汉奴隶数在人口中所占比例,以及雅典时期奴隶数量的估计,均引自胡钟达:“再论五种生产方式说”,载《历史研究》1986 年第 1 期。

那么干扰源就不会影响系统的结构了。

少数民族大量内迁和佛教这两个干扰源，正是通过这些途径被克服的。在三百余年的大分裂的漫长历史中，大量内迁的少数民族接受了汉族的文化，出现了又一次民族大融合。儒家在历时三百年的抗争中，一反汉代经学的迂腐气，慢慢地争取主动。最后，新抗体终于出现了。在佛、道、儒融合过程中，形成了中国化的佛教流派——禅宗。到宋代出现了新儒学——理学。这时，佛教对儒家正统的意识形态结构就不能发生以前那种干扰作用了。

克服干扰源，仅是重建和加强一体化的部分内容。由于魏晋南北朝已经形成一种亚稳结构，即政治上的贵族门阀势力，经济上的类似庄园制的形式，以及佛老玄学的意识形态，这三个子系统组成互相调节的适应状态，这时，仅仅是克服干扰源就不够了。任何社会结构的演化，必须首先削弱仍处于适应态的三个子系统相互调节的能力。也就是说，打破亚稳结构要实现如下几个条件：经济结构中推行均田制，破坏庄园制度，限制人身依附关系，把部曲和佃客解放为自耕农；政治结构中削弱贵族门阀势力，维护皇帝和中央政府的绝对权威，废除九品中正制，找到能实现一体化的入仕制度；儒家重新获得正统地位，广大知识分子改变“无为”和出世的消极态度，积极干预世事，成为大一统的组织力量。魏晋南北朝后期，历史正是这样发展的。

我们可以把魏晋南北朝三百余年的历史分为三个阶段：第一个阶段从东汉灭亡，一直到西晋，这是一体化调节失灵时期；西晋灭亡后，南北分裂，北方十六国大混战，这一百余年社会处于亚稳定结构，是第二阶段；而从北魏建立以后的一个半世纪，可以看作从亚稳态结构向重建宗法一体化结构的过渡的第三个阶段。

7.8　南朝的贡献与死胡同

从理论上说,重建一体化的任务可以由南朝,也可以由北朝来完成。表面上看去,似乎南朝更具备有利条件。南朝是汉族政权,在人们心目中是正统,社会也较稳定,不像北方那样混战,而且前期经济比北朝发展,文化繁荣。但是,从系统论、整体演化理论的角度来看,却可以得出不同的结论。西晋灭亡后,北方社会在一百余年间十分动荡,王朝更迭如走马灯,民族成分混杂,令人眼花缭乱。南方只经历了东晋、宋、齐、梁、陈五个朝代。从社会稳定性来看,南朝比北朝稳定。系统演化理论指出,所谓稳定程度高,就是子系统内部相互适应的力量强。系统旧结构稳定程度越高,改变它建立另一种适应方式就越困难。[四]而北朝亚稳定结构不如南朝稳定,恢复重建超稳定系统也就比南朝容易。历史上,正是北朝实现了中国的又一次大一统。

北朝少数民族政权中杂混着许多落后的政治、经济制度,但原始的社会结构可塑性也较大。同时北方也留存了不少豪门世家。陈寅恪先生在《隋唐制度渊源略论稿》中指出,正是这些北方世族大姓以家学的方式,继承延续了汉魏文化,保存了经学、礼法和各种典章制度。这正是隋唐制度得以承接汉魏的原因。[1]

北朝仕人受到少数民族侵扰和压制,不能像南朝世族那样肆意横行。在民族拉锯战中,北方的汉族很亘视“同姓”,称为骨肉。两三千家聚居一地的现象,所在多有。所以,一旦民族融合逐步完成,少数民族政权就很快地和汉族地主阶级及其知识分子相结合,

---

〔1〕 近年有些论文专门讨论了南北政权在对待经学和儒家知识分子的不同态度。如牟钟鉴:“南北朝经学述评”,载《孔子研究》1987 年第 3 期;施光明:“五凉政权‘崇尚文教’及其影响述论”,载《兰州学刊》1985 年第 6 期,等等。

实现重建一体化。

南朝由于豪门贵族垄断了政治大权，在骄奢淫侈的生活中越陷越深，广大寒门庶族则被排挤在政治生活之外。南朝社会风气的糜烂是历史上罕见的。梁朝上大夫宽衣大带，大冠高底鞋，剃面搽粉抹胭脂，走路要人搀扶。建康县官王复连马也没有见过，所以听马叫便大惊失色，对人说：这明明是老虎，怎么说牠是马？颜之推感慨地说：江南士族至今已传八九代，但他们完全不懂人世事务，做官不办事，家也管不好。[1] 他们沉迷于声色犬马，荒淫无度，有的著名文人如庾信甚至搞同性恋。[2] 社会风气极度糜烂。有些寒门出身的士子学人趋炎附势，纷纷投靠高级士族当门生，把自己一生的荣辱显达完全系于血统"高贵"的主子身上。如宋徐湛之就有门生千余名。[3]

南朝的农民也趋于近乎农奴的地位，所受剥削极为沉重。范宁曾说过当时劳役的繁重："古者使人，岁不过三日，今之劳扰，殆无三日休停。"[4]这种情况随着贵族化的加强越来越厉害。社会生产不断萎缩。最能说明这种趋势的是南朝户口不断减少。自东晋历宋、齐、梁、陈五朝，户口不断下降，刘宋时户口尚有90余万户，到陈时只剩下60余万户，少了三分之一。一些最富庶的地区，户口减少更为惊人。如山阴县在刘裕时有三万户，到隋灭陈时，会稽郡（包括山阴县在内的八县）人口仅二万余户，还不及当年山阴一县的户口。据梁方仲整理的数据，[5]我们可将宋孝武帝大明八年到陈后主祯明三年（公元464~589年）户口变化画出一曲线（图7.2），自耕农呈急骤锐减趋势。这说明南朝庄园经济的恶性发展。

---

〔1〕 见《颜氏家训·涉务》第十一。

〔2〕 中国历史研究会编：《中国通史简编》，华东人民出版社1951年版，第263页。

〔3〕《宋书》卷71，《徐湛之传》，第6册，第1844页。

〔4〕《晋书》卷75，《范宁传》，第7册，第1985~1986页。

〔5〕 梁方仲：《中国历代户口、田地、田赋统计》，第38页。

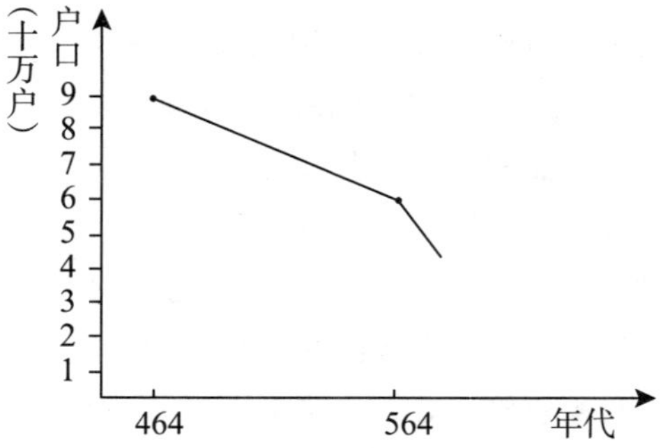

图7.2　南朝户数的减少(公元464～589)

北方的起点比南方低,但受到的阻力也比南方少。北朝摆脱亚稳定结构要比南朝容易。在知识分子参政的道路上,北方也没有南朝那么深的门阀贵族与庶族的鸿沟。少数民族首领很容易把实现一体化和统一中国的雄心结合起来。石勒并不识字,但仍要人将《春秋》、《前汉书》等读给他听。正如一个不懂事的青少年接受一种信仰,比否定过这种信仰的老年人再度重新接受这种信仰来得容易一样。北方自十六国混乱以后,随着少数民族政权的转化和民族融合,受压制的儒生逐步和王权联合,少数民族的尚武精神和主张大一统、积极干预世事的儒家学说结合在一起,使北朝在一体化的道路上迅速前进,以致最终在经济政治和军事上压倒南朝,完成统一中国的大业。

这并不等于说南朝对回到超稳定系统结构没有贡献。其主要成就在意识形态方面。南朝是佛、道、儒三家斗争最激烈的地方。著名的思想家范缜就是南朝人。他以惊人的勇气著《神灭论》,反对当时借助政权力量以势压人的佛学,证明物质是实在的,精神是附生的,还指出当时国家贫弱、人民困苦,都是相信神不灭的缘故。在南齐竟陵王萧子良的王府,范缜和名僧们当面辩争,吵得把祖宗的神灵都搬出来了。范缜表示绝不肯"卖论取官"。梁武帝宣布佛教为国教,对范缜发动围攻,动员王公朝公64人写批判文章75篇。《神灭论》发表后,在南朝引起很大的震动。相比之下,当时北方儒生还拘泥于经学的旧风,史称之为北学。而南朝注重古文经学,并吸收了老庄简易清通的风格。隋唐之后,儒学重新恢复了正统地位,这并不是汉代经学的恢复,而是更多地依靠了南朝学术界对儒、佛、道的融合消化的理论果实。

7.9　中华民族大熔炉

北方少数民族统治者都有过统一中国的意图,如羯族的石勒,氐族的苻坚。但真正走上重建一体化道路的是鲜卑族拓跋部。

公元398年魏王拓跋珪称帝以后,魏国迅速完成封建化,努力统一北中国。他建立了一整套官僚机构:在中央政府机构中"建曹省、备置百官,封拜五等";在地方设置刺史、太守、令长;〔1〕并规定中央尚书以下的官吏和地方政权中太守以下的官吏都任用文人。〔2〕天赐元年又对各级官吏的品秩和编制作了具体规定,〔3〕确定了租税和徭役制度。但北魏前期仍然是奴隶制度和封建制度的混合体。拓跋氏政权中占主导地位的仍是鲜卑贵族,要走上重建一体化的道路就必须抑制贵族势力,需要皇权和封建知识分子结合。

早在拓跋珪时代,少数民族统治者就非常注意吸收汉族知识分子参政,对他们"留心慰纳"。〔4〕拓跋嗣即位后,正式下诏"分遣使者巡求俊逸"〔5〕拓跋焘平定关中、凉州之后立即下诏,征集范阳

〔1〕《魏书》卷113,《官氏志》,第8册,第2972页、2974页。

〔2〕《魏书》卷2,《太祖纪》,第1册,第27页。

〔3〕《魏书》卷113,《官氏志》,第8册,第2974页。

〔4〕《魏书》卷2,《太祖纪》,第1册,第27页。

〔5〕《魏书》卷3,《太宗纪》,第1册,第52页。

卢玄、博陵崔绰、赵郡李灵、河间邢颖、渤海高允、广平游雅、太原张伟等一批著名的汉族知识分子。史书载:“州郡所遣,至者数百人,皆差次叙用”[1]拓跋氏政权十分重视儒学教育。拓跋珪曾下令:“五经诸书各置博士,国子学生员三十人”。[2] 拓跋焘下诏建立太学,规定贵族子弟必须学习儒学,使儒学成为贵族官僚子弟进身的必经之路。拓跋弘(魏孝文帝,后改称姓“元”,即元宏)即位以后,进一步在各郡设立儒学机构。这样,经过几代人的努力,使得永嘉以来芜没了 150 年之久的郡国之学又恢复了。甚至孔子及其二十八世孙孔乘也被抬了出来,以增加儒学的号召力。

公元 476 年北魏献文帝死后,拓跋弘尚年幼,冯太后亲理国政,雷厉风行地推行了有利于一体化的改革。经济上推行均田制,打击豪族,增加国家税收。公元 485 年宣布均田令,虽说它并不是真正意义上的均田,授田时不限奴婢人数,豪门大族所占有的奴婢、耕牛多,分田也就越多,但是推行均田制完成了一个重要的转变,这就是国家控制的缰绳再一次套在经济结构上。均田制实行后,就可以限制人身依附关系的发展,逐步解决贵族豪门广占土地而不耕、贫弱细民劳动力有余而无耕地的状况。显然,这是对社会生产力的一次调动和解放。

同时,北魏统治者还利用一体化打击贵族势力。为了配合均田令,在行政管理制度上实行了户籍制度和三长制,按地域关系重新编制地方基层组织,把豪强大族的荫户变为国家掌握的编户齐民。显然,这是对贵族化的宗主督户制的重大打击。正如冯太后所说的那样:“立三长,则课有常准,赋有恒分,包荫之户可出,侥幸之人可止。”[3]使得从中央到基层,“以大督小,从近及远,如身之

〔1〕《魏书》卷 4,《世祖纪上》,第 1 册,第 79 页。

〔2〕《魏书》卷 113,《官氏志》,第 8 册,第 2972 页。

〔3〕《魏书》卷 53,《李冲传》,第 4 册,第 1180 页。

使手,干之总条”。[1] 均田制和三长制的实行,对国家行政管理及经济结构的调节能力都大大加强了。

公元490年冯太后去世魏孝文帝亲政,493年他以南征为名从平城迁都洛阳,把重建一体化的改革推向高峰。拓跋弘强令鲜卑贵族汉化。他禁胡服胡语,“不得以北俗之语,言于朝廷。违者,免所居官”。[2] 凡迁到洛阳的鲜卑人,改变籍贯,生称洛阳人,死葬北邙山,并把鲜卑复姓拓跋氏改为元氏。他还制造了汉族、鲜卑族同为黄帝族的历史。孝文帝按照中原地区的门阀世家制度,规定了鲜卑贵族的族姓,使得鲜卑贵族的汉族士族完全结合在一起了。同时有意识地通婚,消除民族界限,还宣布以后不再以民族成分为任用官员的条件。甚至连度量衡也规定“改长尺大斗,依《周礼》制度,班之天下”。[3] 这一切说明了孝文帝努力完成民族融合的历史使命。

魏孝文帝不愧是中华民族大熔炉里雄才大略的政治家。他从小受冯太后的严格教育,熟读儒家经典,提倡文学,亲祀孔子,设立国子、太学、小学、他极为看重人才和勇于纳谏。王肃本是南朝人,跑到北方后,魏孝文帝马上召见他,委以重任。后来王肃在北魏制定官制,推行汉化方面起了作用。冯太后和孝文帝的改革是成功的,国家一体化调节功能开始发挥作用了,庄园坞堡主和宗主督护制被削弱而衰落,北魏出现了百姓殷阜的局面。到6世纪初,进一步“定奴良之制”,[4]限制贵族化。这时北魏已十分强盛,政府领户达500多万户,但可惜的是这位少数民族政治家未能完成统一的大业,于公元499年即他年仅35岁时就去世了。

魏孝文帝的儿子恪没有父亲的远见魄力,继位后宠任奸佞贵

[1] 《魏书》卷110,《食货志》,第8册,第2855~2856页。
[2] 《北史》卷3,《魏本纪》,第1册,第114页。
[3] 《北史》卷3,《魏本纪》,第1册,第114页。
[4] 《魏书》卷8,《世宗纪》,第1册,第213页。

族豪门,崇尚淫侈,迷信佛教。孝文帝的事业迟滞了。孝文帝死后三十余年,北魏就在农民起义的打击下瓦解。但这时农民起义也开始恢复和执行自己的调节功能。这时的形势与淝水之战时根本不同了。统一中国成为历史的潮流,它已经不以某个人或某个政权为转移。至于由什么政权、什么人、在什么时机统一中国,只是时间问题。[五]

统一的大业在北周基本上实现了。北周统治者为进一步推行一体化开展了尊儒复古运动。国号定为周,就是不想沿袭汉魏旧称,想复西周之古。这时,北朝不但在经济政治、军事上完全压倒了南朝,而且在精神上也压倒了南朝。

继北周之后的隋,迅速实现统一大业。隋文帝定礼仪正名分,封祀泰山,在京都设国子学。更重要的是改州郡县三级制为州郡二级制,制定隋律,废九品中正,立科举制。这是中国封建社会结构进一步完善的重要标志。从此,国家任用官员有可能不必依靠累世为官,垄断贵族的士族了。终于在魏孝文帝去世半个多世纪后,由隋文帝杨坚实现了重建封建大国的大业。

7.10 超稳定系统对外来冲击的反应

魏晋南北朝三百多年的历史,是超稳定系统在内部干扰和外来冲击下失灵,又艰难地克服干扰重建宗法一体化结构的历史。这一反常时期,使我们可以更为深入地看到超稳定系统的一些特点。

一、超稳定系统的抗干扰能力与一体化调节能力成正比,与无组织力量成反比

中国封建社会超稳定系统结构,是在生产水平不甚高、地理环境相对与世隔绝的历史条件下,以汉民族文化为主而建立的。因此,它可能受到的干扰有三类:第一类是少数民族的军事行动;第二类是天灾;第三类是外来文明的传播。

这三类干扰和冲击的性质是如此不同,但超稳定系统对它们的反应,却有着深刻的类似性。超稳定系统是具有巨大内稳定调节力量的系统。一般说来,这种调节对各类干扰都有效。干扰对整个系统冲击,很大程度上取决于内部调节能力。比如生物个体,无一不受到气候、病菌及其各种干扰,但发病则取决于自身的抵抗力。这种特点,是任何具有内稳定调节机制的系统都有的。因此,抵抗力取决于一体化调节力量的大小,也与无组织力量成反比。

对少数民族和外来文明(佛教)的干扰,我们已做过分析,它们是符合上述理论的。那么,对自然灾害这类干扰是不是这样呢?我们根据邓云特的《中国救荒史》对历代自然灾害的统计资料,[1]可以制出一个统计图(图7.3)。

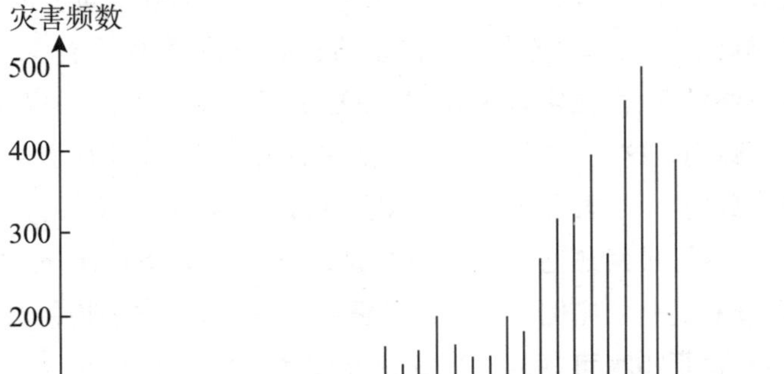

图7.3　中国历代天灾频度表

[1] 邓云特:《中国救荒史》,三联书店1961年版,第38、39、40页。

图 7.3 表明了两个有趣的结果:第一,中国封建社会越到后期自然灾害就越频繁;第二,天灾频度在统计上与朝代变更没有什么对应关系。第一个现象颇难解释,有人认为它是古人对天灾的漏记造成的。我们则倾向于认为,天灾愈演愈烈也许和垦殖范围的扩大和地力的消耗而造成生态环境的破坏有关。当然,这一假设还有待于进一步研究和证明。但最近的研究给出一个案例,从武德七年(624),到开元二十九年(741)一百余年间,发生在北方京畿、都畿、河南、河北几个地区的较大的自然灾害有 86 次,而同期淮南自然灾害为六次,江南八次,这和唐代北方砍伐森林破坏生态有关。[1] 至于第二个特点,是由于一体化调节作用对天灾的抵抗能力造成的,它使得天灾频度与王朝变更在统计上是无关联的。

在基本上靠天吃饭的小农经济基础上,小农基本上不具备抗灾能力。但中国封建大一统国家,可以依靠政权的强大组织力量来抗灾。抗灾的手段除了减免赋税等政策措施以外最重要的是建立仓储制度。从睡虎地秦墓地出土的竹简来看,秦代设有中央、县和乡三级粮仓,由国家官吏管理,并制定了一些条例,对失职官员进行了惩罚。这些条例相当严苛,如粮仓有三个老鼠洞,官吏就要受经济处罚。[2] 国家储备大量粮食,可以用来平粜、赈济、贷给种子等。此外,民间还通过宗法组织设立自己的义仓和社仓。在清代,官仓和民仓的比例为 4:1。据研究,清代湖南省平均每县有 8 个粮仓,这是相当可观的。国家粮仓储备的粮食有多少呢?如果以唐代的储量为 1(2,733,720 市石),那么,唐、宋、清的比例就为 1:3:13。在清代,如果农户的全部种子口粮都需要由外部解决时,北方的社仓一般能满足所需量的 50% ~65%,而南方则能满足

---

〔1〕 董咸明:“唐代的自然生产力与经济重心南移——试论森林对唐代农业、手工业生产的影响”,载《云南社会科学》1985 年第 6 期。

〔2〕 宫长为:“秦代的粮仓管理——读睡地虎秦墓竹简札记”,载《东北师大学报》1986 年第 2 期。

55% ~80%。[1] 可见,仓储制度是抗灾的有效的调节手段。而这一调节手段是否能发挥应有的作用,则取决于国家官僚机构是否有效率。也就是说,与无组织力量大小直接相关。在一个王朝前期和中期,当一体化调节力量强大时,中央地方政府往往采取有效的救荒政策,使灾害不致危及王朝统治。但在王朝后期,国家内部无组织力量恶性膨胀,抗拒自然灾害等各种干扰能力大为减弱。即使国家想救灾,也只能依靠腐化的官僚机构,其结果是又给了贪官污吏们一次勒索百姓的机会。所以,王朝末期的天灾常常成为农民大起义的导因。

总之,中国封建王朝在前期一体化调节能力较强时,抗干扰能力也就较强;而后期无组织力量恶性膨胀时,也就失去了抗干扰能力。

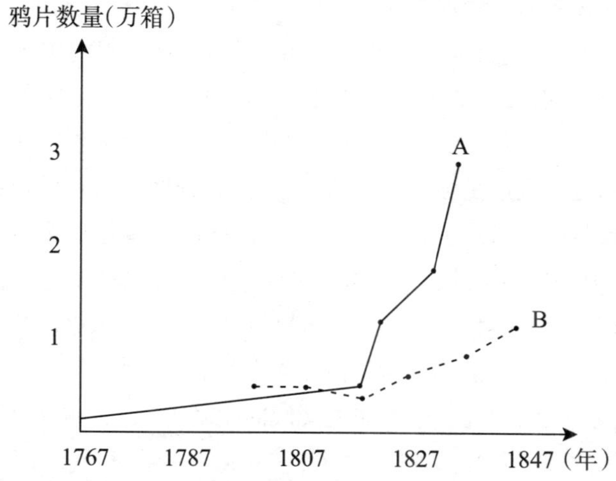

图 7.4　1767 ~1847 年鸦片输入情况及无组织力量增长情况

---

〔1〕 徐建青:"从仓储看中国封建社会的积累及其对社会再生产的作用",载《中国经济史研究》1987 年第 3 期。

这一现象,对 19 世纪中国封建社会受到西方冲击时也同样适用。图 7.4 中,实线表示公元 1767 年到 1847 年间每年输入中国的鸦片量;[1]虚线为我们在 4.6 节图 4.3 中使用过,表示政治结构中无组织力量的曲线。公元 1820 年以前,清朝政治结构中的无组织力量较小,鸦片输入量每年五千余箱以下。1820 年后,无组织力量迅速增长,鸦片输入量也激增至每年三万余箱。鸦片是西方帝国主义列强打入中国封建社会的重要武器。在无组织力量强大,国家控制能力减弱时,鸦片输入量就猛增。从这个例子可看出对外来冲击的抵抗能力,直接取决于无组织力量的大小。两次鸦片战争是中华封建帝国企图遏制西方殖民势力冲击的努力。尽管两次战争中国都失利了,但由于当时还有一定的抗干扰能力,中国没有像印度那样沦为殖民地。

二、闭关自守的保守性

弄清楚超稳定系统对外来冲击的反应,就能理解中国封建社会为什么会有强烈的闭关自守倾向。人们常用小农经济的保守心理来解释它。但中国的闭关自守比其他封建国家强烈得多。奇怪的是,封建大国越是强大的时期,它反而越开明。从超稳定系统角度去看,就很容易理解这一点:一方面,封建大国总是认为自己有能力抗拒外来冲击的;另一方面,又担心外来冲击会引起内部不稳定。这种意识使封建统治当局总是尽可能运用一体化调节力量抗拒冲击,把自己封闭起来,尽量减少外来干扰。所以,历史上随着超稳定系统的日趋完备,保守主义倾向也益发强烈。宋以后,消极的闭关锁国政策也越来越明显了,它造成了一系列严重的后果。

明初围绕“海运”的斗争就是明显的例子。当时,郑和七下西洋的航海壮举,是一个盛大王朝初年的事,根本没有危及整个国家的稳定。但是,却遭到了正直儒生的激烈反对。德高望重的宰相

---

〔1〕 数据来源:孟宪章:《中国近代经济史教程》。

夏元吉在当时，而后又有忠君爱民的兵部郎中刘大夏，都极力主张“禁海运”。理由是这一举动不符合儒家经典“节用”、“爱民”的教导，认为海岸的开放造成了倭患。实际上，倭患是禁海运的闭关政策的反作用所造成的。所谓倭患海盗，大多是中国渔民。[1]

在闭关自守的保守主义倾向下，“禁海运”主张获胜。中国遥遥领先的航海事业从此一蹶不振。而正当东方中国人在烧船、烧先进航海资料科技文献时，西方殖民主义者却驾着一种落后得多的小船绕过好望角，进入印度洋，开始了西方对东方的殖民。这件事很典型地反映了儒家官僚对中国封建社会超稳定系统的理解。在他们看来，任何可能发生的对原有状态的偏离，都应防患于未然、及早消除，而割断与外界的联系，对稳定内部也是绝对必需的。因此，只要宗法一体化结构尚有足够的调节能力抵抗外来影响，它就必然会推行闭关政策。

三、巨大的同化和融合能力

魏晋南北朝三百年的历史还表明，一旦中国封建社会内部无组织力量很强大，又与外来文明的冲击相结合，形成了短期内不能排除的强大干扰时，就会造成一体化结构解体、失灵，使中国社会进入奇特的亚稳结构。但是这种亚稳结构又不会持久地维持下去，新的一体化结构会重建。亚稳结构只不过是一种过渡态。

中国文明具有举世无双的独特性，对外来文明的冲击，不可能像日本那样采取拿来主义的办法去捏合。在外来文明冲击下，中国会经过一段痛苦的时期甚至会出现混乱和衰落，同时又缓慢而顽强地消化着外来文明。这是一个漫长的过程。表面看上去，它似乎是被征服了，但那古老而强韧的精神不断地浸润着外来文明。就如珍珠分泌液体包容异物那样。这种消化过程柔韧而持久，迫

---

〔1〕　据《嘉靖东南平倭通录》载：“盖江南海盗，倭居十三，而中国叛逆居十七也。”

使征服者最终被同化。

这种强大的融合能力,使得中国文化从未中断过。历史表明:痛苦的融合总有一天会结出宝贵的珍珠。它是古代文明的继续,又是伟大创新。一旦融合完成,社会就会被推向新的高峰。唐代的强大和文化艺术的繁荣,宋代的城市和商业的发展,以及科学技术达到新的水平,都是伟大的融合的结果。

四、巨大的历史惯性

魏晋南北朝时期,中国封建社会的结构一度脱轨三百年。但是,它迂回一个大弯,终于又回到固有的轨道上来了。这是何等令人惊讶的历史惯性啊! 这里所讲的历史惯性,是指中国大一统的宗法一体化结构即使遇到了强大的干扰和冲击,经历数以百年计的融合后,依然会回到重建一体化的道路上,保持固有的社会组织方式。因为在中国除了利用宗法制和认同统一的意识形态的组织力量以外,几乎没有出现过其他更有效的社会整合方式。

也许有人会做这种设想:如果北朝的少数民族政权没有一而再、再而三地试图重建一体化结构,那么这种亚稳结构是不是会像欧洲或日本封建社会那样,较容易地向资本主义演化呢? 遗憾的是,历史不能重演,我们也不能假定某些重要的历史条件不存在而研究社会演化。中国封建社会超稳定系统的巨大惯性,是有其深刻根源的。因为宗法一体化结构的实现,就意味着建立一个地域广大、文明悠久、民族众多的封建大一统国家,它必然带来一大二古的特点。

正因为其大,就造成了各地区之间经济发展的不平衡,在统一的大国内部就会反复出现经济上拖后腿、少数民族干扰的情况。有的历史工作者做了个很生动的比喻,中国汉民族的历史像一条大河,少数民族比较落后的生产关系、社会形态就好比大河的一些混浊的支流,每过一段路程,就有一股浊流又进主流,从而使大河泥沙混杂,难以畅快地向前发展。如果我们没有偏见的话,应该承认这种说法有一定的道理。然而问题在于,像中国这样历史上形成的大国,它有着高度和谐的文明和统一的社会结构,是不可能将其一部分一部分地割裂开来谈社会发展问题的,正如不能把河流中的水分为这部分和那部分一样。世界上只要是大河,就会有支流,就会形成大河流域,出现冲积平原。因此,文明的统一性不应该成为我们对历史评头品足的对象,而应该是考虑中华民族发展的出发点。

中国古老而又成熟的文明,繁荣的社会生活,对于少数民族来说具有深邃的吸引力,任何新兴的少数民族都很难抗拒它的诱惑。因而,少数民族统治者的骑蹄一方面践踏了中原文明,另一方面这些民族又被古老的文明所征服。少数民族大肆内迁之际,往往也正是中国古老文明在痛苦中挣扎、汉族政权无组织力量最猖獗之时。恩格斯有一句名言:"只有野蛮人才能使一个在垂死的文明中挣扎的世界年轻起来。"[1]

每当中国封建社会的发展陷入死胡同而不能自拔时,少数民族以及农民起义就会发挥调节作用,使社会重新年轻起来,获得发展的可能性,这种复苏方式固然是落后的,甚至是残酷的,但在人类文明史中,还没有其他任何民族像我们中华民族这样,在多次民族融合中千锤百炼而达到炉火纯青的地步。它那统一前进而不可分割的传统,也应该是我们的一个出发点。

这种历史惯性不论是好是坏,它是中华民族几千年中形成并至今制约着历史发展的因素。作为一个有科学精神的改革者,不应不切实际地忽略这些惯性来考察中华民族的未来。改造中国需要我们有巨大的毅力和耐力,需要科学地理解历史惯性。

---

〔1〕 恩格斯:"家庭、私有制和国家的起源",载《马克思恩格斯全集》,第21卷,第178页。

7.11 中国社会超稳定系统形成发展的阶段

根据中国社会是一个超稳定系统的假说,我们可以从新的角度讨论中国社会发展的分期问题。从整体上说,中国社会可分为超稳定系统建立之前和建立之后两大阶段。超稳定系统形成之前的时期是从西周建国到秦统一中国。中国进入超稳定系统结构以后,又可细分为四个阶段。

第一阶段是秦汉,这是超稳定系统建立、形成时期。秦始皇统一中国,建立了中央集权政府和郡县行政管理制度,书同文,车同轨,标志着封建大国的建立。一直到汉武帝时,一体化完成了,封建大国才趋于稳定。

第二阶段是封建一体化结构受冲击并实行大融合的阶段,这就是我们在本章所讲的魏晋南北朝时期。

第三阶段是封建大国的鼎盛、成熟,最后慢慢陷于僵化。这就是隋、唐、宋、元、明、清时期。这时,地主经济非常发达,科举制的建立表现了官僚政治的成熟,唐代文学艺术呈现了群星灿烂的局面,宋元的城市和手工业非常发达,科学技术发明也出现高峰。从汉以来形成的士族大姓,魏晋南北朝时横行数百年,隋唐时仍有相当的势力。士族大姓从经济和政治上都是中央集权政府的一种巨大的冲击力量。宋以后,中原士族“十室九空”,“旧时王谢堂前燕,飞入寻常百姓家”。这表明宋以后,封建大国完全成熟了:经济上,庄园制绝迹;政治上,封建割据势力基本剪除,中央集权程度很高;意识形态上出现了新儒学——程朱理学。

这一阶段的后期,即明清两代是超稳定系统僵化时期。宗法一体化结构在这一时期,由于与理学的结合,宗法制度大为强化。政治结构中君权无限膨胀,相权衰落,科举制也变为八股取士了。

官方哲学在后期僵化,则以封建礼教的卫道士的可憎面目出现,扼杀了创造精神,成为沉重的精神枷锁。隋唐时期对外的开明风度也丧失了。它像一个老态龙钟的巨人,依靠多穿衣服来适应外来气候的变化。中国开始落后于西方。

第四阶段是超稳定系统在外来冲击下的对外开放时期。它始于1840年鸦片战争。1840年前超稳定系统基本处于一种与世隔绝的历史环境之中,王朝周期性崩溃又重建是超稳定系统在封闭条件下的行为模式。当中国在西方压力下不得不对外开放时,一个预示着东西方文明新的融合时期开始了。超稳定系统在对外开放条件下呈现出一种不同于封闭条件下的行为模式,这就是1840年后中国社会结构的变迁。第四阶段意味着中国历史又开始了新的探索、创造的伟大时期。

如果我们综观中国社会发展的诸阶段,就可以发现:在中国进入超稳定系统结构之前,即从西周到秦统一中国,中国封建社会的历史进程与西欧的、日本的封建社会类似。众所周知,欧洲封建社会以法国发展最为典型。法国封建社会经历了封建割据君主制、封建等级君主制和绝对君主制三个阶段。[1] 秦以前中国封建社会也大致经历了这样三个阶段。其差别在于:欧洲封建社会进入绝对君主制是向资本主义过渡的必要阶段;而中国封建社会出现绝对君主制时,却建立了超稳定系统,从而走了另一种演变轨道。

为什么中国文明会走上这一条独特道路呢?为什么战国后期会导致超稳定系统的确立呢?这个问题不是本书所讨论的内容,但确实是一个非常有意义的问题。有的学者把它称为中国封建社会的早熟性。[2] 确实,中国封建社会进入超稳定系统的前夜,和欧洲封建社会进入资本主义的前夜,有很多相似之处。它们都出现

〔1〕 陆炳如:“浅述法国封建中央集权的形成及其主要特征”,载《历史教学》1979年第10期。

〔2〕 稽文甫:《中国古代社会的早熟性》。

过一个文化思想空前繁荣的时期。中国春秋战国时诸子百家争鸣,西方则是文艺复兴运动。它们都有发达的城市、商业和内部通讯联系。但是,这些现象中国却比欧洲早出现了一千多年。这时,中国封建社会还是以农业经济为基础,而文艺复兴时欧洲社会中开放性的工商业经济已占很大比重。另外,中国封建社会的宗法结构始终没有被瓦解,而欧洲则经过了发达的奴隶制社会,又受到瓦解宗法关系的高级宗教(基督教)的征服,废除了偶像和祖宗崇拜。中国封建社会在春秋时代以后形成了士阶层,发展了客卿官僚制度和郡县制度,欧洲封建社会则发展起了一支新兴工业和商业贸易的市民阶级。因而,封建社会发展到绝对君主制时,中国封建社会实现了中央王权与士阶层的结合,推行了官僚政治,建立了超稳定系统的封建大国。欧洲中央王权与市民阶级结合,完成了向资本主义的过渡。

在这里,我们看到了一个非常有意义的历史现象,这就是社会结构演化的分叉。由于历史发展背景不同,中国社会发展到封建绝对君主制时并没有,也不可能演化到资本主义社会,而是发展成为一个宗法一体化结构的封建大帝国,走上了一条独特的道路。一旦形成了这种独特的社会结构,历史的发展便不可逆转了。

这表明,人类社会的文明发展形式不是只有一条道路、一种模式。至于具体走哪条路,是以不同的历史条件为转移的。但是,一旦一个民族走上了自己发展的独特道路,那就如大树在生长中,分出一根巨大的枝杈,会继续生长下去,而不会回缩到分杈点上。

人们自然会提出这么一个问题:中国封建社会走的这一条道路是好还是坏呢?是不是可以说中国社会走入了超稳定系统结构的歧途,而陷入一个难以自拔的深渊呢?不,不能这么说。的确,超稳定系统造成了中国封建的社会结构的长期延续,使得资本主义新结构发展不起来,这是历史事实。但是,从人类文明发展的历史长河来看,中国的道路和欧洲的道路都是人类社会对自己存在方式的探索,它们都有着不可取代的意义。

第七章　说　　明

[一]清谈始于建安后期,到西晋时谈玄风气日益浓厚,但还未达到高峰,当时清谈仅限于名士。其鼎盛时期为东晋。不仅是帝王、僧侣,连少儿妇女都加入了清谈队伍。清谈是有目的有准备的频繁互访。据说人们从早上谈到晚上,通宵达旦,甚至出现把人给"谈死"的事例。[1] 这的确是人类文化史上奇怪的现象。

[二]当时,中原流行的经济组织形态是"坞堡"。而在六朝期间,南方兴起的经济组织称为"墅"。到南朝后期,"墅"演变为"庄"。"墅"和"坞堡"主要的差别在于它不是政治实体,这和南方社会比较安定有关。但"墅"和"坞堡"一样,类似于西欧封建社会"庄园"。一些研究者指出,"墅"有两个特点:第一,具有高度自给自足的封闭性。例如它不仅包括农业生产,自己兴修水利(原来这是大一统王朝国家的功能)。[2] 经营果木、手工业制造、酿酒,甚至有自己的"制陶"业。其中有很大一部分奴客从事生产活动,领主大多亲自经营。第二个特点是庄园主大多是文人,他们占山封水,"墅"还有风景区的意义。[3] 从这两个特点看来,"墅"似乎是中国式的庄园经济。

[三]一些学者指出,东汉灭亡之后到魏晋时代,出现了两个普遍的趋势:一是自由人农奴化,二是奴隶的农奴化。秦汉时官私奴婢数目十分可观,但到魏晋时代,奴隶数目显著下降,奴客地位日

---

〔1〕 董志广:"魏晋清谈起源与发展新探",载《北方论丛》1987 年第 6 期。

〔2〕 王李苏、石浙苏:"试论魏晋南朝士族庄园经济的历史地位",载《文科通讯》1985 年。

〔3〕 正藩、泽滨:"六朝时期江南的山墅",载《南充师院学报》1987 年第 4 期。

益接近。[1] 这进一步证明:魏晋南北朝期间,中国封建社会结构的确出现过整体性的变化,它曾十分接近日本和西欧封建社会的形态。当考察其他变量(例如雇佣劳动的发达情况)也可看到类似趋势:在两汉雇佣劳动十分发达,魏晋南北朝萎缩,唐以后又开始兴盛。[2] 它或许表明,当一体化调节受到障碍时,建立在小农经济基础上的封建社会结构有某种类似性。

[四]从表面上分析,南朝不能完成统一,是由于"南弱北强"的力量对比所致。最近,一些研究表明:"南弱北强"是由于南朝门阀政治日益腐败而逐渐形成的,并非一开始就是如此。在晋室渡江后相当长一段时间中,曾多次出现过有利于东晋王朝统一全国之局势。一些学者认为,关键在于南朝知识分子之心态,他们无心北伐。绝大多数南渡士族不想重返家园,他们实际上是北上统一战争的反对派。[3] 证明了深陷于玄学佛教思辨意识形态中的南朝社会结构处于一种本身稳定,但不能建立大一统的状态。

[五]统一成为历史的必然是指如下两个条件在中国基本具备:第一,民族融合基本完成;第二,儒学在北方复兴,并成为可以建立一体化结构的意识形态。最近,一些学者指出,从公元528~557年南北互置傀儡可以看出,当时,民族融合已经完成。民族矛盾已让位于阶级矛盾。当时,南北对对方降将基本上是来者欢迎,留者重用,去者欢送。而且南北政权互相尊重,敌对情绪消失。在早期,中原人民起义往往以南方汉族政权为正统来号召,但公元528年,刘灵助号召为敬宗复仇,民族问题已不成为口号。在536~554年短短19年中,南方政权先后23次派人访问北方,北方也先

---

〔1〕 陈连庆:"试论魏晋时代奴隶制的农奴化问题",载《社会科学辑刊》1983年第6期。

〔2〕 黄清连:"唐代的雇佣劳动",载《中央研究院历史语言研究所集刊》第49本,1979年版。

〔3〕 吴钰钰、林桉生:"王导的'愦愦'之政与东晋初期的北伐问题",载《福建师范大学学报》1985年第4期。

后25次派人访问南方。[1]

至于儒学在北方的复兴，我们明显可以看出从河西五凉政权，通过拓跋焘，到北魏、北周这样一条逐步增强壮大的线索，一些学者对五凉政权"崇尚文教"进行过历史的专题分析。[2] 早在十六国时期，河西地区先后建立"前凉、后凉、南凉、西凉、北凉"五个割据政权，史称五凉。当时北方兵连祸结，文事荒落，但五凉政权对儒学表现出极大的热忱。他们兴办学校，倡导儒学，重用知识分子，整理典籍，重视文化修养。公元439年，拓跋焘灭亡了北凉，继承了那里的文化，将不少河西学者迁徙于京师。后来他们对北魏制度律令产生了一系列影响。因此，儒学在北方复兴，实际上是在落后地区保存并通过尚武的少数民族传播的过程。

---

〔1〕 盘伟岸："从南北朝末期南北互置傀儡谈民族融合"，载《贵州民族研究》1986年第2期。

〔2〕 施光明："五凉政权'崇尚文教'及其影响述论"，载《兰州学刊》1985年第6期。

第八章　意识形态结构的系统分析

轻视传统是愚蠢的……我们应该努力去认识,在我们所接受的传统中,哪些是损害我们的命运和尊严——从而相应地塑造我们的生活。

——爱因斯坦

8.1　如何分析意识形态的结构

前七章我们从整体上研究了中国封建社会的超稳定结构以及非主流形式的亚稳结构。本章将展开对意识形态结构的系统分析。[1]

第一个问题是:为什么儒家学说对建立宗法一体化结构可以发挥重要的作用,其他学说却不能?为什么佛教、基督教都不能成

〔1〕 在分别探讨社会结构经济、政治、文化三个子系统(详见第十章)内部结构时,文化结构是最难研究的。本章我们用中国封建社会中最具有代表性的几种意识形态分析来代替文化结构的研究。我们把意识形态定义为可以成为政治权力合法性来源的整体性思想体系。它只是文化结构的一部分。"意识形态结构"这个词虽有些"现代"术语的倾向,但在这里使用时是经过界定的。

为实现一体化的意识形态结构？

与这个问题直接相关的还有，日本武士在幕府时代就开始接受了儒家观念，为什么在这个版图不大的岛国并没有实现一体化？也就是说，为什么儒家学说在发生某种变异以后，就失去了实现一体化的组织力量？

众所周知，儒家在汉以后才居于统治地位。在秦汉以前，诸子蜂起，百家争鸣，说客谋士各逞其能。当时，儒墨号称显学，道家影响也很大。令人奇怪的是，包含着朴素的科学和博爱精神的墨家学说，为什么没有成为实现一体化的意识形态？墨家在竞争中失败后，为什么在中国封建社会里很快就失去了生存和发展的位置？相反，当时不那么显赫的道家，以及后来的玄学和佛教禅宗，却能与儒家学说一起并存？

第二个问题是：世界上影响最大的三大宗教——基督教、伊斯兰教、佛教先后都传入中国本土，为什么基督教和伊斯兰教都不能像佛教那样对中国封建社会构成较大的冲击呢？更奇怪的是，为什么佛教在印度失去了重要地位后，其变异宗派反倒能在中国广为传播呢？儒家意识形态为什么对其他思想体系有那么强的抗拒和消化能力呢？

第三个问题是：如何评价儒家思想在中国历史，特别是在中华民族形成过程中的作用和地位？我国的封建意识为什么那么顽固，以至于今天还在对社会生活产生着影响呢？

当然，对意识形态内部结构的分析，绝不意味着我们认为意识形态是一个独立的系统，我们也绝不想把它夸大为决定因素。我们既肯定意识形态是对社会存在的意识，同时又肯定了它对社会存在的巨大反作用。我们是把意识形态结构放到整个社会里，从各子系统之间的相互作用来研究它的演化的。

一般说来，社会学家把意识形态定义为某种观念体系，它可以成为现实政治权力合法性基础，并提供政治运作的方案、策略。我们对意识形态的定义,除了上述内容之外,还强调意识形态必须是一个整体性思想体系。所谓整体性,是指它尽可能全面地包含文化观念的各个方面。也就是说,我们把意识形态的内部结构看作由三个子系统组成:以国家学说为主体的社会观;以伦理观念、行为准则为主体的价值观;以自然观、方法论、认识论为代表的哲学观(图 8.1)。

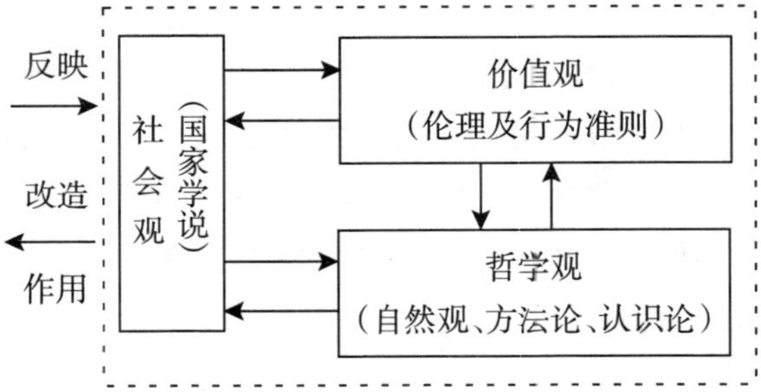

图 8.1　意识形态结构分析框图

意识形态结构一方面反映政治结构、经济结构;另一方面作为人的文化创造和对社会的自我意识,又对政治结构、经济结构有反作用。意识形态结构总是力图和经济、政治结构相适应的,这是意识形态结构变化的社会动力。我们把这种关系称为意识形态结构的外适应。同时,意识形态子系统内部的社会观、价值观、哲学观三者之间也必须相互协调,否则这种意识形态结构就是不完整或不稳定的。我们把意识形态结构内部的这种关系称为内和谐。意识形态结构的发展变化显然要受到外适应与内和谐两者的制约。人们比较容易理解外适应,为什么它还必须实现自身的内和谐呢?

作为社会化的思想体系,某种独立的意识形态要求自身具有内在的一致——理性一致和感情一致。理性上的一致,主要表现为尽可能做到无矛盾性和完备性。只有它能自圆其说时,才为人们普遍接受。它内部如果出现了自相矛盾,就总是要不断修改学说内容,以求得无矛盾和完备。除此以外,内和谐还要求在感情上、在看问题的方式上,三个子系统保持统一。意识形态是具有价值取向和感情色彩的,特别是行为伦理结构和价值标准更是如此。人在社会中处于不同的经济、政治地位,有着不同的考察世界的方式、角度,不同的立场等,这就决定了一个人选择什么样的行为伦理结构和价值标准。一旦这一点确定下来,它就会要求社会观、哲学观与它保持一致。因此,我们可以把某种意识形态结构所具有的看问题方式、角度和感情色彩等,称为这一意识形态的内和谐方式。不同的意识形态结构,不仅它们内部子系统的具体内容不同,而且内和谐的方式也不同。

8.2　儒家、墨家、道家的结构

在具体分析儒、道、墨三家学说的结构之前,需要特别加以说明的是,在对这三家学说进行结构分析时,势必会碰到一个困难:随着历史的变迁,在不同的时期,儒、道、墨三家的具体内容也都在发生着变化。如果仅仅从内容上来看,很难从整体上把握它们。而我们的结构分析,则是抓住这三家学说中的社会观(国家学说)、价值观(伦理、行为准则)、哲学观(自然观、方法论、认识论)中最具有代表性的观念,剖析它们的内在关系。如果把意识形态体系视为一座概念大厦,那么结构就好像是大厦的框架。而每一意识形态结构内部的各种观念则处于不停的发展变化之中,使它们在不同的历史时期呈现出不同的外观。但其结构是相对稳定的。

儒家学说的骨架是孔子搭起来的。值得注意的是,孔子用了三个非常独到的概念恰好可以用来把握儒家意识形态结构的三个子系统。这就是:“礼”、“仁”、“天”。它们像三根柱梁一样,支撑起儒家学说的理论大厦(图8.2)。

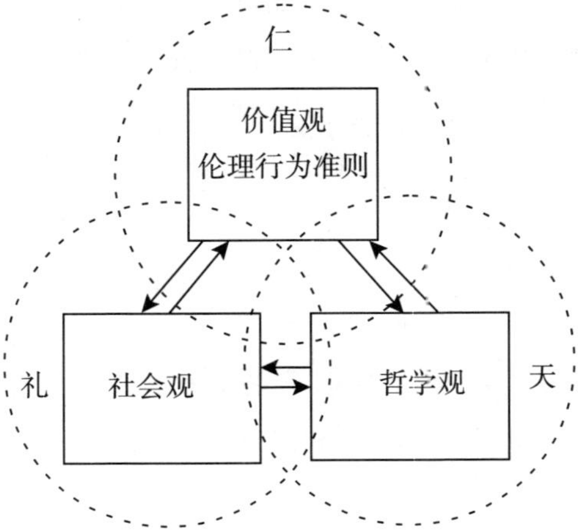

图 8.2 孔子学说的结构

“仁”在孔子学说中占核心地位。其主要含义属于人生价值取向。因此,我们可以用“仁”来代表孔子学说的价值观。据研究,在孔子之前,“仁”并不具有特别精深的内容,也不是一个包含儒家所谓道德理性行为的总称。[1] 是孔子赋予“仁”以可以无限深化和丰富的内涵。樊迟三次问“仁”的意义,孔子的回答都不相同。因此,有的学者认为,只能用“人内心道德之觉醒”、“生命化”来把握“仁”的普遍含义。[2] 总的说来,孔子主张的价值观有两个基点。第一,道德是非的判断,人生是否有意义,是可以由自身来证明和说明的,并不需要借助于神的存在或其他超人的力量来说明。也就是说,孔子把道德视为文化的基础,而它又是出自于人的本性,这就开创了儒家思想人文倾向的先河。第二个基点是,它要求人应努力去完成内在的道德追求,把人心中本来就具有的道德光

---

〔1〕 苏新鋈:“孔子仁教的生命化意义”,载刘述先编:《家伦理研讨会》(论文集),新加坡东亚哲学研究所 1987 年。

〔2〕 同上。

辉发扬到人的生活之中。所以,它又是一种道德理想主义的价值结构。人可以通过道德修炼成为君子仁人,以至于圣人,这乃是人生的目标和最高境界。孔子说:“志士仁人,无求生以害仁,有杀身以成仁。”[1]可见“仁”的价值高于生命。“我欲仁,斯仁至矣”,[2]只要想追求,“仁”又是人人可以做到的。在孔子那里,“仁”既是终极价值的真实,又是可以实践和实现的道德规范。这样,“仁”就构成了对君子的道德约束。

孔子学说的社会观的主要内容是“礼”。“礼”一方面来自孔子对西周国家政治、宗法制度的继承,另一方面孔子又给“礼”注入了理想政府的构想,并把如何实现这种理想而和谐的社会的方法和机制也一并包括在其中了。孔子认为,“殷因于夏礼”,而周又“因于殷礼”,因经过长年的历史考察,其“所损益可知也”,[3]“周监于二代”,达到了“郁郁乎文哉”的理想。[4] 很明显,孔子在这里是用“周礼”来表达他心目中的理想社会的模式的。在这种社会里,必须有合理的等级划分,同时,不同等级之间能通过共同遵守礼仪而达到和谐。更重要的是,这种社会组织的和谐存在,是靠君子的道德约束以及他们对社会的道德教化来完成的。因此,孔子认为一个君子要做到:“非礼勿视,非礼勿听,非礼勿言,非礼勿动。”[5]概括起来讲,孔子的社会观是一个在古代实现过的应该是永恒不变的德治人治的社会。

人们通常用“天”来概括孔子学说的哲学观。“天”似乎本意中含有宇宙的意义。其实,宇宙观恰恰是孔子学说中最含混最薄弱的部分。相比之下,孔子的方法论倒是贯穿如一而又简单明了的。

---

〔1〕《论语·卫灵公》。
〔2〕《论语·述而》。
〔3〕《论语·为政》。
〔4〕《论语·八佾》。
〔5〕《论语·颜渊》。

我们将其概括为“直观理性”或称为“常识理性”,这是一个我们所用的特定术语。“直观”是指把常识、经验视为鉴别真伪的基础的思维方式。从孔子开始,儒家思想就不主张荒诞的神秘主义。相反,它注重把常识变成智慧。例如,“中庸”作为儒家的处事原则之一,它是来自于对大量日常经验中均衡的重要性的理解。而“理性”则是指孔子尽量把思维和想象置于“直观逻辑”和“用常识合理外推”的基础上。在孔子眼里,常识是天然合理的,它不但不言而喻,不需证明,而且它还是解释其他现象的基础。也许,儒家重现实、重经验的传统,正是来自于这种思维方式。有的学者用实践理性、实用理性来形容这种思想方法。

正因为如此,代表孔子学说哲学观的“天”,必然主要是与人的命运相联系的“命运之天”,而不是具有独立人格的神的存在。由于“直观理性”的思维方法,使孔子对是否真有鬼神抱有存疑态度,“子不语怪、力、乱、神。”〔1〕但在古代,毕竟有许多用常识无法解释的怪异现象存在。因此,用“直观理性”思想方法也不能断然否定鬼神的存在。于是,孔子便主张采取一种“敬鬼神而远之”的超然态度。〔2〕

应该指出,常识和直观理性只是儒家哲学观的思想方法的内核。包在这个内核之外的常常是一些模糊的、似是而非的类比方法,进而发展为一个具有思辨和神秘主义倾向的体系。如何解释宇宙结构、万物起源、化学物理变化等,并非常识和直观理性所能完全把握的。因此,古代思想家在建构自己的哲学体系时,不得不从常识出发而抽象出一些基本概念,再用它们来类比和包容其他需要解释的现象。例如从天的夜与昼,人的女和男,自然的地与天,可以抽象出“阴”与“阳”;又可以从金、木、水、火、土抽象出“五

〔1〕《论语·述而》。
〔2〕《论语·雍也》。

行”,一旦获得了这些抽象概念,又有类比的方法,就可以说明事物间的关系及发展变化了。儒家学说后来吸收了这种思想方法。但这种类比的含混不清晰和不重视逻辑推理,使得儒家思想在方法论上始终是十分薄弱的环节,而不得不借助于阴阳杂家的万物有机关联、神秘主义的混合物,它们是对儒家“直观理性”的必要补充。可以概括地说,儒家的自然观和方法论是具有无神论倾向、主张万物互相关联的直观理性。

总之,孔子学说是一个具有内和谐的完整的思想体系,是一个独立的意识形态结构。正因为如此,所以孔子以后儒家学说在漫长的封建社会中可以不断丰富、发展,成为一种庞大而又完备的文化传统,并且制度化的儒家学说能成为大一统官僚政府的官方意识形态。

道家的情况较为复杂,随着历史的发展其内容变化很大。但我们可以以老子为例把道家的结构看成:小国寡民的社会观;清静无为的行为、价值观;以“道”为核心的哲学观(图8.3)。

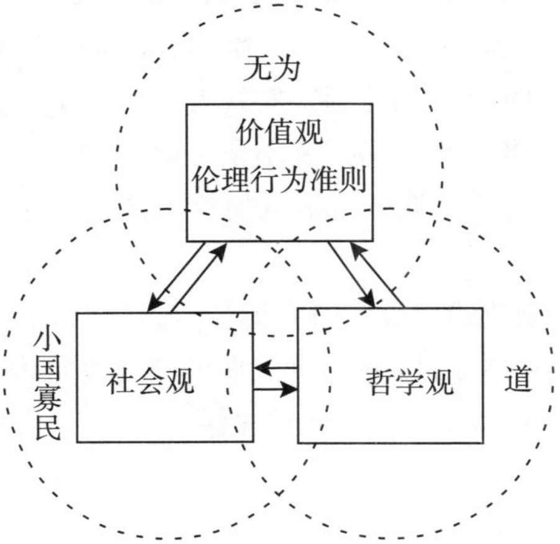

图8.3　道家学说的结构

在社会激烈变动的洪流中,春秋时代出现了一些避世全身的隐者,他们主张“因性任物”、“无用贤圣”、“弃知去己”、“舍是与非”,[1]这样才能在社会大分化大动荡中得以全身免祸。这种思想到老子那里发展成为一种学说,一个浑然一体、精湛玄妙的意识形态结构框架。

道家的价值观也许可以用这些具有智慧的隐者的人生态度来说明,这就是“无为”。“无为”常常会使人产生一种错觉,以为这种价值观是把现实世界看作虚无,从而与后来佛教中的“空”与“无”等同齐观。其实,在老子那里的“无为”,其根本点在于向往一种不受心智造作困惑、不需作意志挣扎、而能符合自然的轻松闲逸的生活方式。“无为”反对的是一切人为的干预,和一切人为设置的规范的约束和限制。正如韦政通先生所指出的,老子的价值取向“代表一种反叛”,“是在利欲滚滚的浊世里,一股清澈的智慧”。这种反叛,并不特别针对某一个人或学派,而是针对整个现实文明和现实社会的。[2] 正因为如此,老子认为,婴儿体现着最高的道德标准。老子说:“含德之厚,比于赤子”,[3]“常德不离,复归于婴儿”。[4] 这个比喻很准确地表达了老子的思想。首先,婴儿是一个自然存在的生命,不是虚无和幻象;其次,婴儿作为人生之始又不受到任何人为的规范的限制,任其天性哭喊吃睡。用婴儿作为道德理想,可见老子的“无为”并不是完全的虚无、出世,而是反对干预自然状态。因此,老子价值观的核心是反对任何现存的规范文化。

用这种反规范的价值取向来衡量,与其相和谐的理想社会就应该是一个没有制度和人的技术发明的初民原始状态。就像老子推崇的婴儿那样,社会能像婴儿那样保全天真,那就用不着什么圣

---

[1] 《庄子·天下篇》中所引的早期道家观点。

[2] 韦政通:《中国思想史》上册,台北水牛出版社1990年版,第138页。

[3] 《老子·五十五章》。

[4] 《老子·二十八章》。

贤治理,也用不着仁义礼法的约束,可以做到"为无为则无不治"。[1] 这样,道家社会观就必然返回到弃智绝圣的小国寡民低级组织形态中去。这种社会组织形式必然是内部通讯极不发达的,"虽有舟舆,无所乘之","民重死而不远徙";物质文明进步也没有必要,"使人复结绳而用之","有什伯之器而不用"。这样,社会就呈现出"邻国相望,鸡犬之声相闻,民至老死,不相往来"[2] 的小国寡民状态了。

众所周知,老子的哲学观是"道"。但对"道"的理解的歧义,又是两千余年来哲学家们争论不休的问题。我们认为,老子既然要反对一切人为的规范和干预,那么就要从规范和人的干预的角度来证明它的失误。老子不得不利用类似于逻辑学家用悖论的存在来否定确定性规则的合理性的方法。这一点在老子那里很突出。有的研究者机智地揭示出贯穿老子学说的方法,实质是"正言若反",即"甲是非'甲'",[3] 也就是概念的自我否定——悖论方法。我们认为这正是老子学说方法论的实质及特色。老子用悖论方法否定一切规范的合理性之后,剩下的就只能是一个混沌的没有人为规则的世界。老子将这种方法形象地概括为"道法自然"。应该指出,这个人为规则被消解的世界并不是虚无,在老子那里它本身就是一个存在的世界,它以这个存在为自己的基础。所以,老子的哲学中也不需要假设神的存在。显然,在老子学说中,以"道"为主的哲学观,以"无为"为主的价值观,以"小国寡民"为主的社会观,也构成了一个内和谐的意识形态结构。

墨家思想体系的结构与儒、道都不同(图 8.4),前期和后期墨家的思想也有很大的差异。总的说来,墨家更具有博爱、功利、宗教的色彩。近世以来,许多思想家对冷落上千年的墨家开始有兴

〔1〕《老子·三章》。

〔2〕《老子·八十章》。

〔3〕 韦政通:《中国思想史》上册,台北水牛出版社 1990 年版,第 142 页。

趣起来。因为他们觉得似乎墨家思想有些方面与西方文化中的某些方面相似。正如一些学者指出的那样,墨家的价值观实际上是功利主义的。[1] 我们知道,功利主义基于两个前提:一是以每个个人的最终利益作为价值的判断的基础,它肯定人追求个人利益是社会行动的最终动力。第二个前提,必须设计出一套原则来调

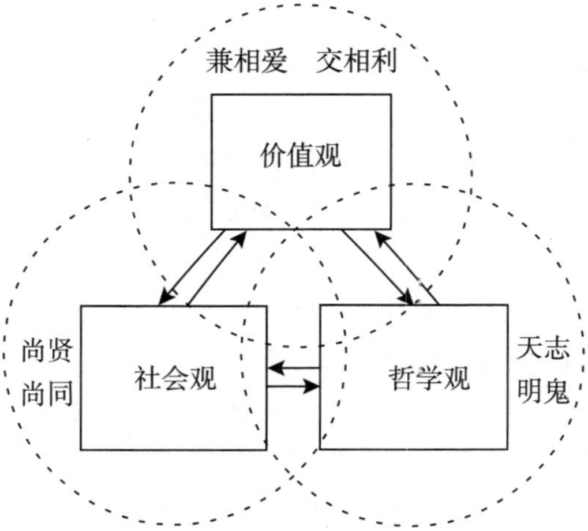

图8.4　墨家学说的结构

节个人利益与社会利益之间的关系。用不同的方式来解决互相冲突的个人利益,就构成了不同的功利主义的价值观。像杨朱那样“拔一毛而利天下而不为”的彻底个人利益中心论,是构不成功利主义的。因而杨朱哲学最终只能转化为在乱世中保存生命的道家中的一部分。墨家是怎样解决个人与社会利益之间的关系呢?一方面,墨家承认“欲富贵而恶贫贱”[2]是人的本性。但墨子又认为不能用损人的手段来达到利己的目的,损人利己只能导致“交相

〔1〕 翟志成:“先秦儒墨之义利观”,载刘述先编:《儒家伦理研讨会》(论文集),新加坡东亚哲学研究所1987年。

〔2〕 《墨子·尚贤下》。

害”。于是,墨子的功利是既利己又利人的,这就是“义”。这样,“交相利”的世界成为墨子的理想,而“交相害”则是一个不义的世界。如何实现“交相利”?墨子认为,关键在于人们的“利己心”必须完成一种角度的转变,即“以利己之行先去利人”,“以爱己之心先去爱人”,[1]这也就是墨子著名的兼爱论。墨子的兼爱的基础是“爱无差等”,强调了人与人的同一性,是存在于每个个人之中的一种爱。这不同于基督教中上帝对人类的爱,以及体现这种爱的对他人无条件的爱。兼爱是达到每个社会成员“交相利”从而最后也利己的手段。这里,爱他人不是最终目标。我们可以把“兼爱”看作一种视人如己的方法。它通过强调“同一”来调节人的利己之心和爱人之心。“兼”的反面是“别”,如果不强调“兼”、“同”,不强调“爱无差等”,那么人的利己之心会导致天下大乱,互相残害,所以,墨子认为:“天下一切不义,皆缘‘别’而生。”[2]

与这种价值观可以实现内和谐的社会模式又是什么样的呢?很明显,应该是通过某种规范使每个人的利己行为同时又是利他的,也就是有某种社会契约的社会制度。墨子当然不可能提出真正的社会契约论和法制观念,他只是提出用“劝赏畏罚”的方式来使人们做到“交相利”。而为了保证“劝赏畏罚”的公正性,墨子提出了贤人治国的主张,即“尚贤”。既然墨子承认人皆有私心,社会与国家的管理者也不例外,那么有什么力量可以约束最高统治者呢?要知道在皆有利己之心的人世间是找不到一个最终的裁决者的。有的学者认为,正因为如此,不相信道德自律的墨子不得不引进鬼神。于是墨子的哲学观中有“明鬼”的有神论。“天”的职责是“正天子”,鬼神的职责是“正天下”。立长官是鬼神的意志:“古者

---

〔1〕 翟志成:“先秦儒墨之义利观”,载刘述先编:《儒家伦理研讨会》(论文集),新加坡东亚哲学研究所1987年。

〔2〕 同上。

上帝鬼神建设国都,立正长也。"[1]

这里,如果把墨子的有神论哲学观贯彻到底,就会与他的方法论产生矛盾。因为,功利主义的价值观必然是推崇以实践效果作为鉴别是非的标准,而且鉴别的方法也应该十分清晰,并能够为社会普遍掌握的。于是,墨子另外又提出了"三表法"。"三表法"的方法论,应该导致逻辑的发展,这一点有点类似于西方早期的科学方法传统。确实,后期墨家,是中国古代哲学中最富有科学色彩的一个流派。由于有神论在墨家思想体系中不那么内和谐,因此,后期墨家修改了早期墨家的有神论,更倾向于唯物论,提倡实践、实验。后期墨家基本上实现了内和谐。

8.3 意识形态结构的内和谐

从上节的分析中我们可以看到,任何一种意识形态的价值观、社会观与哲学观都形成了某种整体性构架,内和谐就是整合机制。不同思想体系中的价值观、社会观和哲学观的基本结构,是不能任意拼凑捏合的。

我们知道,儒家和道家(不局限于其先秦阶段)在价值观和行为结构上最大的差别是:道家主张对事物不加干预;儒家则主张入世,积极干预世事。这是两种相反的处世态度。这种差别必然在儒家和道家的社会观和哲学观上也表现出来。儒家大一统的国家学说是有为的,主张应积极参与国家事务,承担相应的责任。"国家兴亡,匹夫有责"正是这种精神的体现。而道家不干预事物本来状态的原则在老子的社会观中,就表现为"小国寡民"的社会理想。但当大一统的封建国家建立以后,道家的社会观与老子的虽然有

---

〔1〕《墨子·尚同中》。

了差别，但清静无为、与民休息等不干预原则仍然贯穿在道家的治国方针中。道家的哲学观是“道”。道法自然，自然的本意就是不干预事物的本来状态。直到今天，中文里的“自然界”、“自然科学”等词汇，均有这一层含义。不能想象，儒家的入世有为的行为结构能够和小国寡民的学说和谐一致。“无为”与“大一统”也无法实现内和谐，所以道家的价值取向和儒家的大一统国家学说是捏合不起来的。汉初崇尚黄老，但是道家的“无为”是无法与统一的封建大国国家学说内和谐的。所以汉初一些哲学家企图从“无为”出发制造大一统国家学说的根据，最后是不成功的。

这种分析很容易给人造成一种错觉：似乎是价值取向决定了社会观和哲学观，从而实现思想体系的内和谐。实际上，这三者的关系是相互制约、协调一致而整合在一起的，不存在谁决定谁的问题。只是我们分析讨论问题时，往往不得不从其中一个角度来谈。当然，换一种角度，也一样可以分析，我们可以在某种意识形态的社会观背后发现制约它的价值取向；而这种价值取向又是以某种特定的哲学观方法论为基础的；进一步，这种思想方式也同社会观相联系。例如，儒家的社会观是以宗法家庭为基础、以道德教化、君子礼仪的约束来自律而建立的等级社会，作为这种社会组织基础的价值观，必然是像孔子那样，首先把“孝”作为“仁”之根本，“孝悌也者，其为仁之本欤。”〔1〕没有“孝”的道德律例，就无法建立和维护家长制。进一步考察“孝”的基础，它又是出于孔子所说的爱有差等。那么，为什么父子亲情高于与其他人的感情呢？这是从孔子直观理性的方法论可以推出来的道理。孔子在回答宰我问“三年之丧”时就说：一个人生下来三年，“然后免于父母之怀”，恩情深重；父母死后，子女因感情上的原因而“食旨不甘，闻乐不乐，

〔1〕《论语·学而》。

居处不安”;既然如此,那么居丧三年,也就应该是“天下之通丧也”,[1]显然,孔子是根据人与其他人之间的感情有亲远深浅之分出发,将其合理外推而导出“亲亲”和“爱有差等”的伦理原则。同样,把家庭关系合理外推到整个社会组织中去,这就是儒家国家学说把家庭看作社会同构体的方法论基础。很明显这一看问题的方式,它是基于人人可以理解的常识。可见,这种常识的直观理性是儒家价值观的方法论基础。

正因为内和谐造就了意识形态结构的整体性,这就使得某一种意识形态发展方向就要受到内和谐方式的制约,即使对于认识论也是如此。例如儒家一方面把人的自然感情作为合理的出发点,但同时又把人追求道德理想看作终极真实,这种思想方法势必导出以某一种理想化规范作为鉴别真理的标准。孔子说出“君君、臣臣、父父、子子”的“为君之道”和“为臣之道”,在认识论上就是名与实的关系问题。孔子从“礼”的要求出发,主张用理想的“名:去纠正现实生活中发生偏差的实”,即“正名”,首先要确定“名”,然后才能规定人们相应的行为。因此,“名”在前,“实”在后。这导致儒家的唯名主义的认识论。但另一方面,儒家认识论中又有讲求现实、重视经验的一面。正因为两个方向并存,使得在思想发展的历史上,儒家的认识论在不同的人那里表现不同,在唯物论与唯心论之间摇摆着。

对于墨家,其社会观“尚同”、“尚贤”的基础是“兼爱”、“交相利”的价值观。这种价值观是功利主义的。对于功利主义的价值观来说,它要求有较客观的规范化的判别“利”的标准和方法。因此,墨子学说中有三表法:“上本之于古者圣王之事”,“下原察为百姓耳目之实”,“发以为刑政,观其中国家百姓人民之利”。[2] 可

---

〔1〕《论语·阳货》。

〔2〕《墨子·非命》上。

见，这种用实际经验和结果去检查目标，是看其社会效果是否实现了“利”。也就是说，正因为墨家价值观是功利主义的，内和谐必然使得它的认识论是趋向经验论，以实际效果来作为判别是非真理的标准。后期墨家能够提出较完备的科学实验和逻辑思想，正是和墨家体系的内和谐方式有关的。

儒、墨、道三家内和谐方式上的异同，绝不限于如上所说的这些粗略的分析，这里主要想表明内和谐对某一思想体系的重要性。认清了这一点，有助于说明在相同的社会条件下，为什么会出现各种意识形态结构及它们的兴衰，为什么它们会顺着不同的方向发展。

8.4　一体化对意识形态的要求

从意识形态的外适应与内和谐角度，就很容易理解一体化对意识形态结构的要求了，一体化要由统一信仰的知识分子组成国家官僚机构，用统一的国家学说治国。那么，这种意识形态结构起码应该是有为的、入世的，并且要有完善的国家学说。国家学说要具有现实性，其行为价值观必须是一种入世的现实主义态度。如果意识形态结构的价值观不是入世的、有为的，那么它的国家学说也就不可能发展和完善，也就不能用来实现一体化。佛教、基督教都抹杀人的现世生活具有终极意义，采取忍受赎罪的人生态度。它们或无国家学说，或国家学说不够完善，不能用来实现一体化。道家学说，单独作为一个思想体系也不能用来实现一体化。

在第二章中，我们谈到基督教的国家学说的含混，它不可能成为实现一体化的意识形态。那么，基督教的国家学说为什么会含混不清呢？现在我们可以从一个理论体系的外适应和内和谐的角度，更深一步地认识这个问题。基督教的社会观、伦理行为结构和世界观方法论三者的内和谐,是靠上帝存在来实现的。人的终极关怀,在于灵魂的得救,而不像儒学那样注重现世。宗教改革运动前,其信徒对天国的向往成为一切行动的基础。基督教把现世看作赎罪。显然,它不可能产生现实主义的统一的国家学说,也不能作为官僚政治的组织力量。宗教改革,新教伦理认为人们通过在现世的奋斗和成就而得到上帝的恩宠,形成了"天职"、专业精神、敬业精神等新规范。这虽然在对促进竞争和商业及各种职业道德上起了重大促进作用,但由于其终极关怀仍系于上帝,因此,不管宗教思想家们和信教的政治家们如何发展基督教的国家学说,它的国家学说依然是薄弱的。基督教总是倾向于接受现存的社会政治结构,而不是去改变它。罗马帝国后期的基督教可以接受奴隶制,中世纪基督教可以接受封建贵族制,而现代西方基督教仍与资本主义文明共生。固然基督教在其全盛时期也产生过国家学说,但那仍是天国光辉的幻影,而不是现实可行的蓝图。

为什么儒学传入日本后不能成为实现一体化的工具呢?问题在于,日本武士接受儒家学说是经过了变异的,是取其所需的。他们只是部分地接受了儒家意识形态结构中的伦理、价值观,没有也不可能吸收其国家学说。儒学传入日本时,正是日本社会面临大变革的时期。当时,等级制、贵族制在日本具有相当强的生命力,不像中国春秋战国时代贵族制度已衰落了.儒家学说中的等级观念、忠孝思想、宗法观念在日本封建社会中有深厚的土壤,可以强化日本的门第等级制度。忠、义、勇、信也对武士的行为发生了深刻的影响。但是,这种重门第的社会,不可能接受中国的文官考试制度和官僚制度,在国家学说方面,日本武士所持的是他们熟悉的封建贵族制度。或者说,日本思想界主要是接受了儒学体系中的伦理道德观,而没有接受其适合宗法一体化结构而发展的那些国家学说。在接受儒学的长期过程中,日本根据国情改造了儒学。这样,日本的儒学失去了一体化功能。尽管如此,但在儒学高度完善的伦理和灿烂的文化艺术熏陶下,日本武士远比欧洲封建社会那种目不识丁的骑士知书达理,颇识风雅。

在中国封建社会里,从价值观、行为结构的入世有为和国家学说来看,儒家和墨家都有可能实现一体化,成为占主导地位的意识形态结构。但事实上,墨家并没有取得这样的地位。这主要是由于墨家在经济结构、政治结构的外适应方面,碰到了不可逾越的障碍。

要使墨家在春秋战国末期居于主导地位,成为实现一体化的意识形态结构,除了要求大多数知识分子接受这一种意识形态以外,还要求手工业、商业和各种社会关系、力量对比也出现类似欧洲封建社会后期那种局面。但事实上是根本不可能的。这存在着两大障碍:第一,当时的生产力和商品经济远不如欧洲中世纪后期发达,而且市民也没有形成一支独立的政治力量;第二,中国封建社会宗法关系没有真正解体,使人们难于接受任何类似人文主义的博爱、平等思想。欧洲宗法关系瓦解较早,基督教又反对对上帝以外的任何偶像和祖先崇拜。这样,人文主义在欧洲封建社会中的发展便没有宗法关系的障碍。而且在上帝面前人人平等的观念支配下,就能很自然地推出以个人为本位进而发展出一种民主观。西方思想家们正是在信仰上帝的前提下发展出“利己”、“利人”之间的社会契约论和自由、平等、博爱观。总之,原则上是反宗法的墨家,在宗法关系很强的中国封建社会中是很难发展壮大的。当我们今天再一次为墨家思想中包含的丰富的自然科学知识、较为严密的逻辑学以及高尚的政治理想而惊叹时,也更加认识到中国封建社会的早熟性。

姑且不说墨家学说由于不能外适应,不能实现一体化,即使是儒家思想不经过改造的话,也是不能做到这一点的,如孔子的国家学说就不完备,内容单薄,在“大一统”等方面还没有明确的意识。所以,儒家学说要成为实现一体化的工具,还要经过漫长的探索、修改和完善。历史就是这样无情地筛选着意识形态结构,为自己开辟道路的。

8.5 内和谐、外适应与意识形态结构的演化

如果我们去考察孔子、墨子、老子三位思想家的形象,那么我们大致可以获得这么一种印象:孔子是一个道德家、教育家,也即以圣人的身份出现的;墨子则是一个慈善者、贤者,是科学家;而老子却是一个哲学家、隐士和智者。这三种形象,正是春秋战国时代"士"的不同类型,但并不是全部。士阶层中有相当一部分人在思想信仰问题上并不显得那么诚恳执着,而把主要精力集中于政治和经济改革。他们这些社会活动家、政治改革家,往往被称为法家。但实际上法家并不像儒、道、墨那样是一个独立完整的内和谐的理论体系。其所以被列为先秦六家,主要是因为它在社会变革中发挥了重要作用,并建立了一整套治理国家的"法"、"术"、"势"理论。

法家主要以三位杰出的政治家为代表。齐国的管仲、秦国的商鞅以及为秦始皇统一天下做出重要贡献的韩非子。商鞅已明确提出官僚政治主张。韩非子则强调充分运用帝王权势的集权理论。他明确地提出"事在四方,要在中央,圣人执要,四方来效"。[1] 他还强调遏制贵族化。他说:"诸侯之博大,天子之害也;群臣之太富,君主之败也。"[2] 但很有趣,韩非子企图把自己有为的国家学说与道家的哲学观结合在起。根据内和谐原则,这显然不可能成功。

---

〔1〕《韩非子·扬权》。

〔2〕《韩非子·爱臣》。

由于法家没有自己完整的伦理、价值观,所以其国家学说里也以法术、政策为多。这样,哪一种完整的意识形态结构能吸收法家的思想,它就有可能把一体化向前大大地推进一步。道家的消极无为,使它不可能做出这样的努力。而墨家由于做不到与当时的社会外适应,也不行。剩下的就是儒家了。确实,法家在中国传统意识形态结构中,正是与儒家学说相表里的。

儒家要适应一体化的要求,要把法家的治国策略有机地包容进去,就必须细化其大一统的国家学说,而它的价值观也必须向更有为的方向大大发展才行。

孟子是继孔子之后的又一儒学大师。在他手下,孔子搭起的儒学框架,尤其是国家学说部分被大大细致化、明确化了。

孟子在儒家国家学说中第一个提出了贤能者治国的主张。他曾对齐宣王说过,盖大房子、雕琢美玉尚且要找专门工匠来做,更何况是治理国家这种大事,君王不应要求贤能者"姑舍汝所学而从我"。〔1〕这里,孟子发展了孔子的举贤才的政治主张。孔子的举贤才,侧重于统治者对贤才的提拔,强调了贤才的道德品质。而孟子的"尊贤使能,俊杰在位",〔2〕一是强调了统治者要尊重和发挥贤者的才学能力,二是贤者一定要有治理国家的学问,要当官掌权。孟子还划分了官与民的界限。他把天下事务分为"大人之事"和"小人之事",并主张"劳心者治人,劳力者治于人;治于人者食人,治人者食于人",他认为这是"天下之通义"。〔3〕这种观念,后来成为封建统治者利用地主知识分子组织国家官僚机构的理论根据。

更为重要的是,孟子把"仁"的概念引入国家政治学说,发展成"仁政",把君主政治分为王道和霸道,提出了"民为贵,社稷次之,

---

〔1〕《孟子·梁惠王下》。

〔2〕《孟子·公孙丑上》。

〔3〕《孟子·滕文公上》。

君为轻”[1]的进步思想。同时还阐述了一系列相应的道理。如“制民之产”,使农民在井田上安乐地为自己和国家耕作。对商人须“市廛而不征”、“关讥而不征”,让他们积极从事经济贸易活动。这样“耕者皆欲耕王之野,商贾皆欲藏于王之市,行旅皆欲出于王之涂”,[2]君主得以“保民而王”。有了士、农、商的拥护,就可以使天下“定于一”。孟子的这些理论,正是主张用儒家国家学说来治国,铸造中央集权的官僚政治。

由于内和谐的要求,在孟子那里,伦理、价值观也大大向前推进了一步,向着更加有为的方向发展。

孟子明确提出了“人性善”的理论。认为人生下来就具有“恻隐之心”、“羞恶之心”、“恭敬之心”、“是非之心”,由这“四端”可以发展为“仁”、“义”、“礼”、“智”四种最基本的行为规范。[3] 要实现这些规范,就靠“修养”。曾参早也提出过自我修养,修养主要靠每日三省吾身。孟子的养浩然之气则是一靠明“道”,它侧重于觉悟和内省;二靠“集义”,即以所谓大无畏的精神去做那些符合儒家学说的正义的事情。他认为这样就能练就一往无前的浩然之气。儒家“有为”的行为结构被一种“浩然之气”的精神所武装,两千年来确实出现过一些不怕杀头坐牢的儒臣、儒将。孟子提出“人皆可以为尧舜”、[4]“万物皆备于我”,[5]并进一步把“心”、“性”、“天”三者统一起来,称“尽其心者,知其性也;知其性则知天矣。”[6]由于孟子把从个人感情出发向外推广的看问题方式进一步强化了,个人不再是简单的个人,而是生之初都具有善的本性的“我”,于是孟子哲学观中唯心论色彩比孔子的更为强烈。

---

〔1〕《孟子·尽心下》。

〔2〕《孟子·梁惠王上》。

〔3〕《孟子·告子上》。

〔4〕《孟子·告子下》。

〔5〕《孟子·尽心上》。

〔6〕同上。

但是,孟子学说仍不能完全适应一体化。一体化要求用官僚机构抑制贵族化趋向,要求有相应的强制性约束。另外,仅仅像孟子所说的依靠个人修养来控制人们的行为是很不够的,必须用统一的道德规范来教育、约束甚至纠正那些不符合儒家说教的行为。这两个重要进展是由儒学大师荀子完成的。

一方面,荀子进一步发展了孔子提出的“礼”,认为“礼”既包括“君君、臣臣、父父、子子、兄兄、弟弟”的宗法组织原则,又包括“农农、士士、工工、商商”的社会分工。[1] 确定了封建国家的宗法等级原则后,荀子在以官僚制代替贵族世袭制的国家学说上迈出了决定性的一步。在孟子那里,举贤授能虽然已与“官”联系在一起了,但仍是世卿世禄的贵族制而不是官僚制。荀子则提出“虽王公士大夫之子孙,不能属于礼仪,则归之庶人;虽庶人之子孙也,积文学,正身行,能属于礼义,则归之卿相士大夫。”[2]这是对贵族统治的明确否定。他还明确地提出“论德而定次,量能而授官”。[3] 这是儒家国家学说中明确的客卿官僚制理论基础。荀子还为士勾画了一条由学而官、而贵、而富的道路,称之为“儒效”,他说:“我欲贱而贵,愚而智,贫而富,可乎? 曰:其唯学乎!”[4]这种使匹夫登庸的“儒效”,确实在两千余年的官僚政治中实现了。

荀子主张由“官”来治理百姓,这就必然要假定人们都有私心,才需要有“官”依礼和法去治理他们。所以内省和养性不能取代法和刑。并且,为了将儒家的伦理、价值观推广到所有的人,就必须假定人人都需要改造,包括儒生也要用儒家的伦理、价值观来约束自己,改造那些与之不符的部分。为此,荀子在人性论上得出了和孟子相反的结论——人性恶。他强调客观环境对人的品性的影

---

〔1〕《荀子·王制》。
〔2〕 同上。
〔3〕《荀子·君道》。
〔4〕《荀子·儒效》。

响。由于内和谐的要求,使得荀子在哲学观上更倾向于唯物论。

由孔子到孟子,又由孟子到荀子,儒家学说一直沿着有利于实现宗法一体化结构的方向推进,其伦理、行为结构不断向着有为和现实主义方向发展,而哲学观却在唯心论与唯物论之间摇摆,摇摆的原因正是哲学观必须实现与价值观内和谐。每当现实生活迫使儒学的价值观、社会观做出某些发展和修改时,就会因这种修改而造成哲学观上的一次摇摆跳荡。

总而言之,到秦统一中国以后,儒家已成熟了,基本上能与一体化的要求适应。相比之下,道家虽然还有一定的生命力,但与封建大国政治要求很不一致。墨家则显得营养严重不良,日益萎缩了。

历史仍然在选择中前进。到汉武帝时代终于由董仲舒完成了向一体化迈进过程中的最后一步。

据说,董仲舒曾苦读三年圣贤书,连抬头向花园里望一眼也不敢,他梦见蛟龙入腹遂写出《春秋繁露》。实际上,董仲舒所完成的工作比起他的先辈来说要容易得多,因为他处于一个了不起的历史关头。这时,宗法一体化结构与独尊儒术在皇权干预下终于成为现实。董仲舒的学说内容庞杂,但总的来说是集前人学说中有利于实现宗法一体化结构的内容于一体。他提炼、强化了《韩非子》、《吕氏春秋》、《公羊传》中君权至上的大一统的政治论,并把它和邹衍等阴阳家们的天人感应、五德终始的学说相结合。他继承了孔、孟的有为的行为、伦理学说,并以荀子的性恶说和“一天下”就要“务息十二子之说”[1]为理论根据,强行推行儒家说教,使得思想文化专制主义也成为事实。

董仲舒的学说有三个特点:第一,为了与君主集权政治这种高度有为和强控制的社会观求得内和谐,必须在哲学观上为更高无

---

〔1〕《荀子·非十二子篇》。

上的皇权提供基础。而且为了约束几乎是无限的君权，仅仅有德治和道德理想主义的价值观是不够的。于是董仲舒在哲学观和价值观上均对儒学作出创造性发展。正如韦政通所说，他“希望对享有最大权力的君主，加以宗教性的限制”，〔1〕就想出了天人感应学说。这样社会观、哲学观和人的道德观出现了神秘的互相对应和感应。所谓“天人感应”，实际上是认为人的行为和道德是非和自然万物的运行有某种神秘的同构关系。这种关系特别表现于王朝盛衰系命于皇帝身上。由于大宇宙和小宇宙的同构，皇帝是持“受命之符”的“天子”，官员及官僚机构的设置均应与大宇宙相配合，必须应象于天。第二，董仲舒意识到儒家学说应该是丰富的，足可以调节的，意识到同一理论体系中两种对立观点的存在很有用，也是有为的行为结构必须借助的。例如，他既需要性善说，也需要性恶说，怎么办呢？于是他认为二者都是存在的，它们是事物的阴阳两面，应调节二者间的关系。自董仲舒以后，中国封建社会的政治家和哲学家都很习惯于把对立的事物（包括政策）引入同一体系，并加以控制调节，以保证自己的理论、政策总是对的、有用的、配套的。阴阳家的哲学思想被吸收为儒家的重要思想方法。第三，董仲舒还确立了以汉民族为中国文化中心的传统。这一思想的惊人之处在于，它不是以种族来区分汉族和夷狄，而是以儒学道德教化来区分。孟子以道德区分了人和禽兽，而董仲舒则把儒学道德作为民族文化的标志，使之成为区别文明和野蛮的标准。这是把孔子以人的伦理道德作为核心加以进一步推广而必然导致的结果。这种文化传统，成为长时期内许多中国人考虑问题的一个独特的出发点。在漫长的历史中，它是儒生的信仰和优越感的源泉，也是他们的保守和抵御外来文化的依据。董仲舒学说的这三个特点象征着儒学作为宗法一体化结构的有机部分已经成熟了。确实，像

〔1〕 韦政通：《董仲舒》，东大图书公司1986年印行，第98页。

董仲舒所声称的“天不变,道亦不变”[1]那样,中国封建社会的超稳定系统结构存在了两千年。

前面我们分析了儒家学说怎样在外适应、内和谐的作用下不断发展的过程,也是宗法一体化结构实现的过程。熟悉控制论的读者会发现,它很像计算机科学中的启发式程序,意识形态结构在政治、经济结构的作用下不断寻找三者相互适应的状态,它以封建统一大国的结构所必需的适应态为目标值,以内和谐为条件,不断地修改自己。

8.6 儒家和道家的互补结构

自汉武帝宣布独尊儒术以后,中国古代哲学思想花园中的秋天便来临了。春秋战国时期那些竞相争荣斗艳的百花纷纷凋零,只有儒学一颗硕果沉重地挂在枝头。按理说,由于宗法一体化结构利用政权的力量维护儒学的正统地位,推行文化专制主义,诸子百家学说的被压制而衰落是自然而然的。令人奇怪的是,道家虽不处于正统地位(个别历史时期除外),却始终没有被消灭。相反,春秋战国时期号称显学的墨家,倒消失得一干二净了。

实际上,战国后期墨家便开始衰落。秦汉之际,墨家的形象已由科学家演变为手持三尺铁的游侠。汉以后,这些捍卫“兼爱”的游侠也逐步被人们淡忘,墨家在民间俚俗中居然与鬼怪形象联系在一起。直到西方近代文明开始传入中国时,人们稍加回味,才感到这种文明似曾相识,发现墨家学说中有着丰富的自然科学和逻辑知识,初步的科学精神。甚而在当代,也有人认为,如果墨子的思想和政治主张能成功的话,“在古代中国可能出现像希腊、罗马

[1] 《汉书》卷56,《董仲舒传》,第8册,第2519页。

共和国那样的情况”。[1] 那么，为什么墨家会销声匿迹，而道家却能获得生存发展呢？这的确发人深思。用经济结构和政治结构的需要来解释这一现象是有道理的。但这只是问题的一个方面。因为儒、道、墨同生于中国封建社会的土壤之中，为什么实现宗法一体化独尊儒术以后，墨家生存的土壤就失去了，而道家的土壤还存在呢？我们还应该从意识形态结构的内部来进一步认识这个问题。

如果我们把儒家和道家相对照，就会发现儒道之间有着一种很独特的联系，即它们的结构和内和谐方式不是一般的不同，而是存在一种既相反又相通的关系，可以互为补充求得共存。如果在儒家体系的价值观和社会观前面加一个负号，那就可以得到类似于道家的价值观和社会观。

儒家行为结构的一个重要特点是“有为”，道家行为结构则正好是对儒家“有为”的否定——“无为”。儒家主张积极干预现实生活，而道家主张听其自然。可见儒、道两家在感情色彩和处世态度上恰恰是相反的。儒家主张大一统的大国统治，而道家则持反社会化的观点，主张小国寡民。儒家积极追求的是确立道德规范、伦理教化的人治社会，而道家反对任何人为的规范，执着于无约束的自然闲逸和逍遥。可见，儒道在社会观和价值观上也正好是相反的。前面我们已讲过，儒家哲学观的核心是常识和直观理性。而道家的哲学观是“道”，其方法论是运用“悖论”来消除任何确定的人为的规则。显然，儒家那种基于常识的直观理性，与道家那种悖于常识的思辨，也恰好是相反的。但是，我们也说过，儒家学说在直观理性碰到困难时也往往求助于含混不清的类比似的思辨。在思辨这一点上，儒家和道家是有相通之处的。儒家吸收了阴阳杂

---

〔1〕 中国农业学院、南京农学院：《中国农学史》，科学出版社 1959 年版，第 59 页。

家的思想来克服自己方法论上的稚拙,它也就能做出许多含糊笼统、充满思辨而又无所不能的解释。这和道家悖论似的思辨能随心所欲地推出自己的道理,有异曲同工之妙。也就是说,儒道的哲学观虽然不相同,但它们又是相通的。正是由于这种相通性,历代儒者中有不少人都以道家哲学观作为自己的自然观、认识论和方法论,而在常识和直观理性方面,他们仍然是儒家而非道家的。他们可以接受道家的某些东西,去做些科学研究,但他们却把墨家重功利、重实验、重推理的科学精神排斥在一边。这里,我们引入一个概念——互补结构。如果两种意识形态结构的内和谐方式存在着一种既相反又相通的关系,那么我们就称它们为互补结构。尽管已有不少学者用“互补”这个词来描述儒家和道家的关系,而我们所说的“互补”和他们不同,不是单纯意义上的“互相补充”。要确定两种意识形态结构是否具有互补关系,就应该具体考察它们在价值观、社会观以及哲学观之间是否存在一种既相反而又相通的关系。

儒家和墨家之间不存在这种互补关系。早期墨家尊神敬鬼的热情,不同于儒家信奉天命的理智;后期墨家在认识论上注重于经验、实践和逻辑推理,也不同于儒家的皈依圣贤之言、循礼正名。所以儒家排斥墨家更坚决、更彻底,达到势不两立的程度。

理解了道家是儒家的补结构,就不难理解为什么独尊儒术以后墨家消亡而道家却能保存下来的历史现象了。一般说来,一种意识形态结构占统治地位以后会排斥与它不同的意识形态结构,正如一种宗教占统治地位就会排斥另一种宗教那样。但是,占统治地位的意识形态结构却不能排除它的补结构,为什么呢?尽管补结构和它不同,但因为有相通之处,使得人们很容易在互补结构的两种意识形态中转化。信奉正统意识形态的人,只要将自己的处世态度来个一百八十度的大转弯,并不需要根本改变自己熟悉的看问题的方式,就很容易转到它的补结构中去。不仅如此,补结构对于正统地位的思想体系来说,还是一种必需的和有用的补充。尽管补结构不占主导地位,但它可以成为在现实生活中失意或不满于现状又无力改变它的那些人的精神避难所。

信奉儒家的士大夫们,在他们仕途坎坷、官场失意或憎恶朝政腐败之时,往往就会退隐。他们的行为结构就会向儒家的否定方面转化。这时,他们不是去读墨家经典,而是沉醉于老庄和玄学,或炼丹行散,或隐居山林,放鹤种梅,求得保身、全生、养亲以尽天年。不做官兼济天下,就退隐避世。由于行为结构和处世态度的这种变化,以及思想方式的相通之处,就为由儒入道铺垫了一条坦途。闻一多曾非常风趣地指出:“一个儒家做了几任官,捞得肥肥的,然后撒开腿就跑,跑到一所别墅或山庄里,变成一个什么居士,便是道家了。”[1]

事实上,中国封建社会的很多儒生具有二重人格,儒道兼而有之。得志时是儒家,失意时是道家。甚至在魏晋道家和玄学泛滥时,那些清谈大师也是儒道兼有的。如西晋著名的清谈玄学家王衍,一方面“口不论世事,唯雅咏玄虚而已”;另一方面又求闻达于世。永嘉之乱时,王衍被石勒抓获,临刑前他追悔慨叹道:“向若不祖尚浮虚,戮力以匡天下,犹可不致今日。”[2]王衍的堂兄王戎,虽为竹林七贤之一,但他和山涛都仕晋荣显,实为官僚。又如东晋大诗人陶渊明,吟着“采菊东篱下,悠然见南山”的诗句,心里却也并不悠然,按捺不住要吐出“刑天舞干戚,猛志固常在”的心声。至于那些退隐的儒生,不消说更是把老庄作为一种精神寄托了。他们会自觉或不自觉地转入补结构。这就使得补结构不会消亡。

道家儒家共存的另一个重要原因是它们互补,两者合在一起就构成了对世界的一种表面上较完备的理解。道家的无为对于实

〔1〕《闻一多全集》:《关于儒、道、土匪》。

〔2〕《晋书》卷43,《王衍传》,第4册,第1236、1238页。

现大一统的国家当然是不适应的,但作为对儒家学说的补充,如某种治理艺术,对于一个大系统的调节,又是十分必需的。因此,道家对于封建帝王来说,是不可缺少的“南面术”。皇帝除了需要道家炼丹求长生的“不老”之术外,还需要道家提供的一些明智的管理艺术。如道家提出“治大国若烹小鲜”的原则,[1]即治理大国要像煎小鱼那样不能时常翻动折腾,否则将煎得一团糟。汉初道家黄老之学一度占主导地位。以后历代封建帝王朝都是集儒(包括法)道于一身的。

一般说来,一种思想体系总是企图从其内部来回答提出的一切问题,追求自身的完备性;另一方面它又受到变化发展的现实的挑战,不断改变和丰富自己。因而完备性同时也是一个追求过程。对于两个互补共存的思想体系来说,完备性很容易得到表面的满足。为什么呢?我们可以设想,如果没有补结构的存在,那么当某一种意识形态的价值观、社会观和哲学观碰到挑战的时候,它就不得不独自应战,发展和变化原有的观念。如果它有补结构,在它遇到挑战时,最方便的途径是退到补结构中。儒家的补结构是道家。由儒家退到道家,就会用消解问题的办法来取消现实的困境获得心理的平衡。正因为中国传统意识形态是一个有互补结构的系统,它高度的完备性就杜绝了摆脱正统意识形态结构的创造性的尝试,从而使它具有巨大的保守性。

也就是说,补结构对占主导地位的学说还是一道无形的防线和缓冲地带,有利于儒家的稳定,其道理是很明显的。如果某一占主导地位的学说没有补结构,那么当它出现外部不适应、内部不和谐的状态时,其信奉者又无现成的退身之路,那么怀疑者就是酝酿或接受一种新思想体系。如果有补结构存在,怀疑者和反对派就会陷进补结构中去消耗自己的学识精力,他们逃出了一种正统的

---

〔1〕《老子·六十章》。

意识形态的枷锁,却又掉进了非正统意识形态的陷阱。

被章太炎誉为"汉代一人"的唯物论哲学家王充,是汉代官方哲学反对派的代表。他出身细族孤门,"贫无一亩庇身","贱无斗石之秩",[1]他说自己"未尝履墨涂,出儒门"。[2] 他用唯物论的元气说批判了"天人感应"论,他还批判了崇古非今的历史观以及唯心主义的认识论,但如此行为的思想家王充,却是站在道家学说的立场上,去其消极因素,把"道法自然"转变为唯物论的战斗武器。王充既不是消极也不是"无为",但他并没有用墨家或其他什么新的观点来批判汉代经学,而是被补结构吸引了进去。这充分显示了补结构对官方哲学反对派的天然吸引力。

明末李贽可以说是反对儒家名教的激进分子,他极力提倡新道德。但他在晚年被补结构吸进去了,信奉禅宗,[3]不能自拔。《红楼梦》中贾宝玉也许是典型形象。他追求爱情,反对没落的封建道德,但缺乏新的理论武器,看破红尘后,只好遁入空门。

另一个有说服力的例子是东汉末年及其灭亡后的情况。当时,烦琐沉闷的经学使儒家陷于困境,大量儒生既厌恶现实的腐败,又不满于儒学的迂腐虚伪。在儒学的信仰危机发生时,士子学人并没有去创新,而是绝大部分被补结构吸进去了。当时,知识分子为了逃避现实和摆脱儒学,便重新崇尚黄老,发展了清谈玄学。可以设想,如果没有补结构这道防线,当儒学衰落时,那就为创立新的意识形态提供了条件。一旦有补结构存在,它就会不断吸收官方哲学的反对派,并逐步兴盛,甚至一时占主导地位。占主导地位的补结构,却又为儒学在以后东山再起准备了条件。果然,两三年后,儒学又居正统地位了。意识形态结构在数百年的时间里来

---

〔1〕 王充:《论衡》卷30,《自纪篇》,上海人民出版社1974年版,第448、454页。

〔2〕 同上。

〔3〕 宋以后禅宗也成为正统儒家的补结构,下面要讲到这一点。

了一个大振荡,又回到原有的结构。这和欧洲的情况不同。基督教是对古代罗马哲学和宗教的取代,人文主义和新教伦理又是对基督教的改变。这种取代改变关系,意味着进化。而中国封建意识形态的互补结构,则造成了一种互补振荡。儒学占主导地位时,道家是它的补结构。后来,二者的地位互易,但互补关系还存在。魏晋玄学兴起使得儒学衰落,新儒学是在吸收了佛老又占了优势。这种互补振荡,造成了意识形态结构的高度稳定性。

两种理论体系形成互补结构以后,它不仅使占正统地位的理论体系更为稳定,而且具有消化外来文明的能力。这一点,可以从佛学对中国意识形态结构的冲击过程得到说明。

8.7 冲击、反刍和融合

我们先来回答本章开始提出的问题:为什么基督教、伊斯兰教对中国封建意识形态结构的冲击,远不如佛教大呢?

基督教、伊斯兰教和佛教的结构与中国封建意识形态结构中占主导地位的儒家都不相同,儒家正统都要排斥它们。但是,佛教有一个特点,即它与儒家的补结构——道家有某些相通之处。而基督教、伊斯兰教就没有这一特点,所以很难传播。基督教传入中国一千多年,直到解放前影响也并不很大。有人对解放前河北定县一带地区基督教传播情况进行了分析,发现信教者中大多数是没有正常家庭生活的男女,如寡妇、鳏夫、没有子女的人。而对那些有正常家庭生活的人,基督教则缺乏吸引力。[1] 这从某种意义上说明了儒家对其他意识形态很强的抗拒作用。但佛教的传入则

〔1〕 Sidney D. Gamble, *Ting Hsien: A North China Rural Community*, New York, 1954.

是通过补结构这一中间环节,所以冲击力强,影响也大得多。

佛教在汉代传入之初,不少人把它看作一种神仙方术,影响并不大。随着老庄道家学说的兴起,清谈玄学风靡一时,佛教便借此迅速传播。佛教和道家有些地方很相似:道家讲“无为”,“超脱”尘世,佛学讲“性空”、“觉悟”,两者都迷醉于玄机妙理。我们在分析老子的思想体系时,曾特别提出了老子的“无为”只是反对任何人为的规则和限制,它不同于佛教视现世为幻象、虚无。只有消除了这种差别,才能扫除中国知识分子接受佛学的障碍。这一障碍是魏晋学者通过对庄子学说的阐释来克服的。

我们可以发现,老庄学说在魏晋时兴起,事实上应该说是庄子学说的备受重视,当时大思想家们差不多都要去注释庄子。这是为什么呢?众所周知,生与死是人类面临的最大的问题,儒家知识分子执着于“生”的意义,很少去谈论死,而老子在《道德经》中也几乎没有真正去讨论“生与死”的问题。到了东汉末年的大动乱,面对社会人口死伤一半以上的残酷现实,知识分子们就不能不考虑死。庄子和佛家都谈到死。也许,庄子对老子学说的发展,最重要的就是他把老子的“道法自然”和“无为”的哲学观、价值观用于处理生死问题。庄子把老子的反对限制的思想贯彻到底,认为人生、生命也是一种束缚。一旦认识到这一层次,老子的“道法自然”中的“自然”一下就具有了无限神秘的意义。既然生命也是一种约束,那么只要超越它,追求人和宇宙万物同一的状态,生死也就无所谓了。这样,庄子就开辟了一种“乘物以游心”,“游乎尘埃之外”的全新的人生观,[1]追求摆脱了任何束缚、负累(包括生死)的超然的精神自由境界。这也就打开了中国知识分子接受佛学的大门,老子的“自然”和佛教的“无”有很大的差距,而由视生命为约束

---

〔1〕 崔大华:“庄子的人生哲学及其在中国文化中的作用”,载《哲学研究》1986 年第 1 期。

负累的庄子过渡到接受佛教视现世为幻象是十分便捷的。正因为如此,有不少中国儒家知识分子是以玄学为桥梁过渡到佛家境界中去的。魏晋南北朝时期是佛学大泛滥的年代,但那些有影响的宗派,如道安、慧远的般若学说,僧肇的《不真空论》、《物不迁论》,以及竺道生的涅槃佛性说和顿悟说等,无不打上道家玄学的烙印。道生的"一阐提人皆得成佛"(即贪欲成性、作恶多端的人都可以成佛),"本无"、"即色"、"心无"等理论,对于深明老庄之学的人来说是一点即通的道理。所以,魏晋玄学和印度佛学相互推波助澜,日益发展。到南北朝时期,佛教才摆脱玄学的势力,独立传播。

外来文化对中国封建意识形态的冲击,是从补结构入手的。这就使补结构对融合外来文化起到一种颇为奇特的作用。补结构就好比牛的反刍胃一样,先把那不容易消化的东西吸收、储存起来,创造一个咀嚼消化的中转站,经过这一过程,再求得与原先占正统地位的儒学的融合。回顾佛教从西汉传入,到魏晋南北朝的泛滥,再到隋唐时的中国化,直至宋代与儒学的融合,我们可以把这一过程看作冲击,被补结构吸收,再和占主导地位的意识形态结构融合这三个阶段。

关于佛教对中国的冲击,我们已在第七章中进行了分析。被补结构吸收阶段一直延续到隋唐时期。这一时期,儒学和佛教并没有实现融合,但佛教已和玄学结合,形成了中国化的宗派:天台宗、华严宗和禅宗。生搬外来文化的法相宗却逐渐衰落了,尤其是禅宗影响更大。唐末,信佛的善男信女已超过了信奉道教的人数。唐末道士杜光庭曾对当时的情况作了一个统计:唐以来宫观共1900 余所,道士有 15,000 余人,不及佛教徒的二十分之一。[1] 不独是下层百姓信菩萨,就是知识分子中"居士"也日益增多。著名的思想家和文学家柳宗元也称"自幼好佛,求其道积三十年"。可

---

〔1〕 任继愈:《中国哲学史》,第 3 册,第 96 页。

见,佛教已成为官方哲学的反对派,尤其是禅宗已逐渐取代道家成为正统意识形态的补结构了。唐代官方反佛毁佛的斗争非常激烈。韩愈就主张用政权的力量灭佛。李德裕任宰相时发动毁佛运动,一次拆大、中寺庙4600余所,小寺四万余所,还俗僧尼26万余人。[1]

由于唐代还处于补结构吸收外来宗教阶段,所以两种文化融合的成就主要是表现在文学艺术上。隋唐两代出现了很多伟大的政治家、文学家、艺术家,而大思想家和哲学家却较少。文学艺术的繁荣,反映了中国文化开始吸收了外来成果,在形象和感情上的融合获得了成功。但在理性上,儒学正统还在顽强地消化着外来文化。

补结构先吸收外来文化,对于意识形态结构的发展很重要。儒学直接消化佛学是困难的,但它的补结构道家像一个供反刍的胃那样,先把儒家不易消化的佛学吸进胃中反刍,使得佛学不至于因为不能很快地被儒家消化而排泄出去,也不至于不协调而引起混乱。佛学在道家这一补结构中获得了存身与发展之处,为儒家与佛教融合创造了条件。

隋唐第二阶段完成后,儒学大发展来临了。这就是宋代。这一阶段出了不少大思想家、哲学家,把中国儒学推向了理学新阶段。

宋以前,儒学体系的特点是其伦理行为结构及国家学说相当成熟完善,尤其是伦理行为结构,但世界观、方法论就显得比较薄弱,处于婢女的地位。董仲舒为了弥补这一不足,把阴阳家的理论引入儒学,企图以“天人感应”来加强儒学世界观。但“天人感应”很容易滑入迷信的泥潭。东汉谶纬学盛行,甚嚣尘上。而早在东汉灭亡之前,王充就开始毫不客气地批判它了。此后,汉代经学衰

---

〔1〕《旧唐书》卷18上,《武宗纪》,第2册,第606页。

落,道玄兴起。但儒家始终没有较为高级形态的有说服力的哲学观,特别是自然观。而佛学是一个在世界观方法论上相当深刻和细致的宗教思想体系。儒学逐渐意识到应该吸收佛学在哲学上的深刻内容。隋唐儒学再度占据主导地位以后,如何克服在哲学观上的薄弱环节成为儒学亟待解决的问题。于是,宋明两代有一批杰出的哲学家相继崛起,完成了新儒学的创造。

张载对佛学的批判已经显示出一条融合的道路,儒家思想的世界观、方法论可以吸收佛、道的长处,建立在一元的基础上,行为和道德可以从世界观、方法论中推演出来。周敦颐、邵雍等人,"有意识地吸取佛教和道教中的关于宇宙万物起源的学说"。[1] 程颢、程颐二伯仲,明确提出理在气先,认定"万物皆是一理"。朱熹则是理学的集大成者。朱熹把儒学奠定在统一的世界观、方法论基础上,作为一个反佛的儒学大师,朱熹明智地意识到,如果仅仅在玄学和思辨的战场上,儒学是很难在世界观和方法论上战胜佛学的。儒家哲学观是直观理性,要在儒学内部建立与佛老相匹敌的哲学观,就必须重返直观经验世界。儒学建构的宇宙观,应该是形象的,至少儒生们的直观理性外推后能把握它。然后,再从这种宇宙观中推出儒学道德伦理规范。

朱熹十分巧妙地使用了"理"和"气"这两个赋予新的含义的概念,重新整理了儒学体系,为儒学体系奠定了新的基石。虽然,"气"和"阴阳"等概念一样,它们来自直观类比,有许多含糊不清的东西混杂在一起,但"气"至少是一种存在,一种"有",而不是"无"。这就把儒学与佛老的"空","无"划开了界限。朱熹用"理"、"气"为基础,给出了一个可以被经验理解的宇宙观、自然观。他用气的聚散来解释生与死,用气的各种形态和变化来说明自然现象,试图从这一角度来处理佛学处理过的问题。只要把"气"与

---

〔1〕 任继愈:《中国哲学史》,第3册,第184页。

“理”的关系进行某种组合，就可以为儒家伦理道德提供哲学基础。朱熹说儒家伦理是普遍的“公共底道理”。[1]“理”又是可以“分殊”的，把一理转化为规定人物之性，以形成各种类别的“万殊”。在宋代新儒学之前，价值观并没有真正的哲学基石。而到朱熹，一个既能说明宇宙自然，又能由此推导出儒家伦理的体系就铸造出来了。

朱熹的深刻之处在于，把孔孟置于正宗，同时又把董仲舒阴阳五行观、王充对董仲舒天人感应的批判，把张载以及周敦颐、二程的观点，以及佛学高度一元化的哲学和道家的思辨精神，统统加以整理，小心而细致地构造出内容精深的新儒学体系。儒学世界观、方法论薄弱的短处被克服了，历史经过了一千年。万物起源皆出于理，理生气，气生万物，理又规定了儒家伦理道德的合理性。理学的出现大大巩固了儒学在中国封建社会中作为指导思想的地位，使佛、道等学说再也不会动摇它了。宋以后七百年间，理学一直被奉为正统，与宋法一体化结构十分适应，封建王朝的控制能力也增强了。

8.8　理学的僵化与反僵化斗争

儒家学说发展成为理学达到了顶峰，同时也是它僵化的开始。所谓顶峰状态，就是高度的外适应与内和谐的实现，这也就使意识形态缺乏外在和内在的发展动力，成为一种不容置疑的盲目崇拜对象。朱熹把自己的著作称作“添一字不得，减一字不得”。[2]宋以后，一些道统的捍卫者也将理学宣称为“自考亭以还，斯道已大

[1]《宋子语类》卷13。

[2]《朱子语类》卷19。

明,无烦著作,直须躬行耳”的绝对权威。[1] 思想一旦不再发展变化了,就必然开始僵化。正因为理学的成功,宋以后哲学思想派别的斗争,不再以儒学和佛学的斗争为主要形式了,道家和禅宗已成为对理学无害的补充物。理学已把儒学带到这样一种境地:如果没有新的外来、异质文化,它就已经和中国封建社会实现了最终的和谐,取得了不可动摇的官方正统意识形态地位,成为一种思想统治的工具和束缚人们思考的精神枷锁。

理学给中国文化带来的一种严重后果是禁欲主义的出现,一提到理学,人们马上会想到“存天理,灭人欲”的反人性的口号。理学之前,“仁”作为行为伦理结构的核心,虽然是一种等级尊卑的爱,但“仁”是以人性为基础的,它强调不忍和将心比心,主张把爱心推己及人。虽然它也主张孝道和贞洁,但其禁欲主义的色彩并不很浓厚。儒学发展到理学阶段以后,已带有浓厚的禁欲主义色彩。二程说:“大抵人有身,便有自私之理,宜其与道难一。”[2]并明确声称:“无人欲即皆天理。”[3]朱熹继承了二程的“道心”即天理的思想,认为天理与人欲是对立的,“未有天理人欲夹杂者”,[4]鼓吹“学者须是革尽人欲,复尽天理”。[5] 有学生以吃饭问题问天理与人欲之分,朱熹明确回答:“饮食者,天理也。要求美味,人欲也。”[6]理学占正统地位后,我们很难再找到像李白、杜甫那样月下饮酒、舞剑吟诗的诗人了。禁欲主义像裹脚布紧紧缠裹妇女秀美的天足使之畸形那样,给中国人民穿上了紧身衣,扼杀了创造精神,并杀死了不少企图反叛禁欲主义的男男女女。

为什么理学会把儒学引向禁欲主义这种反人性的方向呢?这

---

〔1〕《明史》卷282,《薛瑄传》,第24册,第7229页。

〔2〕二程:《遗书》卷3、卷15。

〔3〕同上。

〔4〕《朱子语类》卷13。

〔5〕同上。

〔6〕同上。

其中的道理恰恰只能用理学的成功来说明。理学以前的儒学在世界观和方法论上比较薄弱,价值观的根据只是简单地从人的常识给予说明。常识虽不深刻,但不会导致禁欲主义。而新儒学终于找到了人伦道德的基础:"天理",就是从支配宇宙万物的理来推出人的本性和伦理,从而使儒学摆脱了世界观上的幼稚性,实现了理论上的一元论。虽然"理"不是"神喻",仍是从儒家直观理性总结宇宙万物的规律而进一步推广到社会人伦,但是它强调的价值观和行为规范具有非人化的倾向。因为判别标准乃在于是否符合"天理"。儒家开始时以人本身出发来推出道德教化的基础被异化为"天理"。天理无论怎样规定都是对丰富的人情的禁锢。中文里有许多涉及"情"、"理"的词汇:合情合理、通情达理、情理之中、天理人情总昭昭,等等,反映出人性人情的挣扎始终摆脱不了"理"的束缚。在很多场合,"情"只是对于过于冰冷无人性的"理"的一种调节和缓冲。应该指出,禁欲主义的道德准则与中国封建社会日益强化的文化专制主义是一根藤上的两个瓜。

另一方面,我们还应该看到,随着理学的形成,儒学中原来较薄弱的知识论和求知热情,得到了一种新发展。"格物致知"一直到明末以后仍然是传统中国知识分子接受西方科学文化的一个出发点。正如李约瑟所说,理学中"道不逃物"的观念,极大地转变了中国知识分子对自然界的态度。虽然,从根本上来说新儒学仍然是以道德伦理为中心的思想体系,但它至少提出了一种通过求知来闻道的精神。但这一种精神的解放毕竟非常局限,它的方法论仍然是直观理性,使它不可能走得远。而实际上,知识分子的求知闻道主要还是局限于书本经典。而且,天理必然为统治者加强思想控制提供了更好的理论根据。这样,官方的理学家丧失了开明的教育家的形象,成为顽固的道学先生。理学使人变成谦小谨微的君子,失去了处理复杂事务的能力和自由探索精神。学风也为之一变,注经、训诂成为学问的价值标准。

正因为理学的僵化,我们可以看到这么一种历史现象:明清以前的科学家、发明家不少人是官方哲学的拥护者,有的本人是朝廷官员,如张衡、祖冲之、葛洪、孙思邈、郭守敬、沈括等。但明清以后的大科学家则不少来自民间,如李时珍、宋应星、徐霞客、王清任。这说明官方哲学已经不能网罗那些有思想的知识分子。

理学在中国思想文化史上带来的第二个严重后果是,它最终编织成束缚中国思想文化结构性发展的牢笼。当然,任何一种意识形态只要被推到正统地位,对其他思想体系都意味着排斥,对新思想都意味着压制。但理学的发展几乎把思想家从内部超越它的可能性杜绝了,以至于以后理学的反叛者们,无论其反抗的声音多么激越,其在某一点上的见解多么深刻泼辣,但从外部看来都不过是拔自己头发,想把自己提起来的举动。王阳明深感明末正统意识形态的危机,官僚政治的极端腐败,道统处于崩坏的危险。王阳明以拯救复兴儒学为己任,他又发现理学的求知闻道的路走不通。于是在格了七天七夜竹子后,他提出了对程朱理学信条的否定,回到从自身修养道德体验人生的"心学"。当时,这种貌似复旧的批判,对于摆脱天理束缚、恢复良知,确实构成了一次思想的解放。王阳明尖锐地批判当时的学风是"从册子上钻研,名物上考索,形迹上比拟",[1]丧失了探索和创造精神。他还发表了一些反对崇拜旧权威和旧信条的言论。但这种反叛没有也不可能超越理学的思想牢笼。虽然"心学"有某些新意,但它在结构上只能是回到理学以前的状态,甚至有些地方儒学和佛老的界限也十分不清晰。所以王阳明之后,他的弟子们很快分化成几个派别。其中"现成"派带有浓厚的佛老哲学色彩,而"功夫"派则在某种程度上又回到程朱理学。[2]

---

〔1〕 王守仁:《传习录》上。

〔2〕 请参阅钱明:"王学流派的演变及其异同",载《孔子研究》1987年第4期。

明朝灭亡代之以清。清初的儒学思想家对王阳明的反叛又来了个否定。他们似乎体会不到王阳明企图以心学来挽救社会道德沦丧的苦心。他们只看到其理论的空洞、学风之浮华。于是，王夫之排斥陆王而重新尊崇宋代新儒学。乾隆嘉庆之际，学者们在格物致知的精神鼓舞下，本着“实事求是”的原则，开创了一场颇具规模的考据问古的学术潮流。当然，这也是逃避政治迫害的一种选择。从思想史的发展来看，这是对明末心学的反叛的否定，向理学的复归。对反叛的否定只不过是绕了一个圈子又回到原来就造好的思想牢笼。

当然，我们也应该看到明末清初涌现了一小批勇敢的思想家，如黄宗羲、王夫之、顾炎武、颜元、戴震、李塨等。他们提出了很多历史上闻所未闻的大胆的见解。顾炎武认为皇帝的权力不是至高无上的，主张分天子之权。王夫之把理学作为一个唯心主义体系进行细致深入的批判。颜元则痛斥朱熹是“满口胡说”、“自欺欺世”，[1]程朱是“孔门敌对”，“程朱之道不熄，孔子之道不著”。[2]他深感“误人才，败天下事者，宋人之学也”。[3] 他深刻地指出理学的反佛老是表面的，它们具有内在统一性。他说：“其辟佛老，皆所自犯不觉。”[4]朱熹的学术不过是“禅宗、训古、文字、乡愿四者集成一种人”。[5]

可见哲学上的反思派，已清醒地看到理学与它的补结构佛老特别是其中的禅宗之间内在的统一性。但是，从整体上看，无论这些思想家批判的言辞多么激烈，他们都没有对已经十分成熟的儒家文化做出结构性的突破。反抗只是来自内部，方法也仍然是沿

〔1〕《朱子语类评》。
〔2〕 同上。
〔3〕 同上。
〔4〕《习斋记余，未坠集序》。
〔5〕《习斋年谱》卷下。

袭了直观理性的传统。尽管如此,这些思想家们的批判和反思毕竟是一种觉醒和进步;而他们所能打出的也只能是复古的旗号,抬出了孔孟,在回到孔孟那里去的口号下,猛烈攻击着僵化的理学体系。但是,改革派的理论尚不成熟。他们只能在儒学内部剖析它,抨击它;只知道是后人的修正使儒学走入僵化的歧途。他们并不理解,儒学在漫长的封建社会中,从富有生命力的创造阶段到作为宗法一体化结构理论基础阶段,直至成功地完成与佛道的融合后的僵化阶段,在二千五百年间走过的是一条历史必然之路。回到创始人那里去,是任何反僵化的思想运动都采用的办法。在这种复古的口号下,隐含着对现状的不满和要求社会进步的意义。这批思想家的目标不明确,追求也是朦胧的。

8.9 价值观反省

马克思说过:“理论在一个国家的实现程度,决定于理论满足这个国家的需要的程度。”[1]中国封建社会的意识形态结构是顺应着一体化发展的轨道完善起来的。儒家学说是超稳定系统的重要的子系统。它一方面是经济、政治结构的反映;另一方面又是实现宗法一体化的思想基础,对形成和稳固这种社会结构发挥了重要作用。它随着超稳定系统的发展而不断改变着自己的形式:秦汉间对几种意识形态的汰选;魏晋南北朝时期一体化结构出现障碍,儒学的统治地位的动摇和一度丧失;隋唐期间超稳定系统获得恢复和发展,儒学也吸收了外来文化创造出灿烂的成果;宋代儒、佛、道融合,儒学发展到理学阶段并日益僵化。意识形态变化是为

[1] 马克思:“黑格尔法哲学批判导言”,载《马克思恩格斯选集》第1卷,第10页。

变化了的存在所决定的，并对不断变化着的存在产生着影响。尤其值得注意的是，中国封建意识形态是具有互补结构的一个完备体系。前期是道家作为补结构，后期是佛教禅宗和道教。这种互补结构的存在，造成了中国文化思想特有的保守性；儒学靠补结构来维护自己的稳定性，补结构吸收反刍外来文化喂养儒学。儒学在两千余年间成为具有高度文明的中华民族的精神基础。这份沉重而光辉的遗产，是好还是坏？是财富还是包袱呢？我们不能不为之反省。

也许可以这样说，在西方近代科学和资本主义文明诞生以前，儒家学说是人类思想体系最具有生命力的体系之一。比起光辉而相对短暂的古希腊文化来说，它悠久而强韧。比起中世纪宗教统治来说，它开明而更具有人性和民本色彩。在积极的现实主义精神支配下，它以实现有等级的仁爱为最高价值观念，创造了一套高度完善的道德伦理规范。儒家学说积极干预生活，提出并实践了自己的国家理论。更加令人惊叹的是，儒家强调和谐精神和调节作用，揭示人的思想、社会行为与自然应该是和谐的；人与人之间，家庭、国家、社会也应该是和谐的整体。这种立足于和谐并强调人的道德力量的学说，使我们民族成为古代最重视文化和教育的民族，两千余年间创造和维持了独特的文明体系。这一切，使得企图改变它的人们常常被它的悠久和成熟所慑服。比起它那漫长的历史来说，人们常常感慨自己生活的时代和自己的思索都太短太浅。

如果我们用科学精神去探讨中华民族文明主体的精神，就会发现：儒家的成功，它的魅力，它的僵化，它的失败，都来自同一个核心，这就是它的伦理中心主义结构和与此相联系的直观理性。确实，儒家成熟的仁爱思想和积极入世的现实主义精神，讲求和谐与实际的处世原则，都是成功的。但从直观理性看来它本身却是先验的，不允许批判的。这样，随着时间的推移，它必然停滞，成为一个扼杀个性的保守主义体系。如果我们不突破直观理性，思想体系中就会存在着不允许怀疑的先验基础。例如儒家的伦理核心正是如此,它是圣人先贤的遗教。孔孟的“仁爱”、“仁政”,程朱的“天理”、“道心”,是人与禽兽的分界线。以君臣、父子为代表的等级尊卑,是实现“仁”与“仁政”的不容检验的出发点。正如基督教中的上帝那样,这个出发点是至高无上的。历史证明,只要我们承认某种理论学说和道德规范里有着不能检验和不能批评的核心,那它迟早会沦为迷信。

第九章　科学技术与古代社会

本世纪初经济决定论盛行一时，今天学者们又深受文化价值观念决定论的影响。随着科学技术对社会的冲击，科学技术决定论也将成为时尚。但是它也许是最后一种迷惑人类的决定论。

——作者

9.1　李约瑟问题

读者或许已经发现，在考察中国封建社会停滞原因时，我们一直忽略了一个重要方面，这就是：科学技术进步对社会的作用。[一]一旦把古代技术发明作为新的要素注入分析的视野，人们马上就遇到了新的挑战。在本书开头，我们已论述过中国封建社会经济的发达。近年来，科学史学家通过大量研究发现了一个同样的令人困惑的事实：17 世纪前中国古代科技水平也达到了当时西方世界未曾有过的高度。如果把科技发明看作推动社会进步的重要因素，那么中国封建社会的停滞和古代科技的发达几乎又是一个悖论。

探讨科技发明与古代社会发展的关系，是近几十年刚刚兴起的新领域。英国剑桥大学汉学家马克·艾雯(Mark Elvin)提出的高水平均衡陷阱说,[1]是这方面一个引人注目的研究。马克·艾雯把科学技术发展看作推动古代社会进步的主要动力,但是在古代文明中技术发明和运用又是受经济需求制约的。所谓高水平的均衡陷阱说企图用古代科技发展和经济对技术需求的关系来解释中国封建社会的停滞。

他认为,宋代人口大量增加,当时可耕地的扩张远远落后于人口增长速度,中国存在着廉价的人工劳动力,人力所得的对比采用新技术发明更为合算,这一切导致宋代中国的经济不再对技术发明产生需求。这样中国古代社会经济就陷于所谓高水平均衡陷阱之中。马克·艾雯用图 9.1 来表示这种人口高度激增造成的停滞陷阱。图中 OS 线表示农产品须用以维持人口生存之数量,P1、P2 曲线表示农业技术在次于最佳条件下的产出,OAF 为农业社会最大产出曲线,这样 AC 线为维持生存以外最大可能之剩余。马克·艾雯将它(总剩余额 potential surplus)看作刺激经济发展以及技术发明的动力。他认为中国自宋代后经济发展非常接近 Er 点,在 Er 处剩余等于零,故它表示一个高水平均衡陷阱,在这一点附近,经济发展动力和对科技需求均将消失,社会发展便停滞了。

这确实是一种将古代科技与经济发展结合起来说明中国社会停滞的假说。20 世纪 70 年代它曾引起了英文读者的极大兴趣,但受到了史学界特别是科学史界的猛烈批评。[2] 我们认为,高水平的均衡陷阱说无疑是一种企图整体地研究科学技术和经济社会发展关系的尝试,但是,马克·艾雯把古代科技发明和社会经济之间

[1] Mard Elvin, *The Pattern of the Chinese Past*, Stanford University Press, 1973.

[2] 这方面的文献可参见邢义田:“评介马克·艾雯著‘传统中国之模式’”和 N. Sivin, “Imperial China: Has Its Present Past a Future?” *Harvard Journal of Asiatic Studies*. 1978. 38. 449 – 48。

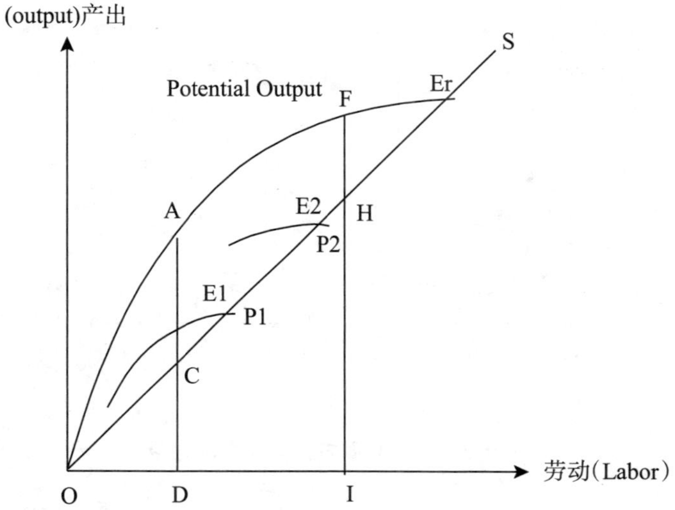

图9.1 马克·艾雯的高水平均衡陷阱说

的关系看得过于简单了。无论是在理论上还是事实上,这一假说都难以和史实相一致。六七十年代以来,许多有关中国古代科学技术的新研究证明了宋以后中国的科技发明并没有停滞,明朝科技发明还出现过新的高峰(详见后面几节的有关统计)。这方面,具有权威性的证据是著名科学技术史家李约瑟的研究。他曾明确指出,无论是在以前的千余年,还是近五百年来,中国的科学技术并没有退步,而是一直在往前发展。

为了证明这一论点的正确性,李约瑟"非常审慎"地画了一张中西科学技术发展对照的示意图(图9.2)。

李约瑟企图用曲线形象地表明,中国古代科技发展一直处于一种连续增长状态(B)。与此相对照,在西欧古希腊时期科学技术发展的总体水平和中国差不多;但中世纪,科技发展处于明显的低谷状态,远低于同期中国的水平。1500年后,西方科技发展开始出现了指数增长的加速趋势(A)。所谓中国古代科技发明之停滞,或

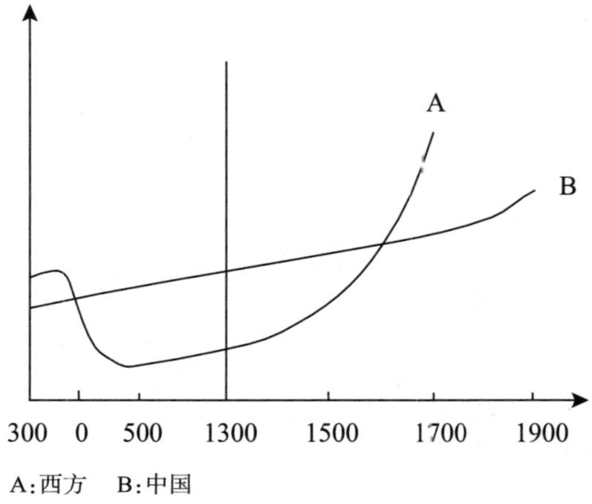

图 9.2　中国与西方科学发展示意图

落后,实际上是把它和西方 16 世纪开始的科学技术革命相比较的结果。

李约瑟深知问题的深刻性和复杂性,他比马克 · 艾雯谨慎得多。他已完成上千万言的有关中国古代科技和文明的巨著,在讨论中国古代社会的停滞和科技发展之关系问题时,他宁可将问题变换成如下一个更为确切的提法:为何中国古代的科技发展没有出现西方十六七世纪那样的革命。众所周知,这就是著名的李约瑟问题。

将李约瑟的问题与中国封建社会停滞原因这一历史问题做一比较,我们发现它们如一对孪生子般地相像,这两个问题是同构的。其提法、分析角度,以及学者对它们的解释方式几乎一模一样。对李约瑟问题,我们同样可以进行本书 1.3 节中对为什么资本主义工业文明没有在中国产生所做的分析。[二]我们认为,李约瑟问题实际上也是问题星座,必须加以科学化和分解,它可以从两条线索来加以探讨。一种是以西方为背景,我们必须从分析科学技术内部因素开始一直追溯到社会文化,研究近代科技革命为什么只在西欧发生。另一种是以传统中国社会为对象，讨论为什么在生产水平大致相同的农业社会中，中国古代科学技术总体水平远远高于同期西方水平，为什么这种相对发达的科学技术体系居然没有向近代科技转化？对这两方面的问题分别给以回答似乎不太困难。关键在于，这两个答案应该互相一致，解决第一方面问题的方法也能解决第二方面的问题。这样，它必然涉及一种将科学技术和社会整合的整体观。

“李约瑟问题”对我们提出的中国封建社会超稳定结构假说是一个新的考验。如果我们采用的方法有效，那么从我们的假说向外自然延伸，就应该对李约瑟问题得出逻辑一致的说明。

下面，我们力图对李约瑟问题的这两个方面给予统一的解答。为了便于理解，我们先讨论西方，再回到中国。读者可以发现，在整个分析中，贯穿着一个基本思想，这就是科学技术结构和社会结构的适应性。

9.2　蒸汽机革命和一步之差的困惑

当历史学家翻阅18至19世纪英国经济史时，会对蒸汽机的应用导致经济迅猛发展获得极为强烈的印象。表9.1[1]是1701年到1800年一百年间英国企业中使用蒸汽机的情况。在短短一百年间，英国国民总产值增长十倍以上，它与蒸汽机技术的发明和改进密不可分。技术革命对社会的推动作用很容易使人产生技术决定论。当然，任何形式的技术决定论都不会简单地把新技术看作推动社会经济发展唯一的因素。所谓技术决定论，实际上是指那种把技术看作与社会文化并立的独立变量。在这一类的研究中，典

〔1〕《科学》，重庆科学技术出版社1981年版，第91页。

型的方法是从探讨社会需求开始,并考察它如何传递到科学技术内部。整个机制可以结合为科学(或技术发明)从研究到应用直至取得经济效益的转化链。我们认为,当宏观地考察传统社会中技术和社会相互作用时,这种方法是很成问题的。[三]在古代,科学技术不仅仅在需求和应用层次上和社会文化交叉,即使作为纯粹技术发明本身,它们大多也是该社会文化的产物。

表9.1　1701～1800年英国企业中使用蒸汽机的情况

时间	英国蒸汽机数量和应用范围	英国国民总产值
1701年至1780年	除少数外,大多数蒸汽机是往复式的。唯一例外的是托马斯·塞维利制造的33台空气抽水机	1688年刚达到4800万英镑
1780年	开始使用纽可门、凡特以及其他直接产生旋转的蒸汽机,有5个食品厂拥有蒸汽机,纺织工业中使用第一台蒸汽机,金属加工厂有51台,大部分用于铸造厂和给水轮供水,并通过水轮给风箱鼓风	
1800年	矿山机械上升到1064台,其中828台在煤矿中 纺织工业拥有469台 冶金业拥有263台,其中铸工厂有217台 有112家食品厂拥有蒸汽机 在1780～1800年二十年间,有44条运河.36家自来水厂,18家制油厂,13家造纸厂,12家陶器制造厂拥有蒸汽机,其中Wset Riding最多,有271台,另外还有7个郡拥有100台以上的蒸汽机	突破2000万英镑,并开始以指数曲线增长,三十年后突破4000万英镑

其实,一旦我们去追溯为何一个社会中发明了某一种技术,而另一个社会却没有时,马上可以发现,问题并不在技术本身,它首先涉及技术和科学是否组成一个整体结构;再进一步追溯则可以

发现科学技术和它寄生的社会文化是密切相关的。

就拿蒸汽机为例,蒸汽机不仅带来了欧洲的工业革命,也是西方列强用炮舰轰开中国大门所依仗的技术。据说,著名湘军首领胡林翼,当年看见两艘洋轮正驶于长江之中,逆江而上,他立即脸色大变,勒马回营,中途呕血,数月之后郁郁而终,可见蒸汽机轮船对中国敏感的士大夫的刺激。这一印象如此之深,以至于至今的研究者还认为中国没有发明蒸汽机是中国近代落后的重要原因之一。[四]

一百多年前,那些深怀危机意识的士大夫们,说什么也想不到,蒸汽机发明的几项关键性技术,是由中国古代提供的。李约瑟曾经指出:蒸汽机 = 水排 + 风箱。[1] 他论证道:"风箱"解决了蒸汽机中双作式阀门的问题,而"水排"则提供了直线运动和圆周运动之间的转换装备。早在 1900 多年之前,中国就发明了水排。[2] 风箱则于宋代发明,而后传入西方。18 世纪时中国的双作鼓风机已在欧洲普遍使用。元代时,王祯《农书》中已明确记载着类似蒸汽机中的曲柄、连杆等装置。既然这么多关键性技术装备都具备了,为什么中国古代没有发明蒸汽机呢?从科学技术本身来分析,李约瑟的公式也许是不完备的,制造蒸汽机除了需要相应的技术之外,还需要有"真空理论"。

科学史研究表明,早在古希腊时,人们就认识到蒸汽的力量了。但是,由于利用高温蒸汽做功在技术工艺上有许多难以克服的障碍,最早的蒸汽机雏形不是利用高压蒸汽做功,而是靠蒸汽冷凝后造成局部真空,由外部大气压推动活塞做功。这种机器被称作"大气机"。大气机的发明,必须依赖于人们对真空的认识。在

---

〔1〕 胡道静:"水排和风箱对于往复式蒸汽机的启发",载《人民日报》1964 年 6 月 2 日。王锦光、闻人军:"中国早期对蒸汽机、火轮船的研究和制造",1980 年全国科学技术史学术会议论文。

〔2〕《后汉书》卷 61,《杜诗传》。

西方科学史上,伽利略的学生托里拆利等人于17世纪完成了真空研究。至1690年,法国人巴本根据莱布尼兹的建议制成了第一台大气机。

1705年,著名工匠纽康门综合各类大气机的优点,首先制出了工业上有较大实用价值的大气机。数十年后,瓦特利用了当时另一项科学理论成果——布莱克的潜热理论,把大气机改造为真正意义上的蒸汽机。可以看出,真空理论、潜热理论在蒸汽机的发明中起着关键性作用。那么,是不是可以说中国古代,没有发明蒸汽机是缺乏相应的真空理论和实践呢?科学史的研究又揭示出另一个惊人的事实:世界上最早的真空实验恰恰是中国人做出的。

《淮南万毕术》中记载着这样一个实验:[1]将沸水灌入薄壳铜甕之中,且不灌满,将铜甕封好速投井中,便可听到铜甕破裂发出雷鸣般的响声。这个实验被称为"铜甕雷鸣"。在今天看来,装有沸水的铜甕被抛入冰凉的井水之中后,便会迅速冷却,造成铜甕内部的部分真空,这样外部大气压和水压就会将铜甕压破,声似雷鸣。应该说,这的确是我们迄今所知道的世界上最早的真空实验。也就是说,我们可以在李约瑟博士的"蒸汽机 = 水排 + 风箱"的公式中,再加入一个"铜甕雷鸣"的真空实验,这样,就真正可以说中国古代距离发明大气机只有一步之差了。

确实,在科学技术史上,这样的"一步之差"的例子俯拾皆是。相传黄帝发明的指南车包含了自动控制原理,它也许是世界上最早的自动机械。而在供达官贵人使用的精巧的"被中薰炉"中,技术史专家惊讶地注意到它的构造竟与当代航空技术不可缺少的——陀罗仪的万向支架如出一辙。不要说这些令人赞叹不已的伟大技术的例子了,就是在理论上,在宇宙天体运动的观念中,古代中国人又具有何等天才的想象力啊!《尚书纬·考灵曜》中载

〔1〕《淮南万毕术》,《南菁书院丛书第三集》,第四种。

有："地恒动不止而人不觉，譬如人在大舟之中，闭牖而坐，舟行而人不觉。"这里，不仅有明确的"地恒动不止"的科学思想，而且使用了人随船而不觉船动的生动比喻，一千多年之后，哥白尼在《天体运行》一书中，几乎用同样的话，用同样的乘船的例子阐述地动思想。李约瑟和其他科学史者指出，《墨经》中有关几何的概念，其内容和表述方式与欧几里得的"几何原理"大体相同。一些现代人都比较难以解释的理论，如宇宙膨胀说，也不难在中国古代科学思想中发现其萌芽。中国科学史家席泽宗先生对此做过研究。根据三国时期的《三五历纪》中的一段话："天浑沌如鸡子，盘古一日九变，神于天，胜于地，天日高一丈，地日厚一丈，盘古日长一丈，如此万八千岁，天数极高，地数极深，故天去九万里。"席泽宗先生指出，它给了宇宙的膨胀速率：$dR/dt = 1$ 丈/日，宇宙年龄 $T = 18,000$ 年；宇宙半径 $R = 90,000$ 里。他认为这"虽然只是一种想象，而且与现代数据相比相去甚远，但却都是宇宙膨胀说的最早萌芽。"[1]甚至还有的学者认为，中国古代历法理论中，所应用的数理方法和思想，类似于现代建立量子力学的方法和思想。[2]

一位名叫戴维·博达尼斯的美国学者曾经十分有趣地形容过这样的情景："当欧洲还笼罩在黑暗年代的阴霾之中时，中国的官员就已经精神抖擞地乘着装有指南针的轻便马车，到各地去参观装置固体燃料的探空火箭的一些天文研究中心了。"在描述了中国古代科技绝对领先地位之后，他紧接着说："一千年之后，欧洲发动工业革命时，中国官员却还在迈着固定的方步。相形之下，他们已经不那么精力充沛了。"[3]这一令人痛心但又不得不承认的事实，

---

〔1〕 席泽宗："中国古代和现代西方宇宙学的比较研究"，载《大自然探索》，四川人民出版社1982年第1辑。

〔2〕 查有梁："古代中国物理中的系统观测与逻辑体系对现代物理的启发"，载《大自然探索》，四川科学技术出版社1985年第1辑。

〔3〕 戴维·博达尼斯："为什么现代科学在中国不曾发展起来"，转引自《国外社会科学》1980年第1期。

迫使我们在惊叹中国古代科学技术的光辉灿烂之余,不是仅仅产生出一种文化优越感,而更多的是一种迷惑感。它说明,如果仅仅就技术本身研究技术,我们就可能迷失。人们通常采用的技术发明和社会需求的简单模式,是无法说明中国古代技术的发达和它没有爆发科技革命这两个互相矛盾的现象的。科学技术史上这些伟大的"一步之差"的事例,迫使我们去思考一个挑战性的问题:为什么古代中国人在两千年中不可能超越这些"一步之差"呢?

9.3 科学技术史研究的整体观

怀海德曾经机智地指出:"当一个人迷失的时候,他不应该问自己在什么地方,而应该问别人在哪里?"今天,高度专业化的研究使许多研究者往往不知道别人在哪里。对于科学与社会文化的关系这样复杂的研究对象,也许是不能将其分割为细部加以研究的。正如年鉴学派的开创者在"为历史辩护"的著名宣言里所指出的那样:"文明如同一个人一样,丝毫不像机械摆好的牌阵;一个片断一个片断地单独进行研究获得的知识,永远不能导致对整体的认识——甚至也无从认识这些片断的本身。"对于社会结构的整体研究,历史学家已有了足够的重视。但在对科技史以及它和社会关系的研究中,如何运用整体方法,还应进一步探讨。

我们认为可以从社会结构与科学技术结构之间的互动关系,来研究有关问题。科学技术并不仅仅是知识、方法、技能的总和,更重要的,它是有结构的。我们可以通过分析科学理论结构、实验结构和技术结构,以及它们三者的相互作用方式来把握作为整体的科技结构。在不同的结构中,知识体系和技术的发展方向、发展速度都是不同的。并且,科学技术的结构又总是与其社会文化背景相适应的。

在科学技术史研究中，如果我们只注意去比较中国古代科技发明与近代科技的异同，而没有去分析这些知识和技术是处于什么样的结构之中，那么就很容易产生困惑。然而要从整体上把握科技结构，就必须分析人们怎样看待自然，怎样做实验，为什么做实验，理论与实验之间有什么关系，科学知识和技术体系又是什么关系？我们发现，尽管中国古代已做出许多与近代科学技术只有"一步之差"的伟大发明，但是它们所处的整体结构和近代科学技术结构却根本不同。为了说明什么是近代科学技术结构，让我们回到上一节提出的蒸汽机发明的例子。

既然中国古代"铜瓮雷鸣"实验是世界上最早的真空实验，那么是什么原因阻碍了中国古代科学家发现真空呢？分析一下为什么古人做这个奇怪的实验，也许可以提供答案。原来，这一个实验的目的是为了在夏天造出冰来。具有天才想象力的中国古代科学家早就注意到炎热的夏天，时而会下冰雹的自然现象，并且用一套理论来解释它。根据阴阳学说，他们认为"夏造冰"是"以阳召阳，以阴召阴"的结果。同样的道理，也能在井水中造冰："井中，阴也；冰又阴也。"刘向说："盛阳雨水温暖而汤热，阴气相协之不相入，而转为雹。"[1]基于这样一个理论基础，即使"铜瓮雷鸣"实验中发生爆裂巨响，实验者所关心的是，在这如夏日雷鸣的声音之后，铜瓮中是否形成了冰雹？而不是去思考铜瓮为什么会破裂的原因——冷却造成了铜瓮内的部分真空。后人一直重复着这个实验，五代史书中还记载着："汤盎投井所以冰雹也。"其理论基础仍是那套阴阳学说，而不是真空理论。不用说，"夏造冰"的阴阳学说理论，既不可能指导古代实验者在井中造出冰来，更不可能成为重大新技术发明的理论基础。

---

〔1〕 转引自洪震寰："试论《淮南万毕术》中的物理知识"，载1982年中国物理学史讨论会论文。

这样一来,中国古代科学家做了真空实验而没有发现真空,似乎应归结为他们用于指导实验理论和实验的目的是错误的。但是,这种分析是十分浮浅的。西方科学家在进行真空实验时,一开始其理论基础也是错的。亚里士多德曾经证明过“真空是不可能的”。后来人们看到了唧筒中抽出部分空气后,会引起水柱上升的现象,实验者认为这是由于“自然害怕真空”。科学史研究表明,许多导致重大发现的科学实验,事先人们的目的,以及最初的指导思想往往是错误的。

我们认为,从整体观来分析科学知识的进步,重要的不是一开始人的认识和实践是否正确,而在于错误是否可以在一次一次实验和理论分析中得到纠正。无论是伽利略的学生发现真空,还是拉瓦锡发现氧气,都是一部纠正错误的历史,而中国古代科学家,在千余年来反复重复“铜甕雷鸣”实验,一次又一次地看着铜甕在大气压力下爆裂,却始终无视真空的存在,错误的理论没有在实验中得到纠正,因此也失去了发现真空的机会。也就是说,西方是在16世纪以后形成了特殊的理论与实验结构.正是这一整体结构,保证了科学知识可以通过理论→实践→理论这个过程的反复循环过程发现错误,从而出现了亘古未有的加速发展。

著名科学哲学家波普尔有一句名言:“科学经常是错的,而伪科学倒有时是对的。”在当代科学哲学研究中,越来越多的科学哲学家,倾向于把理论是否具有清晰的逻辑结构及可纠错性当作科学整体观的主要特征,即科学与伪科学的划界。而我们则从科学史的角度来把握近代科学技术的整体观,提出了近代科学技术结构这一新概念。[五]在《文化背景与科学技术结构的演变》一文中,我们和樊洪业根据科学理论和实验相互促进加速发展的功能分析,认为近代科学结构是由构造性自然观和受控实验的两部分组成。所谓构造性自然观,是指一科学理论体系,建立于几个基本的假设和公理之上,又可以运用逻辑导出一些相互关联的推断,这些推断之间形成了一个自洽整体的有序的理论结构。所谓受控实验,是指实验是在严格控制条件下进行时,任何人使用同样的条件和方法做同一实验,实验结果都能以稳定的概率再现。由于构造性自然观具有可证伪性和预见性两个特点,那么一方面可以指导设计实验,另一方面又要接受实验结果的检验。科学结构的建立,就意味着这种从事理论和实验研究的科学规范,成为科学共同体普遍遵守的原则。因此,一旦近代科学结构确立后,它就可以和开放性技术体系结合构成所谓近代科学技术结构。正是在这个结构中,实验可以重复,而且使用仪器可以增加受控性,这就使得它是可以社会化的,它为科学理论和实验转变为技术,特别是在社会上普遍形成科学→技术→科学这一技术加速进步(我们称为科学和技术之间互相促进的循环)奠定了基础。实际上原始的大气机能改进成蒸汽机并进一步演化为一般热机和内燃机,引起动力革命,正是由于18世纪后西欧社会中已产生了科学→技术→科学这一循环加速效应(图9.3)。

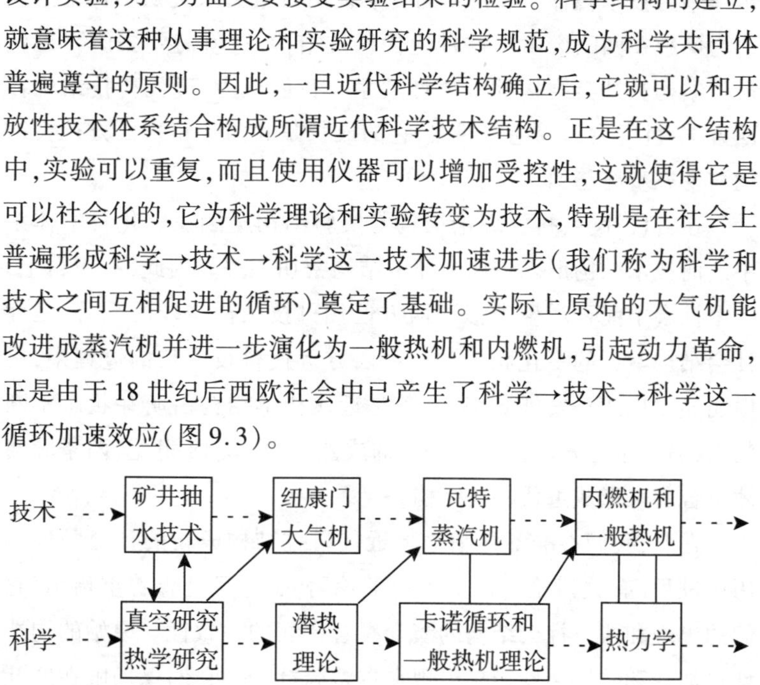

图9.3　技术→科学→技术之间的循环加速(以蒸汽机为例)

9.4　近代科学技术结构:在西方社会结构演变中成长

现在,我们可以对李约瑟问题第一个方面做出回答了。为什么17世纪在西方出现了近代科学技术革命?从科学技术内部来讲,关键在于西方确立了近代科学技术结构。它造就了使科学技术加速发展必需的两个效应:第一个效应是构造性自然观和受控实验结合使得科学能在互相纠错中进步,人对自然的认识从迷信和错误中逐步走向真理;第二个效应是科学和技术之间的相互促进。它为科学成果顺利地转化为技术成果铺平了道路,开放性技术体系为技术转移以及技术向科学提出有效需求提供了保证。至于为何独在西欧产生了这种近代科技结构,这就需要去研究近代科技结构和社会结构的整体性关系。我们认为,近代科技结构在西方 17 世纪后形成绝非偶然,它的成长是和两千年来西方社会结构演变亦步亦趋的。

在古代社会,科学理论结构与实验结构蕴涵在文化哲学体系中。而技术结构形态与社会经济结构密切相关。因此,在逻辑上,一个社会中能否产生类似于西方近代科技结构这样的系统,是和社会结构本身的变化相关的。在西方近代科技成长的过程中,可以明显发现两条发展脉络,一条是近代科学结构由萌芽状态不断壮大,另一条是开放性技术体系的成熟,一直到 18 世纪,两条脉络才汇合起来形成近代科技结构。

在此,我们不准备详细描述近代科技结构成长的社会条件和历史进程(有关讨论可以参见有关论著),[1]只是想着重指出,它们的出现和西方社会结构的演变有着密切的一致性。原始的构造性自然观和受控实验最早出现在古希腊社会。它们仅局限在欧几里得几何学、光学和部分天文学等研究领域中,我们称为原始科学结构,它大约只存在于古希腊哲学这样的文化背景中。随着古代西方文明的衰落,这颗种子经过阿拉伯文明的中介被再次移植到中世纪基督教文化中,甚至成为被纳入理性的神学框架。在中世纪后期,它随着神学的衰落而被否定性放大。一直到 16 世纪,它

〔1〕 刘青峰:《让科学的光芒照亮自己》,四川人民出版社 1984 年版,或《科学传统与文化》,陕西科技出版社 1983 年版。

才随着文艺复兴和市民文化兴起初步形成。

至于开放性技术体系，它和资本主义商品经济成长的关系更为密切。所谓技术结构的开放性，是指技术本身能从掌握技术的个人手中游离出来，从它生产的具体产品（目的物）中游离出来。古代大多数技术都不是这样，技艺和掌握它的匠人不可分离，生产技术和它所生产的具体产品不可分离。这样，大多数古代社会中科学和技术之间不存在互相促进的效应，而且一种技术从一个部门转移到另一个部门也极为困难。

根据这一分析可以推出，开放性技术体系的形成，要有两个前提：首先，要求技术的改进和转移必须具有强大的经济动力，也就是说，有赖于资本主义经济结构的产生和发展。其次，技术应该和人类的一般自然观相结合，被赋予某种普遍的观念，只有这样，技术才能从具体产品中独立出来，也就是说开放性技术体系要在近代科技结构形成之后才能成熟。这样，就可以理解，为何在西方科学革命（指科学理论和实验的加速进步）在16～17世纪前出现，而技术革命（如蒸汽机革命）一直要到18世纪。其原因正在于近代科学结构在西方是16～17世纪确立的，但它们和开放性技术体系的结合还有待于资本主义经济结构的形成。正因为如此，那些促使西方资本主义经济结构建立的重大因素都在近代科技结构确立的历程中留下了它的踪迹。[六]

总之，西方近代科学技术结构的形成和社会化的整体性关系，可以用类似于图9.4这样的两个系统的相互作用来说明。这里，作为整体的科学技术结构是在西方的社会结构的演变中成长的。

当然，上面的分析只是解决李约瑟问题的一个提纲，我们不准备展开细节。我们认为，这种整体观最大的优越性在于它可以合理地回答李约瑟问题的另一个方面：为何中国古代可以达到如此之高的科技水平？

爱因斯坦曾说过，古人没有做出与近代科学思想相似的贡献，

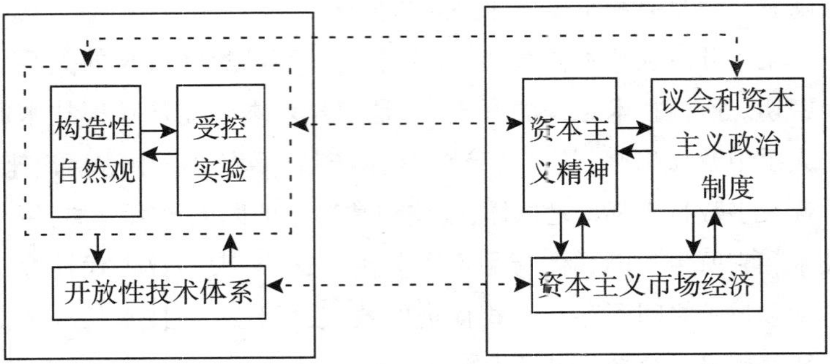

图 9.4　近代科学技术结构与西方社会结构的关系

这是可以理解的,但奇怪的是中国古代哲贤却在某种程度上做出来了。确实,近代科学技术结构是近代西方社会的产物,它不曾存在于任何一个古代文明中。没有这种整体结构的保证,人类对自然界的认识和改造能力都停留在低水平,甚至不得不在迷信和落后的泥沼中挣扎。但是,是什么力量帮助中国人在古代获得了如此辉煌的成就呢?我们认为,中国古代科学技术的发达只是由于它们植根于一个独特的社会结构之中。

9.5　中国古代"大一统"技术结构

为了揭示中国古代科技和社会结构的关系,我们和樊洪业在有关中国科学史的研究中,曾把科学技术分解为科学理论、实验和技术三类,分别对中国和西方两千余年间的主要科学技术成果进行了计量和统计分析。[1] 我们发现,在不同文明中,理论、实验和

〔1〕 金观涛、樊洪业,刘青峰:"文化背景与科学技术结构的演变",载《科学传统与文化》,陕西科技出版社 1983 年版。

技术三项成果所占的比重是大不相同的。表 9.2 是西方情况。它表明 17 世纪以前,理论、实验和技术发明的比重有过很大的变化。到 18 世纪后,三者比重基本趋于相同(各占三分之一左右,这意味着近代科学结构的建立)。而表 9.3 是中国历代的情况。我们可以看出一个十分有趣的现象:历史上任何一个朝代技术发明所占的比重都在 60% 以上,有的甚至高达 90%。这一统计显示了中国古代科技和西方的重大差别,它表明,在中国上两千余年中的任何一个世纪,技术发明都占了整个科技成果的主要部分! 这一初步统计立即显出中国古代科学技术结构的第一个特点,这就是中国古代科技的总体水平是由技术水平决定的,所谓科技发达,应该说是技术发达。

表 9.2　西方理论、实验和技术在各世纪总积分中所占比重(%)

时间(世纪)	-6	-5	-4	-3	-2	-1	1	2	3	4	…	12	13	14	15	16	17	18	19
理论	49	57	77	72	38	51	70	60	75	18	…	90	21	2	5	47	61	31	33
实验	9	8	11	12	37	25	13	6	6	46	…	5	23	1	6	20	22	20	29
技术	42	35	12	16	25	24	17	34	19	36	…	5	56	97	89	33	17	49	38

表 9.3　中国历代理论、实验和技术在该朝代总积分中所占比重(%)

朝代	春秋	战国	秦	西汉	东汉	魏西晋	南北朝	隋	唐	五代	北宋	南宋	元	明	清
理论	12	23	0	6	10	13	15	2	8	-	4	19	8	16	40
实验	2	8	0	9	14	1	13	0	11	-	6	7	12	3	1
技术	86	69	100	85	76	86	72	98	81	-	90	74	80	81	59

为了显示科技与社会结构的关系,我们可以进一步将统计细化。除了把技术分为手工业、农业、医药等门类外,还特殊地考察了那些大一统国家所必需的技术。我们知道,管理地域辽阔的大一统帝国需要仰仗发达的通讯技术(交通运输和文化交流、传播工具等)、强大的军事技术、(敬授民时)的历法、土地丈量技术、绘制地图的技术,乃至体现皇权威严的皇宫建筑等,我们把这些与大一

统国家密不可分的技术专门抽取为一类,统称为“大一统”技术。如果把中国古代技术成果按农业、“大一统”技术、手工业和医药技术加以分类统计,同样采用前面所述的计分标准,可以算出各类技术占的百分比(表9.4)。

表9.4　中国古代各类技术在总技术中的比重(%)

朝代/类型	春秋	战国	秦	西汉	东汉	魏西晋	南北朝	隋	唐	北宋	南宋	元	明	清
农业	16	26	1	5	4	12	13	1	4	2	7	12	6	2
“大一统”	13	12	59	24	41	12	13	58	32	53	43	28	34	40
手工业	40	43	40	63	47	35	45	27	47	43	39	37	45	46
医药	20	18	0	8	8	41	10	14	16	2	10	3	13	12
其他	11	1	0	0	0	0	19	0	1	0	1	20	2	0

表9.4的统计数字表明,与大一统社会结构相联系的技术成果所占的百分比,多在30%以上。它说明,“大一统”技术在中国传统社会技术比重中占有不可忽略的地位。

可见中国古代的技术发达,其中又特别是那些和大一统王朝密切相关的“大一统”技术十分发达。人们常常用指南针、造纸、火药和活字印刷四大发明来表明中国古代科技水平,其实,四大发明确实是中国古代科学技术结构的某种象征。首先,它们都是技术成就,而且,它们正好都是“大一统”技术。

纸张、指南针和印刷技术作为社会通讯(交通)工具自不待言,它们与农业和手工业等直接满足吃穿住所需要的创造发明不同,而是为社会在广阔地域上组成强大、统一的国家机构和思想文化交流服务的。火药来自金丹术,在唐以后能成为一种技术,主要是用于大一统国家的需要。有明确文字记载者,宋代开始把火药用于武器制造,北宋初年就曾用火器镇压李顺、王小波起义军。我们从社会结构、国家形态的角度,考察了中国古代科学技术的特点,这就有助于理解为什么植根于一个农业文明中的古代中国技术达到了如此之高的水平。

我们知道,技术发明的机制有两个环节组成:从科技内部来讲,它取决于技术转移的能力(技术从一个领域向另一个领域转移和科学向技术的转移);从社会方面看,它取决于社会对技术发明的需求。中国封建行会虽然没有近代科技结构中那种促进技术转移的机制,它不是开放性的,但是正由于中国封建社会的特殊结构,使得在某些领域内,大一统国家的强大组织能力有助于古代技术克服转移过程中的阻力,而造就了奇特的大一统技术。我们曾以为何造纸技术在中国特别是汉朝发明为案例,对造纸技术中的社会需求、技术转移的障碍进行了分析,发现古代技术转移之困难和社会对技术需求不足等障碍,在中国都是由大一统社会结构克服的。[1]

另外,从表9.4中还可以明显看出一个规律性现象,当中国陷于长期分裂时期,如春秋战国和魏晋南北朝时期“大一统”技术只占12%~13%,明显低于大一统王朝时期。这一切表明,中国古代“大一统”技术发达是大一统王朝的特殊的社会结构的产物。也就是说,在中国古代凭藉科学技术自身能力之外的国家组织力量,克服了古代技术的封闭性。这是其他农业社会所不具备的条件,也是中国古代社会的技术高度发达的原因所在。

传统技术的另一个重要组成部分“手工业”是否也和大一统社会形态有关呢?手工业水平大多取决于商品经济发达的程度。我们知道,由于中国封建社会的特殊结构,一体化对经济的调节作用,使得中国封建社会经济结构和西欧封建社会具有不同形态。中国封建社会中,地主经济结构对商品经济的容纳程度远大于西方领主经济结构,而发达的商品经济必然刺激手工业的进步。于

---

〔1〕 刘青峰、金观涛:“从造纸术的发明看老古代重大技术发明的一般模式”,载《问题与方法集》,上海人民出版社1986年版。

是,中国古代的手工业水平高于西方也是可以理解的。表 9.4 中历代手工业多占技术总分的 30% ~50% 。这样,在统一时期,手工业和“大一统”技术的加合计分就占了整个技术总分的 70% ~80% ,它们决定了整个社会的技术水平。因此,我们可以把中国传统技术结构称为“大一统型”的。它的发达是由大一统的社会组织形态和相应的地主经济所造就的。

图 9.5 为中国科学技术净增长曲线,它十分形象地反映了技术增长和社会政治经济结构的关系:一个王朝的技术增长和它的中央集权程度以及商品经济发达程度密切相关。图 9.5 中呈现了北宋时期的最高峰,就是一个极好的例证。在宋代,不仅大一统的官僚、政治形态臻于完善,而且地主经济和商品经济也非常发达。当时 20 万人口的城市多达六个,临安则是 30 余万户人的商业消费大城市。又据《宋史・食货志》,当时“各路缴纳税捐达三百四十一万匹”。相反,魏晋南北朝时期,国家陷于分裂状态,地主经济衰落,商品经济普遍萧条。图 9.5 中显示这一时期技术净增长水平也最低。唐朝开元年间的统一和商品经济发达是众所周知的,与此对应的技术净增长线也很高,而到安史之乱以后商品经济衰落下上时,技术净增长线便跟着下降。五代情况也是这样。

“大一统”技术虽然很发达,但它毕竟不是开放性技术体系,而是中国传统社会特殊结构的产物。它只能在传统地主经济结构中和相应政治组织体系所限定的框架中发展。对于一个个具体的行业,如纺织、瓷器、冶金、造船等,其技术水平可以很高,不仅为中世纪的西方所望尘莫及,而且有些至今也令人叹为观止。两千多年前,贵族王侯就在使用表面镀铬氧化物的防锈利剑,贵族夫人就身穿用提花机织出的精美的绒圈棉花纱的棉袍。而优质瓷器的制作,则必须掌握控制超高温的复杂技术。这些技术被长期封闭在一个个具体的行业中,靠自身经验积累发展着,很难对其他部门产生革命性影响。

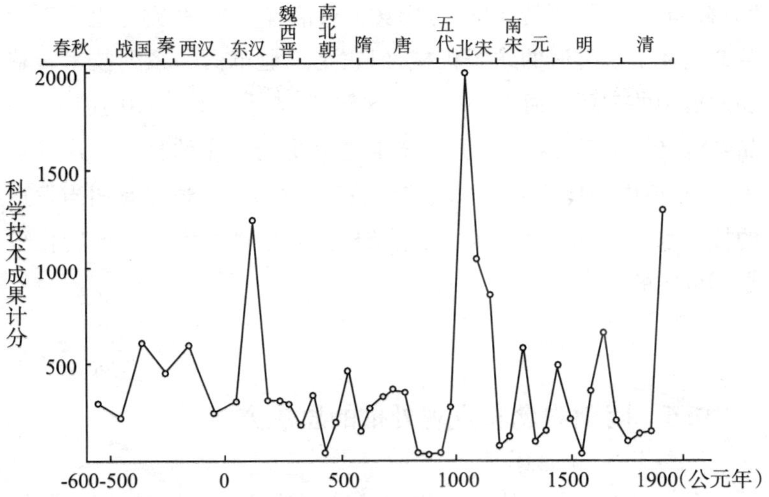

图 9.5　中国古代科学技术水平净增长曲线(以 50 年为单位)

在"大一统"技术中,技术与操作者仍是难以分离的,它往往通过父子"秘传"来继承,并由行会或官营垄断。中国古代"得心应手"和"庖丁解牛"的寓言故事,不仅表现出一种高超的技艺,而且反映了这种技艺的封闭性。对一个匠人来说,他们的技术具有传奇般的色彩,鲁班、扁鹊、华佗不仅是伟大的发明家,也是历代匠人医师可望而不可即的偶像。

由于古代技术的这种封闭性,中国历史上技术失传的例子比比皆是,而且是令人吃惊的。特别值得注意的是,"大一统"技术发展必然和大一统王朝的稳定性联系在一起,而王朝崩溃就是对技术体系的一次大破坏。图 9.5 表明,中国传统技术水平发展随着王朝周期性崩溃而呈现周期性振荡。这对技术水平的积累和转移构成巨大障碍。这样,技术就深深陷在了中国封建社会桎梏之中。一个突出的例子是纺织机械。早在宋代,我国就发明了三十二锭畜力和水力大纺机,其产量是小纺车的 30 ~ 50 倍。据记载:大纺车

“昼夜纺织百斤,不劳而毕,可代女工兼倍省。”[1]西方一直到工业革命前才出现类似的纺织机械,但它是工业革命一系列技术转移和发展中的一环。而中国却不是这样,随着大一统王朝的崩溃,商品经济受到摧残,这些发达的技术也会受到致命的打击。这一切表明,只要中国传统社会深陷在超稳定系统之中,虽然有相当发达的技术水平,但是“大一统”技术结构向开放性技术体系的转化也是不可能的。

9.6 阴阳观念和直观外推的思想方式

在发现中国古代技术结构和经济政治结构密切相关的同时,我们也同样看到古代科学理论和实验结构及文化结构的内在联系。中国传统文化的入世、不信神的理性精神,使中国古代科学家很早就能从迷信和神话中摆脱出来。我们发现,中国古代科学家之所以对很多自然现象做出比较正确的解释,首先可以从他们的思想方法得到说明,而这种思想方法正是中国传统文化的一部分。

如前所述,把个人感情和常识合理外推来理解社会和自然,是儒家思想方法的重要特点。例如,“将心比心”,用家庭结构推到国家,把父子关系推广到君臣关系是人们熟悉的思想模式。中国古代科学家在认识自然现象时,也曾广泛采取了这种思想方法。如王充用“元气呼吸,随日盛衰”来解释潮汐现象,朱熹用鞭炮来解释雷鸣,汉代人把宇宙想象为一个鸡蛋。这里,不论是“呼吸”、“雷鸣”,还是“鸡蛋”都是每个人日常经验所能理解的事物。这一切使得中国古代的科学具有浓厚的经验论、唯物论的倾向。

我们知道,在常识和直观理解力所能及的范围,直观外推的思

---

〔1〕 王祯:《农书》卷 22,农业出版社 1963 年版,第 521 页。

想方法和科学方法是比较接近的。科学理性要求从自明公理出发,用逻辑来说明新现象。常识好像自明的公理,直观逻辑类似科学逻辑。由于这种思想方式的特点,就造成了一种颇为奇特的现象:对那些可以用日常经验和直观外推来解释的自然现象,古代中国科学理论几乎都做出了非常精彩的描述,如对流星、陨石、化石、虹的解释和宇宙模型就是例证。而一旦越出直观外推所能把握的领域,中国古代科学家则倾向于用含混不清的类比,甚至用似是而非的思辨来解释一切。这就造成中国古代科学思想中很难建立纠错机制。

人们常常十分奇怪:为什么中国古代尽管大地测量和天文学相当发达,但一直到明代西方天文学传入之前,中国科学家却没有真正认识到地球是球形的?地球呈球形的观点,显然越出了古人用常识和直观逻辑所能把握的范围。一个十分典型的例子是汉代哲学家王充,他坚决反对谶纬迷信,具有强烈的唯物论经验论倾向,但王充很难摆脱直观外推的思维方法,他用落后的平天说来批判盖天说和浑天说。我们知道,在科学上,直观逻辑有效的领域毕竟是有限的,特别在化学变化、电磁现象以及地震等领域,直观外推方法很难应用,这时中国古代科学家不得不用诸如“阴”、“阳”这种抽象类比。

“阴”、“阳”、“五行”、“气”是中国思想史上长期争论不休的概念。它们的原始雏形均来自诸如:“白天与黑夜”、“男性与女性”、“冷和热”……这些日常经验的抽象。每当直观外推的理解方法在某些领域不能生效,这种用“阴”、“阳”、“五行”含糊的思辨就会取而代之。确实,在理解化学、物理以及大多数超出常识以外的自然现象时,中国古代科学家广泛地应用了阴阳五行等概念。例如,为什么火药会爆炸?宋应星写道:“凡火药以硝石、硫磺为主,草木灰为辅。硝性至阴,硫性至阳,阴阳两种物相遇于无隙可容之中”,就引起爆炸。为什么会有闪电?古代科学家说:“阴阳相激而为电。”

为什么发生地震？那是因为“阳伏而不能出,阴迫而不能蒸。”磁现象对于西方古代科学家是最难以理解的现象了,而宋人陈显微的解释是“皆阴阳相感,隔碍相通,岂能测其端倪哉”？

当我们今天读到这些叙述时,确实会被里面包含着的天才闪光感到惊讶。我们无意全面评论这些古代学说,仅仅只是想指出,这种思辨类比造成了理论体系的含糊性。这种思想方法在很多场合避免了思想的僵化,闪耀着辩证法的光芒,但同时正是这种思想方法也带来了在中国建立近代科学理论规范的特殊困难。一个科学理论的提出,不在于它一开始是否正确全面,而在于它是否具有足够的清晰性和可检验性,这样,其错误才有可能被认识或接受实验检验。最难办的是那些看来十分正确、全面,但又似是而非的理论。它什么都能解释说明,而又没有任何实验能够来检验它是否正确。这样的学说和理论始终保持了“一贯正确”的面貌而难以发展。

9.7 伦理中心主义对科学的影响

8.3 节中我们提出意识形态结构中哲学观和价值系统存在着内和谐。根据内和谐原理,直观理性和伦理中心主义相适应。我们知道,直观理性把常识看作合理性的基础,用这种方法考察人本质时,会把追求道德完善看作人的终极关怀。从常识看来,人之所以为人是由于人有别于动物,具有知善恶、明人伦之道德感。道德追求就会成为价值系统中不可更改和批评的出发点。这样伦理自然成为整个文化轴心,它造就了中国文化的伦理中心主义结构。

伦理中心主义和常识理性,以及含糊的类比方法,造成了古代中国普遍的视万物互相交感的有机自然观,这就是中国古代科学技术结构的第二个特点。在这种自然观看来,人的行为和自然现象之间可以存在着整体性的联系。李约瑟曾经指出,这种“万物交感”的有机自然观比中世纪欧洲水晶球般的宇宙观要优越得多,甚至在某些方面比西欧近代科学兴起时所持的机械自然观还要高明,因为它是倾向于场论的。正是这种有机自然观导致了中国古代科学家最早认识到磁倾角。李约瑟曾经形象地描述过,西方认为只有物体接触才能互相作用的思想如何阻碍了他们理解磁现象。在16世纪以前,西方科学家一直把磁针不指向正北看作一种误差。直到罗伯特·诺曼有一天摆弄罗盘发了脾气,才发现了磁偏角。

有机自然观比僵硬的机械论确实有很大长处,也更符合现代系统思想,但也必须看到,这种有机自然观和伦理中心主义、阴阳思辨紧密联系在一起,这使得中国古代科学家经常滑向“天人感应”的泥坑。伦理中心主义不可避免地要把伦理价值判断带进解释自然现象,而一旦自然现象被赋予伦理价值判断时,人们就很容易陷入神秘主义和迷信的泥潭。即使在那些最杰出的中国古代科学家心中也存在着理性转化为迷信,由与科学相近的场论转向反科学的“天人感应”的黑暗隧道。

唐代僧一行预言过两次日食(发生于公元724、725年),当其没有被观察到时,他不是去检查修正所依据的大衍历,而是去颂扬唐玄宗的德行感动了上天。这时理性和逻辑就对解释现象失去了作用。也许,对于具有直观理性精神的古代中国知识分子来说,确实需要一个观念去把握那些直观理性尚不能解释的现象。他们也找到这个观念,这就是“天人感应”。这样,我们对同一个古代科学家,为什么常常在理性与迷信之间跳来跳去,就不会感到奇怪了。它们是来自于伦理中心主义思想体系中的两极。著名进步科学家方以智在他的《物理小识》中,一方面发展了许多杰出的科学见解,同时又说:“夫声气风力实传心光,受命如响,神不可测。”在伦理中心主义思想支配下,人们很难发展出一种超越伦理的是非判断(正确与错误)和价值中立原则,也难以把自然界作为一个非道德体系加以考察。其结果就是,理气之争与善恶相随,世界是万物交感的世界,学问家的任务在于建立一个包括自然现象在内的、给出伦理说明的理论体系。

伦理中心主义的文化结构对科学发展的影响十分深远。也许其中某些重要方面,至今还未被人们所察觉。例如,伦理中心主义作为一种价值取向潜移默化地左右着中国人的知识兴趣,它妨碍了纯粹知识论在中国传统文化中的健康成长。人们早就注意到一个事实:中国古代知识分子虽然重视实践,但实践理性大多局限在道德修养和治国平天下的领域,很少有人为了知识的目的去做实验。科学要求追求思想的彻底和解放,要求思想者对思想的大无畏,要求在对待知识和真理问题上,尽可能有意识地实行价值中立原则,特别是科学家为了科学的思想,甚至为了理论的美感而毕生奋斗。这一切在伦理中心主义的文化结构中很难做到。伦理一旦成为文化的核心,科学和真理再重要,它们就只能占据作为技能和手段的较次要的地位。在伦理中心主义文化中,科学的技术化倾向必然十分突出。知识分子在道德实践上可以表现出大无畏、不怕任何艰难困苦,但在追求科学知识和真理的道路上,一碰到困难,常常不由自主地改变探索方向,重新回到道德体验上来。王阳明格竹子七天七夜毫无收获,而且还得了病,曾感慨道:“天下之物如何格得?”“其格物之功只能在身心上做。”这似乎是一个笑话,但却形象地说明了为什么近代科学的求知精神在中国文化传统里生长那么困难!

9.8 社会结构对科学技术进步的容量

综上所述,中国古代科学技术结构的特点,可以用它和社会结构的关系来说明。中国封建社会大一统政治形态和商品经济相对发达的地主经济使得与它相适应的技术结构是大一统型的，并且十分发达；而其理论和实验结构则是具有常识理性思维方式和伦理中心主义倾向的有机自然观，它们则与以儒家为正统、道家为补充的文化结构相适应（图9.6）。

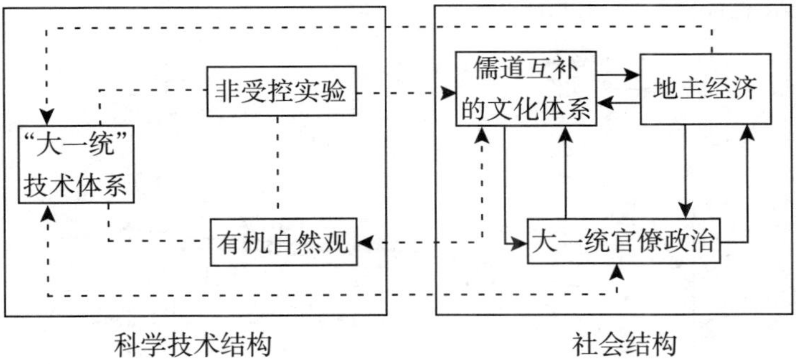

图9.6　中国传统科学技术结构与社会结构的关系

将图9.6和近代科技结构在西方社会结构中的演变成长结合起来，我们可以得到一个十分重要的结论：无论对于西方还是中国来说，科学技术结构和社会结构之间都存在着适应性。[七]如果我们把古代科学技术看作人们对自然界的认识和改造（控制）能力，那么可以说，在西方近代科学技术结构产生之前，在所有的古代文明中，科学理论、实践和技术之间都没有形成一种整体性的不断加速进步的内部机制。但是任何一个古代社会的技术结构都和该社会的政治经济结构相互适应，而科学结构又和文化结构相互适应，因而，不同的古代社会结构必然有着不同的古代科学技术结构。这些古代科学技术结构作为文化和社会的一部分，作为古人生存的方式和知识系统，都有其存在的价值和合理性。社会结构不同，与它相适应的古代科学技术结构也千差万别。在形形色色的古代科技结构中，古人对自然的解释、技术进化的方式也是大不相同的,因而我们也可推知,不同的社会结构有着对科技进步不同的极限容量,这种容量的限制在中国和西方都十分明显。图9.7〔1〕为中国古代科技水平的累加增长曲线。它表明无论是古代技术,还是理论和实验水平,都有一种趋于饱和的倾向。我们认为,这种增长趋于极限的现象恰好证明了中国传统社会结构对科技水平有着一个确定的容量。

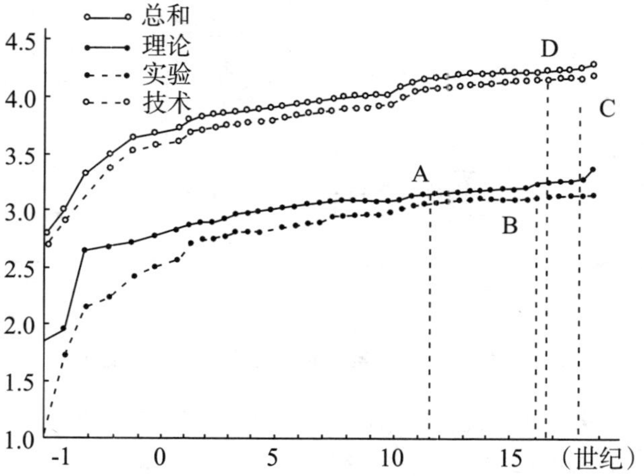

(其中纵轴表示科学技术成果积分对数值,A、B、C、D 分别为西方的理论、实验、技术和总分赶上中国的交叉点)

图 9.7　中国古代科学技术水平累加增长曲线

图 9.8 为西方科学技术水平的累加增长曲线,这条曲线的前半段(5 世纪前)表示古希腊文明(特别是罗马帝国社会结构)中,进一步同样有自身的极限。西方科技水平在中世纪早期出现大跌荡则是社会结构变换对科技进步的影响。而 16 世纪后科技水平的加速增长,是近代科技结构的确立的结果。而近代科技结构的确立又是和西欧由封建社会向资本主义社会演化密切相关的。也

〔1〕 图 9.7、图 9.8 中○—○表示总和;●—●表示理论;●…●表示实验;○…○表示技术。图中曲线是取对数值绘出的。

就是说,西方科技水平的大起大落的变化也正好反映了西方社会结构在两千年中的演变以及对科技发展容量的不断加大！这样,我们就得到一种科技和社会文化的整体观。

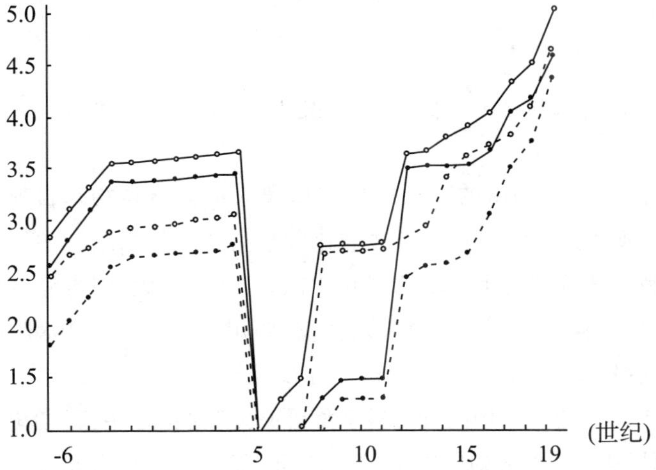

(纵轴表示科学技术成果积分对数值)

图 9.8　西方科学技术水平累加增长曲线

最后,在结束科技与古代社会讨论之时,我们应该指出:近代科技结构和古代文明的科技结构有一个根本差别,这就是:古代科技结构内部的相互制约都不太强,因此,讨论古代科技结构和社会结构关系时,它们的相互作用主要表现在社会结构对古代科技结构的限制。古代科技结构大多是被动地适应社会结构的,在近代科技结构建立以后,科技结构内部形成了整体的循环和加速发展机制,科学技术本身成为一个不断成长着的巨人。近代科技结构自身所具有的这种力量,使它正在一步一步从社会结构中独立出来。今天当我们研究科技和社会关系时,必须反过来考察作为整体的科技结构对社会结构的要求了。也就是说,当今人类社会已出现了这样一个历史上从未有过的方向:科技结构已壮大到如此程度,以至于它有可能选择那些能和它相适应的社会结构。这时,科技和社会相互作用的整体观也更为重要,整个系统的研究也更为迷人和复杂。它表明,今后的人类命运不仅为社会结构自身演化所限定,而且要深深受到科技结构和社会结构的交互作用的影响。[八]

第九章　说　　明

[一]本章提出的观点的根据以及大部分材料均来自如下文献:金观涛、樊洪业、刘青峰:"文化背景与科学技术结构的演变",载《科学传统与文化》,陕西科技出版社 1983 年版;刘青峰:《让科学的光芒照亮自己》,走向未来丛书,四川人民出版社 1984 年版。本章后几节所引用的统计分析也可参阅上述论文和著作。

[二]在有关"中国近代科学落后原因"讨论之中,科学史界对问题提法和史学界对"中国社会近代落后"的原因的分析几乎是一模一样的。我们同样可以发现三种意见。一种是认为应该去研究是什么因素阻碍了明清以后我国古代科学技术的发展,使它失去了中古时期的领先地位。第二种意见是基于西欧 17 世纪科技革命的特殊性,认为必须去研究西欧社会中促使科技革命的种种特殊条件。第三种意见较前两种更为深刻,以美国著名中国科学史家 N. 席文为代表,他认为李约瑟问题是张冠李戴的,是一种西方中心论的错误提法。根据席文的意见,不同文明中的古代科学和文化一样,都是不可比的,我们不能用西方科学革命的标准来衡量中国是否发生过科学革命。这种对"李约瑟问题"深刻的反驳,很类似于取消中国封建社会长期停滞这一问题本身的批评意见。我们认为这种对问题分析的一致性绝不是巧合,它除了表明两个问题极为相似以外,无疑反映了当代学者研究复杂的文化问题时碰到了相同的困难。方法上、思想上类似的困惑也意味着这两个问题应该用统一的整体方法加以解答。

[三]关于科学技术和社会关系的研究，当代学者一般都强调如图 9.9 所示的转化链。R 为其基础科学研究成果，A 是应用研究，D 为发展，P 为应用技术。这条转化链考虑了科学成果转化为技术成果，然后影响社会经济的整个过程。研究社会因素如何制约这种转化机制时，学者们往往只是考虑社会对 P、D、A 等环节的反作用。[1] 因此，在研究科学技术与经济社会关系时，学者们通常把科学技术成果本身当作最初的变量加以处理。然而图 9.9 这种模式原则上不适用古代社会科技与社会的关系。因为图 9.9 所示的转化链，是在近代科技结构形成了内部整体机制后出现的，古代社会科学技术的内部尚未形成有效的循环加速机制，在这种情况下，社会结构和文化传统对科学技术的制约因素就强大得多。

图 9.9　科学技术和社会关系的转化链

[四]今天，大多数学者看到社会演化之宏观研究中决定论困难重重，很少有人会简单地将中国近代落后归为几条政治、经济或文化原因。但由于科学技术和社会演化的关系的复杂性尚未被一些学者认识到，因此，在这方面仍有些学者把中国没有发明蒸汽机当造成近代落后原因之一。有关方面的讨论可参见本书作者和台湾学者王小波的争论。[2]

[五]在有关什么是科学的讨论中，存在三个主要科学哲学流派，占统治地位的仍然是逻辑经验主义的科学观。20 世纪 20 年代后期，证伪主义兴起。近年来，科学哲学的历史学派也十分活跃。这三个流派为说明科学整体观分别做出了杰出的贡献。但由于它

〔1〕 详见金观涛、贾新民、刘青峰："科学技术促进经济发展机制的探讨"，载《问题与方法集》，上海人民出版社 1986 年版。

〔2〕 《瞭望》周刊，海外版，1988 年 3 月 7 日。

们基本上都局限在哲学范围中,所以科学哲学各派提出的科学整体观大多针对科学理论结构,很少讨论实验结构。而技术结构的探讨一直是技术哲学的任务。

我们的科学观则以受控实验结构为核心将构造性自然观和开放性技术体系结合起来,提出一种比目前科学哲学更为广泛的整体观。〔1〕我们发现,我们提出的近代科学技术结构这一新概念似乎可以综合目前科学哲学各派所长。例如逻辑经验论提出的科学逻辑,很像我们的构造性自然观;证伪主义科学观似乎更多地刻画了科学结构之功能;而历史学派(如库恩的理论)则进一步讨论科学知识在这种结构中增长演变的方式。我们发现,利用受控实验结构和构造性自然观和开放性技术结构的适应性可以理解逻辑经验主义的困难:为何科学解释只有目前所知道的那种结构。〔2〕

[六]这方面一个极有趣的例子是新教伦理对资本主义精神的促进和它对 17 世纪科学技术的推动之间的微妙关系。在第一章注释中我们谈到韦伯基于新教伦理和资本主义精神的关系来解释为何近代资本主义文明最早在英国产生。在科学技术革命和社会文化关系研究上,我们同样可以发现存在着类似命题。众所周知,和韦伯命题相对应的正是科学社会学经典性研究——默顿命题。〔3〕这里,确实存在着人类思想史上问题和方法之间的惊人的对应性。李约瑟问题和中国封建社会停滞原因这两个问题不仅在提法上是同构的,而且它们在解决方案上也是同构的。读者或许已经注意到,我们提出的中国社会超稳定假说和解决李约瑟问题所用的方法也是互相联系的。

---

〔1〕 关于受控实验结构和科学解释的哲学研究可参见如下著作:金观涛:《人的哲学——论科学和理性的基础》,四川人民出版社 1988 年版。

〔2〕 详见《人的哲学》第三章。

〔3〕 [美]默顿:《十七世纪英国的科学技术与社会》,范岱年等译,四川人民出版社 1986 年版。

［七、八］如果我们把社会结构和科技结构的适应性当作一个普遍存在的原理，那么在理论上必然会碰到一个具有挑战性的问题：我们是否承认近代科技结构比一切古代文明的科技结构优越。只要人们尊重事实，自然不会把西方近代科学技术结构与各种古代科技结构相提并论。人们不得不承认近代科技结构的优越性而避免陷入科学文化相对主义泥沼之中。但是，既然科技结构与社会结构一般是互相适应性的，那么，它是否意味着任何一个试图实现现代化而引进建立近代科学技术结构的国家，都要因此而泯灭自己社会文化的特点，而建立与近代科学技术结构相适应的类似于西方的社会结构呢？这里我们碰到了一个难题：承认近代科学技术的优越性，似乎又隐含着否认人类社会和文化的多样性，从而滑到了“西方中心论”的立场上去了；承认世界文明多元的合理性，似乎又会否定近代科技结构的优越性，其结果必然导致“相对主义”。如何解释这一悖论呢？

这个悖论的产生一方面是因为人们把科技结构与社会结构的适应看作一一对应，其实，适应方式是多样化的。另一方面悖论乃是起源于一种很强的错觉。这种错觉是认为近代科学技术结构既然是在西方社会中最终形成的，那么，它就是西方社会文化的产物，只能和西方社会结构相适应。实际上，科学技术史的研究已经表明，虽然近代科学技术结构最终是在西方社会中形成的，但研究同时也表明，形成近代科学技术结构的那些重大科学发现和技术发明并不是在西方社会结构单独孕育出来的，而是由各古代文明（包括中国的、埃及的、阿拉伯的、印度的等）伟大创造荟萃而成。因此，应该说近代科学技术结构是全人类共同创造。

许多科学技术史学者都注意到，在近代科学技术结构成长过程中，科学中心是不断转移着的。这种转移现象，正好表明近代科学技术的形成和发展需要吸收不同的文化养料。我们在“文化背景与科学技术结构的演变”一文中，讨论了近代科学技术成长的过程,将其分为三个阶段:一、原始科学结构的形成;二、原始科学结构的复兴与迅速传播;三、资本主义社会结构的建立,促使开放性技术体系的确立。在第一阶段,原始科学结构首先在几何学中出现,它是古埃及文明与古希腊文明共同哺育的结果,以《几何原理》和亚里士多德的形式逻辑为标志。第二阶段,是文艺复兴时期,保存在阿拉伯文化中的原始科学结构,在东西方文明的接触中再次传入西方。同时通过阿拉伯社会,中国和东方的伟大技术发明也传入西方社会。我们在论文中,论述了 14 ~ 15 世纪西方出现了一个技术发展的高峰;这一高峰意味着造纸术、指南针、航海、火药及印刷术在欧洲的传播和发展。其实,西方古代社会结构不可能发展出"大一统"技术。而由中国古代社会独特的结构所孕育的"大一统"技术,不仅是近代科学技术形成的必要条件,而且也是西欧封建社会转变为资本主义社会所不可缺少的技术手段。没有"大一统"技术在西方社会的普及,原始科学就不可能大规模的传播和迅速放大。

这样,一个发人深省的问题就自然而然地摆在我们面前了:近代科学技术结构是不是能够在一种古代文明中(或社会结构中)单独产生?回答是否定的。原始科学结构的出现,是古埃及文明与希腊文明融合的结果。近代科学结构建立的内在条件几乎包含着二律背反:它既需要欧洲中世纪后期那种社会结构和文化,又需要中国古代社会那种完全不同于欧洲封建社会的社会文化中所孕育的以通讯为标志的"大一统"技术。这一切无非表明科学属于全人类,近代科学技术结构的形成是全人类文明共同创造的结果。

与近代科学技术结构相适应的是一个能自我纠错的多元开放社会,它并不一定就是西方社会结构。今天,很多人已感到,今天的西方文化,既不能把强大的科学精神完全纳入人文主义,也不能纳入新教伦理中。科学的发展已和人们的道德规范发生了对抗。遗传工程、试管婴儿、人工智能、生态环境破坏,已经引起了道德和有关人类价值的争论。甚至对科学技术飞速发展,会给人类未来带来什么样的后果,也引起了人们的忧虑。它表明西方文化对于近代科学技术结构的容纳,最终可能也会到了自己的极限。科学技术的飞速进步和西方文化伦理的矛盾,也许是当今时代最深刻的危机之一。

这一切表明,人类需要一种更深刻地驾驭科学技术的智慧;需要有比当年创造近代科学技术结构和建立资本主义社会更伟大的创造。在这种时候,让我们再来回顾一下中国文化是意味深长的。两千多年前,中国哲人就摆脱了神学的束缚,认为人自身就可以成为行为规范和伦理的基础,发展了自己的独特的文化。我们姑且不说这种伦理中心主义是如何阻碍了中国近代科学技术的进步,令人惊叹的是,中华民族在进行文化创造时的大无畏和顽强;可以想象,一旦中华民族认识到现代科学的文化价值,把科学精神纳入她追求统一和谐的文化追求之中,那么毫无疑问,一种代表着人类未来的新文化将出现在地平线上。中华民族在现代化道路上经历的苦难,她在消化近代科学时代付出的艰苦努力,那一代又一代人痛苦而又漫长的探索,都将证明这是历史对她的期待……

第十章　社会结构演化理论

马克思曾说过:“人类创造自己的历史,但并不知道他们正在从事创造。”其实,社会组织才真正处于类似的境地:虽然每个人都在参与组织,但至今为止人们还不知道,社会是怎样组织起来的。

——作者

10.1　“整体分析”方法

思想严谨的学者或许早已对本书前九章所建立的理论架构认为不够理想,因为我们运用了一些未曾严格定义的概念。例如什么是经济结构、政治结构和意识形态结构?为什么社会结构是由这三个子系统组成的?它们相互调节、相互适应又是什么意思?当上述基本概念尚未说清时,我们又引进了异化、无组织力量、适应性破坏等一系列新概念;这一切在方法论上给人眼花缭乱的感觉。

长期以来我们有一个信念:任何一种具有深刻洞见的思想,当它可以清楚地加以陈述时,甚至用形式化的符号语言表述时,就会转化为科学理性的力量。为了表明本书的理论架构有着可靠的方法论基础,本章准备对前面引进的基本概念做较严格的表述。其实,按照逻辑顺序,本章应放在全书开头。但是,在逻辑的熔炉里锻炼方法论之剑无论多么重要,它总是枯燥和乏味的。对于我们时代热情的思考者,追溯方法论所得到的成果比考察方法本身更为重要。因此,本章是为那些对历史社会学方法论研究有兴趣的读者而写,一般读者可以忽略过去。

社会是一个有组织的整体。历史社会学家和历史学家碰到最大的困难都在于怎样找到一种有效的方法来把握作为整体的社会组织。

今天,社会学中曾盛极一时的结构功能派方法已经衰落。在一般系统论或系统动力学等新兴的潮流中,虽然人们已经习惯了把社会看作许许多多相互关联相互作用的子系统构成的,但是对于社会结构的宏观分析,尚没有形成严谨而逻辑一致的方法。

我们面临的第一个问题是:在历史社会学的宏观研究中,一个文明(或一个社会)分解成由哪些子系统组成才是合适的?

为了明确划分子系统的原则,我们有必要先引用一下《整体的哲学》一书中提出的方法。[1]《整体的哲学》一书中曾论证过,一个组织系统由哪些子系统组成,并不存在一个“客观”的绝对不变的原则。随着我们对整体把握的角度和考虑时间的尺度及所要解决的问题不同,同一组织实体往往可以且应该分解成完全不同的子系统。这一点人们常常忽略。这里,至关重要的是我们研究的目的和分析的时间尺度。我们之所以将整体分解为由子系统组成的,是希望从子系统的性质和它们的相互作用来说明整体的性质。而对于一个社会,以几年、十几年还是几十年甚至是世纪为尺度来观察它,它呈现出的宏观特征是完全不同的。

举一个例子也许能更清楚地理解。如果我们到北京西郊圆明

---

〔1〕 金观涛:《整体的哲学》,四川人民出版社1987年版。

园遗址去游玩,除了少数残留地面的遗迹外,我们几乎不能发现它和普通农村有什么区别。当年的楼台亭阁早已不见了,这里变成了农舍、藕塘、稻田和芦苇荡,群蛙在咯咯地叫着。但我们如果从飞机上鸟瞰圆明园遗址,就会大吃一惊。将圆明园设计者绘制的蓝图和飞机上拍下的遗址照片一对照,就可以清晰地看到两者的结构几乎是一样的,一百多年前的精心设计和布局历历在目。人们只要一看这幅照片,就可以断言它是一个辉煌的文明遗迹。这是站在圆明园荒地上的观察者所不能获得的强烈感受。确实,圆明园可以给历史研究以一定的启示:历史是亿万人生活、生产、创造的洪流;具体的人物、事件和各种细节总是千变万化的。如果我们只限于细节或局部,或者只看到丰富而又具体的社会生活内容,那就容易局限于人类短期活动的产物。如中国封建社会地主经济、官僚政治、儒家正统,它们的具体内容在每一个朝代都是不同的,就是在同一朝代前期和后期也有极大的差异。而且因不同的地点、人、事和复杂的历史背景而呈现出惊人的丰富性和可变性。但是,如果从结构角度来把握中国封建社会,就可以发现秦汉以后中国历代王朝都具有宗法一体化结构。它由哪几个子系统组成,是我们以长时间尺度、宏观分析而得出来的。一般说来,整体包含着无限多种分解成部分的角度和方法。有机体可以看作由神经系统、消化系统、循环系统、内分泌系统等子系统组成的,也可以看作由细胞组成的整体,甚至当作分子、原子和基本粒子组成的整体。社会组织可以分为由成千上万人集合组成的整体,也可以当作部门、社团,甚至是地域组织的集合。哪一种分法是取决于你要解决的问题。

我们认为,整体分析方法,应该按如下程序进行:首先根据研究的尺度和我们要解决的问题确定整体的范围,即明确地定义我们要研究的整体是什么。譬如有时把社会当作一个整体,有时把一个部落当作整体,在另一些场合甚至把某一文化定义为一个整体。一般说来，当研究尺度不同，或我们要解决的问题不同，对整体的定义也是不同的。但是，作为一个有组织的整体，原则上我们可以将这个整体之所以成为整体的各种条件列举出来，并分析这一整体的功能。我们将这一步称为组织系统的整体的功能和条件分析。接着，我们就应研究整体存在的必要条件和它的功能之间的关系。当整体存在的条件和功能以及它们的关系十分复杂时，我们需要将整体分为子系统。但是子系统的确定并非根据地理、外观或解剖上的特征，而是基于整体存在的条件和整体功能集元素之间的互相关联程度和类别。也就是说，我们把复杂的条件集和功能集分解成某些子集合，这些子集合正好是子系统的功能和存在条件，这样我们把有组织的整体看作由子系统通过由功能和条件耦合而成的。所谓从子系统的互相作用来把握整体，实际上是通过子系统的功能耦合分析来揭示整体的性质，指出整体为何能存在，它的瓦解方式以及演化。[1]

当我们把上述原则运用到社会组织分析中去时，就马上发现，从中可以推出一个早已成为经典式的社会学的分析方法。文化人类学家在研究部落氏族社会时，所做的第一步就是明确地列举维系一个部落组织整体的行在需要哪些条件。毫无疑问，一个部落组织的存在，必须要有维系其所有成员生存的方式和分配方式，以及某种维持人与人之间形式化的关系的礼仪、图腾以及亲属之间的谓称等。我们总可以确定一个整体生存所必需的条件集合{X}。同样，任何一个组织必然是有功能的，于是文化人类学家一定可以进一步枚举这个社会组织的种种功能。即可以列出有关这一系统所具备的—切功能之集合，我们用集合{Y}表示，组织系统的存在必须需要实现条件集{X}，而{X}往往不是自然界本来就具备的。于是，社会组织存在必须满足如下公式：{X} × {Y}。也就是说，

---

〔1〕 金观涛：《整体的哲学》，四川人民出版社1987年版，第43～44页。

在任何一个组织存在的必不可少的一切条件中,除那些由自然环境天然提供的以外,都必须由这个组织本身的功能来提供。这一原则就是目前文化人类学中广泛应用的所谓"功能等于需求"原则。[一]

不同的社会组织,它的功能和条件是不同的。分析它们的关系可以帮助我们理解形形色色社会组织的性质。在此,我们不想详细列举人类学中利用这些方法得到很多的著名研究成果。我们认为,从方法论上讲,这种结构功能分析属于整体演化论中简单的而且是静态的分析方法。它相当于把一个复杂的组织系统简化为一个自耦合系统加以处理[二](图 10.1)。

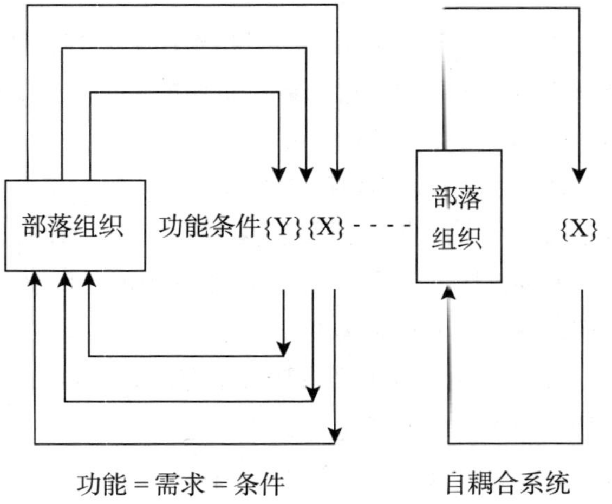

图 10.1　文化人类学中的结构功能主义方法

上述方法最大的问题是只能研究那些小型的社会组织。一旦越出规模很小的原始部落社会,而进入相对较大的文明研究,它往往困难重重。因为对于复杂的文明社会,{X}集和{Y}集的变量差不多是无穷多,社会学家根本无法明确地枚举,其关系也更为错综复杂。这时就要把整个社会组织分解成一些子系统。由于每个人都参与社会组织,人们很容易想到社会是由一个个人组成的。因此,任何一个具有直观洞察力的社会学家都难以避免把个人当作社会组织的子系统的诱惑。如果我们把个人定义为子系统,严格地运用我们提出的整体分析模式,马上可以得到当代结构功能派的另一个著名的结论:组成社会整体的子系统不是具有自由意志的个人,而只是他们参与社会生活时所扮演的“角色”。

从组织功能和条件角度来分析人与社会的关系(即考察个人和社会的耦合),对任何一个人来说,我们同样可以区分出社会组织作为整体存在所必需的条件。这就是社会要求个人为它做的事情,我们用{Y}集表示。同样个人的生存以及他们能对社会发挥的功能{Y}集,也需要社会为他提供条件,我们用集合{X}表示。在这里社会组织一分子的“个人”,实际上只是{X}集和{Y}集发生关系的某种载体。因此,一旦从{X}和{Y}集来定义子系统,那么子系统就并非是个人,而只是形式化的角色。这时的个人很有点像舞台上的演员一样,必须完成社会为他规定的功能,并因发挥了这些功能而取得报酬,这种报酬又使他可以继续发挥这种功能。用形式化语言描述,就是图10.2的角色和社会耦合。显然这种分析方法和帕森斯所主张的某些观点十分相似(我们将其称为帕森斯式的结构功能分析)。

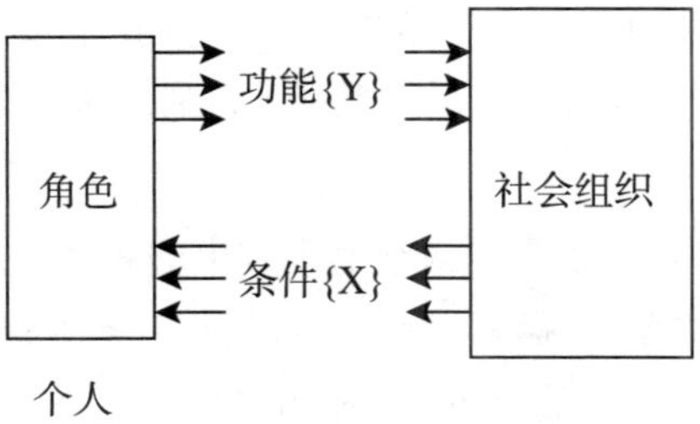

图10.2　帕森斯式的结构功能分析

不言而喻,社会组织是由亿万个角色耦合成的。但是,这种分析方法似乎把子系统分解得太小了。要考虑亿万个子系统耦合中呈现的规律,几乎是不可能的。因此,帕森斯式的结构功能分析,除了对家庭、一个小社会等由不多角色组成的小系统外,它较难为大尺度地宏观考察社会文明结构和变迁的分析提供切实可行的方法。而且,这种分析很容易把人的主体性和价值取向当作与社会结构变化的终极动力。总之,当代的结构功能论的方法除了它是静态的这一点外,在子系统划分上,不是把组织定义得太笼统,就是把子系统分得太小,它们都难以设法对社会结构进行宏观大尺度的分析。我们在本书中所使用的系统划分方法,不同于帕森斯的方法,是把社会组成分成经济、政治、文化三个子系统组成的。

10.2 社会结构的三个子系统

基于常识,人们在研究中往往也会把社会组织分解为政治、经济、文化等来分析。与此不同的是,我们是先将社会组织视为一个有自我维系能力的结构,然后,再把这种整体结构分解为政治、经济、文化三个子系统之间的相互维系关系。为了便于理解子系统之间相互作用的方式是怎样影响到整体的形态,我们可以用一个生态学的例子来说明。生态结构是一个自我维系的系统,但可以从构成这个生态系统的各个子系统之间的互相调节关系,来分析整体的生态结构。

1907年,美国开巴高原大约七十万亩的森林中,有大约四千只鹿和一定数量的狼、山狮等捕食兽。这时,生态系统可以看作由森林、鹿、捕食兽三个子系统构成(图10.3)。其中任何一个子系统的存在对整体的生态都是不可少的。人们为了增加鹿的数量,以为只有消灭了捕食兽就行了。1924年,捕食兽几乎被杀绝。果然,在很短的时期内鹿的数量猛增到十万只。然而,结果是出乎人们意料之外的，十万只鹿几乎把森林吃光，大批鹿饿死了。整个系统迅速趋于另一种结构：森林毁灭，鹿和捕食兽都近于灭绝。

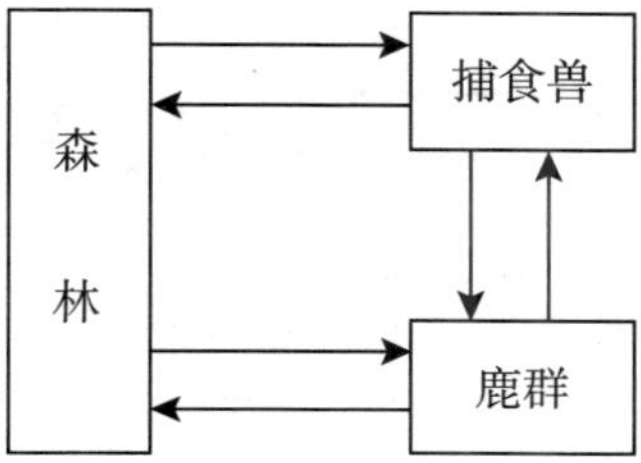

图 10.3　森林、鹿群、捕食兽组成的生态系统结构

在这个例子中可以看到，从任何一个子系统出发分析它的功能和条件，都会涉及其余的子系统，从而发现子系统之间相互维系的闭合网络。将这种分析运用到社会组织研究中，第一步就是将社会结构定义为一个自我维系的系统。

根据我们在 10.1 节所提出来的原则，任何一个社会组织存在的条件集合{X}必定是由它的功能{Y}提供的。一般来说，{Y}的内涵比{X}大得多，即{Y}⊃{X}。为了便于分析，我们可仅仅考虑{Y}集和{X}集相同（或相耦合）的集合，而暂时忽略其他。这样在任何社会中都能找到一个自我维系的系统。它们是社会生活的基础。即任何一个社会都必须先存在一个如图 10.4 的自耦合系统，我们将这个系统定义为社会结构。根据这个定义，我们可以把社会结构称为社会大厦的框架。[三]

第二步是对{X}中的元素进行分类，并找出不同类型子系统之间的互为条件的关系。显然，集合{X}中最明显的一类是物质条件类。任何一个社会的存在，都需要社会本身为其成员解决物质生活问题。我们将这一类条件称为子集合$\{X_E\}$，它就是人们常说的社会组织存在的经济条件或经济基础。众所周知，历史唯物主义有一个基本出发点，这就是只有解决了人们的吃、穿、住等最基本的问题后，社会才能从事政治、文化、意识形态方面的活动。这一

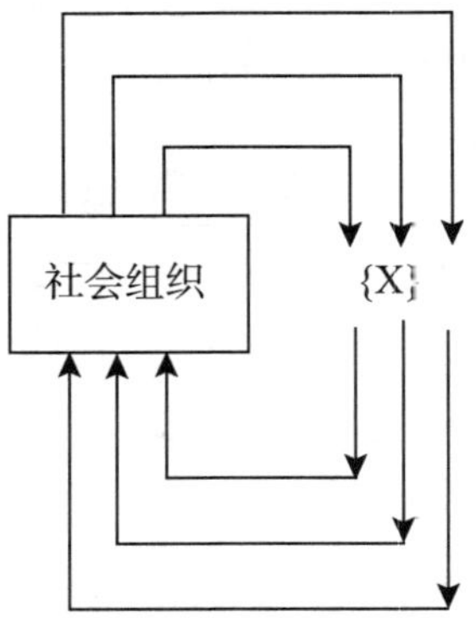

图 10.4　社会结构的自耦合系统

观点完全正确。但是从中却得不到经济决定论,即认为经济要素是社会发展的终极原因和动力。在分析 $\{X_E\}$ 和 $\{X\}$ 的关系时,$\{X_E\}$ 只是 $\{X\}$ 的子集合,它和 $\{X\}$ 中其他元素是互相依存的,没有一个谁决定谁的问题。$\{X_E\}$ 是社会存在的必要条件,即 $\{X_E\}$ 是属于 $\{X\}$,而并非 $\{X_E\}$ 终极规定 $\{X\}$。

显然,我们可以进一步分析条件集 $\{X_E\}$ 是由哪一个组织系统来提供的。社会为了解决自己的成员生存所必需的物质条件,一定要形成一个具有维系条件 $\{X_E\}$ 存在的组织系统,它就是一个社会的经济结构(或称为经济基础),我们称为经济结构 E(图 10.5a)。对于子系统 E,它的功能 $\{X_E\}$,它的存在的条件集又是什么呢?显然它的某一部分是自我维系的,即它存在的物质条件由它自己的产出来提供。但是 $\{X_E\}$ 并不能代表 E 存在的充分必要条件。考察迄今为止我们所知道的历史上所有存在过的经济结构,它们本身存在的条件都不可能做到完全由它们自己的功能来提供。计划经济需要庞大的计划部门,它必须依赖于非经济性的官僚组织。近代市场经济存在的条件表面上看几乎是自我提供的,如市场机制、竞争和企业组织都是经济组织本身的一部分。但深入分析，它也不能完全靠自我维系实现。撇开国家调节的重要性不谈，经济运行所必需的法律和社会秩序、商业道德及人们的购物倾向等，它们都不属于经济组织的功能。即使是在自给自足的小农经济中，每个生产单元完全提供自己所需的物质生产（在这里，似乎经济组织完全是自我维持的），其实它的存在也必须要有某种社会秩序为前提，要有相应的社会组织形式。

因此，一旦考察子系统 E 存在的条件集，我们马上会发现另一些要素组成的集合 P_E。它们代表了超经济的人身强制：任何一个社会，一定要形成某些以实现不同程度人身强制为功能的组织。这种组织的形态、功能以及实现功能的方式可以是形形色色的。但它维系社会所必需的秩序，解决人与人之间冲突，人群与人群之间的关系等问题。显然，它包括了社会组织的权力结构、法律约束等带有强制性的内容。这样，根据条件集 P_E 我们能得到一个和经济结构不同的功能集 $\{X_P\}$（$P_E \subset \{X_P\}$）；而功能集 $\{X_P\}$ 的组织系统就是人们常说的政治结构，我们称其为子系统 P。从功能集 $\{X_P\}$ 角度规定政治结构正是比较政治学中对政治的定义。

目前，很多学者已经把政治体系定义为一个有输入与输出的系统。例如戴维·伊斯顿把政治体系的输入区分为两种类型：要求和支持。“要求”包括关于产品和服务应如何分配、行为管制、传递信息，以及加强治安等六个方面。而支持则由政治资源支持（人们积极参政）和服从性支持（遵守合法权威）以及物质支持等组成。政治系统地输出则可以看作是输入的一部分，即政治系统实现了产品和服务分配、行为管制、加强治安等社会要求，[1] 这里输出正是我们所分析的政治结构的实际功能 $\{X_P\}$ 集。而要求和支持（输入）则为政治结构存在所必须的条件。要求被实现意味着系统的

---

〔1〕［美］G. A. 阿尔蒙德、G. B. 鲍威尔：《比较政治学》，曹沛霖等译，上海译文出版社 1987 年版，第 11～14 页。

输出$\{X_P\}$是条件集合的一部分,它正好说明我们上面提出的政治结构存在的部分条件是靠其本身功能维系的。

同样,政治结构 P 也不是一个完全能自我维系的子系统。它所要求的大部分物质支持(我们用 E_P 表示)都要靠经济结构 E 的功能来提供。因此,P 存在的条件中必定包括了那些不属于$\{X_P\}$却属于$\{X_E\}$的集合 E_P(图 10. 5b)。而资源性支持(人积极参政、为政治机器运作提供原料)与服从性支持则不是经济组织的功能。我们知道,它往往取决于一个社会的文化系统和道德规范。历史学家们早就指出过,不同的文化形态的社会对政治系统的参与和服从是大不相同的。基督教和古罗马宗教就规定了对古罗马政治参与的不同意识。同样,儒家和佛教不仅在政治参与意识,还是在社会对政治权威的服从性支持上,其作用都是不同的。因此,一个功能耦合组织良好的社会,其政治系统的服从性支持和资源支持大多来自于文化系统,即那些不属于 c 和$\{X_P\}$的条件大多是由社会文化系统的功能来提供的。如果我们将政治结构 P 的功能集记为$\{X_P\}$,它的条件集就是 E_P($E_P \subset \{X_E\}$)和 I_P($I_P \subset \{X_I\}$)(图 10. 5b),其中 I_P 表示文化对政治结构提供的条件。进一步我们还可以得到一个包含 I_P 的子集$\{X_I\}$,I 代表人类文化行为总和。这样,根据功能$\{X_I\}$我们可以定义一个文化子系统 I(图 10. 5c)。

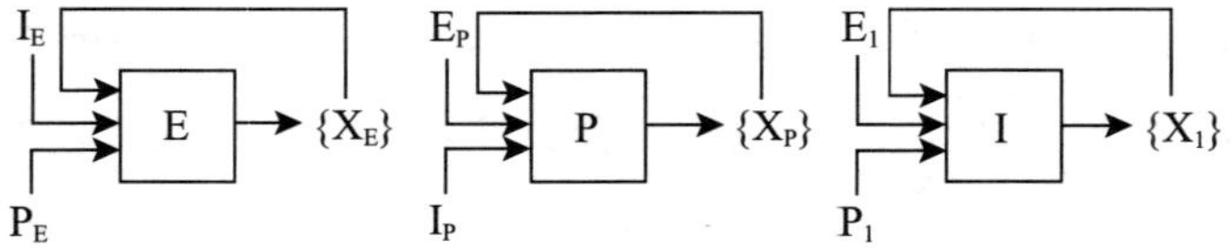

图 10.5a　　图 10.5b　　图 10.5c

图 10. 5　社会的经济、政治和文化子系统

文化能看作一个由功能和条件规定的子系统吗?在政治、经济领域中,由于人们能切实地区分哪些是输入和输出,甚至能看到相应的硬件(如官僚组织),因此它们是可以用系统来分析的。这一点在当代结构功能主义中没有疑义。但把文化独立起来,用结构功能来定义,看作与政治、经济相等重要的有输入与输出的子系统,是经典的马克思主义没有做过的。即使在结构功能主义中,虽然也把文化当作子系统,但它和社会结构其他子系统的关系也与我们所说的不同。我们把文化定义为一个有输入和输出的子系统,有时为了将分析简化,常将一个社会占主导地位的意识形态,作为政治文化(或制度化的文化)的代表。我们认为,人类社会有别于其他动物社会(如蚂蚁蜂群也通过个体结合成有组织之群体)最大的特点也许就是文化作为一个有输入输出的子系统存在。人不仅可以通过行动与信息参与社会组织(这在其他动物社会中也存在),而且可以通过思想来影响社会组织,这正是文化必须作一个独立的有输入与输出的子系统来处理的根据。我们知道,在动物中,任何本能以及情绪冲动都和感觉——反应过程不可分离。因此,当动物通过个体行为耦合成动物社会时,动物的本能和感觉只作为行为之间联系的载体而存在。如果我们用整体方法分析动物社会,或许能得到类似于经济组织的子系统,甚至会发现类似于政治组织的子系统(只要我们扩充政治、经济之定义),但绝不存在类似于观念形态的文化子系统。自从人类发明语言并用符号来记录和传递信息,思想就产生了。通过语言和符号,观念可以形式化、社会化。这样观念也就可以作为独立的子系统和其他子系统耦合。

子系统 I 也具有部分的功能对条件之自我维系现象(图 10.5c)。一种具有影响力的社会文化观念一旦产生,它可以通过传播和文化活动有一定的自我维系能力。文化本身会不断创造它的信仰者,但文化观念系统 I 的存在除了靠自我维系外,必定还要整个社会结构功能之支持。也就是说,对于文化子系统 I,它存在的条件集必定包括 $\{X_E\}$ 和 $(X_P\}$ 中的必要因素。我们认为对于 E_I 和 P_I,显然存在着下述关系:$E_I \subset \{X_E\}$、$P_I \subset \{X_P\}$。强调文化需要相应的经济和政治基础,这是马克思主义之传统,但马克思主义过分忽略文化结构输出对政治和经济结构维系之作用。而社会学中经典的结构功能派由于把社会分解为角色耦合,他们容易产生一个错觉,以为文化和价值取向是终级变量,从而忽略了某一文化系统的存在所必需的经济和政治支持。

上面的分析很容易使人产生一个误解,好像我们是从经济结构存在条件{ X_E }出发,推出政治结构的功能集和条件集,最后才谈到与它的耦合之文化结构。似乎经济、政治文化的关系构成一个金字塔式的结构,经济和政治是基础。其实,全部推道也可以从文化结构开始,从文化结构维系条件和功能中引出经济和政治结构,事实上,E、P、I 三个子系统处于互相维系之中,无论从哪一个开始,最后得到三个子系统的关系是一样的。

这样我们就可以推出本书前面广泛运用的一个结论:社会结构可以分解为三个有输入输出的子系统——政治、经济、文化结构的耦合(图 10.6)。对于每一个子系统,其输出表示功能集,而输入表示这种功能以及产生这种功能之结构所依赖的条件集。耦合表示某一子系统存在之条件某被包含在别的子系统功能集之中。社会结构的稳定要求三个子系统能互相耦合。它实际上是{X}自我维系和稳定性讨论之细化。

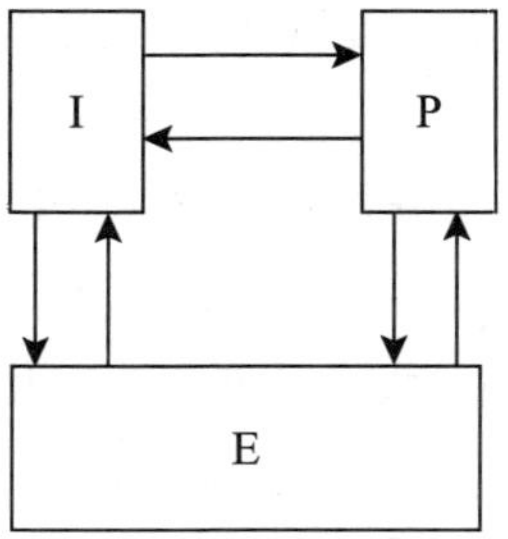

图 10.6　政治、经济和文化结构的耦合

读者一定会产生一个问题,从逻辑上讲,为什么$\{X_E\}$、$\{X_P\}$、$\{X_I\}$三个集合之和一定等于$\{X\}$呢?有没有$\{X\}$集合大于这三个集合之和的情况呢?确实,这种情况是存在的。分析某些社会结构时,我们应该在这三个子系统之外,再考虑其他子系统。例如对于近现代社会,科学技术活动已成为社会结构重要组成部分。它们不可能归为政治、经济和文化之中,因此,我们应该考虑这个集合和其他子系统的耦合,我们将这个集合记为$\{X_C\}$。显然,$\{X_C\} = \{X\} - \{X_E\} - \{X_P\} - \{X_I\}$。在本书第九章中,我们进一步把$\{X_C\}$分解为“理论”、“实验”、“技术”三个子系统,并考虑它们和社会结构E、P、I三个子系统的互相作用。[四]某些特殊的古代社会(如古代埃及),在$\{X\}$集中除了$\{X_E$、$\{X_P\}$、$\{X_I\}$外,还包括了内环境集合$\{X_v\}$,这时社会结构必须分解为图10.7所示的四个子系统。[五]

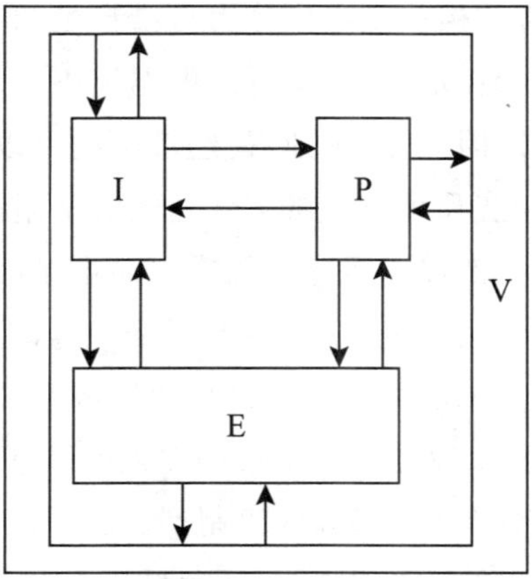

图10.7　政治、经济、文化子系统与内环境集合的耦合

10.3　形态组合和社会结构调节原理

能否用前面提出的分析方法来研究人类六千年文明史中存在过的形形色色之社会结构呢?由于我们是用经济、政治和文化等子系统的耦合来把握社会结构,那么原则上我们必须确定子系统之类型,即先把组成社会结构的三个子系统各种可能结构列举出来,并指示其相应的功能和条件。

在这里,我们采用大时间尺度和高度宏观的分析。子系统的功能和条件就应该是宏观的、长程的,它在很多时候比微观和短期作用更容易界定和分析。以经济结构为例,从组织方式来分析,经济组织的形态可以用满足社会中所有人的物质和劳务需求方式来定义。这样,经济结构首先应该分为自给自足的和非自给自足的两大类。对非自给自足经济,又可以根据组织方式分成计划经济和市场经济两种。因此,宏观地看,经济结构可以有三个大类型:计划经济、市场经济和小农经济。计划经济是用计划机构来统计社会需求并安排生产以满足这些需求。而市场经济是通过市场、价格的自身调节来完成这一系列工作。小农经济是指那些每个经济生产单元基本上可以做到自给自足的经济系统,它存在于历史上的农业社会之中。这三大类中每一类都可以进一步分解。如市场经济可以分为资本主义型和奴隶制型。前者社会上任何一个人都有权利成为独立的经济法人,而后者只允许自由民有这种权益,而社会的大多数成员——奴隶却不能成为独立法人。小农经济又可以分为自耕农经济、农奴制经济、村社经济、军事封土制等类型。计划经济亦可分为工业计划经济(社会主义型)和农业计划经济(国家—诺姆型)。必须指出,这八种典型的经济结构类型远非我们所知道的历史上可能存在的所有类型,它们只是比较广为人知而且是典型的结构。

实际上,大多数在历史上存在过的经济结构都是混合形态。例如中国封建社会的经济结构是自耕农经济、地主——佃农经济和一定程度的市场商品经济的混合。对于混合形态,我们同样可以用功能条件对它进行分析。原则上,我们只要发现两个经济结构在功能集合和条件集合中发现有所差异,就可以认为它们属于两种不同的经济结构。表 10.1 给出不同类型的经济结构的条件与功能的宏观分析,其中有某些空格存在。这并不是说,对于这一类型的经济结构,我们找不到它的条件和功能。我们认为,结构功能分析不能仅仅靠思辨,它们必须用大量的史料统计得到。将经济结构分类大约是经济史家今后应该进行的归纳工作。在本书中,我们已经展开了对自耕农——地主经济结构的研究。中国封建社会的自耕农——地主经济结构,具备向大一统国家提供兵源、税源的功能,它本身的存在又需要大一统国家的对土地和人身依附关系的调节,等等。这样,以这些研究为基础,我们可以基本搞清自耕农——地主经济这一类型的经济结构,它的功能集合包含了对 I 和 P 的支持,以及它所要求 I 和 P 为它提供的条件。表 10.1 中的空格意味着对很多类型的经济结构至今我们还缺乏研究。

政治结构可以分为哪些基本类型?这是一个比经济结构更为复杂的问题。在社会科学研究中政治学一直不如经济学成熟。政治结构类型的划分比经济结构更为困难,而且至今还存在着很多争议。韦伯曾根据人们对合法权威的承认的三种方式把政治结构分成三种基本类型:个人魅力型、传统型和法理型。传统型的统治建立在对于习惯和古老传统的神圣不可侵犯性要求上,这是一种由家族、世袭、习惯法来行施权力的统治类型,人民服从权力,是因为习惯。个人魅力型的统治建立在某个英雄人物、某位具有神权或天赋的个人魅力之上。法理型统治的基础则是人们对于正式制定规则和法定的正当行为要求。[1]

表 10.1　经济结构的类型

<table>
<tr><td rowspan="3">名称</td><td colspan="6">自给自足(小农经济)</td><td colspan="4">非自给自足</td></tr>
<tr><td rowspan="2">自耕农经济</td><td rowspan="2">地主经济</td><td rowspan="2">村社经济</td><td rowspan="2">领主经济(农奴制)</td><td rowspan="2">军事封土制经济</td><td rowspan="2">……</td><td colspan="2">市场经济</td><td colspan="2">计划经济</td></tr>
<tr><td>资本主义型</td><td>奴隶制型</td><td>工业计划(社会主义型)</td><td>农业计划(国家—诺姆型)</td></tr>
<tr><td>功能</td><td>①为政治结构提供足够的税源
②提供充足的兵源
③……</td><td>①向城市提供足够的商品粮
②地主乡绅具有管理农村的经济能力
③……</td><td>①村庄作为一个纳税整体
②……</td><td>①领主向国家提供少量税收和粮食供给
②领主对地方之管理权
③……</td><td>①受封者向国家提供兵源和税
②……</td><td>……</td><td>①经济自由对社会多元化的支持
②规范认同倾向
③……</td><td>①自由民作为兵源
②城市的发达
③……</td><td>①利用农业积累发展工业
②经济动员力的集中与控制
③……</td><td>①为大一统国家提供足够的物质支持
②……</td></tr>
<tr><td>条件</td><td>①农民对政府官员和权贵不存人身依附关系
②农民对土地的拥有权
③土地分配计划
④……</td><td>①佃农对地主没有人身依附关系
②土地自由变卖
③地租不能低于临界值
④……</td><td>①村社内部秩序由习惯法或文化子系统维系
②村社内部土地分配制度
③……</td><td>①国家和官僚机构权力的弱小
②……</td><td>①土地分封机制
②……</td><td>……</td><td>①市场秩序的维系
②私有产权
③法律和契约精神
④……</td><td>①奴隶市场奴隶来源
②奴隶制合理的文化观念基础
③……</td><td>①计划机关(官僚机构的存在)
②……</td><td>①土地大量分配机构
②产量统计之书吏系统
③……</td></tr>
</table>

根据上一节提出的条件、功能分析方法,我们认为,实际上韦伯的分类只考察了政治结构存在必需的三个条件中的一个:“服从性支持”,他将人们“服从性支持”方式分成三个类型,从而得到三

[1] [英]弗兰克·帕金:《马克斯·韦伯》,刘东、谢维和译,四川人民出版社 1987 年版,第 111~112 页。

类基本的政治结构。其实,如果我们彻底地贯彻条件、功能分析,可以得到比韦伯更为细致的类型区分。显然,一个切实可行的方法是完整地考察条件和功能的各个变量,对每一个变量都能确定一些不同的类型,那么实际存在的类型就是这些类型的组合。例如我们还可以考察政治结构存在的另外两个条件:资源性支持和物质性支持。如果我们可以对资源性支持(即参政方法和参政的积极程度)分成 P_1 类,同时又发现政治结构所需求的物质性支持有 P_2 类,那么将这些分类综合起来,可以得到 $3 \times P_1 \times P_2$ 种不同的组合。再考虑政治结构的功能,我们能得到更多的类型。这些类型组合中哪些是可能的,它们是否在历史上存在过,则需要我们根据历史学家的宏观研究来判断。虽然我们现在还不能列出一切可能的政治结构类型,但是,在原则上,我们对政治结构的条件和功能分析,也能得到类似于表 10.1 的一张表格。

或许,在确定子系统结构类型时,最困难的是如何分析文化结构。在经济结构和政治结构分析中,历史学家可以从历史唯物主义和韦伯那里继承丰富的遗产。而从条件功能角度对文化结构进行分析的工作目前做的还很少。

文化是一个有活力的机体,表面上看,硬将其区分成不同类型的典型结构会损害文化系统丰富的内容。其实,从某一文化结构所存在的必要条件的基本功能的两个方面来定义它的类型,也许是理解文化和社会结构关系的某种新的开始。虽然文化在其内涵上是无限丰富的,它有巨大的调整和适应能力,但它和社会其他子系统的接口仍是它的条件集与功能集。因此,文化无论多么特殊,原则上它也可以用这种方法划分类型。例如我们在本书第八章,曾比较过儒家、道家、佛教和基督教的参与意识(实际上是它向政治结构提供的功能 I_P)的强弱,并用这种强弱来说明它向政治结构功能所提供的支持。例如在道家和玄学盛行的历史时期,知识分子参与意识较弱,它不利于组织大一统的官僚机器。因此,根据对于参与意识强弱(即功能 I_P)我们可以将文化划分成若干类型(表 10.2)。

表 10.2　文化的类型

对政治之参与意识强	中间类型	对政治之参与意识弱
儒家思想	基督教	道家、玄学、佛教
古罗马神人同一宗教	天主教	婆罗门教
古埃及多神教		
伊斯兰教		
犹太教		

同样,我们还可以将文化对经济的参与 I_E 作为另一参数,来划分文化类型。韦伯对加尔文教和资本主义精神关系的经典性研究证明了新教伦理对资本主义商品经济结构有着巨大的参与性。那么对于 I_E 这一变量,佛教、禅家、儒家、道家的参与强弱应如何排列?这个问题虽然还缺乏研究,但原则上,答案是存在的。同样,原则上我们可以考察作为文化结构功能和条件的各个参数,按它的大小给出一个从条件、功能角度对文化结构定义的方案。这一研究方案需要以大量历史文化研究为基础,显然这一基础直到今天还不具备。

现在我们假定,历史学家已经对经济、政治、文化结构三个子系统做过详尽的归纳研究。根据功能和条件,经济结构有 N_E 种,政治结构有 N_P 种,文化结构有 N_I 种。由于社会结构是由三个子系统组成的,那么,我们可以得到社会结构形态组合的各种可能性:它有 $N_P \times N_E \times N_I$ 种不同的组合方式。由于 N_E、N_P、和 N_I 三个数中每一个数都相当大(它们少则为几个,多则为十个或更多),那么社会结构组合形态的数目则又可以成百上千甚至数以万计,这个数目比汤因比等列举出的文明类型数目要大得多,它是研究社会结构演变的可能性空间。我们称其为社会结构形态组合空间。

那么,是不是说,所有 $N_P \times N_E \times N_I$ 种可能性组合都意味着可以实际存在或存在过的社会结构呢?不,我们在前面两节曾反复强调过某一种确定形态的社会结构的存在,必须满足功能耦合条件,即对于如图 10.5 的各个子系统 E、P、I 必定存在如下关系:

$$
\begin{aligned}
&I_E \subset \{X_I\} \qquad I_P \subset \{X_I\} \\
&P_E \subset \{X_P\} \qquad P_I \subset \{X_P\} \\
&E_P \subset \{X_E\} \qquad E_I \subset \{X_E\}
\end{aligned}
\tag{10.1}
$$

它表明,一个在大时间尺度上形态确定的社会结构一定要满足功能耦合原则,即任一子系统存在所需的条件中,那些不由自身提供的条件属于其他子系统的功能集。我们将其称为社会结构调节原理,它是对本书前些章经常运用的所谓社会结构各个子系统的适应性以及互相调节的较严格表达。

对于形态组合中的每一种可能性,我们都知道 $\{X_E\}$、$\{X_P\}$、$\{X_I\}$ 和 I_E、I_P、P_E、P_I、E_P、E_I 等集合是什么,那么自然可以根据史料来判断,它们之间是否符合(10.1)式。显然,对于一切社会形态组合,无非是三种可能:①符合(10.1)式,它表示子系统功能耦合;②部分符合(10.1)式,它意味着子系统功能部分耦合;③不符合(10.1)式,即功能不耦合。我们认为情况①表示那些社会结构确定的社会,条件②③则对应着那些结构不确定的社会。它们要不在历史上从来没有出现过,要不就是只代表那些处于演变中社会结构的过渡状态。我们可以中国封建社会为例,展开这种形态组合分析。如果我们仅仅把中国历史上占主导地位的意识形态结构当作有两种可能:儒家和道家(玄学);政治结构有两种可能类型:大一统官僚政治和分裂割据的门阀政治结构;经济结构也有两种不同的状态:地主经济和庄园经济(类似于领主经济)那么,形态组合一共有 $2 \times 2 \times 2 = 8$ 种可能性。这八种可能组合中只有两种代表形态稳定的社会结构。它们是:地主经济、大一统官僚政治、儒家正统,这代表了中国封建社会的主流形态。另一种是持续了两三百年的魏晋南北朝的亚稳态,其结构组合形态是类似于庄园制的经济结构,玄学和佛教占上风的意识形态,分裂的政治局面。除了这两种结构组合外,还有两种组合方式也曾在中国历史上出现过,如汉初的社会结构。由于作为主导意识形态的黄老哲学和地主经济和大一统官僚政治功能不能耦合,它们很快演变到主流形态中去了。另一种历史上出现过但不稳定结构是唐朝灭亡后的五代十国社会结构,它是地主经济、分裂局面和儒家正统之组合,它也是一种演变的过渡态。至于其余四种组合方式,由于功能不耦合,在中国历史上没有出现过。我们认为,社会结构形态组合和社会结构调节原理为把握社会结构的演变提供了基础。

10.4 结构稳定性和脆性

我们在前几章曾未加证明就运用了如下一个原理,即当社会结构的三个子系统处于适应状态时,社会是稳定的;当它们之间极不适应时,会出现社会结构的瓦解和动乱。实际上,这是一个不准确的描述,社会稳定是指社会秩序,而子系统之间是否相互适应则看它们之间功能耦合状况。它们之间的关系是十分复杂的。我们已给出了社会结构适应性的较为严格的表述,这就是社会结构调节原理。在此基础上可以进一步讨论社会结构适应性和社会稳定性的关系。

所谓社会处于稳定状态,是指社会秩序的存在。虽然每个人都知道社会秩序的含义,但是如何研究社会秩序,甚至用较严格的定义来把握“社会秩序”却很困难。在这里,借鉴控制论学者对生命系统生存条件的考察是有启发性的。坎农曾用“内稳态”来刻画生命系统中的各种变量。而艾什比则将这一思路进行推广,认为可以用某一组基本变量的值保持在一个确定的范围之内，来表示生命存在的条件。我们说某一只老鼠是活的，这可以用维系一组变量的稳态来刻画。作为有机体“老鼠”的维持生存，实际上等价于整个系统用一种机制把“体温、血糖、血液中氨基酸浓度……”一系列变量保持在一个确定的范围之内。一旦这些变量偏离了这一范围，意味着生命秩序的混乱或死亡。

那么是否可以应用类似的方法来研究社会秩序呢？例如，我们研究中国传统社会时，采用了诸如土地兼并程度、官僚机构的腐化程度、佃农所占的比例、社会和知识分子对皇朝信赖等等变量，来表明社会是否处于有序状态。当这些变量的值保持在确定范围内时，社会秩序是存在的。而这些变量均超出确定的范围，那么意味着王朝崩溃，整个社会处于骚乱和无序状态。这种方法原则上可以推广到任何一个社会秩序的分析中去。即对任何一个社会 S，我们都能找到一组和社会秩序有关的状态变量 X_{S1}、X_{S2}、…X_{Si}…X_{Sn}（我们用集合 X_S 表示），当如下条件（条件 10.2）满足时，社会处于有秩序状态。

$$
\begin{aligned}
&a_{S1} < X_{S1} < b_{S1} \\
&a_{S2} < X_{S2} < b_{S2} \\
&\qquad\vdots \\
&a_{Si} < X_{Si} < b_{Si} \\
&\qquad\vdots \\
&a_{Sn} < X_{Sn} < b_{Sn}
\end{aligned}
\tag{10.2}
$$

然而，艾什比提出的方法似乎太简单了。社会秩序存在的条件和生命系统存活的条件有某种本质差别。首先，生命系统一旦死亡，就不可逆转，而社会秩序却可以重新建立。一般说来，当 $\{X_S\}$ 不满足（10.2）式时，社会秩序破坏，但这不等于说，只要 $\{X_S\}$ 等重新满足（10.2）式，社会秩序会自动恢复。社会秩序的变化存在着惯性和滞后。我们发现,把握社会秩序存在条件最好的办法是运用突变理论。当$\{X_S\}$中各变量的值处于突变集之内时,社会秩序存在。这时我们可以区分两种条件:社会秩序破坏条件和建立条件。有关讨论可参阅本书第十一章。(10.2)式只是一种不完全的近似。它只描述了社会秩序破坏条件。

那么,社会秩序和社会结构的适应性是什么关系呢?这时,我们必须考察$\{X_{S1}\}$和$\{X\}$的关系。根据$\{X\}$集的定义,它是社会组织存在之必要条件集,因此这些必要条件中必定包含$\{X_S\}$集合,也就是有:$\{X_{S1}\} \subset \{X\}$。

这样在逻辑上,有两种可能:一种情况是,当子系统功能不耦合时,$\{X\}$集中各状态由于自我维系系统破坏,逐渐出现混乱,这种混乱波及子集合$\{X_S\}$,使(10.2)式破坏,这就是我们常说的社会结构三个子系统不适应时,会导致动乱。一般说来,当一个社会结构、政治、经济、文化三个子系统长期不能实现功能耦合,子系统结构和整个功能耦合状况必然出现不断变动和调整。当调整仍实现不了功能耦合时,最后的结果往往是每一个子系统都不能保持其具有维系社会结构存在之必要功能。这时,$\{X\}$的子集合$\{X_S\}$不可能不受到波及。这样$\{X_S\}$中各个变量保持在(10.2)式所要求的范围内几乎是不可能的。于是,社会秩序出现破坏。还有一种特殊情况是可能的。对某些特殊的社会结构,当它在一段时间内功能不耦合,被破坏的系统变量不波及$\{X_S\}$集,这时虽然社会结构在变动中,秩序仍然存在。人们常说的社会结构之渐变,改良就是指这种情况。总之,功能耦合的破坏怎样影响社会秩序必须通过$\{X_S\}$和$\{X\}$的关系具体分析得到。

在大多数情况下,子系统之间长期达不到功能耦合,往往以社会秩序破坏而告终。但它的逆命题并不成立,即当一个社会不稳定或社会秩序瓦解时,并不能由此证明其政治、经济、文化三个子系统功能不耦合。在某些特殊情况,即使功能耦合条件没有破坏,也会出现某种无序状态。这时(10.2)式不再满足,但$\{X_S\}$集可以不属于那些参与耦合的变量。这种情况即使在当代社会也可以见到。例如当一次大的经济危机出现时,整个社会由于经济崩溃而出现某种无序,这并不意味着社会结构三个子系统功能耦合破坏。因为在$\{X_S\}$集中,有很多变量仅属于$\{X_E\}$ $\{X_P\}$ $\{X_Z\}$内部,它们可能是不参与功能耦合的变量。必须指出,对于任何一个社会,代表其社会秩序集合的$\{X_S\}$是整体起作用的。原则上我们不能就$\{X_S\}$中某一个变量的大小来判断社会是否有秩序。这里一个明显的例子是古代农业社会农民所受的剥削程度。毫无疑问,地主(或农奴主)对农民(或农奴)的剥削率直接决定了农民(或农奴)的生活状态。因此剥削率X_r肯定是影响社会秩序的重要变量,即属于$\{X_S\}$集合。对不同的社会,这个变量的取值范围是大不相同的。在中国封建社会中,X_r值大于某一数值后,会引发全国性农民大起义。但同样的剥削率在西欧和俄罗斯社会却不一定会导致大范围的动乱。在这里,虽然X_r在任何一个古代农业社会都是和社会秩序有关的变量,但它们的取值范围却不同。其之所以不同,是因为社会结构不同,$\{X_S\}$包含的变量不尽相同,它们之间的相互关系也不一样。因此,判断一个社会是否有序,必须统一考察$\{X_S\}$中所有变量是否符合(10.2)式。

(10.2)式看起来十分简单,从中却可以得到一些引人入胜的结果。例如,根据(10.2)式我们可以判定,哪些社会是依靠强控制实现稳定的,哪些社会一旦瓦解,会出现毁灭性大动乱,而另一些社会则不会,根据(10.2)式,当$b_{si}-a_{si}$都十分小时,表明维持社会处于有秩序状态的条件十分苛刻。因此,在$b_{si}-a_{si}$值很小时,社会系统必须对$\{X_S\}$中各个变量进行强控制,使其严格维持在$b_{si}-a_{si}$这一区间之内。若无强控制,一旦干扰使$\{X_S\}$中某些变量越出方程(10.2)式所规定的范围之外,社会就会发生骚乱。而当$b_{si}-a_{si}$值较大时,可允许$\{X_S\}$变量在一个较大的范围内波动。整个社会的控制机制也不必那样强有力。

在 2.11 节我们曾谈到,一个社会为了维系秩序是否要强控制取决于社会结构是脆性还是柔性的。脆性和柔性是一种形象化的类比。这里,只要进一步分析(10.2)式,我们可以把它变为把握社会结构类型的概念。在对脆性和柔性进行定义之前,我们先来讨论 X_{s1}、$X_{s2}\cdots X_{si}\cdots X_{sn}$ 各个变量的相关性。可以设想,在 $\{X_s\}$ 中任何一个变量受到干扰发生变化时,必定对其他变量有所影响,即考察变量 X_i 变化 $\triangle X_i$ 时,另一个变量 X_i 相应的变化 $\triangle X_i$ 是多少,我们用 r_{ii} 来表示两者之比例,即令:

$$r_{ij} = \triangle X_i / \triangle X_j \qquad (10.3)$$

根据 r_{ij} 的大小,我们可以将社会结构分成两种极端的类型:当所有的 r_{ij} 都十分大,我们把这一类社会结构称为脆性的;而当 r_{ij} 普遍很小时,我们则认为这类社会是柔性的。对一个脆性很大的社会,$\{X_s\}$ 中任一个变量的变化会直接引起其他变量相应的变化。因而为了维持社会秩序,就必须把 $\{X_s\}$ 中各个变量值域控制在比(10.2)式更为严格的范围之内。这时,社会必须实行强控制。

下面,我们来做简单的证明。我们知道:(10.2)式仅仅考虑了社会秩序对 X_{s1}、$X_{s2}\cdots X_{si}\cdots X_{sn}$ 这些变量的要求,但尚未考虑这几个变量中某一个受到干扰后,另一些变量会产生怎样的扰动。对于 $\{X_s\}$ 中任何一个变量 X_{si},只要它受到的干扰使其取值不越出 $a_{si} < X_{si} < b_{si}$ 社会是有序的。当 X_{si} 受干扰后,另外一些变量也会产生扰动。当 r_{ij} 很大时,其余的变量受到扰动很可能大于(10.2)式规定的范围,即有:

$$r_{ij} \cdot \triangle X_{si} = \triangle X_j > b_{sj} - a_{sj}$$

因此,对于那种脆性社会,需要将每个变量 X_{si} 控制在比(10.2)式更为苛刻的条件中,r_{ij} 越大,这个社会越需要实行强控制,以维系社会秩序的存在。

由于 r_{ij} 越大，表示社会脆性越大，因此，我们将 r_{ij} 称为社会结构的脆性系数（实际上 r_{ij}）是一个张量，不是标量。根据强控制和脆性的关系，可以证明，当 $r_{ij}\to\infty$ 时，必须保持在 $\{X_s\}$ 每一个变量绝对不变，社会秩序才能存在。这几乎是不可能的，任何一个社会的 $\{X_s\}$ 变量总是处于微扰之中，不可能保持绝对不变。因此，脆性为无穷大的社会其结构必定是不稳定的。读者将我们有关社会结构稳定性条件 $r_{ij}\to\infty$ 和《整体的哲学》中提出的组织系统结构稳定性定义做一比较，就可以发现两者完全一致。社会结构稳定性只是组织系统结构稳定性的特例。[六]根据脆性和结构稳定性的关系，我们得到一个有关社会结构的普遍定理：任何一个历史上存在过的社会，必定是结构稳定的。而对于脆性无穷大的社会，再强有力的控制都不能维系其稳定存在。

根据社会结构脆性的定义，我们还可以进一步证明本书 6.6 节表述过的对超稳定结构的基本思想。那些脆性很大的社会，一旦发生动乱，必然是整个社会秩序的瓦解，即脆性瓦解具有巨大的破坏性，它曾导致整个社会的无序。只有对于那些 r_{ij} 很小的柔性社会。$\{X_s\}$ 中各变量相关度很小（当 $r_{ij}=0$）时，$\{X_s\}$ 各个变量互相独立或相关度很小，那么（10.2）式中任何一个变量受干扰时，干扰不会影响或很少影响到其他变量。社会结构即使出现局部动荡，即子系统变革，也不会导致整个社会无序。我们在本书 6.6 节中以英国 17 世纪社会结构为例对这种现象做过讨论。

10.5　从存在到演化：潜结构的形成

迄今为止，我们的讨论并没有真正超出结构主义和帕森斯结构功能论的范围。虽然，在分析社会组织各部分的互相依存，并用它来说明社会结构的多样性方面，我们的方法似乎更精致一些，但是,它能用于社会结构的演变吗?

众所周知,社会结构的演变是结构功能论难以应付的挑战。无论对于结构主义还是功能学派,在讲部分之间整合,用系统互相依存来说明整体时总是头头是道,但一碰到演变,往往把某一子系统看作变化的终极原因,或者在结构之外寻找新的因素。而对一个自我维系的系统来说,只能从各子系统之间相互调节关系的分析中来看系统的演化机制,没有哪一个子系统是终极因素。以生态学为例,森林、土壤、气候是一个系统,而在这个系统的起源和演化过程中,它们三者是共生关系,不存在哪一个是决定因素。但是,表面看起来,虽然森林可以保持土壤的稳定,毕竟土壤是先于森林而存在的决定因素。实际上这也是一种错觉。如果我们考察一下地球上土壤的起源,就可以发现土壤和植被(及其他生物)是相互调节、相互促进;同时起源、发展、演化的。

在地球还未形成生物圈以前,只有原始海洋和岩石,并没有土壤。近代对生物圈的研究证明,生物圈的形成是一个漫长的生态系统进化过程,土壤和植被就是在相互作用中才各自形成的。首先经历苔藓期。苔藓的光合作用不断合成有机物,它的死亡和生长,使土壤层日益加厚。经过漫长的进化,直到形成盛林期。土壤肥力和厚度足以供给巨大森林的生长,而森林又保持土壤有机物的稳定并调节气候,达到生态学中所谓的顶级状态。所以,对系统进行整体研究时,系统内部的关系是相互调节、互为因果的,终极原因是没有意义的。

根据社会结构调节原理,一定的经济结构只有形成了与其相适应的政治结构、意识形态结构时,它才是稳定的,才不会被历史的流水冲失。因此,社会结构的演变,也是三个子系统之间耦合关系的变化,是共生的、一起由简单到复杂的演变。这样,社会结构的演变,可以分为两种基本过程。一种是社会结构的复杂化,即三个子系统的相互调节关系变得更为精细,在原有调节关系中产生出新的调节作用。任何一个社会只要稳定地发展一段时间,我们差不多都看到其结构不断复杂化的现象:经济结构中分工的产生,市场的扩大,政治结构中机构的专门化等。社会犹如一个有生命的机体,其结构的复杂化正如有机体生长一样,是一个自然的过程。我们称为社会结构的生长。

另一种是社会结构的演化,社会在旧结构瓦解后,再建立某种组织。演化和生长最大的不同在于:生长是一个近于连续的过程,它仅仅涉及原有结构的不断复杂化;而结构演化则存在着旧结构的瓦解和破坏,以及在破坏之后又形成某种结构。现在,我们先来考察社会结构的生长。

在《整体的哲学》一书中,曾提出了组织系统生长的一般模型,它是组织系统的功能耦合网扩张的机制,显然它同样适用于社会结构的成长。书中曾以生态组织的复杂化为例,对组织生长作了如下典型的描述:我们可以假定起初存在一片不毛之地,或者是地表上只有一层薄薄的苔藓,但这里雨量充足。这时的生态组织是简单而原始的。由于缺少植被保护,水土流失经常发生,所以昆虫和其他较复杂的物种在这种条件下不能生存。无论土壤的有机质,还是植被本身都处于一种不稳定状态。一场大雨,一次干旱,都可以使整个系统各个部分发生巨大的变化。这时,自然条件反复无常,缺乏很多生物种群同时生存的条件。较复杂的生态组织的出现,必须等到土壤厚到一定程度,以至于能维系青草、灌木和乔木的生长。而郁郁葱葱的草原森林不仅可以对水土流失起到保护作用,甚至可以在局部形成一种小气候,对降水量的稳定有一定的调节。在这种条件下,才会出现与此共生的昆虫和食草动物。昆虫和食草动物又会对原来的内稳态构成某种扰动,但是只要干扰不至于大到破坏整个系统的内稳定性(比如铺天盖地而来的蝗虫把绿色植物吃光而使系统瓦解),那么这个生态系统就是稳定的。

图 10.8 以一种高度简化的方式表明,一个生态系统由 A→B→C 的不断复杂化的过程。

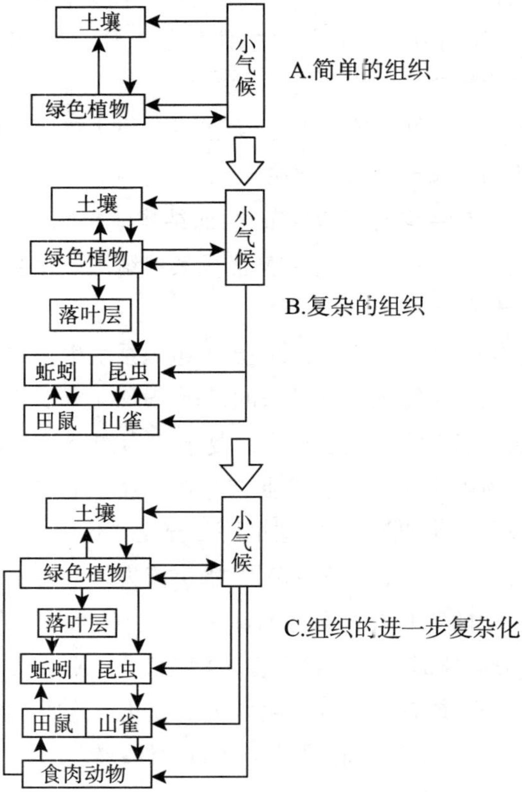

图 10.8　生态系统复杂化的过程

从这个例子我们看到组织生长实际上遵循如下机制:首先,确定了一个提供生长基础的基本结构,在它提供的最基本的内稳态基础上,产生了新的功能耦合网。新的功能耦合网造就新的稳态又进一步为功能耦合网扩大提供了条件,即整个生长过程遵循内稳态和功能耦合网交替产生的模式:

子系统功能耦合网→某些变量成为内稳态→内稳态有助于建

立更多复杂的子系统功能耦合网→内稳态数目增多和稳定性增加→子系统耦合网的复杂化→…… (10.4)

社会结构的成长虽然比生态组织要复杂得多,但机制却是相似的。首先,在生态组织中,生长的基础是一个如图 10.8a 那样的基本结构,只有这样的结构才提供生态组织进一步复杂化的条件。而社会结构的复杂化也必须要有一个基本前提,这就是基本社会秩序的存在。在社会的大动荡中,社会关系网的扩大、分工的发展、商业和城市、职能分化都是不可能的。

在上一节讨论中,我们证明,社会秩序的存在要求满足条件(10.2)式,它相当于使$\{X_s\}$各个变量是满足不等式(10.2)的内稳态。而且,根据社会结构调节原理,维系$\{X_s\}$为内稳态一定要有一个基本的功能耦合系统,它们如生态系统 A 一样是维系社会秩序存在的基本结构,我们将其称为基本社会结构。这样我们就得到两个十分重要的结论(后面我们要多次用它):首先社会结构成长的前提是要有一个以维系社会秩序存在条件为稳态的基本社会结构。它正如由土壤、绿色植物这些子系统组织的最基础的生态结构一样,是组织结构进一步复杂化的基础。

其次,社会结构生长也必须通过(10.4)那样的模式,不同的只是内稳态是维系社会组织存在变量;而功能耦合网则代表维系这些内稳态稳定的机制。例如市场经济中,分工的扩大是一个最常见且最容易理解的例子。某一新行业的产生(包括产品和生产、市场供销系统)一定需要原有社会系统已存在的内稳态为前提(如秩序、市场,甚至是原材料等)。而新行业出现又意味着一些新的内稳态又加入了原有内稳态之中,使得社会结构内稳态扩大且复杂化了。这样,从内稳态扩张机制来看,社会结构成长可用图 10.9 所示的内稳态扩张过程来概括。

在图 10.9 所示的社会结构成长过程中,社会基本秩序$\{X_s\}$的存在是最初条件,它和在它基础上生长出来的新内稳态集合$\{X_1\}$、

$\{X_2\}$…和$\{X_s\}$是什么关系？显然只有两种可能：一种是新内稳态集合不包含新的社会秩序维系系统，即新生长出来的自我维系系统本身不能保持社会秩序之稳定。这时只要维系$\{X_s\}$的基本结构瓦解，所有基于$\{X_s\}$上的生长物都成了无本之木，无源之水。这时$\{X_1\}$、$\{X_2\}$…只代表了原有社会基本结构的复杂化，它们是寄生于原有基本社会结构之上，不能和基本社会结构割离。第二种可能是$\{X_1\}$、$\{X_2\}$…中包含了新社会秩序维系系统，这就是说，生长出来的子系统不因$\{X_s\}$的瓦解而破坏，它们中有的自己能产生社会基本秩序，它往往包含了经济、政治和文化子系统耦合之新形态，我们称为潜结构。潜结构可以从原有社会结构中割离而独立存在，当旧结构解体时，有取代结构之可能。我们在前几章曾以中国封建社会的城市和西欧封建社会之城市的不同来指出这种区别。无疑，潜结构概念的精确化可以帮助我们对社会结构成长之不同模式进行更为深入的理解。

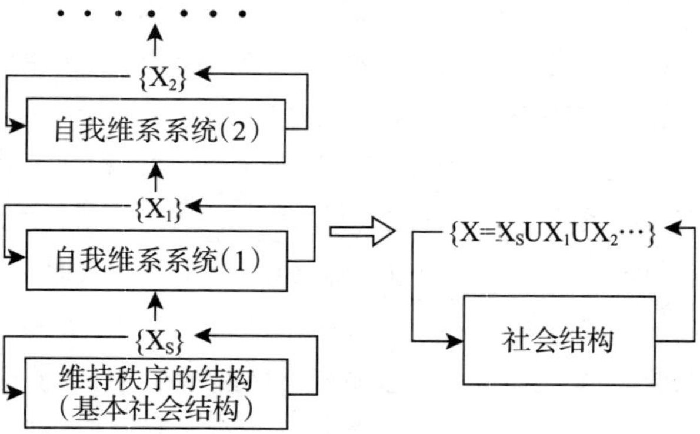

图 10.9　社会结构的成长

10.6　功能耦合系统的破坏:结构老化和无组织力量的增长

社会结构演变研究中最困难的环节就是社会结构的老化和破坏。社会结构作为功能耦合系统,它一旦形成,各个子系统就处于一种自我维系之中。在没有外来冲击的条件下,已形成的社会结构会不会自行破坏?在现实的社会组织中我们常可以发现其结构在生长中的老化,甚至瓦解的例子。但是至今为止,社会学和历史学研究中还不存在一种逻辑自洽的方法,用于研究社会结构的老化和瓦解之机制。显然,如果方法论中缺乏这一环,就无法展示社会结构演化理论。

事实上,社会结构的生长和子系统功能耦合这两个基本概念中已经蕴涵着社会结构从内部破坏的可能性。图 10.9 所示的功能耦合网扩张过程中,我们一直没有考虑整个系统在生长中是否能保持结构稳定。新内稳态集$\{X_1\}$、$\{X_2\}$……均是建立在$\{X_s\}$之上,它们的不断加大是否会对基本社会结构造成某种干扰,甚至破坏它的稳定性?一般来说,随着内稳态的扩张,对基本社会结构的干扰开始加大,因此任何组织的生长都不是无限度的。当基本社会结构在不断加大干扰的条件下接近稳定性之极限之时,生长过程会自行减慢,甚至会停顿。罗马帝国的扩张大约给出这方面一个十分形象化的例子。罗马帝国的社会秩序是靠罗马人由一个“基本社会结构”来维系的(罗马军队、行政制度、宗教和税收制度之耦合体),在这个基本社会结构造就了所谓“罗马和平”的条件下,地中海地区古代民族被征服,一个个地区包容到罗马帝国的结构之中。商业的扩张,新城市的建立,新民族的引进都是社会结构之成长的表现。我们知道,每一个新民族都对罗马秩序产生一种压力。他们的宗教、民族冲击都会不断加重维系“罗马和平”的负担。随着人口和异族数目的扩充,对罗马秩序的干扰是不断加大的。在此,不打算讨论罗马文明衰落的内部原因,而只想指出,社会结构的生长和基本社会结构日趋老化本是同一过程的两个方面。

社会结构老化和功能耦合系统破坏的原因是复杂的,内稳态的扩充,组织系统的不断加大,干扰了基本社会结构之稳定性只是一个原因。实际上,一个庞大和组织上充分复杂的社会,即使它不再生长出新的组织,它往往也不可避免衰老瓦解的命运。人们常说,世界上没有万古长存的帝国。我们认为,任何一个复杂的功能耦合系统,只要其中包含的内稳态足够多,内稳机制足够复杂,结构的老化和功能耦合自发破坏几乎是必然出现的。其原因正在于“功能耦合的复杂性”,即子系统未参加耦合之多余功能对社会结构长远的破坏作用。我们知道,当用子系统来耦合成复杂的整体结构时,子系统大多数未参加耦合的功能,只要它们在短时间内对其他子系统结构没有危害,整体就能通过子系统功能耦合组织起来。必须注意,正是它带来组织系统普遍的老化机制。

我们认为,以往社会学家和系统论学者很少注意一个系统中那些多余功能对系统的破坏作用。而当我们对社会组织或其他系统进行长时间的考察时,多余功能又是不能被忽略的,所以,我们有必要用一个生态学例子来说明多余功能在长程时间条件下的积累对系统造成的影响。图10.10是一个与外界隔绝的池塘生态系统,其中有水草和虾。水草和水中的氧气是鱼虾生存的条件。这些条件恰恰为池塘水草子系统的功能所提供。同样,池塘水草子系统的存在也需要鱼虾子系统的功能来调节。鱼虾以水草为食物,否则水草有可能出现无限繁殖,最终盖满整个水塘,造成生态系统的崩溃。在这个十分简单的生态系统中,我们可以看到,功能耦合形成了一个适应态,系统可以稳定存在几十年、上百年。但这种适应态能否永远保持下去呢？不会。随着时间的流逝，池塘变得越来越浅，水越来越少，最后池塘完全被泥填满，变成沼泽。由池塘、水草和鱼组成的生态结构瓦解，别的生态结构取而代之。这在生态学中称为沼泽化。分析沼泽化过程可以帮助我们理解为什么任何一个功能耦合系统在互相调节中会导致破坏性因表的积累。

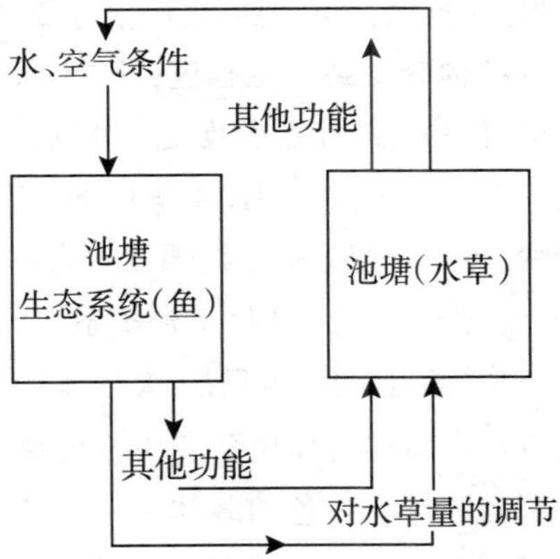

图 10.10　池塘生态系统

沼泽化的原因是池塘内有机质的沉淀。这些有机质是整个生态系统在保持功能耦合的调节中释放出来的。鱼、虾的排泄物，鱼、虾死亡和腐烂的水草都变成有机质沉淀下来。这些东西在每天看来是微不足道的，不会影响整个系统的功能耦合。然而，通过上百年时间的沉淀，就会出现沼泽化，把池塘填平。只要系统中有生命存在，就无法阻止有机质的积累。我们把沼泽化原因的分析提高到系统组织理论水平来看，调节功能丧失的原因就容易理解了。关键在于，组成一个大系统的各个子系统的功能都不可能是单一的，每个子系统都有很多种功能，即使对于子系统的某一种功能，也常常由很多不同的方面组成。这些不同的功能以及某一功能的不同方面是不可分离的。比如，水草这个系统，有提供给鱼虾食物和氧气的功能,也有增加池塘中有机质的功能。生命系统的结构决定了这两种功能总是同时存在的。当子系统形成了相互适应的大系统时,只能做到某几种功能互相耦合,或者某种功能的某几方面互相耦合,而每个子系统复杂的功能不能全部参与耦合。对于不参加耦合的其余部分,只要暂时没有害处,就不会影响大系统的组织。但是,正因为它们没有实行功能耦合,必然对子系统结构产生影响,这种作用虽然很小,但会慢慢地导致各个子系统结构发生畸变。子系统结构畸变到一定程度,那些互相耦合的功能就会受到损害,正如有机物的沉淀逐步改变了池塘结构那样,畸变的结果最后导致适应态的破坏。我们把组织内部没有实行耦合的功能慢慢使结构畸变,最后破坏那些互相耦合功能的现象称为"功能异化"。社会结构的经济、政治、文化三个子系统的任何一个都具有很多功能。参与功能耦合的变量只是$\{X_E\}$、$\{X_P\}$和$\{X_I\}$中的一小部分。当我们将社会结构看作由角色组成的整体时,这种多余功能的存在更是清楚。作为角色的载体——任何一个人(甚至任何一个机构),除了在社会组织中扮演角色外,每个人同时还具备无穷多种可能行为。只要这此行为不会破坏那些作为占主导地位的社会规范,它们都是被允许的。也就是说,社会组织中每一个子系统或元素,原则上存在着无穷多余功能和多余变量。这样一来,对于那些不参与功能耦合的大多数变量(或某一参与耦合变量所带来的附加影响),只要在短期内不对功能耦合构成破坏作用,社会结构就能稳定存在。但是,这些大量存在的未参加耦合之功能,在一个长时期内对社会结构会有哪些影响呢?这是以往社会学家研究中忽略的。

在本章一开始,我们谈到了结构功能派的一个基本假设,即任何一个社会组织具有的功能是维系社会组织存在所必需的。用形式化语言表示,就是对于任何一个社会组织,如果它存在的必须条件是$\{X\}$,这个组织的功能用$\{Y\}$表示,必定有$\{X\} = \{Y\}$。但是,近年来,文化人类学的大量研究证明,这个假定不成立,部落社会有许多功能、礼仪对生存是无用的。即一个部落组织的功能集{Y}总是大于{X},即有{Y}⊃{X}。对结构功能理论的挑战,正好证明了对于任何一个组织系统,存在着大量未参加耦合的功能。正是这些未参加耦合的功能(或某一参加耦合功能的附加影响)的长期作用造成结构的破坏。在这里,我们惊奇地发现,文化人类学对于导致结构功能论衰落的研究的新发现,恰恰证明了我们提出的老化机制。一般来说,组织系统越复杂,组成它的子系统也就越多,参与和不参与耦合的功能数目也必定越庞大,异化作用亦越强烈。

我们如何把握异化的进程和后果?一般来说,那种在短时间内难以觉察的变化是很难用统一的形式化语言表达的,它必须具体问题具体分析。它有如岩石被水侵蚀,结构的变化可以发生在任何地方和任何方向。然而,有一点却可以肯定:异化大多都是对旧结构的破坏,但有时,它也有所建设。当异化只有破坏而无建设时,我们将其称为无组织力量增长的。因此,对于任何一种结构稳定的复杂组织系统,无组织力量增长的不可避免,大约是一条铁的规律。虽然,异化的建设性后果很难用数学语言表示,但无组织力量增长却可以用形式化语言描述。我们将其称为旧结构的畸变(或老化)。

我们前面曾把社会结构定义为对{X}集的自我维系系统。由于自我维系机制的存在,{X}集中各个变量都处于内稳态,而异化造成的社会结构的畸变(或称老化)则可用{X}集中相应变量的内稳态的移动来表示。我们以中国封建社会为例来说明这一点。我们可以把保持中国封建社会社会秩序存在的必要条件集{X_s}简化,仅抽取{X_s}集中两个最重要的变量来分析。一个是土地兼并程度 x,另一个是官僚机构清廉(或腐败)的程度 y。显然易见,当封建社会稳定时,这两个变量处于内稳态,而满足(10.2)所要求的

条件:

$a_1 < x < b_1$

$a_2 < y < b_2$

但功能异化的后果会造成 x 和 y 两个内稳态日益偏离正常值,导致社会结构稳定性的破坏。

我们先来分析将 x 和 y 保持在内稳态的机制。众所周知,就地主经济本身而言,土地买卖和相对发达的商品经济存在使土地处于流动状态。它既有自发的兼并趋势,但同时存在着相反的过程:大地主由于遗产继承中的分家或因经营不善,分解为小土地所有制,或由于中央政府的律令使兼并过程受到限制。当土地兼并和分散这两种趋势正统计上处于平衡时,土地兼并度 x 就会成为内稳态 x_0,把 x 控制成 x_0 的机制(即上述两种相反的作用)看作为对 x 进行变换的自耦合系统。[1] 同样,官僚机构清廉度 y 也处于两种相反作用的控制之中:封建官僚有自发腐化倾向,而封建王朝又可以通过科举制度对官僚进行吐故纳新,用肃整吏治来打击腐化。这样 y 亦被一个自耦合系统控制在内稳态 y_0。这两个控制系统是互相关联的,如图 10.11 所示。控制{x}和{y}为内稳态的功能函数 F_1 及 F_2 各自依赖于另一个系统的内稳态,亦即 F_1 还依赖于 y_0,而 F_2 除控制 y 外,亦依赖于 x_0,即有如下关系:

$F_1 = F_1(x, y_0)$

$F_2 = F_2(y, x_0)$

也就是说,宏观上看,控制土地兼并的功能与官僚机构是否腐败有关。当 y_0 大于某一临界值时,意味着中央政府已十分腐败,它对土地兼并可能完全失去控制能力,这样 x_0 就不再成为稳态。同时,政府控制其机构廉洁度的机制又和土地兼并程度有关。当 x_0

---

〔1〕 在《整体的哲学》一书中曾提出,任何一种稳态机制都可以高度简化地表示为一个对某变量进行变换的自耦合系统。

大于某一临界水平时,亦即土地兼并程度过大时,则可能出现科举制不能将相对廉洁的地主知识分子吸收到官僚机构中来,而失去对官僚机构腐化的调节能力。从图10.11来看,整个系统可以组织得非常好,因为 F_1 保持 x 处于内稳态 x_0,它开始时小于临界值,这时 F_2 有效,它可保持 y 处于内稳态 y_0 并使 y_0 也小于临界值。它反过来支持 F_1 的有效运转。这样两个层次的功能耦合保证整个系统的结构的稳定性。在这里,无论稳态 x_0,还是稳态 y_0 都是可以调节的量。

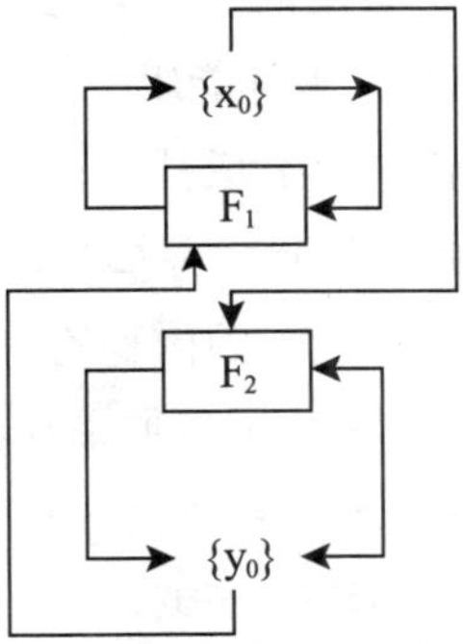

图10.11　土地兼并与官僚机构清廉度功能耦合的理想状态

当系统内出现干扰,比如某一个王朝初期,土地兼并不严重,但官方很腐败,那么可以通过官僚的吐故纳新来减少官僚的腐化程度,功能 F_2 可使 y 回到稳态 y_0。也就是说,只要干扰不使 x_0、y_0 的偏离度大于临界值,调节机制 F_1 和 F_2 都会使其回到稳态。

但是必须注意,这种功能耦合只是理想状态,从长时间看,还必须考虑那些未参与耦合的功能的作用和参与耦合的功能的附加影响,亦即功能异化的进度。已经说过,在 y_0 对 F_1 的作用和 x_0 对 F_2 的作用中,存在着未参与耦合的功能和参与耦合功能的附加影响,例如官僚作为国家律令的执行者,他们同样可以参与兼并土地;又如商品经济对官僚机构的慢性腐蚀因素等。这些微小影响是超越内稳态机制的控制能力的,结果导致 x、y 内稳态控制能力的削弱,亦即使 F_1 和 F_2 函数关系发生畸变,稳态 x_0、y_0 也就出现对正常状态的偏离。它表现为土地兼并程度一天天增大,官僚机构日益腐化。只是任何一个稳态单独偏离正常值,系统还具有调节能力。而一个组织系统所有互相联系的稳态都慢慢偏离正常值时,它就意味着组织结构发生畸变,这就使得改变每一机构都是无能为力的。当组织结构畸变到一定程度,即 x_0、y_0 偏离到临界值范围以外,不再满足(10.2)式所刻画的社会秩序存在的条件,就会出现社会秩序破坏,社会结构瓦解。

我们认为,上面例子所用的分析方法是具有普遍性的。功能异化造成的社会结构畸变大多都能用一组稳态的移动来表示。

但是,功能异化是否一定造成社会秩序的破坏则要看移动的内稳态是否属于 $\{X_s\}$ 集。由于 $\{X_s\} \subset \{X\}$,$\{X\}$ 集中大多数内稳态的移动一般都会波及 $\{X_s\}$ 中的内稳态。但特殊情况也是存在的,对于某些社会结构,功能异化只带来社会结构的变化,并不一定会破坏社会秩序。但是无论社会秩序是否瓦解,社会结构的畸变都意味着原有社会组织形态的破坏。

10.7　社会结构演化的四种模式

现在我们可以讨论社会结构的演化了。我们发现,只要把生长机制和异化以及结构畸变结合起来,就可以得到社会结构演变的最基本类型。我们可以从功能异化和无组织力量增长来概括形形色色社会结构内部适应性被破坏的原因。无论社会结构怎样千姿百态,它都是一个组织系统。组织系统的维系离不开互相调节,而任何一种调节都有副作用,都会带来功能异化和无组织力量的增长。这样,对于任何社会结构,当没有受到外来冲击时,它们演化将取决于四种因素:

(1)内部无组织力量的大小和增长速度,它决定原有结构能否稳定地保持下去;

(2)是否形成潜结构,它是新结构取代旧结构的中间环节;

(3)无组织力量在社会结构瓦解后能否清除;

(4)旧结构有无修复机制。

根据这四个制约条件,从逻辑上可以推出,当一个社会没有受到外来冲击,存在着四种最基本的演化模式。

第一种模式称为静态停滞型。根据上一节讨论可知,异化速度往往取决于系统未参加功能耦合的变量,因此,社会组织越庞大,越复杂,其内部多余功能越多,无组织力量增长越快。相反,当社会组织极为简单时,无组织力量增长极慢,旧结构适应性很难被破坏,演化就呈现静态停滞。一般来说,静态停滞只出现在文明演化的早期阶段,它是针对至今仍处于狩猎采集阶段的原始部落而言的。考察一下这些原始部落,由于社会组织规模小,多余功能很少,即$\{Y\}-\{X\}$集很小,造成其内部无组织力量增加很慢。另一方面,这些部落很可能有一些简单的方法来克服进展极为缓慢的结构畸变,来消除自己和环境、部落组织之间不断增长的不适应性。比如用迁移、部落分化、控制人口等方法来克服无组织力量的积累。这样,这些原始的社会结构很难被无组织力量破坏。在没有外来冲击条件下,它们长期静态停滞在狩猎采集阶段。

第二种演化类型就是超稳定系统。旧社会结构瓦解后,没有潜结构可以取代它,社会结构中又存在着修复机制,这样,社会结构的停滞性和周期性崩溃修复同时出现。中国从秦汉到清王朝的封建社会和古埃及社会都是超稳定结构的例子。

第三种模式是取代型。它是指当旧社会结构瓦解后且不能修复,但存在着潜组织,潜结构能不断壮大最后取代旧结构。《西方社会结构的演变》一书中以古希腊罗马社会为例,对这种情况进行了专门讨论。

显然,从逻辑上看,这三种模式并非穷尽一切可能,还有第四种模式在理论上也是成立的。这就是旧结构既不能修复,但又没有新结构取代它,造成文明的毁灭性中断。我们将其称为灭绝演化模式。

古埃及社会修复机制之一是尼罗河定期泛滥,它可以周期性地清除内环境中不断增长的无组织力量,保持内环境的稳定。美索不达米亚的古代文明就不存在这种机制。[1] 我们自然可以设想,古代文明,人造环境中无组织力量不可抗拒地增长时,会出现什么情况呢?例如,一个依靠人工灌溉系统的古代文明,一旦出现盐碱化,要消除它是十分困难的,其结果很可能是这个地区古文明的毁灭。

对于社会结构内部(主要指经济、政治、意识形态结构)所积累起来的无组织力量的增长,也可能存在着类似的情况。我们讨论过古埃及的开放性多神教对于王朝修复的作用。[2] 当旧王朝崩溃,大城市被动乱摧毁之时,由于祭司的腐化,往往使人民对某一种神的信仰处于危机状态之时,原有的宗教很可能与这个社会同归于尽。在古埃及,王朝能够修复,关键之一在于它有开放性多神教。它的主神是可以轮换的,当祭奉某一个主神的神庙已经腐朽时,那些地方性的神可以取而代之。在古埃及文明中,即使存在着这种奇妙的修复机制,在两个中间期,更换主神的修复过程很漫长。当这种修复机制不存在时,古代文明也常常面临灭亡的命运。

从理论上分析,灭绝型文明的社会结构中既没有潜组织,也没有修复机制。前面我们已指出,当一个社会脆性十分大时,不得不对社会进行强控制,潜结构成长很困难。并且,社会结构在瓦解之后的修复大多依靠文化结构。由此,我们可以做出如下推断:那些

〔1〕 金观涛、王军衔:《悲壮的衰落——古埃及社会的兴亡》,四川人民出版社1986 年版。

〔2〕 同上。

灭绝型古代文明的社会，往往具有高度脆性的结构，其文化结构无组织力量增长很快。

这些理论分析能得到证实吗？20 世纪以来，随着考古学的发展，历史学家发现，有很多文明我们至今可能连它们的名字都不知道。它们在古代十分繁荣，由于尚不了解的原因灭亡了。文明似乎和生物一样，灭绝的比生存下来的要多得多。轰动一时的埃伯拉城的发现是一个有代表性的例子。1955 年，一个农民在叙利亚沙漠里挖出一件用灰色玄武岩雕刻成的狮子。根据这一线索，考古学家进行了挖掘，找到了一个公元前 3000 年的古铜器时代农业定居点。据考古文献判断，埃伯拉城市在公元前 2300 年发展到顶峰。有一块碑上就记载了 260 个城市的名字。一个大商业城市上聚集了大约 3 万个商人、农民、官吏、工匠，还有一座学生人数很多的大学。但是一个世纪后这个文明衰落了，来自南方的敌人掠夺了它的财富，毁灭了城市。[1]

许多辉煌的古代文明灭绝了，这一点在学术界没有多少争议。很多学者认为，目前人类的文明是第三期的，而第一、第二期的早期文明基本上都灭亡了。大多数学者谈到这些文明灭绝原因时，仅仅将其归为环境的破坏和外部入侵这两种比较单纯的因素。根据我们关于文明灭绝的模式，灭绝的因素可以来自文明结构的内部。由于社会结构的缺陷，即使没有环境问题，只要经济、政治、文化结构被无组织力量瓦解，其内部没有新结构，又没有修复机制，那么文明灭绝也是不可避免的。

近年来，一些考古新发现似乎为这种观点提供了证明。例如，原来人们一直认为迈锡尼文明衰落的原因是多里安人的入侵。对古文明遗址的考古挖掘发现，这种说法很可能是错误的。多里安

---

〔1〕“埃伯拉——引起轰动的古代城市”，载《环球》1982 年第 4 期，第 38～39 页。美国《时代周刊》1981 年 9 月 21 日。

人入侵说的重要根据就是迈锡尼文明似乎是被火烧毁的。然而当时被认为是火烧毁的地点不过是八个,其中真正被焚毁的永久废弃者仅四个,而它们又处于其他众多安然无恙的遗址之间。看来,多里安入侵说是不能成立的。[1] 实际上,当时希腊大陆文明中心正处于向外扩散状态,外地的迈锡尼文化居住地有所增加(如在罗多斯岛,迈锡尼文化居住地由 21 个增加到了 36 个)。而本土居住地减少(据 1970 年所知,由 328 个减为 137 个)。大陆人口减少,中心力量削弱,引起四邻山居部落乘虚而入。[2] 所以,把迈锡尼文明衰落归为蛮族入侵似乎混淆了因果。很可能由于文明的衰落才导致蛮族的入侵,而不是野蛮部落的入侵毁灭了古代文明;而文明自身的衰落,则直接与其社会结构有关。

一位历史学家曾这样写道:“世界上几个文明古国,看起来颇像几个小岛。这些小岛周围,尽是蛮族形成的海。文明代表财富和舒适,野蛮代表饥饿和嫉妒。饥饿和嫉妒像海浪不断冲向小岛,小岛虽筑有堤防,但一旦堤防破裂,小岛即告淹没。”[3]这也许是一个形象的比喻。应当指出,古代文明是一种跨地域组织,当它强盛之时,力量比处于原始状态的部落大得多,只有当它衰落时,才有可能被蛮族摧败。当然,我们并不否认很多古代文明确实是被另一些进攻性很强的文明毁灭的。我们仅仅是强调社会结构也和生命一样,有一种不可抗拒的老化机制。

说明社会结构主要受其内部张力而变迁,一个比较典型的例子就是玛雅文明。大约在 2000 年以前,玛雅文明难以置信地在美洲密林中诞生了。它曾经有过庞大的城市,众多的人口,发达的古

---

〔1〕 日知、际陶:“关于雅典国家产生的年代问题”,载《社会科学战线》1980 年第 4 期。

〔2〕 “埃伯拉——引起轰动的古代城市”,载《环球》1982 年第 4 期,第 38 ~ 39 页。美国《时代周刊》1981 年 9 月 21 日。

〔3〕 杜兰:《世界文明史》,幼狮文化事业公司 1979 年版,第 62 页。

代技术。它的繁荣期是公元250～900年。此后,它放弃了宏伟的庙宇和宫殿而转入密林。玛雅文明灭亡一直是一个谜。其社会结构至今还未搞清楚。

50年代,人们普遍认为玛雅的经济结构极为简单。它和今天中美洲盛行的"密尔帕"休耕制类似。由于在密林中开垦土地,为了保持土壤的肥力,一块土地耕作过后,一般要弃置十年,让丛林重新遮覆以恢复地力。根据"密尔帕"休耕制可以算出每个农民都要拥有6～10倍于每年耕作的土地。而农民又需要住在自己土地的近旁。因此,这样的经济组织必定是地广人稀,社会组织也一定不复杂。于是一些学者认为,玛雅社会仅由两个阶级——祭司和农民组成。这种社会人口很少,剩余产品不多,因而贵族阶级人数也不多。根据这种分析,很难理解玛雅人为何有能力建筑宏伟的宫殿。由于社会组织简单,它似乎应该是静态停滞式的。而玛雅文明却经历兴盛、衰落,最后灭绝,这种解释很难成立。

70年代初,考古学家终于发现,用今天中美洲近于原始部落中盛行的经济结构来想象玛雅文明是错误的。"密尔帕"经济很可能是古代文明崩溃后的遗物。因为在玛雅低地发现了人工台地。它证明:这里有一年几熟的聚约农业这种生产方式。花粉分析表明,这里曾种植过玉米和棉花。"[1]接着,又发现了低地中部的山坡梯田。这些土地曾长期精耕细作,曾经有很大一部分劳动力用于这些梯田的维修。这些田地足以维持城市的存在。据考证,当时较大的城市提卡尔也许超过十万人,社会结构也十分复杂。对玛雅人的宗教,最近也有了很多新的看法。"原先认为泛神的,温雅的玛雅宗教,现在证明是兽性的,邪荡的,血腥的。宗教的艺术用于巩固贵族在政治上的地位,为他们控制经济提供神的辩护。"[2]

---

〔1〕 哈蒙德:"玛雅文化概述",载《史学集刊》1982年第3期。

〔2〕 杜兰:《世界文明史》,幼狮文化事业公司1979年版,第62页。

关于玛雅文明衰亡的原因,据历史学家猜测,很可能是人口过剩和开发主要资源过度而引起的各种社会危机。虽然关于玛雅文明灭绝的原因尚未最后搞清,但有一点很明显,它来自于社会结构内部,也就是我们所说的各种调节引起的无组织力量的增长。

最后,需要强调指出的是,我们提出社会演化存在着四种基本的模式,绝不是说某一个社会从一开始就注定了它属于某一个模式而永不可改变了。我们仅仅是认为,从功能异化和无组织力量增长方式以及潜结构取代来看,从理论上可以推导出演化模式的四种最典型的极端状态。某一个社会实际演化过程可以是复杂的混合形态。比如,古埃及社会从一个个诺姆城市国家演化到统一王朝,就是一种结构取代。只是到古王国建立时,它才变成超稳定系统。即使对于同一文明,在其不同阶段,社会结构的类型也可以是不同的。如中国古代社会秦以前并不是超稳定结构。而且,这四种典型模式是以一个社会没有受到外来冲击为前提推导出来的。当各个文明之间互相交融频繁互相影响很大时,无论是旧结构内部无组织力量增长的方式、速度,潜结构的形成和取代都将呈现一系列新的变化。原来是超稳定系统也可能打破,也可能出现新的演化模式。

10.8 社会行动的新理论

我们研究方法似乎有一个重大缺陷,这就是一直避开讨论人的主体性。任何社会组织的维系、社会结构的运行都是通过人的活动实现的。人具有意识、目的性,活动受价值取向的支配,而在我们的社会结构演化理论中,只有结构、条件集合、功能耦合,即使讨论社会生长和演化机制这些高级行为时,我们也应用稳态、脆性等似乎是十分机械的概念。我们提出的社会结构演化理论,如何与人的主体性问题关联呢？这就是我们不得不正视的问题。

众所周知,任何社会行动都是由人的活动合成的。人的活动有一个最基本的特点,这就是它可以归结为在价值取向的支配下达到目的的过程。因此,社会学者常常认为:社会行动可以表示为如图 10.12 所示的模式:行动者在价值取向的驱动下去实现他追求的目标。在此,行动者选择什么手段来达到目的,则取决于社会条件和规范的限制。我们可以将图 10.12 所示的社会行动模式称为帕森斯单位行动模式。

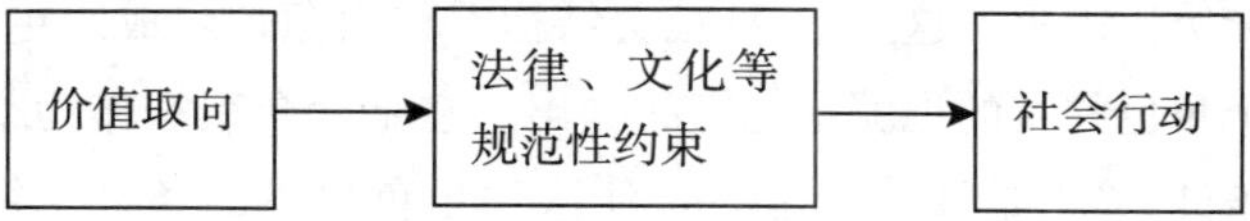

图 10.12　帕森斯单位行动模式

固然,如果仅仅分析行动者在动机驱动下去达到目的之过程,帕森斯的单位行动模式无疑是正确的,但是问题的关键在于,单位行动如何才能合成为整体性的社会行动？我们认为,在大时间尺度看来,整体性的社会行动模式与个人行动模式并不完全相同。个人行动模式可以归为价值驱动下达到目的的过程,但千千万万人达到目的的过程总和可能是无目的的,价值驱动也并不一定能用图 10.12 这样的单向过程表现出来。也许,正因为个人行动模式中目的性和价值的作用如此明显,人们常常不加怀疑地把社会行动模式当作个人行动的放大。这种错觉,往往使人们难以认清社会行动的真正结构。

我们认为,在建立社会行动理论时,首先必须考察目的是如何产生的。除了那些随心所欲、纯属私人爱好和兴趣的个人事务中的目的外,支配着每个人活动的目的大多来自于社会。工人生产产品,飞行员驾驶飞机,教师教授课程,甚至小学生每天早上匆匆忙忙赶到教室去上课,这些都是达到确定目的的行动。只要我们进一步去追溯这些“目的”是如何产生的,就会发现:它们均属于这个社会组织存在的条件集{X}。这样一来,千千万万人达到这些目的意味着{X}集的实现;也就是说,将被帕森斯称为单位行动的达到目的的过程综合起来,它们的总体效应大多数乃是社会结构的自我维系。这里我们确实发现,社会行动和个人行动的差别。如果我们仅仅着眼于个人行动,那么看到的是单个个别行动者达到目的的过程,但是只要将各种目的的提出到实现综合起来,我们就会发现大多数有目的的活动的总和只不过是导致了一个社会组织的功能等于需求。这一点,把社会结构看作由角色组成时更清楚。每一个角色的目的也就是他们的输出。它是社会组织作为整体存在的条件,输入是社会为个人扮演这种角色提供的条件。每一角色无疑服从帕森斯所说的单位行动模式,但将所有角色达到目的的过程综合起来,其模式和有方向的帕森斯驱动模式根本不同。这里,作为行为的终点——目的已经融合在功能耦合网中,行动过程和目的互相影响,互为因果,整个社会行动的结构是自我闭合的,本质上它只是社会结构实现了功能对存在条件的维系而已。

人的主体性中另一个重要方面就是价值取向。每个人都知道价值取向是个人行动的动力,它无疑也是社会行动的原动力,忽略价值取向的作用一直是某些学者对我们所用方法的批评之焦点。我们的研究真的不考虑价值取向吗?其实,这也是一种误解。我们发现,和目的性一样,在大多数场合下,价值取向也就是社会结构实现自我维系机制的一部分。为了说明这一点,我们以市场经济结构为例来探讨价值系统与自我维系的关系。

在市场经济结构中,最普遍的价值取向无疑是追求最大利润的动机以及消费者企图达到最大效用的企图。对于每个个人,这种价值取向是达到经济目的原动力。但它们综合起来又是一种什么样的社会行动呢?我们在 10.2 节曾指出,市场经济结构可以表述为一个作为商品和劳务总和子集合$\{X_E\}$的自我维系系统。我们可以把市场经济结构高度简化地表示为图 10. 13。其中,P 为所有商品和劳务即{X_E}的价格(它是一个矢量),M 为市场机制,S 为价格与供给的关系,D 为价格和需求的关系,显然,市场经济结构 E 由 M、P、D、S 等子系统组成,它保持{X_E}为内稳态。显然,只有当供给等于需求时,我们才能说经济结构有效地实现了{X_E}集的自我维系。但供给又怎么能恰恰正好和需求相等呢? 众所周知,当某种商品的供给小于需求时,市场 M 的功能会使它的价格 P 增高。由于每个消费者都追求最大效用,某种商品价格一上升,就会减少某种商品的需求;另一方面,生产者为了获得最大利润,他们会增加这种商品的生产,这样使得供给变大,需求变小,调节的后果是供给等于需求。同样,当供给大于需求时,整个调节机制则会产生相反的变化,使供给和需求相等。也就是说,市场经济结构对集合{X}的自我维系功能是通过千千万万人有目的的行为实现的,其中最重要的,就是生产者追求最大利润和消费者追求最大效用这两种普遍的价值取向。正是它们实现了 P 和{X}之间的联系,完成了供给等于需求的调节作用。

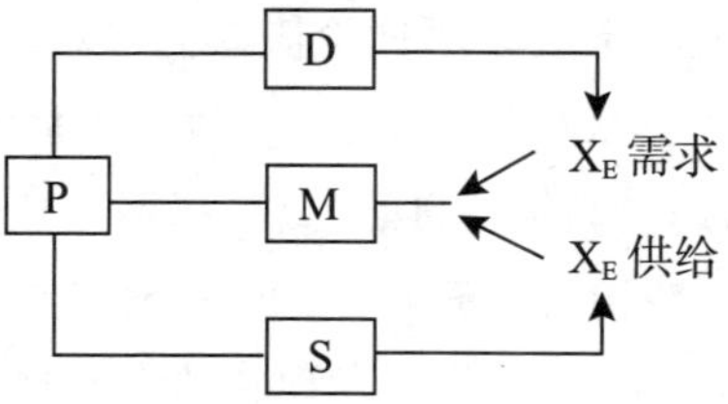

图 10. 13　市场经济结构中的价值和社会行动

图 10. 13 这样的市场机制,是每个学过经济学的读者熟知的。但很少有人从社会行动的角度来看待它。实际上,经济结构是人们了解最为详尽和深入的子系统。经济学是研究经济方面社会行动的。学者们用价格弹性、择优分配等概念来表述其规律时,很少有人会批评他们忘记了主体性、目的性和价值取向。在经济子系

统中,只要我们详尽而深入地解剖$\{X_E\}$的自我维系机制,其中必然已经包含了价值取向、目的性等因素的综合作用的。我们认为,同经济结构一样,在政治结构和文化结构的功能条件分析中,也包括了人的目的性和价值规范。无论是人的参与意识,还是对系统的服从性支持都包含了价值取向。因此,我们可以得到一个十分重要的结论:当我们把社会结构定义为自我维系系统,并从经济结构、政治结构和文化结构的功能耦合来考察社会结构和自我维系机制时,分析这种机制本身与考察某一类最重要的社会行动等价。它不仅不排斥主体性,而且是在一个新的高度上把握了主体性的整合,因为它已经综合了人们大部分在价值取向下达到目的的过程。

或许,一些读者觉得我们上面的结论过于武断,因为我们仅仅强调了那些社会向人提供的目标。人除了达到那些外界强加于他的目标、遵循社会普遍的价值取向外,在生活中,总有相当大一部分目标和价值偏好可以随心所欲地选择。也就是说,人有自由选择之可能。人可以选择生和死,出世和入世;人可以自由决定自己的价值判断。像人民圣殿教那种价值取向,以及在这种价值取向下最后导致的集体自杀性的社会行为,肯定不属于社会结构自我维系。此外,那些越是高级的目的,似乎都不是社会直接向组成他的成员提出来的。政治改革的目标,下一个世纪的国民产值、经济增长速度、文学家的创作、科学家发现新的自然现象等都是有目的的活动,甚至于逆反心理,渴望着骚乱和发泄也是某种特定时期相当广泛的价值取向,难道这些都能看作社会结构的自我维系吗?是的,这是一个十分困难的问题,特别是主体的自由意志,它拒绝任何规律的约束。但是我们认为,在某一类活动中,人追求的目的和价值取向可以由人自由意志决定,这或许是将很多社会学理论家引入迷阵至今难以自拔的主要原因。

我们认为,问题的关键在于:个人的自由选择怎样合成社会选择？个人随心所欲的价值取向能否合成社会价值取向？在此，我们有必要引用一下著名的阿罗不可能性定理。早在50年代阿罗就证明：当选择可能性多于两种时，没有一种方法可以将个人的自由选择合成一致的社会选择。我们认为，它在某种程度上是证明了并非一切个人的自由选择和随心所欲之价值取向均可以成为社会选择和整个社会普遍的价值取向。[七]也就是说社会选择行动和社会价值取向并非通过将个人自由选择和个人随心所欲的价值判断加和而成的。实际上每一个个人的目的性和价值取向从来都分成两大类：一类是来自于社会的，我们前面证明它们大多可以归纳为社会结构之自我维系。另一类是随心所欲——纯个人的，这一类个人目的性和价值判断实际上只是寄生于社会结构之上的。每个人既是社会角色，但同时业余可以做很多事情。充当社会角色是他有可能从事各种业余爱好的保证。我们认为社会结构好像一个容器，它可以容纳丰富多彩的社会生活。那些随心所欲，纯属个人的价值取向和个人目的合成的社会行动，只是被容纳于社会结构之社会生活。它们对结构有冲击作用，但结构的存在是它们得以实现的前提。我们考虑社会结构的破坏时，曾谈到过内容对结构的压力，实际上这正是考虑到了这一类社会行动的模式。

至于像改革的社会目标、逆反心理等当然不能用社会结构自我维系机制来解释。敏感的读者或许已经发现，这些社会行动正好和社会结构三个子系统功能不耦合，以及社会结构畸变过程是等价的。要知道，在结构功能论那里，社会结构的自我维系几乎就是一切，无论是皮亚杰，还是帕森斯都曾力图把演化引入结构主义和功能分析，但是他们的努力都不太成功。演化的动力的规则很难从结构主义和功能分析中推出来。而在我们的整体演化论(或称系统演化论)中，社会结构的功能耦合和自我维系只是理论的开始。我们从功能自我维系分析开始，导出结构的生长、异化以及旧结构瓦解、不同的演化模式等一系列概念。这些概念存在着内在的逻辑一致。我们认为,这一系列新概念均和那些不能简单归为社会结构自我维系的相应的社会行动等价。如改良的社会目标相当于社会结构三个子系统功能不耦合的调整过程;渴望动乱和破坏的社会行动则表达了脆性社会结构畸变到一定程度时的社会价值取向。因此,我们的研究提纲并没有忽略了主体性,相反,我们引用的这些基本概念都是和人的目的性和价值取向有关的,无非由于系统庞大,理论是高度宏观的,于是一个个人的目的性和价值取向只能隐含在机制内部。前面的分析已经证明,即使对于某些简单的案例,阐述社会结构自我维系和社会行动的关系已十分复杂。对于整体演化论的其他更深入的概念,用社会行动的观点来看一定更复杂,直观上更难以把握,而用我们的概念框架则可以在宏观上把复杂的社会活动透视提高到一个新的高度。因此,我们的社会整体演化论原则上也是一个社会行动的新理论。

自从韦伯以来,社会学家苦苦地在人行为的目的性和价值取向这两个基本前提下,探讨社会发展的模式以及社会行动的结构。他们一直在警告着社会科学家不要忽略主体性。但是富有讽刺意味的是:正是这种看来十分正确但实际上却是某种先入为主的观念束缚了社会学者理论的创造力,使他们难以发现社会行动的宏观结构。很多人不知道,个人活动具有目的性和价值取向并不意味着由千千万万个人组成的社会的演化一定是像个人一样有目的,并具有直接由价值取向的驱动的模式。对于历史来说,个人、目的、价值和任何其他要素一样,共同交织在由生和死组成的社会生活永恒图画中。这种近视来自于社会学家最容易犯的方法论错误,即总是下意识地把个人当作社会的子系统,但又不可能知道这千千万万个个人是如何组成社会的,于是社会行动被想象成个人行动的放大。这样,我们又回到了本章一开始就告诫读者的原则:当我们研究对象和时间尺度不同时,社会这个无限复杂的实体是必须分解成各种不同的子系统来研究的。对于任何一种新的划分法,都有着一种相应的组织理论,它必然也有新的社会行动的理论。

第十章　说　　明

[一]在结构功能方法中,功能等于需求的原则是一条公理性假设。它来自于进化论。众所周知,生物的功能一般都是它适应环境的产物。即生物学家习惯于用适者生存来解释生物为何具有某种功能。这使得文化人类学者把功能等于部落组织生存的需求作为一个公理性假定。这样,一旦他们发现部落社会很多功能对组织生存毫无价值时,不仅大为惊讶。{Y} > {X},即功能集大大多于部落组织存在这条件集,这是近几十年来文化人类学的一个重要发现。人们普遍认为,正是这一发现动摇了结构功能方法的基础。但是在我们的整体分析中,只要严格分析自我维系模式,那么一开始就能得到{Y} > {X}。而且,正因为任何组织结构具有维持生存以外的多余功能,它们长期作用可以造成异化和结构畸变,是社会结构演化的内部动力。在此,我们看到,那些对结构功能方法构成的挑战,正好是我们提出的用于理解组织演化的基础。

[二]《整体的哲学》一书曾经提出,任何一个由子系统功能耦合而成的组织系统,都可以简化为自耦合系统。由于功能耦合系统的任何一个子系统的输入(或输出)集和是其他系统耦合的。于是只要将整个组织看作对这一特殊输入或输出的加工算子,这个组织系统变转换为自耦合系统。对于这一类自耦合系统,由于我们只考察了组织系统对某一子系统变量的处理,所以它们往往比真实的系统要简单,这是一种高度简化了的分析。当我们把功能耦合系统中的所有变量考虑在内时,系统并没有简化。这时,自耦合系统中各个变量是互相依存的。由于自耦合过程太复杂,进一

步分析十分困难,因而它只是在表示变量自我维系方面有意义。[1]

[三]在本书第一版《兴盛与危机》中,我们曾多次把社会结构称为社会大厦的框架,认为它是整个有组织社会生活的基础。大厦的框架、容器等都是比喻。其含义是,它们为别的东西存在提供了支持和各种条件。我们在这里也可以用集合论将社会结构定义为一个{X}集合的自我维系系统。为什么社会结构是一个对{X}的自我维系系统呢?其理由是耐人寻味的。盖房子时首先需要用木材或钢筋水泥铸成一坚实的框架,然后才能将一块块砖砌上去。因为只有这一稳定的框架才能承受砖的重量,而框架的稳定性来自于自己。在分析整个人类社会活动时,我们发现了类似的情况。人的任何一种社会活动都需要条件,当我们研究这些条件何以可以存在时,我们则可以追溯到另一些条件。在这种条件分析的最后,我们必然会碰到一个条件集{X},它们是自我维系的,即它们自己就是自己的条件。而且,正是由于这种自我维系的条件机制,使得它们可以承受在它们基础上建立其他系统。一般说来,由于自我维系机制的存在使{X}是稳定的。这样,我们可以从方法论上较严格地定义社会结构。

[四、五]我们把那些可以实现自我维系的变量定义为社会结构。那么,总可以在具体研究中区别哪些因素是属于社会结构,哪些则不属于。例如对于图 10.14 的(a),{X}集是自我维系的,属于社会结构,但{Y}集却不是自我维系的,{X}集为它的存在提供条件,但{X}集本身却不受{Y}集的影响,因此,{Y}集不属于社会结构,只属于依附于社会结构之社会生活。图 10.14(b)中的{Y}集就属于社会结构。用这种方法我们可以证明,古代科学大多不属于社会结构,技术则往往是经济结构的一部分,因此,整个古代

---

〔1〕 有关论述可参见金观涛:《整体的哲学》第 3.2 节,四川人民出版社 1987 年版。

社会的科学,我们都可以当作被容纳在社会结构容器之内的社会

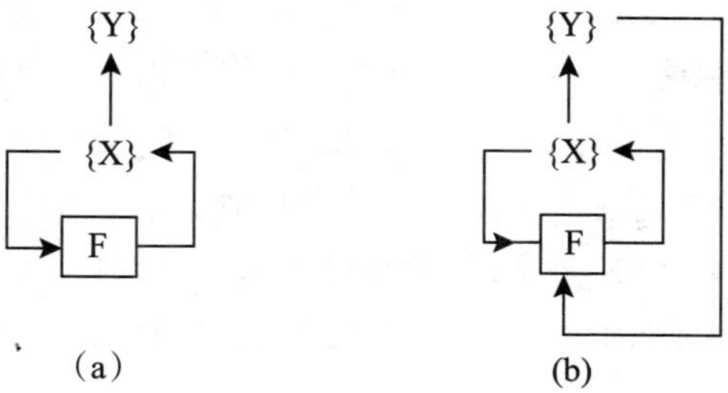

图 10.14 社会结构示意图

生活。而到近现代,由于科学成果对社会政治、经济、文化的各种要素起着巨大的支持作用,因此,它已经属于社会结构。此外,很多时候,虽然{Y}对{X}有反作用,它也是属于自我维系集合,它属于社会结构,但并不一定要把{Y}的自我维系系统独立出来,当作一个和其他子系统功能耦合的子系统,只有当{Y}集的自我维系机制和其他子系统明显不同时,{Y}集才能独立起来,当一个新的子系统来处理。例如古代技术可以归为经济结构,但近代科技结构中,技术和科学之间形成了独特的整体关系,因此,近代科技结构必须独立出来。在研究内环境时,我们也引用过这种方法。毫无疑问,内环境变量肯定属于自我维系集合,但它没有自己独特规律时,可以放到别的子系统中。在很多农业社会,地广人稀,自然条件较好,而且人类对内环境有较大的自由选择余地,我们把它们归到经济结构中。但对于某些特殊的社会(如古埃及),内环境各个因素自身的相关性有很强的特殊规律,这时,必须把内环境当作一个独立的子系统来处理,整体地考察它们和经济、政治、文化子系统的耦合。

[六]结构稳定性和一般的稳定性是不同的概念,对于 X_s 中任何一个变量 X_{si} 的稳定性,用它有无抗干扰能力定义。即某一种稳定机制将变量 X_{si} 维系在内稳态 X_{sio},当干扰使 X_{sio},变成 $X_{sio}-\Delta X_{si}$

和 $X_{sjo}+\Delta X_{si}$时,如果有一种机制可以使多干扰变量回到 X_{sio}状态,那么我们可以说 X_{si}处于内稳态 X_{sio},X_{sio}是稳定的。毫无疑问,X_s集中所有变量必须是稳定的。结构稳定性考虑的对象是两个变量之间的关系。由于将变量 X_{si}维系在内稳态 X_{sio}的机制还取决于其他一系列参数,这些参数就是$\{X_s\}$中其他变量。当另一个变量的内稳态 X_{sjo}发生 ΔX_{sj}变化时,考察它对 X_{sio}的影响,我们在《整体的哲学》一书中证明了如下公式(参见《整体的哲学》5.1 节):

$$\Delta X_{sj}=\frac{K_1}{1-K_2}\cdot\Delta X_{si}$$

其中$K_1=\partial F(X_{si},X_{sj})/\partial X_{si}\mid X_{si}=X_{sio}$

$K_2=\partial F(X_{si},X_{sj})/\partial X_{sj}\mid X_{sj}=X_{sjo}$

F 为维系 X_{iy}的稳态机制。当 $K_2=1$时,系统称为结构不稳定,这时必定有 $\Delta X_{sj}/\Delta X_{si}=\infty$。从上面的方式可以看到脆性系数和组织系统结构中组织层次有着内在关系(参见《整体的哲学》5.1 节)。

[七]阿罗不可能性定理的准确含义是:没有一种社会选择方案能同时满足如下四个条件:①广泛性,个人对备选方案的所有逻辑上可能的偏好排序都是许可的,而且人的理性选择具有完全性和传递性;②一致性,即若社会所有成员都认为一种备选方案优于另一种,那么社会也应同样认为;③独立性,人们对原来候选方案的偏好排序不应受新添的候选方案的影响;④非独裁性,即不应使单个人的偏好总是自动地成为社会偏好。阿罗不可能性定理证明颇为复杂,但其基本思想都可用如下三个投票来说明:假定 A、B、C 是三个备选方案,而 1、2、3 是三个投票者;假定投票者 1 认为 A 优于 B 且 B 优于 C;投票者 2 认为 B 优于 C 而 C 优于 A;投票者 3 认为 C 优于 A 而 A 优于 B。也就是说,对 1、2、3 三个投票者,A、B、C 的排列顺序分别为:

1) A > B > C　　A > C

2) B > C > A　　B > A

3) C > A > B　　C > B

显然,1 和 2 都认为 B 优于 C;2 和 3 都认为 C 优于 A;而 1 和 3 都认为 A 优于 B。而三个人中两个人的选择一致代表了多数意见。但这些多数意见是互相矛盾的。从多数意见 B > C,而 C > A 中必定可以推出 B > A,它和多数意见 A > B 相矛盾。阿罗不可能性定理的发现使科学家大为震惊。它证明:随心所欲的自由选择不可能由少数服从多数的方法合成合理的社会选择。

我们认为,阿罗不可能性有一个重要启示:它表明社会价值不大可能起源于个人价值之加和。任何社会价值取向大多是逻辑一致的,符合传递规律,而阿罗已证明个人随心所欲的价值偏好不能用多数原则转化为逻辑一致的符合传递律的选择。这样也就证明:个人随心所欲之目的和价值取向不可能合成社会价值取向。在很多场合,个人的自由意志只是依附于社会价值之上的—种补充而已。

第十一章　数学模型和王朝寿命研究

一种科学只有在成功地运用数学时,才算达到了真正完善的地步。

——马克思

11.1　历史学家与数学家的合作

本章,我们将给出中国封建社会超稳定系统的一个近似的数学模型。

每当人们试图把数学应用到错综复杂的历史研究中时,常常会碰到两方面的极端意见:一种是数学万能论,企图用数学解决一切问题,推出人们凭历史直觉难以想象的结论;另一种则否定数学应用于历史研究的可能性。在后一种意见看来,数学描述的对象只能是机械的、简单的、定量的关系,而历史过程太复杂,不宜于运用数学进行研究,尤其是对于涉及人的有目的的活动,应用数学工具进行研究,那不过是赶时髦和贴标签而已。

这两种看法,都是对数学的本质不够了解而造成的。实际上,用数学来描述关系,只不过是把人们用直观和语言所把握的模式形式化、定量化、精确化而已。数学符号表达式和文字语言描述是等价的。对于关系的把握，如果用语言描述做不到，那么用数学工具也是不可能的。因此，前面说的第一种观点几乎是一种幻想。然而，当研究对象关系错综复杂，用直观推理会造成混乱时，运用数学方法却会显示出其简洁、准确的效用。可见，认为不能用数学模型来研究历史也是片面的。以往历史研究中应用数学不成功，这有两方面的原因：一方面，数学工具本身还有待于发展；另一方面，历史研究要提供较为明确的历史事件之相关性的认识，以至于清晰到可供运用数学工具进行研究时才好运用数学工具，但过去往往缺乏这个条件。这就需要历史研究工作者和数学工作者共同努力。

把数学应用到社会科学研究中，往往有三个必需的步骤：

第一，社会科学对某些问题的研究已深入到一定程度，我们对其模式已经可以用描述性语言表达。

第二，将描述性语言转化为数学语言。

第三，应用数学语言推理，使讨论越出直观描述性语言所把握的深度，向精确化、定量化方向发展，推出直观一下子难以把握的某些结果。

在这三个必要步骤中，第一步和第二步是基础，称为“提出数学模型”，或称“数学化”。第三步是用数学语言讨论模型。一般人们所理解的运用数学方法，则往往只看到第三步。其实，对于社会科学家最重要的是第一、二步。

在本书前七章中，我们用描述性语言分析了超稳定系统。这是运用数学模型方法进行研究的基础。本章，我们主要是完成第二步，表明如何把描述性语言所叙述的模式转变为数学语言，提出中国封建社会超稳定系统的数学模型。

11.2　从事件到数轴的映射:寻找主要变量

我们提出的数学模型仅局限于讨论王朝寿命问题。这样就可以暂时撇开中国封建社会超稳定系统其他方面的性质。前面,我们已经证明影响王朝盛衰的因素可以归结为无组织力量和一体化调节力量这两个主要的变量。

我们用 ø 来表示整个社会的无组织力量,用 ψ 来表示一体化调节力量。整个社会无组织力量 ø 应为经济、政治、意识形态三结构无组织力量的总和,即:

ø = ø(经济) + ø(政治) + ø(意识形态)

ø(经济)主要表现为土地兼并的程度。从原则上讲,土地兼并的程度是可以计量的。

ø(政治)是官僚机构的腐朽和膨胀程度的度量。第五章的曲线就是一种计量方法。

ø(意识形态)是意识形态结构中的无组织力量,它似乎不好计量。但是我们在前几章证明它与经济、政治结构中无组织力量是成正比相关增长的。也就是说,存在着如下关系:ø(意识形态) = K_1ø(政治) + K_2ø(经济)。所以,我们可以说,ø 是可以计量的一个变量。

ψ 代表一体化调节力量。控制论关于系统的控制能力度量单位是"比特",即单位时间内能做出多少二择一事件的选择。目前为止,我们并没有统计过中国封建超级大国在单位时间内拥有多少比特的调节能力,但 ψ 也是可以计量的。

要用数学模型来讨论王朝盛衰,还必须有一个变量来表示王朝盛衰的状态。但要找出一个统一的量来度量王朝盛衰是有困难的。怎么办呢? 数学中采用了一种重要方法,即规定一个从事件

(在这里是王朝强盛、衰落或分裂等的各种可能状态)到数轴 S 的一个映射,使得各种状态对应着数轴 S 上不同的数,如图 11.1 所示。S 上的点并不真正代表某一个可以实际计量的代表王朝盛衰状态的量,它只是一种简化了的数学表示方法。

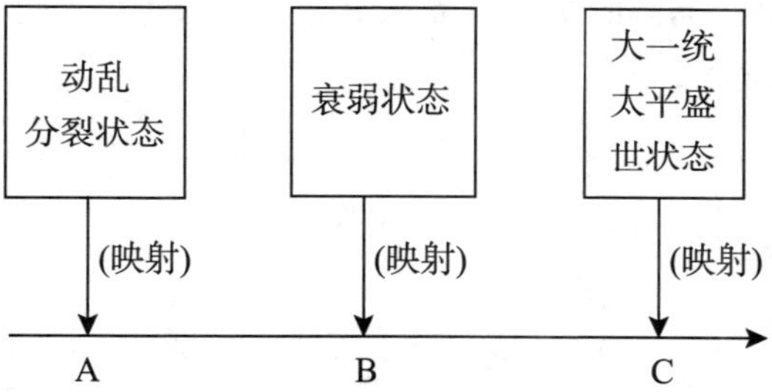

图 11.1　王朝盛衰状态在数轴 S 上的映射

这种方法在物理学和生物数学中经常应用。如在广义相对论中引进空间曲线坐标系,空间不同位置与不同的数对应。这一坐标系仅仅是用数来表示空间不同位置,本身并无长度、角度等实在物理含义。这种表达方式可以使模型形象化,又不妨碍计算。

我们把 S 称为"状态变量",因为它描述模型中王朝盛衰状态。ø 和 ψ 则称为"控制变量",它们是影响王朝盛衰的两个主要条件。找到状态变量和控制变量,是提出模型的关键性步骤。

11.3　王朝稳定性的数学表示

前几章中,我们论证了这样一个观点:一体化调节力量越大,无组织力量越小,王朝就越稳定,而当 ψ 很小,ø 很大时,大一统封建王朝就不稳定,封建割据的分裂状态倒是稳定的。我们在讨论 ψ、ø 是如何影响 S 的时候,首先要设法用数学语言来描述王朝的稳定性。

根据艾什比的控制论,特别是托姆的突变理论,我们认为,任何一种稳定态必定有着相应的稳定机制,它可以抽象地用势函数趋于极小值的动态过程来表达,也就是说,稳定状态相当于势函数曲线的一个洼,如图11.2中,曲线有两个洼,第一个洼的中心位置在A点,第二个洼的中心位置在B点。只要系统处于A点或B点,都是稳定的。

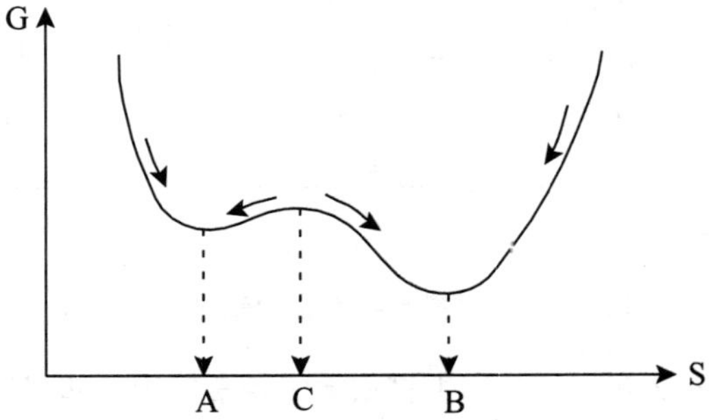

图11.2　用势函数曲线来表示稳定机制

为什么稳定性可以用这种方法来表示呢？因为从系统的行为来看,稳态可以看作当这一状态受到某种干扰而发生偏离时,系统可以自动消除偏离回到稳定态。图11.2中的两个洼就具有这种性质。假如系统受到某种干扰偏离稳态A时;系统的势函数就相应增大了。系统的稳定机制是使势函数趋于最小,就会有一个变换,使系统状态回到稳态A。在图11.2中,这一稳定机制形象地表示为系统状态自动地下滑回A点。同样,另一个洼B点,也具有这种性质。状态C是不稳定的,它不处于势函数曲线的洼中,只要有微小的干扰就会很快变化到两个稳态之一中去。形象地讲,系统处于稳定态,好比小球处于低洼的坑中。

对于不同的系统,变量的内容千差万别,稳定机制也极不相同。但这种高度抽象的数学表达方式,抓住了系统稳定性在行为方式上的共同点,从而为研究系统稳定性是怎样随不同因素而变

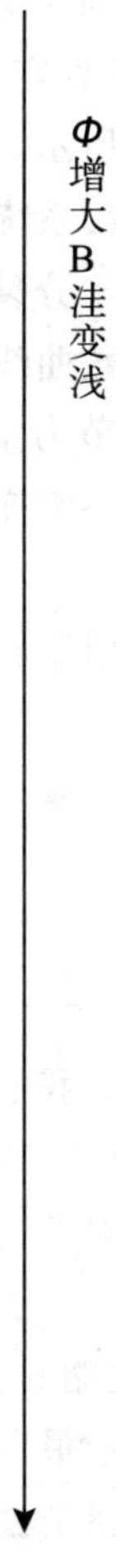

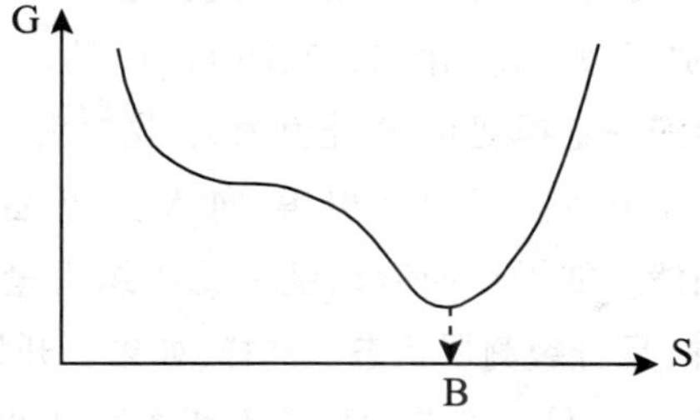

图 11.3　系统只有一个稳定态:大一统状态

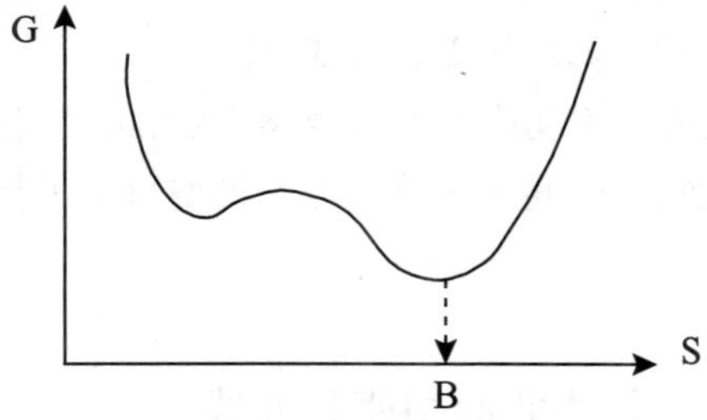

图 11.4　大一统稳定性减弱,可能出现分裂状态

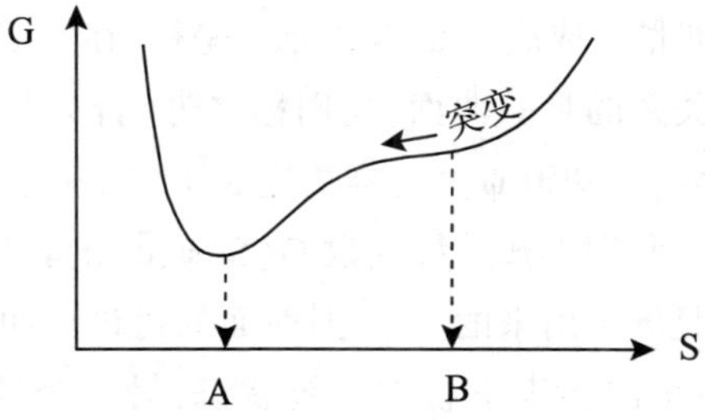

图 11.5　王朝崩溃

化提供了一般性的数学语言。

这样一来,ø 和 ψ 这两个变量是怎样影响王朝的稳定性就可以用洼的深浅形象地表示了。一体化的调节力量越大,王朝的大一统局面就越稳定,其表示方法是 ψ 越大,B 洼就越深。而无组织力量越大(ø 越大),代表大一统的 B 洼就越浅。随着无组织力量增加 ψ 减小,势函数变化如图 11.3、图 11.4、图 11.5 所示。当无组织力量 ø 增大到一定程度时,B 洼就消失,这时大一统王朝不稳定,系统不能再处于 B,它一下子离开 B,向 A 突变,如图 11.5 所示。这就是王朝崩溃。如果在崩溃动乱中无组织力量没有减少,系统就会落入 A 洼,呈分裂割据状态。同样,如果一开始社会处于分裂割据状态 A,随着一体化调节力量的不断增加,ψ 增大,势函数曲线就会如图 11.6、图 11.7、图 11.8 所示的变化。当一体化调节力量 ψ 大到一定程度,分裂局面就维持不住了,系统重新从 A 状态突变到 B 状态,表示新的统一王朝的建立。

我们找到王朝稳定性的数学表示,也就找到了王朝崩溃和建立的表达方法了,也就为建立数学模型奠定了基础。

11.4 行为曲面与盛衰曲线

建立模型最重要的是明确 ψ、ø 两个变量和 S 的关系。我们以 ψ、ø 两个变量组成底平面,S 为垂直坐标,在 $S \times \psi \times ø$ 空间中,描述 S 和 ψ、ø 关系的是一曲面,我们称之为“行为曲面”。知道了行为曲面的形状,就知道 ψ、ø 怎样决定 S 了。

但由于我们不知道势函数 G(S、ψ、ø)的具体形式,粗略看去,行为曲面是导不出来的。[1] 但前面的讨论已明确,势函数最多有两个洼,一个洼代表王朝大一统状态,另一个洼代表分裂割据状态。并且,ψ 越大,ø 越小时,大一统状态就越稳定,其相应的洼就越深;而当 ø 越大,ψ 越小时,代表分裂割据状态的另一个洼就越

〔1〕 行为曲面由方程 $\partial G(S、\psi、ø)/\partial S = 0$ 导出。这一方程表示 S 取 G 的洼值。因此只要知道 G(S、ψ、ø)函数关系就可以导出行为曲面。为了便于阅读,我们把数学推导注在脚注中,一般读者可略去不看。

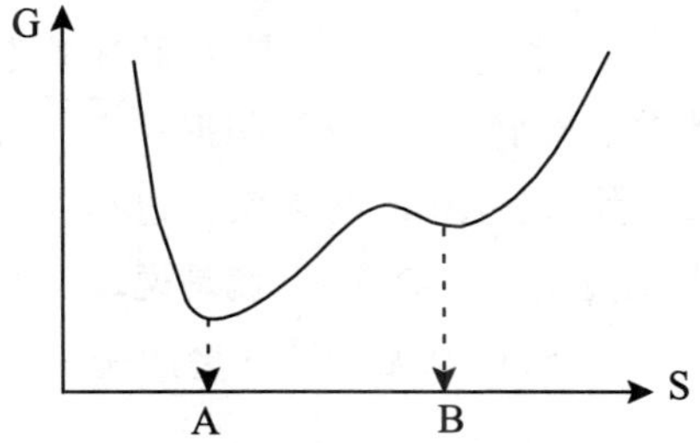

图 11.6　系统处于分裂状态

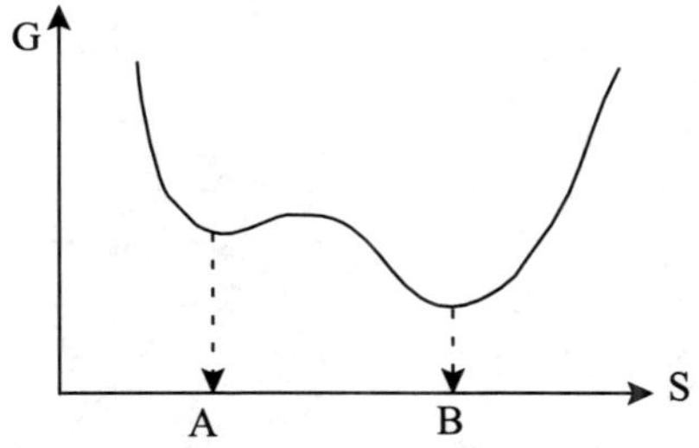

图 11.7　一体化调节力量不断增加

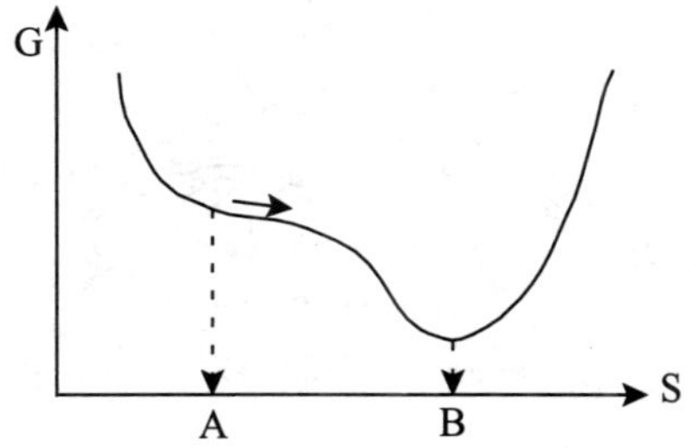

图 11.8　大一统的建立

深。有了这种拓扑特征的规定,我们就可以在不了解函数 G(S、ψ、ø)的具体形式条件下,也能得到行为曲面。新近的突变理论证明:凡是具有上述条件的势函数洼的位置和控制变量的关系,都可以用折叠型(cusp)模型来表示,其行为曲面如图 11.9 所示。行为曲面上任一点表示不同的 ψ、ø 值下封建王朝所处状态。行为曲面有一折叠,折叠的上半叶相当于系统处于 B 状态,即大一统状态;折叠的下半叶表示 A 状态,即分裂割据状态。折叠面之间的尖角形空间表示大动乱,它是由 B 到 A 突变过程的不稳定状态。当 ψ 和 ø 都很小时,折叠消失在 Q 点上,就是说 ø 和 ψ 趋于 0 时,社会组织几乎不存在了,这时也就无所谓社会的统一状态和分裂状态的区分了。

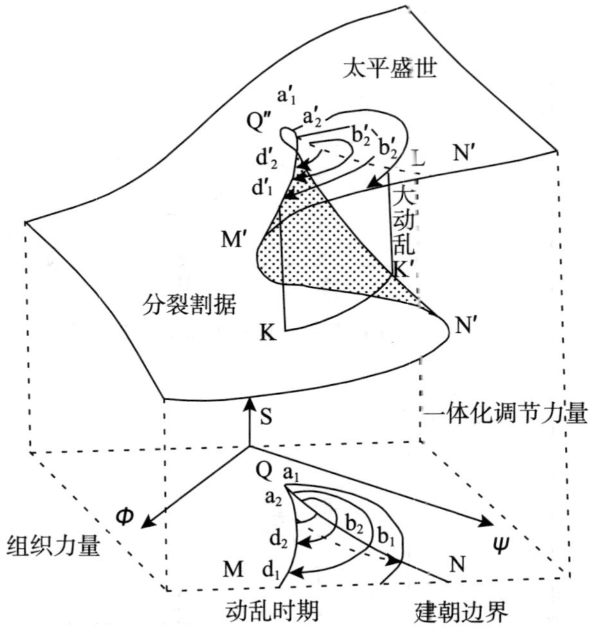

图 11.9　行为曲面

行为曲面的折叠在底平面(控制平面)上的投影为一尖角形(图 11.10)。折叠的一边 Q′M′在底平面上的投影为 QM,另一边 Q′N′的投影为 QN。我们将 QN 称为“建朝边界”,QM 为“动乱边界”。为什么要这样称呼呢?如果社会一开始处于分裂割据状态

K，随着ψ、ø两个量的变化，社会状态沿着KK′曲线在曲面上变化。一旦到达Q′N′边界上，分裂割据状态的面就中断了，系统状态将突变到行为曲面上半叶的L点，表示大一统的新王朝建立。K点相应的ψ和ø值正好在QN线上，也就是说QN线表示一条边界，只要ψ、ø值一旦达到它，新王朝建立，所以称QN为建朝边界。同样，只要ψ、ø值落到QM线上，系统状态就从上半叶跌落下来，跌落过程处于折叠区的空间，表示社会的大动乱，所以QM线称为动乱边界。在底平面图上，QM以下的区域表示系统处于分裂割据状态，大一统王朝不能建立。

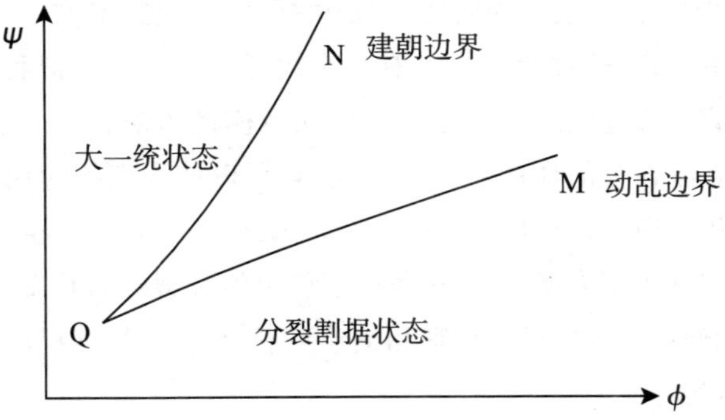

图 11.10 两种边界

现在，我们可以用图11.9所示的模型来形象地描述中国封建王朝的盛衰变化了。我们假定，一个新王朝建立时ψ、ø的值在a_1点上，随着ψ、ø两个值的变化，社会状态点在行为曲面的上半叶沿着曲线$a_1b'd'_1$运动：到达d_1'点上，ø、ψ值就到达了动乱边界，大动乱以突变的方式出现，社会状态顺着$d_1'K$线落下来。一旦社会状态脱离d_1'点处于两个折叠面中间时，表示整个社会处于不稳定的大动乱之中。这时，就有两种可能性：一种是大动乱有效地灭伤了无组织力量，使ø值迅速变小，也就是说，ø值在社会状态离开d_1'点时就开始减少，还未落到行为曲面下半叶时，无组织力量ø的值已充分小,使得 ψ、ø 值又回到建朝边界上。这时系统就不会落到K点,分裂割据不会出现。系统状态在 ø 变小过程中落到行为曲面下半叶的折叠边界——建朝边界上,系统马上又以突变的方式回升到行为曲面的上半叶,新的大一统封建王朝建立了。它表示改朝换代。第二种可能性是,大动乱没有有效地消灭无组织力量,ø 值不能迅速变小,ψ、ø 值不能回到建朝边界上,这时系统就会落到行为曲面的下半叶,表示出现稳定的分裂割据局面。

我们可以看到,只要根据王朝各个时期 ψ、ø 两量的变化,就可以通过模型把握王朝盛衰和动乱。读者显然可以发现第六章图 6.4所示超稳定系统行为曲面,就是根据这一模型画出的。

读者会说,这种数学模型有什么用呢?它只不过把我们用描述性语言所叙述的历史过程用一个立体模型图来表示一下而已。实际上数学模型的作用远不止于此,它可以使我们把握用直观的描述性语言所难以捉摸的条件。例如,ψ、ø 两个变量变化到什么范围内会出现王朝崩溃,在什么条件下稳定的分裂割据状态出现,等等,从而使研究可以更为清晰和细致。下面,我们根据模型做深入一步的讨论。

11.5　王朝盛衰方程

我们先分析 ψ、ø 变化的规律性。中国封建社会存在三种不同状态:大一统王朝的稳定局面、崩溃动乱和分裂割据。在这三种状态下,ψ、ø 变化的情况是不同的。下面,我们分别进行讨论。

一、统一王朝稳定状态

这时,ψ、ø 的变化是连续的,不采取突变的方式。ψ、ø 两个量的变化可以用微分方程来描述,也就是说,ψ、ø 两个量各自只能影响对方和自身的增长率,而不能直接限定对方。这是社会稳定期间连续变化的量往往具有的特征。于是可以用如下方程表示 ψ、ø 的关系：

$$\frac{d\phi}{dt} = P(\psi,\phi) \qquad (11.1)$$

$$\frac{d\psi}{dt} = Q(\psi,\phi) \qquad (11.2)$$

一般说来，P(ψ,ø)、Q(ø、ψ)是 ø、ψ 的非线性函数。在每个大一统王朝中无组织力量和一体化调节力量都存在大致相同的制约关系，我们可以认为方程(11.1)、(11.2)对于历代封建王朝都是相同，显然，只要知道方程(11.1)、(11.2)的具体形式，ψ、ø 两个量在王朝稳定阶段的变化情况就可以确定了。

尽管我们还不具备精细地、定量地考察 ψ、ø 之间关系的条件(缺乏统计分析基础)，但仍可以根据前九章得到的历史结论对方程进行考察。

我们已证明无组织力量 ø 的增长是不可遏制的，并且具有自繁殖性。这些特征可以用数学形式表示为：

$$\frac{d\phi}{dt} = P(\phi,\psi) > 0 \text{ 且}$$

$$p(\phi_1,\psi) > P(\phi_2,\psi)\text{，当 } \phi_1 > \phi_2 \text{ 时} \qquad (11.3)$$

我们还论证了一体化调节力量越大时，无组织力量增长越慢，这一关系可以表示为：

$$p(\phi,\psi_1) > P(\phi,\psi_2)\text{，当 } \psi_1 > \psi_2 \text{ 时} \qquad (11.4)$$

当无组织力量大到一定程度时，它对一体化调节力量的破坏将加剧。这种关系也可以用数学表示为：

$$\frac{d\psi}{dt} = Q(\phi_1,\psi) < 0 \text{ 当 } \phi_1 \text{ 很大时} \qquad (11.5)$$

方程(11.1)、(11.2)是王朝盛衰方程。条件(11.3)、(11.4)、(11.5)是对 P(ø,ψ)、Q(ø,ψ)函数关系的限定。有了方程(11.1)、(11.2)、(11.3)、(11.4)、(11.5)，我们就可半定量地讨论王朝寿命。

二、王朝崩溃动乱状态

王朝崩溃动乱时,ø,ψ 两个量的变化再也不遵循方程(11.1)、(11.2)了。大动乱中,无组织力量和一体化调节力量的变化不是连续的,很难用方程来描述它们。一般说来,大动乱发生后无组织力量就迅速减小,一体化调节力量一开始也是减小的,但只要王朝修复机制不出现障碍,一体化调节力量在减小以后还会增加,这就使得中国历史上多数场合大动乱发生不久,ψ,ø 状态很快回到建朝边界,新王朝得以重建。

另一种情况是,ø 不能有效地减少,这时将出现某种稳定的分裂局面。

显然,只要引入这一阶段 ψ,ø 两个量变化的数学描述,也应该是可以半定量地讨论王朝崩溃持续的时间,割据出现的可能性等问题。我们在本章不涉及这些问题的讨论。

三、某种稳定的分裂割据局面

一旦系统跌落到代表分裂割据状态的行为曲面的下半叶,ψ、ø 两个量的变化和上述两种情况都不一样了。社会上存在着几个相对稳定的相互交战的小国,已不像大动乱时处于完全无序的状态。小国割据及其战争,并不能像大动乱那样灭伤无组织力量,这时如果整个社会无组织力量 ø 变化不快,而一体化调节力量 ψ 迅速变大,那么系统会进入建朝边界,在分裂割据的基础上实现统一。秦、西晋、隋、宋代的建朝就是这样。

如果 ψ 量增长很慢,例如魏晋南北朝,这时系统就会长期停留在行为曲面下半叶。

显然,只要进一步引入这一阶段中 ψ、ø 在各种条件下变化的模型,也是可以半定量地讨论分裂割据局面维持的时间、统一发展的过程等问题的。但在本章数学模型中我们不准备讨论它,而仅就王朝稳定阶段 ψ、ø 变化来研究王朝寿命问题。

11.6　王朝寿命讨论及其他推论

现在,我们可以用这一模型来导出一些凭直观难以推出的结论。

在此,我们仅限于对数学模型半定量的讨论。所谓半定量的讨论,是指引进变量,但不进行具体的数值运算,只从模型来分析各个量之间的关系。在社会科学研究中进行半定量的讨论,是有价值的。它可以避免大量统计所带来的困难和混乱,又能发挥数学模型的精确判断作用。

一、一个朝代开始时,内部无组织力量越小,王朝寿命就越长

要计算王朝寿命就必须先求出 ψ、ϕ 运行轨线。可以在数学上证明,王朝在建朝边界上处的起点位置不同,运动轨迹也是不相交的,如图 11.11 所示。[1] 如果 $a_1, a_2, a_3, \cdots, a_6$ 各点为不同朝代起点,$a_1b_1d_1$ 等轨线代表各个朝代。数学上可以证明,当王朝建立时

〔1〕 轨线可由方程$\frac{d\phi}{d\psi}=\frac{P(\phi\cdot\psi)}{Q(\phi\cdot\psi)}$求得。知道了某一王朝 ψ、ϕ 运行轨线,就可以求得它的寿命 T。可先从轨线方程求出 ϕ 和 ψ 的函数关系,令其为 $\psi=f(\phi)$。再求出轨线和建朝边界动乱边界相交点的 ϕ、ψ 的值,令其为 ψ_a、ϕ_a、ψ_d、ϕ_d。根据方程(1)即可求出王朝寿命 T 为:$T=\int_{\phi_a}^{\phi_d}dt=\int_{\phi_a}^{\phi_d}\frac{d\phi}{P[\phi,f(\phi)]}$。

无组织力量越小,即越是外部的轨线,相应王朝寿命越长。[1]

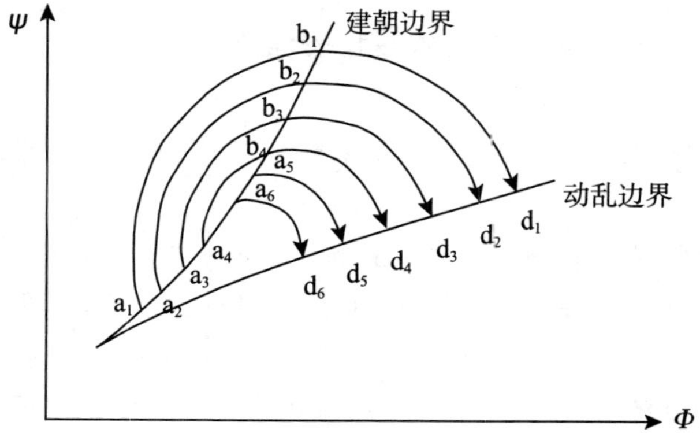

图 11.11　各种王朝的轨线

这个推论揭示:封建王朝内部无组织力量积累的程度和它的寿命长短有着深刻的内在联系。一个在建朝时看来不那么富裕强盛的王朝,但因其内部无组织力量较小,发展余地倒很大。而一些建朝时十分强大的王朝,其发展余地却很小。

---

〔1〕 我们可以根据方程(11.1)、(11.2)、(11.3)、(11.4)、(11.5)来证明这一点。我们选择任两个王朝轨线来讨论。一条是 $a_1b_1d_1$,另一条是 $a_2b_2d_2$。第一个王朝寿命记为 T_1,第二个记为 T_2。据方程(1)有:

$T_1 = \int_{\varnothing_{a1}}^{\varnothing_{d1}} dt = \int_{\varnothing_{a1}}^{\varnothing_{d1}} \frac{d\varnothing}{P(\varnothing,\psi_A)}$,其中 $\psi_A = f_1(\varnothing)$,代表轨线 $a_1b_1d_1$。

$T_2 = \int_{\varnothing_{a2}}^{\varnothing_{d2}} dt = \int_{\varnothing_{a2}}^{\varnothing_{d2}} \frac{d\varnothing}{P(\varnothing,\psi_B)}$,其中 $\psi_B = f_2(\varnothing)$,代表轨线 $a_2b_2d_2$。

因为 $P(\varnothing,\psi) > 0$,$\varnothing_{a2} > \varnothing_{a1}$,$\varnothing_{d1} > \varnothing_{d2}$,又因为在 $\varnothing_{a2}$ 和 $\varnothing_{d2}$ 区间里,必定有 $f_1(\varnothing) > f_2(\varnothing)$,即 $\psi_A > \psi_B$。再根据不等式(11.4):$P(\varnothing,\psi_A) < P(\varnothing,\psi_B)$,当 $\psi_A > \psi_B$ 时,于是有:$\frac{d\varnothing}{P(\varnothing,\psi_A)} > \frac{d\varnothing}{P(\varnothing,\psi_B)}$。

于是又有:$\int_{\varnothing_{a1}}^{\varnothing_{d1}} \frac{d\varnothing}{P[\varnothing,f_1(\varnothing)]} > \int_{\varnothing_{a2}}^{\varnothing_{d2}} \frac{d\varnothing}{P[\varnothing,f_2(\varnothing)]}$

这样,我们证明了 $T_1 > T_2$。这就是说,越是外围的轨迹,其相应朝代寿命越长。

这个推论与历史事实符合程度如何呢？尽管我们目前还缺乏各王朝建朝时无组织力量大小的统计资料，但仍可以举出一些众所周知的历史事实来印证。

西汉和东汉两个朝代，从历史记载上看，东汉初年无组织力量明显大于两汉初年。汉光武帝不敢触犯豪门士族的利益。东汉寿命比西汉短。历史学家知道，在三国基础上实现统一的西晋王朝，无组织力量——主要是贵族门阀势力相当强大，其寿命也很短。

因为统计资料的不足，我们很难确定一些王朝建立时无组织力量的大小。但是，我们在前面几章中已讨论过，农民大起义对无组织力量扫荡得越彻底，新建王朝初期的无组织力量就越小，其寿命就越长。这一结论，本章用数学模型半定量分析做出了证明。

二、由封建割据统一起来的王朝寿命较短

11.5 节证明分裂割据局面出现时，无组织力量不会减小。当一体化调节力量慢慢增大时，分裂割据局面会实现统一。这种由割据统一的王朝内部保存了相当大的无组织力量，因此这样的王朝一般寿命都很短。这一推论与历史事实相符。

在中国历史上，农民大起义后建立起来的朝代比由封建割据统一起来的朝代寿命要长得多。农民大起义后建立起来的朝代是西汉、东汉、唐、明、清，它们的寿命在二百年上下，有的近三百年。由封建割据统一起来的有秦、隋、晋和北宋。前三个朝代寿命很短，只十几年到几十年的时间。我们有充分理由相信，这三个朝代建立时，保存了建朝前存在的巨大无组织力量。例如，近年来有人对隋朝开皇仁寿年间身居中央要害部门重要成员出身进行分析，发现宗室成员占 16.3%，二千石以上占 67%，原来事北周的官员占 67.4%。如把《隋书》卷 37～76 中所载 278 人进行统计，发现出身在二千石以上占 81.6%，原来事北周的占 56.5%。[1] 这一切证明

〔1〕 汤勤福："隋文帝统治基础之计量研究"，载《上饶师专学报》1987 年。

政治结构中无组织力量很大。这里北宋似乎有点特别,它有一百多年历史。但也不与我们的推论相矛盾。数学上可以证明,当一个王朝建立,无组织力量相当大,而中央一体化调节力量也相当大时,就可以出现一些像北宋这样的特殊的王朝。

三、存在着三类王朝:盛大王朝、短周期王朝和后期王朝

图 11.11 中建朝边界上 $a_1,a_2,\cdots,a_6$ 表示六个不同的王朝建朝的初始状态,从其轨线上看,这些王朝可以分为两类。一类是 $a_1b_1d_1$、$a_2b_2d_2$、$a_3b_3d_3$、$a_4b_4d_4$ 这四条轨线起始于建朝边界,后来又一次通过建朝边界,它们与建朝边界有两个交点。另一类王朝的轨线是 a_5d_5、a_6d_6,它们自建朝边界开始后再也不和建朝边界相交了。

这两类轨线所代表的王朝是有很大差别的。与建朝边界有两个交点的王朝寿命长,后一类寿命短。此外,前一类王朝的轨线中有一段处于建朝边界以上区域,即处于太平盛世。后一类王朝从开始就处于建朝边界与动乱边界之间的尖角形内。尖角形内区域含有两种可能,即统一或分裂。它暂时处于稳定的统一局面,但动乱的可能性已经威胁着它了。虽然轨线要达到动乱边界时才发生崩溃,但一旦王朝的轨线进入三角区内,就表示它已离开太平盛世走下坡路了。因此,第一类王朝经过两个阶段:上升阶段,也可以称为太平盛世阶段,由繁荣走向崩溃的后期阶段。第二类王朝没有太平盛世阶段,建立后马上由鼎盛点走向崩溃。我们把第一类王朝称为"长周期王朝",或"盛大王朝";第二类王朝称为"短周期王朝"。中国历史上的西汉、东汉、唐、明、清都属于长周期王朝;秦、晋、隋属于短周期王朝。

除了这两类王朝外,还有没有第三类王朝呢?如果一个王朝建立时处于建朝边界的 $b_1,b_2,b_3,\cdots$ 这些点上,那么它建朝初期内部无组织力量就比短周期王朝的无组织力量还要大,但它的一体化调节力量也很大。因而这样的王朝建立后开始按一个盛大王朝的轨线运行，但它没有经过盛大王朝前期的上升阶段。这类王朝我们称为"后期王朝"。这种王朝在建立时，ψ 和 ø 都足够大，类似一个盛大王朝的中后期情况。这造成了一些独特的历史现象，如商品经济一开始就相当繁荣，出现盛大王朝只有中后期才会出现的某些现象。中国历史上只有一个属于这类的王朝，这就是宋朝。宋朝一建立，某些地区（如四川）土地兼并程度相当高，商品经济发达，农民起义次数相当多，规模也较大。这些现象是一个盛大王朝中后期才突出起来的。理论上可以证明，这种很特殊的后期王朝的寿命，介于长周期王朝与短周期王朝之间。宋朝正是这样。理论分析还证明这类王朝只可能是通过统一割据局面建立起来的，这也与宋朝建立的过程相符合。

四、越是盛大王朝，后期变法越困难

由于建朝边界和动乱边界呈喇叭口形状，越是盛大王朝其轨线越处于外围，后期无组织力量相当大，又离建朝边界很远，在这种情况下，即使搞变法改革，只能暂时减少无组织力量，根本不可能将社会推回太平盛世区域。越是盛大王朝，其轨线越长，变法也越困难。这一现象我们在第四章中已经做了说明。

五、短周期王朝崩溃以后，不太容易形成割据局面，而常产生盛大王朝

从图 11.11 可以明显地看出，短周期王朝崩溃时，ø、ψ 值离建朝边界较近。也就是说，只要对无组织力量有足够的杀伤，就能很快回到建朝边界，而且处于无组织力量较小的起始点上。这样的王朝往往是一个长周期王朝。而盛大王朝崩溃后，离建朝边界较远，对无组织力量的杀伤也不太容易，这时出现分裂状态的可能性就较大。

历史学家们早已注意到，在中国历史上，秦以后出现的西汉，隋以后出现的唐朝。西汉与唐是两个最盛大的王朝。这种现象并不是偶然的。另外，中国历史上几次分裂割据局面都出现在长周期王朝之后,如东汉以后的三国鼎立,唐以后的五代十国。

需要指出的是,短周期王朝西晋以后出现的长期分裂局面,并不构成上述讨论的反例。我们在第七章中指出,西晋灭亡后长期分裂的出现,是由于一体化调节发生了障碍,使得 ψ 的值一直很小,大一统的王朝建立不起来。这是和东汉末年、唐朝末年的情况不相同的。

以上五个推论是从数学模型半定性讨论得到的。如果我们仅仅满足于对超稳定系统做非数学的研究,凭直观是不那么容易把握这些结论的。这就体现出数学模型的作用。

当然,这个模型是非常粗糙的,而且距数值运算的要求还差得很远。我们之所以把建立模型的步骤写出来,无非想说明把数学模型方法引进到历史研究中并不神秘。它既不是无用的,也不是无能的。应该说,在今后的研究中,它是必需的,它可以成为历史学家得心应手的工具。数学在历史学研究中也要担负起它在其他学科研究中那义不容辞的责任。数学模式将由历史学家从具体而细精的历史研究中抽出,然后再用它清晰的逻辑推理和明确的预见性,来照亮纷繁变幻的历史现象深处的法则。

附录一　图表目录

后 记

我们在本书中阐述的基本思想,大约产生于1971年。那时,每逢节假日,一些不同学科的同志凑到一起时,总要热烈地讨论各种各样的问题,常常争论得面红耳赤。其中,中国封建社会长期延续原因的探讨是最吸引人的。我们深感用现代科学方法进一步研究我们祖国的历史,认识我们民族走过的道路,是时代向我们这一代人提出的一个任务。

1974年,我们写出了一份七万多字的提纲。此后,不论我们肩上工作和生活的担子怎样日益加重,我们依然时常讨论这份粗糙的提纲,兴趣不减当年。当人一旦抱定追求探索真理的信念而钻研某一问题时,周围的事物和舆论就很难改变他。我们想,不论研究工作遇到多么大的困难,我们都要坚持下去。任何一种思想,只有将它贯彻到底,获得清晰而又简洁的美感,才有可能接近科学的门槛。

1979年,我们将若干年来研究的结果写成一篇四万多字的论文。论文于1980年初发表以后,引起许多人尤其是年轻朋友们的兴趣。我们陆续收到了近百封来信。许多来信除了表示对我们的工作的支持外,还希望看到更细致和更深入的分析。1980年夏秋之际,我们开始动笔写这本书。

恐怕任何一个研究者都会有这样一种体会:一旦要把自己多年来思索的观点写下来的时候,都将碰到巨大的困难,这就是思想和概念在定型化过程中会发生某种畸变。本来,对于读者来说,理解作者的思想方法、看问题的角度,以及作者在形成观点过程中所走过的弯路,往往是比读其观点更有兴味的。但是在著作中,作者只能拿出自己思想的结晶,而不能奉献孕育着这些结晶的混沌而又丰富的母液。

1981 年 9 月,我们完成了这部书稿,当时内心的激动难以用语言来表达。我们深知,我们的学识和能力与本书的议题及它所涉及的广阔的中外历史知识,是不相称的。我们也不打算用我们不是专业历史研究工作者,为本书的不成熟之处和尚存在的大大小小的错误疏漏之处辩护。我们之所以敢于公开发表自己的观点,是出于一种责任感。我们认为,对于我们伟大祖国的历史,每一次从新的角度来认识她,不论这种认识是否全面,是否更接近于科学,这种努力和探索都不会是没有意义的。

这本书写得很艰难,它的表达也非常吃力。我们对它并不满意。但是,使我们难以平静的是,它不仅是我们工作的一个结果,而且还凝聚着不少同志、朋友对我们的友谊和期望。在此,我们向那些支持我们工作的学者专家们、编辑们,以及我们的同志和朋友,谨表最诚挚的谢意!

史学界前辈杨向奎先生和黎澍等同志,对我们所做的探索给予了积极的支持,并鼓励我们继续探索和研究有关问题。特别是老包同志,他不仅热情支持我们的工作,花费了大量时间和精力通读书稿,提出许多宝贵意见,并且为本书撰写序言。

林甦、李革平、鞠小夏、陈小雅等同志,为本书核实文献资料,整理绘制图表,清理检查文字,做了大量细致而又烦琐的工作。此外,在我们写书期间,她们还给予我们其他各种形式的帮助。

我们还要向全国各地近百名我们素不相识的青年表示感谢。

他们或投书致意,或登门拜访,对我们的研究和探索表示了真诚的理解和支持。

这里,我们还要特别感谢出版社的有关编辑同志。他们在组稿、审稿和编稿过程中,始终和我们保持密切的联系,并提出了许多具体而又宝贵的修改意见。没有他们的工作和支持,这本书是不可能与读者见面的。

这本书虽然包含着我们多年的思考、研究和探索,但是它只能算一个习作。因此,我们希望读者不要把这本书作为某种固化的既定观点来看待,而注意去追溯作者得到这些看法的方法。如果读者能从这样的角度来读这本书,并能把现代科学方法贯穿到历史或其他社会科学的研究中去,那么我们将感到十分欣慰。同时,我们也期待着史学界的前辈和研究者们,对本书提出批评,这将是我们研究工作的又一个新的起点。

作者

1982 年 4 月于北京中关村

图书在版编目（CIP）数据

兴盛与危机：论中国社会超稳定结构：2010年版 / 金观涛，刘青峰著.——北京：法律出版社，2010.12（2025.10重印）
ISBN 978-7-5118-1234-6

Ⅰ.①兴… Ⅱ.①金…②刘… Ⅲ.①政治思想史—中国—研究②社会发展史—研究—中国 Ⅳ.①D092②K2

中国版本图书馆CIP数据核字(2010)第185583号

兴盛与危机：论中国社会超稳定结构
XINGSHENG YU WEIJI：LUNZHONGGUO
SHEHUI CHAOWENDING JIEGOU

作　　者：金观涛　刘青峰
责任编辑：易明群　黄倩倩
装帧设计：乔智炜
出版发行：法律出版社
编辑统筹：学术·对外出版分社
责任校对：杨锦华
责任印制：胡晓雅　宋万春
经　　销：新华书店
开　　本：A5
印　　张：14
字　　数：334千
版　　本：2011年11月第1版
印　　次：2025年10月第21次印刷
印　　刷：河北晔盛亚印刷有限公司
书　　号：ISBN 978-7-5118-1234-6
定　　价：88.00元

销售电话：010-83938349　客服电话：010-83938350　咨询电话：010-63939796
地　　址：北京市丰台区莲花池西里7号(100073)
网　　址：www.lawpress.com.cn
投稿邮箱：info@lawpress.com.cn
举报盗版邮箱：jbwq@lawpress.com.cn
凡购买本社图书，如有印装错误，我社负责退换。电话：010-83938349